证券法苑

第四十卷
（2024年3月）

邱　勇　总编
蔡建春
苑多然　主编
王　红

Zheng Quan Fa Yuan

法律出版社
LAW PRESS · CHINA
北京

图书在版编目（CIP）数据

证券法苑. 第四十卷 / 蔡建春, 苑多然, 王红主编. 北京 : 法律出版社, 2024. -- ISBN 978-7-5197-9537-5

Ⅰ. D922.287.4-53

中国国家版本馆 CIP 数据核字第 20241Z5J60 号

证券法苑(第四十卷)
ZHENGQUAN FAYUAN
(DI-SISHI JUAN)

蔡建春　苑多然　王　红 主编

责任编辑 彭　雨
装帧设计 贾丹丹

出版发行 法律出版社
编辑统筹 法律考试·职业教育出版分社
责任校对 王语童
责任印制 胡晓雅
经　　销 新华书店

开本 710 毫米×1000 毫米　1/16
印张 29.5　**字数** 460 千
版本 2024 年 10 月第 1 版
印次 2024 年 10 月第 1 次印刷
印刷 固安华明印业有限公司

地址:北京市丰台区莲花池西里 7 号(100073)
网址:www.lawpress.com.cn
投稿邮箱:info@lawpress.com.cn
举报盗版邮箱:jbwq@lawpress.com.cn

销售电话:010-83938349
客服电话:010-83938350
咨询电话:010-63939796

书号:ISBN 978-7-5197-9537-5　**定价**:96.00 元

凡购买本社图书,如有印装错误,我社负责退换。电话:010-83938349

证券法苑 第四十卷
（2024年3月）

主办单位：上海证券交易所

卷首语

内幕交易和操纵市场损害投资者合法权益，违反公开、公平、公正的市场原则，妨碍资本市场功能的有效发挥，是我国证券监管执法的重点。近年来，《证券法》《刑法修正案(十一)》《关于依法从严打击证券违法活动的意见》等不断强化对内幕交易、操纵市场行为的打击力度，取得了一系列新的成效。2024 年以来，中国证监会更是明确提出要“严监严管”，对于内幕交易、操纵市场等重点领域的重大违法行为予以严厉打击。但目前司法实践中，还存在违法行为认定难、投资者追偿难等问题。为此，我们组织专家学者，围绕内幕交易民事责任、操纵市场民事责任两大专题开展全方位、多层次的研究研讨。此外，还集中刊载了近期的一批优秀研究成果。本卷《证券法苑》共设置 5 个栏目，收录 15 篇文章。简要介绍如下：

“专题研究——内幕交易民事责任”栏目收录了 6 篇文章，主要讨论了内幕交易民事责任中的因果关系认定、损害赔偿计算以及其他疑难问题。《内幕交易民事赔偿责任中的因果关系再检讨》一文提出，内幕交易与证券欺诈存在本质差异，应将内幕交易责任纠纷中的双重因果关系重构为责任成立因果关系和责任范围因果关系。《公平交易理论视域下内幕交易民事赔偿责任因果关系的认定》一文分析了市场欺诈理论的困境，建议引入公平交易理论作为理论基础,进而梳理事实因果与法律因果的认定要素,明确因内幕信息获利与因内幕交易获利的区分、内幕交易人的获利与受害人的范围。《内幕交易民事赔偿的损失认定与数额计算》一文提出,内幕交易损失的是投资者的公平交易机会,其计算应以内幕交易人的不当收益而非投资者的实际亏损为基准,加上惩罚性赔偿后得出内幕交易侵权的民事赔偿总额,并在个案中向适格投资者根据其交易量在同期反向交易总量中所占比例予以分别赔偿。《内幕交易损害赔偿的获利交出救济》一文认为,内幕交易的损害赔偿应建构在内幕交易者获得的利益之上,当下的救济方式以通过监管执法没收违法所得,将资金归入投资者保护基金来实现补偿投资者的目标为宜。《内幕交易认定疑难问题实证研究——以证监会2000~2023年前三季度行政处罚决定为视角》一文梳理研究了中国证监会2000~2023年前三季度作出的全部981份内幕交易行政处罚决定,从实证角度探讨内幕交易认定的六大疑难问题,包括内幕交易可否“二次推定”、内幕信息认定争议、内幕交易豁免情形的适用条件、接受建议者的交易是否构成内幕交易、共同内幕交易的证明、违法所得认定争议等。《美国内幕交易法律制度最新发展与演变》一文梳理了美国内幕交易法律制度在2020年后的发展与演变,尝试为中资背景公司作为美国证券市场“发行人”的证券合规提供前沿观察,也为完善我国证券市场相关制度提供借鉴。

“专题研究——操纵市场民事责任”栏目收录了3篇文章,集中讨论了操纵市场民事案件中的因果关系认定和投资者损失测算等问题。《欺诈市场理论在操纵证券市场民事案件中的适用及其限制》一文提出,操纵市场行为对证券价格与市场机制的损害与虚假陈述行为并无本质区别,欺诈市场理论可以适用到操纵证券市场民事案件中,信赖推定有助于减轻中小投资者的举证责任、开展集体诉讼。《操纵市场民事赔偿责任因果关系认定的法理与适用》一文则认为,运用欺诈市场理论认定操纵市场因果关系存在重大局限,应当考虑不同投资者在操纵市场因果关系认定和推定中的规则适用,基于实际情况加以判断。《市场操纵行为中损失算定的检视与再造》一文基于市场操纵行为中损失算定的实践,检讨市场操纵行为损失算定存在的问题,进而提出了“事件分析法”的损失算法,尝试构造市场操纵行为赔偿额算定结构。

“制度检视”栏目收录了2篇文章。《证券账户控制权认定的司法审查标准及对行政执法的启示——基于司法判决书的调研分析》一文通过梳理分析司法判决书对证券账户控制关系的阐释，提出行政执法应当借鉴司法判决，确立人员关联、资金关联和行为关联的账户控制关系认定思路。《司法程序能否解禁限售股？》一文就司法程序能否解禁限售股进行了分析，表示应统一司法裁判认识，增强各方主体对强制执行标的股票附带义务的认识，保护当事人的知情权，并建议由最高人民法院出台相关司法解释，明确不得通过司法执行“洗白”限售股所附的限售承诺。

“金融司法案例评注”栏目收录了2篇金融司法案例实务研究文章。崔婕、杨晖对某信托公司诉某投资公司其他合同纠纷案作了评注，认为应当综合考察各项要素来判定股权收益权是否真正转让，在合同明确限制出让人随意处置股息红利并进行专户监管情况下，股息红利实际是对受让人在转让合同项下收益进行的担保。朱颖琦、李瑶菲对江苏某宇公司诉中某资管公司、第三人中证登上海分公司质押合同纠纷案作了评析，认为目前公司股权质押、转让登记机构出现“碎片化”现象，建议统一非上市股份有限公司法定的股权登记公示机关以及做好公司上市过程中因登记机关变化产生的股权登记衔接工作。

“域外法制”栏目收录了2篇译文。《义务与多样性》对公司法义务如何推动和促进公司对多样性的关注进行了详细研究，提出公司受托人受其忠实义务约束，必须采取积极措施以确保公司遵守有关重要民事权利和反歧视方面的法律规范。国际证券委员会组织董事会于2023年4月份发布的《证券零售行业市场最终分析报告》，对市场环境、散户投资者投资趋势以及相关行为影响进行了实质性分析，为监管机构制定各自策略提供了适应性工具箱，以解决新兴零售市场行为问题。

编　者

2024年3月

Securities Law Review Serial No. 40(2024)

System Review

Commentary onFinancial Justice Cases

Overseas Legal System

《证券法苑》(2024)
第四十卷,第1~23页

内幕交易民事赔偿责任中的因果关系再检讨*

刘　颖**　薛晓芳***

摘要:内幕交易与证券欺诈存在本质差异,审查交易因果关系对确定内幕交易民事赔偿责任实无助益。对于内幕交易责任纠纷,应将双重因果关系重构为责任成立因果关系和责任范围因果关系。鉴于降低投资者证明难度的现实需求、待证事实的客观规律以及提升诉讼效率的价值追求,在双重因果关系的证明上均应允许作为原告的投资者适用推定规则,同时允许作为被告的内幕交易人提出基础事实不成立或推定事实不成立的抗辩。

关键词:内幕交易　民事赔偿　因果关系　交易因果关系

---

* 本文系北京市社会科学基金重点项目"破产撤销权制度的发展与完善研究"(23FXA003)的阶段性成果。

** 北京航空航天大学法学院教授、博士生导师。

*** 北京航空航天大学法学院博士研究生。

一、问题的提出:内幕交易情形中因果关系的认定困境

因果关系不成立是司法实践中否定内幕交易民事赔偿责任的核心理由。法院往往以投资者(原告)与内幕交易人(被告)在诉讼之前并不相识,投资者的投资决策并非由内幕交易人引起为由,认定因果关系不成立,进而否定内幕交易人的民事赔偿责任。[1] 然而,基于证券交易市场的"去人格化"特征与内幕交易的特殊性,把交易因果关系视为内幕交易民事赔偿责任的构成要件,将在极大程度上限缩内幕交易民事赔偿的制度功效。一方面,在证券交易市场中,尤其是在奉行"价格优先、时间优先"规则的集合竞价交易模式下,投资者与内幕交易人的交易订单由系统自动撮合,匿名成交,交易双方全程无须磋商与交流。就连同一时间、出价相同的投资者是否会被匹配为内幕交易人的交易对手,亦全凭概率。[2] 在此背景下,若以投资者与内幕交易人之间存在交易因果关系作为民事赔偿责任的构成要件,则绝大部分投资者可能因其投资决策并非基于素未谋面的内幕交易人的内幕交易行为,而丧失救济的可能。另一方面,内幕交易行为的"价格无涉性"也使投资者的投资决策和内幕交易行为之间的关联性无从证立。申言之,内幕交易行为通常尚未引发证券价格的异常波动,由此,投资者作出交易决策时并未受到价格反应机制的误导。此时,无论内幕交易人存在与否,投资者都会以相同价格发出交易指令。正是基于此,交易因果关系的认定困境成了部分论者质疑内幕交易民事责任的制度存在之必要性的根据。[3] 除了"定性"层面上交易因果关系的认定难题,在"定量"层

[1] 参见北京市第一中级人民法院:陈某灵诉潘某深证券内幕交易赔偿纠纷一审民事判决书,案号:(2009)一中民初字第8217号,2009年10月22日;北京市高级人民法院:吴某峰诉杜某等证券内幕交易责任纠纷再审民事裁定书,案号:(2014)高民申字第02751号,2014年11月13日。

[2] 参见刘敏:《论内幕交易侵权责任因果关系的认定》,载《法学评论》2017年第5期。

[3] 参见耿利航:《证券内幕交易民事责任功能质疑》,载《法学研究》2010年第6期;吕成龙:《论内幕交易民事责任之否定》,载《财经法学》2023年第5期。

面上,如何划定内幕交易行为造成的损失范围、如何扣除系统风险等其他价格变动因素引发的损失,也是实践中的棘手难题。[4] 最高人民法院表示,要深入研究内幕交易行为的民事追责问题,适时出台相关司法解释。[5] 有鉴于此,下文将在反思内幕交易中因果关系相关理论和实务的基础上,探寻重构因果关系的理论方案,并解明因果关系证明的实务操作。

二、内幕交易情形中“交易因果关系”的批判

(一)“交易因果关系”缘起、引入及实践的考察

1.“交易因果关系”的概念缘起

“交易因果关系”这一概念起源于美国针对虚假陈述民事赔偿的司法实践。在夏罗皮诉美林银行案中,法院判决指出,根据1934年《证券交易法》第10b条,原告必须证明其从事相关交易乃是被告涉嫌的欺诈所导致的。[6] 其中虽未明确提出交易因果关系的概念,但已在实质层面上运用了“原告的交易行为系被告的交易行为所致”的认定模式。此后,在“施立克诉宾夕法尼亚水泥公司案”中,法院直接在判决中使用了交易因果关系的概念,其指出:判断虚假陈述民事赔偿责任成立与否,需要审查双重因果关系,即损失因果关系(loss causation)与交易因果关系(transaction causation),而后者是指索赔投资者的交易行为系由虚假陈述行为所引发。[7]

再后来,这种双重因果关系的认定模式逐渐运用于内幕交易民事赔偿案件。例如,在威尔逊诉康泰克电信公司案中,美国第二巡回法院援引了施立克诉宾夕法尼亚水泥公司案判决中关于双重因果关系的论

[4] 参见缪因知:《内幕交易民事责任制度的知易行难》,载《清华法学》2018年第1期。

[5] 参见昝秀丽:《深入研究内幕交易和操纵市场行为民事追责问题》,载《中国证券报》2023年9月18日,第2版。

[6] See Shapiro v. Merrill Lynch, Pierce, Fenner & Smith Inc., 353 F. Supp. 264 (S.D.N.Y. 1972).

[7] See Schlick v. Penn-Dixie Cement Corp., 507 F. 2d 374, 380 (2d Cir. 1974).

述,并主张在内幕交易民事赔偿案件中证明交易因果关系成立是关键问题,原告在证明其所主张的损失与被告的内幕交易行为存在因果关系前,需先证明其投资行为是由内幕交易引起的。[8]

2."交易因果关系"的规范引入

起初,最高人民法院于2003年发布的《关于审理证券市场因虚假陈述引发的民事赔偿案件的若干规定》(法释〔2003〕2号,已失效,以下简称旧《虚假陈述民事赔偿规定》)并未区分交易因果关系与损失因果关系,仅在第18条中确立了"虚假陈述与损害结果之间存在因果关系"的推定规则。然彼时已有论者提出,可以借鉴美国法对虚假陈述民事赔偿责任因果关系的认定模式,区分交易因果关系与损失因果关系。[9] 这种观点逐步为司法实践所接受。例如,在2012年的一则案例中法院判决指出,虚假陈述行为与交易损失之间的因果关系包含"虚假陈述与交易决定之间的因果关系"和"虚假陈述与投资者损失之间的损失因果关系",二者缺一不可。[10] 交易因果关系是指违法行为影响了投资者的交易决定,[11] 属于证券侵权民事责任的特殊构成要件。2022年最高人民法院发布《关于审理证券市场虚假陈述侵权民事赔偿案件的若干规定》(法释〔2022〕2号,以下简称新《虚假陈述民事赔偿规定》),其第11条及第12条规定了交易因果关系的证明与认定,而第31条规定了损失因果关系的证明与认定。至此,"交易因果关系"的概念在我国司法解释层面得以明文化。

3."交易因果关系"的司法实践

目前,除虚假陈述以外,其他类型证券侵权民事赔偿责任的司法解释尚付阙如。但是,有法院根据前述《关于当前商事审判工作中的若干具体问题》的精神,将交易因果关系理解为各类证券侵权民事赔偿

〔8〕 See Wilson v. Comtech Telecomm Corp., 648 F.2d 88, 95 (2d Cir. 1981).

〔9〕 参见盛焕炜、朱川:《证券虚假陈述民事赔偿因果关系论》,载《法学》2003年第6期;马其家:《美国证券法上虚假陈述民事赔偿因果关系的认定及启示》,载《法律适用》2006年第3期。

〔10〕 参见贵州省高级人民法院:朱某强与贵州国创能源控股(集团)股份有限公司证券虚假陈述赔偿纠纷二审民事判决书,案号:(2012)黔高民商终字第3号,2012年7月31日。

〔11〕 参见最高人民法院《关于当前商事审判工作中的若干具体问题》。

责任所共通的构成要件，于是在内幕交易民事赔偿案件中采用交易因果关系的认定模式。也有法院尽管未在判决中直接采用“交易因果关系”的表述，却在具体审查因果关系时，基于投资者与内幕交易人并不相识、内幕交易行为并不影响证券价格等理由否定投资者的交易决策与内幕交易行为之间存在因果关系。〔12〕 这可以说在实质上采纳了交易因果关系的概念。但内幕交易与虚假陈述等证券欺诈不尽相同，那么，在缺乏现行法规范的情况下，对内幕交易民事赔偿案件套用新《虚假陈述民事赔偿规定》所引入的交易因果关系的认定模式，便存在疑问。

（二）内幕交易与证券欺诈的差异分析

审查交易因果关系是认定虚假陈述等证券欺诈引发的民事责任之内在要求。欺诈是指故意告知对方虚假情况，或者负有告知义务却故意隐瞒真实情况，致使被欺诈人基于错误认识而作出意思表示。一般认为，欺诈包含四项构成要件：其一，行为人须有欺诈之故意；其二，行为人实施了故意告知虚假信息的积极欺诈行为，或者负有告知义务却实施了隐匿真相的消极欺诈行为；其三，被欺诈人因欺诈行为而陷入错误认识；其四，被欺诈人基于错误认识而作出意思表示。〔13〕 交易因果关系的内涵体现了上述第 2 ~ 4 项的融合，可以说是民法上欺诈的构成要件在证券侵权领域的具体化。这意味着，若要在内幕交易情形中适用交易因果关系的认定模式，其前提是内幕交易属于证券欺诈。尽管最高人民法院发布的《民事案件案由规定》（法〔2020〕347 号）第 314 项将“证券内幕交易责任纠纷”归为“证券欺诈责任纠纷”，但笔者认为，内幕交易不符合证券欺诈的构成要件，因而不属于证券欺诈。具体而言：

第一，在内幕交易中，侵权人不存在欺诈行为。作为典型的证券欺诈责任，虚假陈述民事赔偿责任的归责基础在于，侵权人违反信息披露义务，因而构成欺诈行为；而内幕交易中侵权人并不负有相关义务，其违反的是关于不当利用信息优势从事交易的禁止规范，因而不构成欺

〔12〕 同前注〔1〕。

〔13〕 参见梁慧星：《民法总论》，法律出版社 2021 年版，第 189 ~ 190 页。

诈行为。有部分论者认为，内幕交易人负有信息披露义务，其利用特殊地位获得其他投资者难以接触到的内幕信息，侵害了投资者的“平等知情权”。[14] 例如，在光大证券股份有限公司（以下简称光大证券）内幕交易案中一审法院判决指出，基于有效市场理论，证券市场价格受到所有投资公众可获知的公开信息的影响，内幕交易人在交易时不披露内幕信息，将会严重影响证券价格的真实性，因此内幕交易行为与投资者损失之间存在因果关系。[15] 然而，这种说理思路忽略了一个关键点——对内幕交易人施加信息披露义务缺乏法律依据。诸如收购计划、年度收益状况、拟订分红计划等重大公司内部事项，在未触发披露条件时均无须披露，更遑论交易各方对于尚处洽谈阶段的项目信息还应予保密。[16] 实际上，未披露内幕信息仅能被视作内幕交易人禁止从事相关交易的理由，而不应被视为造成原告交易损失的原因，否则所有的内幕交易案件都将变为虚假陈述案件。[17] 还有部分论者认为，内幕交易人对一般投资者负有信义义务，其获得内幕信息后，要么予以公开，要么戒绝交易。[18] 然而，对内幕交易人施加信义义务，同样缺乏法律依据。依照我国现行法规定，董事、监事及高级管理人员对公司负有信义义务，但股东并不负有信义义务。尤其是在传递型内幕交易情形下，内幕交易人是被公司内部人员告知内幕信息的外部人员，这些受密人更不可能负有信义义务。对此有论者解释道，当公司外部的受密人知道内部的泄密人违反信义义务时，则视为受密人也负有信义义务。[19] 这种解释在逻辑上就显得更加跳跃。

第二，在内幕交易中，被侵权人并非基于错误认识而作出交易决策。在虚假陈述的情形中，作为被侵权人，投资者是受到虚假陈述人向

〔14〕 参见杨亮：《内幕交易论》，北京大学出版社2001年版，第26页。

〔15〕 由于光大证券内幕交易案存在多名原告，故下文多处所引判决书的案号与此处不同。参见上海市高级人民法院：郭某与光大证券期货内幕交易责任纠纷二审民事判决书，案号：（2016）沪民终226号，2017年2月4日。

〔16〕 同前注〔3〕，耿利航文。

〔17〕 参见朱锦清：《证券法学》，北京大学出版社2022年版，第284页。

〔18〕 参见赵万一主编：《证券交易中的民事责任制度研究》，法律出版社2008年版，第251～252页。

〔19〕 同前注〔18〕，第252页。

市场释放的价格扭曲信号诱导而作出投资决策的。举例而言，在诱多型虚假陈述中，虚假陈述人编造利好消息或者隐瞒利空消息，致使股价虚高，投资者受此影响以虚高的价格买入股票；相反，在诱空型虚假陈述中，虚假陈述人编造利空消息或者隐瞒利好消息，致使股价虚低，投资者受此影响以虚低的价格卖出股票。但内幕交易情形则有所不同，内幕交易人为了规避风险，通常是以隐蔽的方式交易，不会有意扭曲证券价格。例如，在前述光大证券内幕交易案中，光大证券就股指期货IF1309和IF1312实施的内幕交易呈现每分钟交易数量较为平均、交易数量远低于同期市场成交总量的特征。其结果是，相关市场价格在内幕信息揭露前、后呈平稳下跌趋势，无突变。[20] 既然内幕交易行为并不会造成证券价格扭曲，那么就难以说投资者会因此而产生错误认识。从这个意义上说，投资者所作出的投资决策，完全取决于其自身投资水平。

（三）内幕交易情形中的“交易因果关系”证伪

交易因果关系是民法上欺诈的构成要件在证券欺诈情形中的具体化，但内幕交易却非属证券欺诈，因此，将证券欺诈情形中交易因果关系的认定模式套用到内幕交易情形中，实为欠妥。其理由在于，无论是从侵权的一般情形来看，还是从证券侵权这一特别情形来看，交易因果关系都并非民事赔偿责任的构成要件。

首先，交易因果关系不是侵权损害赔偿责任的构成要件。作为侵权损害赔偿责任的构成要件，因果关系具有两层含义：一层是责任成立因果关系，或称事实因果关系，系指侵权行为与权益受侵害之间的因果关系；另一层是责任范围因果关系，或称法律因果关系，系指权益受侵害与损害结果之间的因果关系。[21] 有论者指出，因果关系的这两层含义同样适用于证券侵权领域，只不过美国判例法更换了称谓，交易因果关系就是责任成立因果关系，而损失因果关系就是责任范围因果关系。[22] 对此笔者认为，责任成立因果关系是将侵权人的侵权行为与被

〔20〕 同前注〔15〕。

〔21〕 参见王泽鉴：《侵权行为》，北京大学出版社2016年版，第231页。

〔22〕 参见《内幕交易侵权责任因果关系的司法观察》，载《中外法学》2015年第3期。

侵权人的权益受侵害相关联,但交易因果关系却只是将侵权人的内幕交易行为与被侵权人的交易决策相关联,尚未触及被侵权人所受侵害这一层面,因此两者完全不具有同质性。

其次,交易因果关系也不是证券侵权损害赔偿责任的构成要件。从最高人民法院发布的司法文件来看,2015 年的《关于当前商事审判工作中的若干具体问题》指出,应当在由虚假陈述、内幕交易和市场操纵行为引发的民事赔偿案件中关注交易因果关系这一证券侵权领域特有的构成要件;但 2016 年的《最高人民法院对十二届全国人大四次会议第 6393 号建议的答复》却仅仅提到交易因果关系是虚假陈述和操纵市场情形中民事赔偿责任的构成要件,而未提及内幕交易情形。这表明在司法实践的立场上,交易因果关系是否构成虚假陈述、操纵市场、内幕交易等各类证券侵权情形中民事赔偿责任所共通的构成要件,尚存争议。对此笔者认为:究其本质而言,内幕交易当属不公平交易。其市场危害性集中体现为,内幕交易人利用信息优势在“零和博弈”的证券市场上攫取不公平利益,进而剥夺其他投资者的获利机会或者降低其他投资者的净回报率。[23] 申言之,内幕交易行为侵害的是被侵权人的公平交易权益,而对公平交易权益造成侵害却又往往不是通过诱导被侵权人作出交易决策来实现的。一方面,不同于证券欺诈情形中先有侵权人的欺诈行为、后有被侵权人基于错误认识作出交易决策的异步模式,在内幕交易情形中侵权人的内幕交易行为与被侵权人的投资行为具有同步性,不存在前者引发后者的时间区隔。另一方面,在内幕交易情形中侵权人并未实施欺诈行为,也未干预被侵权人的交易决策,侵权人与被侵权人的交易行为之间缺乏引起与被引起的实质原因力。可见,侵权人的内幕交易行为与被侵权人的投资行为本就不存在交易因果关系。在内幕交易情形中运用此种因果关系的认定模式,只会推导出侵权人的侵权行为与被侵权人的损失之间不存在因果关系这一结论,而根本无益于查明侵权人的内幕交易行为与被侵权人的公平交易权益受损之间有无因果关系。因此,不应在内幕交易情形中将交易因果关系作为民事赔偿责任的构成要件,自然也就不能说交易因果关系

〔23〕 参见陈甦主编:《证券法专题研究》,高等教育出版社 2006 年版,第 235 页。

是各类证券侵权情形中民事赔偿责任所共通的构成要件。

三、内幕交易情形中“双重因果关系”的重构

囿于对内幕交易归责基础的偏差认知，既有观点多将内幕交易情形的双重因果关系界定为交易因果关系和损失因果关系。综合上述对交易因果关系的辨析，笔者认为，应当重构内幕交易情形中的双重因果关系，先审查责任成立因果关系，考察内幕交易行为与投资者公平交易权益受侵害之间的因果关系存在与否；后审查责任范围因果关系，以锁定请求权主体范围与赔偿金额。

（一）内幕交易情形中的责任成立因果关系

对于责任成立因果关系，实践中通常采用“若无，则不”公式进行判断。对此有观点认为，反向交易者通常是基于信赖证券市场的公平、诚信而进行投资的，若其知晓交易对手中可能存在内幕交易人，则必然不会作出于己不利的交易决策，又因为所有反向交易者在事实上均有可能同内幕交易人成交，如此内幕交易与投资者受损交易之间“若无，则不”的因果关系即得以证成。〔24〕然而，该观点实际上仍受制于交易因果关系的概念束缚。在内幕交易情形中，问题的焦点并非是否若无内幕交易行为仍有投资者的反向交易，而应该为是否若无内幕交易，则投资者的公平交易权益就不会受到侵害。后者既可以通过定性分析加以证明，也可以通过定量分析加以呈现。

从定性的角度来看，内幕交易在本质上是一种风险转嫁行为。内幕交易人凭借信息优势将本该由其承担的市场风险不当地转嫁给同期的其他投资者，从而推高了其他投资者亏损的概率。〔25〕换言之，若无内幕交易行为，则反向交易者不会背负此种不公平的风险分担，其公平交易权益不会受到侵害。对此有论者反驳道：当内幕交易人的同向交易者的数量足以促成反向交易者全盘成交时，即便没有内幕交易行为，

---

〔24〕 同前注〔22〕。

〔25〕 参见曾洋：《内幕交易侵权责任的因果关系》，载《法学研究》2014 年第 6 期。

反向交易者仍然会蒙受相同的损失,因此,内幕交易行为并未给反向交易者增加交易风险。[26] 这种反驳实际上涉及“假设因果关系”。申言之,损害已经因侵权行为而发生,不过即便没有该侵权行为,损害的全部或部分也将基于另一原因事实而发生。[27] 在此情形下,内幕交易行为足以造成反向交易者的损害,并且这不会因内幕交易人的同向交易者的交易行为存在与否而有任何改变,所以应当认定内幕交易行为是真正原因,而也有可能与反向交易者匹配成交的、内幕交易人的同向交易者的交易行为只不过是假设原因。[28] 假设原因的存在,不足以否定作为真正原因的内幕交易行为与反向交易者的公平交易权益受侵害之间的因果关系。

从定量的角度来看,所有流通股因特定内幕消息的公开披露而增加或减少的市值总量是一定的。在此前提下,若无内幕交易人瓜分利益,则该部分利益将在其他投资者之间正常分配。但内幕交易人却打破了此种利益分配机制,其利用信息优势在作出交易决定时精准预判将来的一段时间内股价的走势,从而作出于己有利的投资决策。一旦顺利成交,内幕交易人便人为地改变了自己与其他投资者之间的流通股分配量,进而实现积极获利或者消极避损。[29] 这种不公平获利的内幕交易行为如同内幕交易人在一场多人参与的赌局中提前获知了牌面结果,然后刻意朝盈利方向下注,最后稳定地瓜分所有玩家的利益。由于利益总量恒定,内幕交易人的获利实际上就是对其他投资者利益的剥夺。

由上述分析可知,内幕交易行为与投资者公平交易权益受侵害之间存在因果关系,“若无内幕交易,则投资者的公平交易权益不会遭受侵害”的命题成立。

(二)内幕交易情形中的责任范围因果关系

责任范围因果关系是指权益受侵害与损失之间的因果关系,在内

---

〔26〕 See Frank H. Easterbrook, *Insider Trading Secret Agents, Evidentiary Privileges, and the Production of Information*, The Supreme Court Review, Vol. 1981, 1981.

〔27〕 同前注〔21〕,第 239 页。

〔28〕 参见黄文煌:《论侵权法上的假设因果关系》,载《中外法学》2011 年第 3 期。

〔29〕 同前注〔2〕。

幕交易情形中其所检视的是投资者所受损失在多大范围内应当归责于内幕交易人。这种因果关系的认定集中体现为损害赔偿请求权人范围的限定和损失计算标准的确定。

1. 损害赔偿请求权人应限定为内幕交易人的同期反向交易者

关于内幕交易情形中损害赔偿请求权人的范围，存在"交易相对人说"与"同期反向交易者说"的观点对立。"交易相对人说"认为，损害赔偿请求权人必须是内幕交易人的直接交易对手，例如，内幕信息为利空消息时从内幕交易人处买入证券的投资者，或者内幕信息为利好消息时将自己的证券卖出给内幕交易人的投资者。〔30〕其理由在于，在匿名交易的证券市场中，内幕交易行为并不会影响投资者的交易决策，因此受损的仅仅是与内幕交易人达成事实交易关系的交易对手。〔31〕与此相对，"同期反向交易者说"主张，损害赔偿请求权人必须是与内幕交易人同期进行反向交易的投资者，其不仅包括内幕交易人的直接交易对手，还包括非直接交易对手。〔32〕

对此笔者认为，内幕交易情形中的损害赔偿请求权人首先必须是内幕交易人的同期反向交易者。其理由在于：将损害赔偿请求权人限定为同期反向交易者，在实务上更具可操作性。在匿名交易的证券市场中，直接交易对手无从确定。买入人和卖出人在交易系统上仅存在时间与价格之别，而无其他特定化标识。电脑交易处理系统撮合成交的方式并非简单的同价、同时者成交，而是对全部申报以"价格优先、时间优先"的原则进行排序，并考虑成交量最大、高于基准价的买入申报和低于基准价的卖出申报可实现全部成交、与基准价相同的买卖双方中的一方可实现全部成交等因素撮合交易。〔33〕在这种交易模式下，由于内幕交易人仅是买入人或者卖出人之一，反向交易者究竟将会被匹配为内幕交易人的交易对手，还是成为其他投资者的交易对手，纯属概率问题。系统中并不会生成一对一的交易订单记录，因而欲起诉请

---

〔30〕 同前注〔22〕。

〔31〕 See Fridrich v. Bradford, 542 F. 2d 307, 323 (6th Cir. 1976).

〔32〕 同前注〔2〕。

〔33〕 参见《上海证券交易所交易规则》(2023 年修订)第 3.5.1 条至第 3.5.3 条；《深圳证券交易所交易规则》(2023 年修订)第 3.4.2 条至第 3.4.4 条。

求损害赔偿的投资者也无法证明自己是内幕交易人的直接交易对手。可见,“交易相对人说”无从采纳。相较而言,按照“同期反向交易者说”,欲起诉请求损害赔偿的投资者只需证明其交易时间、交易方向等事项,通过交易明细等证据资料即可实现,无疑更具可操作性。[34]

对于同期反向交易者,应当通过“同期”和“反向”这两个要件来界定。其中,“反向”通过系统载明的投资方向即可认定,但关于“同期”的界定标准则存在较大争议。第一种观点是“同日说”,其认为同期是指与内幕交易相同的日期。[35] 第二种观点是“内幕信息公开说”,其认为同期是指自内幕交易的时点起至内幕信息公开的时点止的这段期间。其理由在于,“同日说”忽略了内幕交易的危害传递性,同日反向交易者可能因在内幕信息公开前再次进行相反交易而未实际受损,而那些与同日反向交易者再行交易的投资者才遭受了损失,故将同期界定为到内幕信息公开之时为止的这段期间,才更合理。[36] 第三种观点是“同日同价说”,其认为同期是指在与内幕交易相同的日期以与内幕交易人相同的价格从事相反交易。[37] 第四种观点为“时间一致说”,其认为同期是指以内幕交易行为的开始为起点、结束为终点的这段期间。[38] 也就是开始利用内幕信息下达交易指令实施交易之时至内幕

---

〔34〕“同期反向交易者说”也更符合国际立法潮流。鉴于“交易相对人说”缺乏可操作性,部分曾采用该学说的国家便在反思的基础上改为采用“同期反向交易者说”。例如,新加坡在其《1986 年证券业法》中曾采用“交易相对人说”,但经多年实践后发现相关规定成为索赔障碍,投资者难以证明己方的交易对手就是内幕交易人。于是,新加坡自 2000 年起改为采用“同期反向交易者说”(See Alexander FH Loke, *The Private Right of Action for Insider Trading*, Journal of Corporate Law Studies, Vol. 7, 2007)。同样地,澳大利亚也曾采用“交易相对人说”,但在注意到其制度缺陷后,澳大利亚证券和市场咨询委员会于 2003 年在关于内幕交易立法修改的报告中明确建议放弃僵化的“交易相对人说”,将损害赔偿请求权人的范围扩展至内幕交易的所有受害人[See Corporations and Markets Advisory Committee (Australia), Insider Trading Report (November 2003), Recommendation 9]。

〔35〕See Tan Cheng Han, *Protecting the Integrity of the Securities Market: Recent Amendments to the Law Relating to Insider Trading*, Singapore Journal of legal Studies, No. 2, 2000.

〔36〕See Federal Securities Code (ALI 1980), § 1703.

〔37〕同前注〔18〕,第 280 页。

〔38〕同前注〔14〕,第 337 页;杨峰:《证券民事责任制度比较研究》,法律出版社 2006 年版,第 288 页。

交易指令在系统中撮合成交结束之时。[39]

对此笔者认为，应当从交易时间和交易价格的双重维度来界定“同期”。具体而言：首先，同期反向交易者的交易时间必须是在内幕交易指令发出至系统撮合成交结束这一时间段内。其理由在于，内幕交易人通常仅占同期市场交易总量的较小比例，在此基础上若将“同期”的终点延至内幕交易结束之后，将会过度扩大赔偿范围，对内幕交易人科以过重的赔偿义务。举例而言，在前述光大证券内幕交易案中，内幕交易成交量在同期交易量中占比极低。内幕交易时间段内，光大证券交易的IF1309仅占市场总成交量的1.39%，其交易的IF1312也仅占市场总成交量的1.80%。[40] 换言之，同时间段内的反向交易者已然是内幕交易成交量的近百倍，若再将“同期”的截止时间延长，将使内幕交易人的赔偿责任呈指数性扩增。若是为了避免内幕交易人陷于过高的赔偿责任而将赔偿额限定在其获利范围之内，又会因损害赔偿请求权人的数量骤增而导致个体获得的赔偿额骤减。可见，无论是出于合理控制内幕交易人的民事赔偿责任，还是为了保护投资者的利益，将“同期”的终点延长至内幕交易结束之后都不是理想方案。实际上，在内幕交易结束后，交易双方均未利用不公平的信息优势，投资者的公平交易权益并未受侵害，其所蒙受的交易损失不过是正常的市场风险所致。从这个意义上说，考虑内幕交易的危害传递性，实则已偏离内幕交易民事赔偿责任的归责基础。因此，“同日说”、“同日同价说”及“内幕信息公开说”均不具有说服力。其次，同期反向交易者的交易价格必须与内幕交易人的价格相同。除时间以外，价格也是影响系统撮合交易的重要因素。虽然在集合竞价模式下最终成交的价格均为基准价，但是在连续竞价中，并非同一时段内每一单交易的成交价都相同。换言之，以相同价格从事反向交易的投资者未必是内幕交易人的交易对手。不过可以确定的是，以不同于内幕交易人的价格从事反向交易的投资者不可能与其相互匹配。因此，要求双方交易价格相同，有助于使损害赔偿请求权人与真正因内幕交易而受损的投资者保持一致。

---

〔39〕 同前注〔2〕。

〔40〕 同前注〔15〕。

2. 损失计算应采用修正差额法

关于内幕交易中投资者损失的计算,应遵循利益平衡与方法平衡两大基本原则。[41] 一方面,应当考虑投资者与内幕交易人之间的利益平衡。证券市场存在的目的是为发行者筹资融资,而资金的来源便是投资者。如果没有投资者,证券市场将沦为无本之木。然而,投资者在证券市场中承受了绝大部分的市场风险,却往往居于弱势地位。基于此,证券市场监管的首要目标就是保护投资者的利益。[42] 但是,在重视投资者利益保护的同时,亦不得忽视对内幕交易人赔偿责任的公正认定,以免责任失衡。另一方面,还应当兼顾计算方法的客观性与可行性,既要以最大限度还原投资者的实际损失为目标,也要确保在司法实践中追求该目标的途径切实可行。

目前,内幕交易民事赔偿领域的损失计算存在两种做法:一般做法是以投资者的实际损失为计算标准,特殊做法则是以内幕交易人的非法获利为计算标准。由于特殊做法不符合侵权损害赔偿责任的构成要件,且未将内幕信息对价格的影响与市场风险相剥离,[43] 因此一般做法得到了更多的支持。

以一般做法为前提,也存在多种具体的损失计算方式。一是实际价值法,即将内幕信息公开后的证券价格与交易时的证券实际价值作差,计算赔偿金额。[44] 此种计算方式的难点在于证券实际价值无法衡量。二是差额法,[45] 其中修正差额法以内幕信息公开后一段合理期间内的平均价格作为基准价,再以基准价和内幕交易时的成交价之差作

---

〔41〕 参见袁康等:《证券侵权民事赔偿标准研究》,法律出版社 2022 年版,第 84 页。

〔42〕 See International Organization of Securities Commission, *Objectives and Principles of Securities Regulation*, https://www.iosco.org/library/pubdocs/pdf/IOSCOPD561.pdf, visited October 1, 2023.

〔43〕 参见周伦军:《从不当得利到损害赔偿:内幕交易民事责任的逻辑演进——〈证券法〉修订草案第 92 条之评析》,载《法律适用》2015 年第 8 期。

〔44〕 参见冯果、李安安:《内幕交易的民事责任及其实现机制——写在资本市场建立 20 周年之际》,载《当代法学》2011 年第 5 期。

〔45〕 差额法又分为净差额法、修正差额法、重买价格法、重卖价格法四种测算方法,因另外三种方法或难以计算,或将畸形加重内幕交易人的赔偿负担,故本文重点介绍修正差额法,其余三类不再赘述。关于上述各项测算方法详见前注〔41〕,第 87 ~ 90 页。

为赔偿额。[46] 这种损失计算方式以内幕信息公开后一段合理期间的基准日作为计算证券价格的时间节点，旨在让内幕信息被证券市场充分吸收，将损失尽可能限缩在内幕信息造成的影响范围之内，因此，既能实现计算结果趋于投资者的实际损失，又不失可操作性，是实现方法平衡的更优方案。

采用修正差额法的难点在于如何确定合理期间。若过早确定基准日，则内幕信息尚未被市场充分消化；若过分延后基准日，则又无法过滤其他市场因素造成的新的证券价格波动。关于基准日的确定，目前存在内幕信息公开后 3 日、5 日、10 日、30 日等不同观点。以光大证券内幕交易案为例，法院根据案涉证券市场价格反应速度等指标，将股指期货的交易基准日确定为内幕信息公开后 3 个交易日，而将交易型开放式指数基金（Exchange Traded Fund，ETF）与 ETF 成分股的交易基准日确定为内幕信息公开后 10 个交易日。[47] 我国 2015 年《证券法（修订草案）》第 92 条亦将内幕信息公开后 10 个交易日确定为基准日，但正式通过的法案对此未予保留。美国 1995 年《私人证券诉讼改革法》（Private Security Litigation Reform Act）第 101 节（b）在该国 1934 年《证券交易法》中增设第 21 节 D（e），将基准日确定为内幕信息公开后 90 日。学说上有观点建议将基准日设定为内幕信息公开后 30 个交易日。[48] 亦有观点主张舍弃"一刀切"的立法模式，将各种类型证券均设定为同一合理期间，而宜将基准日定为一定的范围区间，如内幕信息公开后 3 ~ 10 日。[49] 笔者赞同后一种观点，在司法解释中确定基准日的范围区间，既能控制合理期间的长短范围，亦可供法院于具体个案中灵活判断与案涉证券特性适配的基准日。

---

〔46〕 同前注〔41〕，第 86 页。

〔47〕 参见上海市高级人民法院：徐某阳诉光大证券期货内幕交易责任纠纷二审民事判决书，案号：（2015）沪高民五（商）终字第 61 号，2016 年 1 月 18 日。

〔48〕 同前注〔18〕，第 272 页；郭锋：《内幕交易民事责任构成要件探讨》，载《法律适用》2008 年第 4 期。

〔49〕 同前注〔41〕，第 91 ~ 92 页。

四、内幕交易情形中因果关系证明的探究

(一)内幕交易情形中责任成立因果关系的推定

1. 在责任成立因果关系上适用推定规则的正当性根据

关于内幕交易情形中责任成立因果关系的证明,不少论者主张采用因果关系推定规则或证明责任倒置,且普遍认为二者本旨相同,均为降低投资者的证明难度。[50] 按照这类观点,作为原告的投资者证明存在内幕交易行为与实际损失后,即可推定因果关系成立,而作为被告的内幕交易人可以提出反证推翻因果关系。[51] 在前述光大证券内幕交易案中法院判决即指出,应类推适用旧《虚假陈述民事赔偿规定》第18条的规定,推定因果关系成立。[52] 但是,对此也存在若干反对观点。其中,第一种反对观点认为,在内幕交易情形下适用因果关系推定规则,不仅无法在实体层面解决因果关系的逻辑证成,且缺乏法理基础。其理由在于,内幕交易人亦是市场投资者,因此,在证明内幕交易行为与投资者损失之间的因果关系方面,内幕交易人未必具有证明方式或地位上的优势。[53] 第二种反对观点认为,推定因果关系成立意味着投资者的市场决策风险统统可以转嫁给事后被发现的内幕交易人,这无异于强令内幕交易人为市场中的输家提供价格保险。一方面,同期反向交易者的损失并不必然对应内幕交易人的获利,而可能对应其他同期同向交易者的获利。因此,将这些损失归责于内幕交易人便有失公允。另一方面,在内幕信息公开后,此前所有的反向交易者都同样受到了不利价差影响,却唯独同期反向交易者获得了补偿,这种特殊照顾也

---

〔50〕 参见冯果:《内幕交易与私权救济》,载《法学研究》2000年第2期;王利明:《我国证券法中民事责任制度的完善》,载《法学研究》2001年第4期;同前注〔2〕,刘敏文。

〔51〕 同前注〔14〕,第355页;同前注〔38〕,杨峰书,第367页;赵琦娴:《证券市场内幕交易民事责任制度研究》,载《法学》2003年第10期。

〔52〕 同前注〔47〕。

〔53〕 同前注〔2〕。

不甚合理。[54] 前述两种反对观点所否定的分别是在内幕交易情形中采用因果关系推定规则的正当性以及责任成立因果关系的成立。关于后者,如前所述,无论从定性角度还是从定量角度分析,内幕交易情形中的责任成立因果关系均得以证成。内幕交易行为之所以侵害了原告的公平交易权益,是因为内幕交易人凭借信息优势实施有利投资,致使同期反向交易者被迫承担此种不公平的风险。那么,需要细致分析的其实是,在责任成立因果关系上采用推定规则的正当性。

理论上,推定规则的正当性表现为四个方面:其一,认知的有限性反映了推定规则存在的现实需求。其二,事物之间的常态联系强化了推定规则的合规律性。其三,社会公共政策体现了推定的合道德性。其四,公正基础上的诉讼效率提升展现了推定规则的合法律性。[55] 而在内幕交易情形中,在责任成立因果关系层面适用推定规则,具备了前述四个方面的正当性基础。首先,投资者既难以证明自己是基于对市场的公平诚信而参与投资,亦缺乏完整的交易数据来还原内幕交易对相关市场产生的实际影响,进而无从证明内幕交易行为与投资者的公平交易权益受侵害之间如何形成因果关系。对此,有必要考虑更具可行性的司法策略,即进行推定。其次,内幕交易与投资者的公平交易权益受到侵害之间存在常态联系,对此适用推定规则符合客观规律。尽管并非所有的同期反向交易者都为内幕交易人的获利作出了牺牲,但所有同期反向交易者均有可能与内幕交易人匹配成交,其共同承受了"被不当剥夺利益"的风险。再次,采取因果关系推定规则旨在维护证券市场的公平公正,保护投资者的合法权益,与《证券法》中的立法目的相吻合。《证券法》第 1 条即明确了保护投资者合法权益的立法目的。参照关于同为证券侵权的虚假陈述情形的司法解释,无论是旧《虚假陈述民事赔偿规定》中对因果关系的推定,还是新《虚假陈述民事赔偿规定》中对交易因果关系的推定,均是出于保护投资者利益的法政策考量。[56] 需要说明的是,上述第一种反对观点认为,同期反向

〔54〕 同前注〔3〕,耿利航文。

〔55〕 参见郑文革:《推定制度研究》,中国人民大学出版社 2019 年版,第 64 页。

〔56〕 参见彭冰:《证券虚假陈述民事赔偿中的因果关系——司法解释的新发展评析》,载《法律适用》2022 年第 5 期。

交易者与内幕交易人在市场地位方面并无优劣之分,进而否定以保护投资者合法权益为由适用因果关系推定规则。对此笔者认为,这种观点对保护投资者合法权益的理解存在偏差。投资者并非仅在处于劣势市场地位的情形下才值得保护,由《证券法》及其他相关法律规范所确定的投资者的各项合法权益,均应得到落实。《证券法》第3条明确了证券交易活动必须遵循公开、公平、公正之原则。据此,内幕交易人固然同为投资者,但其内幕交易行为已经侵害了同期反向交易者的公平交易权益,后者更应受到法律的倾斜保护。因此,不能说内幕交易人与其他投资者同为投资者,适用因果关系推定规则就不具有正当性。最后,由于责任成立因果关系的推定是建立在投资者证成被告存在内幕交易行为、投资者属于同期反向交易者的基础之上的,在内幕交易行为与公平交易权益受侵害之间存在常态联系的前提下,此种推定并未舍弃正义的基本要求,且有益于诉讼效率的提升。

综合上述分析,在内幕交易责任成立因果关系层面采用推定规则,不仅是对现实需求的回应,更是基于多元价值的权衡。

2. 在责任成立因果关系上对推定规则的具体适用

关于责任成立因果关系推定规则的具体适用,首先应当澄清的是,将推定与证明责任倒置等同的观点并不严谨,推定规则的适用必须以原告证成基础事实为前提,而非将证明责任直接转由被告承担。若基础事实尚不成立,则无推定规则的适用空间,被告也无须围绕因果关系这一要件提出相反证据。在责任成立因果关系层面,作为原告的投资者需证明的基础事实有二:一是作为被告的内幕交易人存在内幕交易行为。由于内幕交易具有隐蔽性,投资者通常是在中国证监会对内幕交易人作出行政处罚决定或者内幕交易人涉及刑事案件后,才会知悉内幕交易。故投资者多以行政处罚决定书或者生效刑事裁判文书证明被告存在内幕交易行为。[57] 需要说明的是,实践中存在内幕交易人在

〔57〕 根据最高人民法院《关于民事诉讼证据的若干规定》(法释〔2019〕19号)第10条,生效裁判文书确认被告(内幕交易人)实施了内幕交易行为的,该事实即为免证事实。而根据最高人民法院《关于适用〈中华人民共和国民事诉讼法〉的解释》(2022年修正)第114条,行政处罚决定书中认定被告(内幕交易人)存在内幕交易行为的,推定为真实。

民事诉讼中抗辩称,尚无行政处罚决定书或生效刑事判决书认定其存在内幕交易行为。然而,即便没有上述文书,也并不必然影响法院在民事诉讼中对内幕交易行为存在与否的认定。投资者可向法院提供内幕交易人与内幕信息存在接触或者与其他内幕信息知情人存在联络、被告交易行为异常等方面的证据,证明内幕交易人存在内幕交易行为。二是投资者属于同期反向交易者。对此,投资者可以提供交易系统载明的数据,证明其与内幕交易人交易证券相同、交易方向相反、成交价格相同且交易时间位于内幕交易开始实施至系统撮合成交结束之间。

在推定规则的适用下,作为被告的内幕交易人可以从否认基础事实成立、否认推定事实成立等维度,提出如下抗辩:第一,内幕交易人可以主张其未实施内幕交易行为。例如,案涉信息不构成《证券法》第52条规定的"内幕信息",内幕交易人不属于《证券法》第53条第1款规定的"证券交易内幕信息的知情人和非法获取内幕信息的人",内幕交易人未实施《证券法》第53条第1款规定的"买卖该公司的证券,或者泄露该信息,或者建议他人买卖该证券"的行为等。其中,对于内幕信息已经公开是否构成抗辩事由,《证券法》未予明确。2007年发布的《证券市场内幕交易行为认定指引(试行)》(已失效)第11条曾兼采形式公开标准与实质公开标准。该条规定的公开方式除了在指定媒体上公开,还包括在一般投资者能接触到的全国性报刊、网站等公布,或者被一般投资者广泛知悉和理解。2012年发布的最高人民法院、最高人民检察院《关于办理内幕交易、泄露内幕信息刑事案件具体应用法律若干问题的解释》(法释〔2012〕6号)虽然在第5条第4款规定,"内幕信息的公开,是指内幕信息在国务院证券、期货监督管理机构指定的报刊、网站等媒体披露",即采取形式公开标准;但在第4条第3、4项又将"依据已被他人披露的信息而交易"和"交易具有其他正当理由或者正当信息来源"列为内幕交易的免责事由,这等于是承认了实质公开标准。而《证券法》第86条与《上市公司信息披露管理办法》(2021年修订)第8条均采用形式公开标准,认为只有在中国证监会指定的媒体上发布信息才属于具有法律效力的公开。可见,在我国法律规范层面,关于内幕信息的公开标准应当采用形式公开还是实质公开,尚无定论。对此笔者认为,兼采形式公开与实质公开的标准更加契合内幕交易民事赔偿制度保护公平交易权益的制度目的。申言之,无论内幕信息已形式公开还是实质公开,内幕信息知情人都不再具备不公平的信息优势,进而,其基于已公开信息进行交易也不会侵害其他投资者的公平交易权益。第二,内幕交易人可主张投资者对内幕交易知情。若投资者明知相关市场中存在内幕交易人仍实施同期反向交易,则其无异于自行放弃公平交易权益,实无提供法律保护之必要。第三,内幕交易人可结合交易证券名称、时间、价格、交易方向等因素,否认投资者属于同期反向交易者。

(二)内幕交易情形中责任范围因果关系的推定

1.在责任范围因果关系上适用推定规则的正当性根据

与责任成立因果关系相同,在责任范围因果关系层面上适用推定规则亦具有正当性。首先,由于同期反向交易者主张的损失可能是内幕交易人之外的其他同向交易者所致,或者其他系统性风险所致,而这些致损原因属于正常的市场风险,故不应归责于内幕交易人。〔58〕对此情形,要求普通投资者证明差额计算法所得之损失系已排除了内幕交易以外的其他致损原因,既不现实,更有悖"证有不证无"的逻辑学常理。那么,若不适当降低内幕交易情形中责任范围因果关系的证明难度,投资者将难以获得救济,这便在实务中产生了在责任范围因果关系上适用推定规则的现实需求。其次,同期反向交易者均面临着内幕信息被市场吸收前后产生价差损失之风险,故投资者的损失与内幕交易行为存在常态联系。〔59〕最后,在责任范围因果关系上适用推定规则同样是在不舍弃正义的前提下实现诉讼效率的提升。有论者在赞同于内幕交易情形中适用因果关系推定规则的基础上指出,内幕交易行为对投资者损失施加的原因力大小无法精确衡量,故应当推定内幕交易行为所造成的投资者损失仅为实际损失的一半。〔60〕但其并未阐明,内幕交易行为与其他市场因素何以对投资者损失施加了同等程度的原因力。鉴于缺乏客观数据的支撑,这种"和稀泥式"的赔偿方案不足取。

---

〔58〕 同前注〔25〕。

〔59〕 同前注〔22〕。

〔60〕 同前注〔25〕。

不过,该观点所蕴含的合理限定内幕交易人的赔偿责任之理念,则理应贯彻。实际上,这种理念已经融入损失计算方法的选取过程中。修正差额法相较于净损差额法的优势就在于,前者考虑到了其他系统风险对价格的同步影响。该方法根据案涉证券的价格灵敏度等特性将计算基准价格的合理期间限缩在较为适当的范围内,即旨在排除其他致损因素的影响。

综合上述分析,在已合理控制内幕交易人赔偿范围的基础上,适用责任范围因果关系的推定规则,并保障内幕交易人的抗辩权利,无疑是权衡各攸关方利益的更优方案。

2. 在责任范围因果关系上对推定规则的具体适用

关于责任范围因果关系推定规则的具体适用,作为原告的投资者需要证明的基础事实为,因内幕信息公开形成证券价格的波动,进而产生价差等损失。具体而言,投资者需明确其损失计算方式及各项损失的产生原因。对此,作为被告的内幕交易人可主张如下抗辩:第一,投资者不存在损失。例如,经差额计算,投资者并无实际损失。又如,投资者主张赔偿的损失实为佣金、印花税等费用。虽然在虚假陈述情形中,该类费用属于赔偿范围,[61]但在内幕交易情形中,由于投资者的交易决策并非由内幕交易人引发,而佣金、印花税等均属于交易必然产生的费用,因而不构成投资者的损失。[62] 第二,投资者的损失系其他原因造成。例如,存在政策变动、汇率波动等系统性风险。第三,投资者主张的损失不满足“同期”的条件。例如,投资者虽与内幕交易人进行了同期反向交易,但在内幕信息公开前,该投资者又进行相反交易。此时,由于相关证券尚未受内幕信息公开的不利影响,即便投资者的多次交易形成了亏损,该部分损失也与内幕交易不存在因果关系。

---

〔61〕 参见新《虚假陈述民事赔偿规定》第 25 条。

〔62〕 参见北京市第二中级人民法院:李某与黄某裕、杜某证券内幕交易责任一审民事判决书,案号:(2011)二中民初字第 20524 号,2012 年 12 月 20 日。

五、结语

交易因果关系是证券欺诈民事赔偿责任的构成要件,对该要件的审查在内幕交易民事赔偿案件中亦得到了实质运用,但这一类推适用却忽视了内幕交易行为与证券欺诈的本质差异。其一,在内幕交易中,作为侵权人的内幕交易人不存在欺诈行为。其二,内幕交易行为通常不会对证券价格形成明显干扰,作为被侵权人的投资者并非基于错误认识而作出交易决策而是基于自身的投资水平。究其本质,内幕交易并非侵害投资者知情权的证券欺诈,而是倚仗信息优势,剥夺其他投资者的获利或避损机会的非公平交易行为,其所侵害的是投资者的公平交易权益。因此,以反欺诈理论为立论根基的交易因果关系理论,对于查明内幕交易人的内幕交易行为与投资者的公平交易权益受损之间有无因果关系毫无助益,不应将交易因果关系视为内幕交易民事赔偿责任的构成要件。

有鉴于此,应重新厘定内幕交易民事赔偿责任中因果关系的含义与证成机理。在责任成立因果关系层面,“若无内幕交易行为,则投资者的公平交易权益不会受到侵害”之命题在定性与定量上均得以证成。而对责任范围因果关系的审查,则集中体现为损害赔偿请求权人与赔偿金额的确定。其一,损害赔偿请求权人应限为“同期反向交易者”,其交易时间应当在内幕交易指令发出时起至系统撮合成交结束时止这一时段内,且成交价格须与内幕交易人相同。其二,应以修正差额法计算赔偿金额,即以内幕信息公开后一段合理期间内的平均价格作为基准价,再以基准价和内幕交易时的成交价之差作为赔偿金额。合理期间宜设为特定区间,如内幕信息公开后 3 ~ 10 日,供法院于个案中灵活判断与案涉证券的特性适配的基准。

在证明方式上,对前述双重因果关系均应适用推定规则,这既回应了适当降低投资者证明难度的现实需求,也符合事物的常态联系,并在确保公正的前提下提升了诉讼效率。在责任成立因果关系层面,投资者需证明内幕交易行为存在、投资者属于同期反向交易者两项基础事实。在责任范围因果关系层面，投资者需证明内幕信息公开形成了证券价格波动、存在价差等实际损失两项基础事实。针对上述两层因果关系的推定，内幕交易人均可从基础事实不成立、推定事实不成立两个方面提出抗辩。

（编辑：张　越　姜沅伯）

《证券法苑》(2024)
第四十卷，第24~51页

公平交易理论视域下内幕交易民事赔偿责任因果关系的认定

徐宇翔*

摘要：我国内幕交易民事赔偿司法实践中存在认定要素争议大、裁判标准失衡、裁判要素差异化等问题。本文分析了市场欺诈理论的困境，引入公平交易理论作为理论基础，进而梳理事实因果与法律因果的认定要素，明确因内幕信息获利与因内幕交易获利的区分、内幕交易人的获利与受害人的范围。在此基础上，本文从适格原告的界定、附加要素的分类与梳理、排除侵权损害赔偿数额中无关因素出发归纳出“三层级”认定法，以此规范内幕交易民事赔偿责任中因果关系的认定。

关键词：公平交易　内幕交易　因果关系

引　言

内幕交易是指知悉尚未公开信息的人员，出于牟利或止损意图，自己或通过他人利用该信息开展

---

* 中国政法大学硕士，现任北京金融法院法官助理。

证券交易活动的行为。[1] 其是资本市场三大毒瘤之一，严重损害投资者信心，对证券业的长久发展有极大的负面影响。尽管2005年修订的《证券法》对内幕交易民事赔偿责任作了原则性规定，2021年中共中央办公厅、国务院办公厅印发的《关于依法从严打击证券违法活动的意见》(以下简称《意见》)第7条也明确提出要健全民事赔偿制度，但长期以来对内幕交易的规制主要通过行政或刑事责任实现，民事赔偿制度处于虚置状态。

内幕交易民事责任中，违反《证券法》进行内幕交易的行为与受害人遭受的损失之间是否存在因果关系是认定中的重中之重。与一般因果关系不同，基于证券市场中价格变动的不稳定性、多因素共同作用的复杂性、多投资主体的同时参与性，因果关系的认定中需要排除与内幕交易行为无关的市场因素等的影响，往往难以判断。同时较之刑事责任中对内幕交易行为相对概括的程度评价，民事责任中认定各受害人具体的损害金额，需要更明确的标准。解决该问题对实现证券市场促公平与提效率统一，达成“追首恶”和“打帮凶”并举，进而推动资本市场高质量发展有着重要意义。基于此，笔者以内幕交易民事责任因果关系为研究对象，结合司法案例，探讨认定规则。

一、内幕交易民事责任因果关系司法认定的现状与问题

通过中国裁判文书网，以“证券内幕交易责任纠纷”为案由进行检索，截至2023年6月15日，共检索到285份文书。经过逐一阅读与筛选，排除230份无关文书，[2] 得到可供研究的样本文书55份。通过比较分析，发现存在如下问题。

---

〔1〕 参见杨亮：《内幕交易论》，北京大学出版社2001年版，第4页。

〔2〕 排除的文书中包括非公开文书204份，管辖权异议裁定24份，不予执行裁定1份，补正裁定1份。

（一）内幕交易民事责任因果关系认定的司法现状

1. 民事赔偿制度虚置

从涉诉主体看，55 件案件中投资者诉光大证券股份有限公司（以下简称光大公司）系列案件（以下简称光大乌龙指案）共计 49 件，案件较为集中。从处理结果看，有 33 件撤回起诉，有 17 件被法院驳回起诉或上诉，有 3 件的赔偿请求得到法院支持（均为光大乌龙指案），1 件视为撤回上诉，1 件不予受理。可见，目前证券内幕交易责任纠纷受理案件类型有限，除光大乌龙指案外应用极少，且该案仅部分投资者得到了赔偿，可见相关民事赔偿制度处于虚置状态。

2. 认定要素争议较大

从诉辩主张来看，针对因果关系，原告普遍主张系因为被告内幕交易行为引发股价上涨而买入，交易的股票种类与内幕交易涉及的股票直接相关。而被告主要从交易时段不适格、交易品种不相关及证券市场固有风险等角度进行抗辩。从原、被告双方提出的理由（见表 1）来看，涉及交易时间、交易品种、交易模式、交易手法、总成交量等多种认定要素，在此基础上，对于内幕交易民事责任因果关系的认定标准、举证责任等均存在较大争议。

表 1　部分样本中当事人双方的诉辩理由

主体	理由	数量/件
原告	原告系因为被告行为引起的上涨买入标的证券，并因此受到损失	12
	交易的证券品种与内幕交易直接相关	8
	内幕交易的认定标准不宜过高	2
	内幕交易行为人负有举证责任	2
	被告提供的内部管理制度不足以作为定案依据	1
	原告“跟风买入”的行为并无道德问题或法律问题，不能以此否定上诉人获得赔偿的权利	1

续表

主体	理由	数量/件
被告	被告只在特定时间段构成内幕交易	7
	从总成交量、交易手法、市场价格变化来看,均不会影响市场价格,不会造成原告损失,故不存在因果关系	6
	原告的交易品种、交易模式表明其所受损失与内幕交易之间没有因果关系	3
	证券投资者对自己的投资行为应依赖于自己的判断,光大公司错单交易后,投资者跟风买入产生的损失应由其自行承担	3
	原告提供的交易记录不完整,无法证明损失	2

3. 裁判标准显著失衡

从裁判标准来看,在陈某灵诉潘某深证券内幕交易赔偿纠纷案中,法院认定一方面原、被告双方本身不认识,被告没有对原告的投资进行诱导,另一方面被告行为没有造成股价波动,未对原告造成不利后果。在李某与黄某裕、杜某证券内幕交易责任案中,法院认定原告损失并非被告行为所致,且证券市场存在交易风险,李某主张的损失期间并非被告内幕交易行为的发生区间。在吴某峰诉杜某等证券内幕交易责任纠纷案中,法院认为尽管被告已经受到刑事制裁,但原被告并不相识,原告系基于自身投资经验作出决策,所受损失与被告行为无关。可见,对于内幕交易民事责任因果关系的认定,目前的裁判标准并不统一(案件详见附件2)。

4. 裁判要素差异较大

从样本裁判要点来看,其一,各案件中关于判断内幕交易因果关系是否存在的考量因素分歧较大。多数案件以市场本身的交易风险否定内幕交易行为和投资者损失的因果关系。部分法官关注到了交易方向、交易时段乃至于股价波动状况等影响因素,但亦有值得商榷之处。如部分法院以原告交易时段与内幕交易相隔较远否定因果关系,但是没有对内幕信息是否披露及其影响作出论述。极少数法院综合了交易方向、时段和价格变动等因素进行系统说明。另外,部分法院认为原告与被告本不认识,原告的交易行为也并非在被告的诱导下作出。在证券市场撮合交易下，原、被告在交易中均属匿名，法院以双方不认识而否定因果关系，不符合证券市场发展客观规律。且内幕交易一般是秘密进行的，行为人通常不会实施诱导行为。其二，对于原告承担的因果关系证明责任，法院在表述上并不统一，有的法院认为原告应对被告内幕交易与原告损失之间的因果关系承担证明责任，另有法院要求证明存在必然因果关系，也有法院要求证明存在相当因果关系。这反映出目前司法实践对因果关系的认定标准存在差异。内幕交易民事纠纷法院裁判要点分类见表2。

表2　内幕交易民事纠纷法院裁判要点分类

结果	理由	数量/件
驳回	正常交易风险	7
	交易时段不符	7
	缺乏必然因果关系	1
	交易方向相同	2
	技术风险损失不赔，内幕交易应赔	1
	该交易行为并未违法或违反交易规则	3
支持	无其他风险因素明显介入	1
	内幕交易特定股票量占当日该股交易总量比例较高	1
	原告交易品种与内幕交易人相同且方向相反	1
赔偿计算	投资者在内幕交易时间段内的交易价格与基准价格（内幕信息公开后10个交易日的平均交易价格）的差额，乘以交易的具体数量，作为投资者损失额	3

（二）现状原因分析

从数量来看，目前证券内幕交易民事诉讼案件总数仅55件，而内幕交易行政处罚案件却已达1115件，[3]数量上形成严重倒挂。实践中内幕交易权利救济更倾向于运用行政和刑事手段，民事责任方面的救济理

〔3〕 该数据为2023年6月30日在威科先行法律信息库中，以“内幕交易”为关键词，作出机关为中国证监会及其派出机构，进行检索所得。

念、方式、程度严重不足。而案件数量稀少进一步导致内幕交易民事赔偿领域司法关注度不高、裁判规则缺失，进而影响证券交易者维权时的选择，形成“恶性循环”。具体而言，造成上述困境的原因如下。

1. 法律规范供给阙如

现行规范对内幕交易刑事责任、行政责任认定及处罚作出了明确规定。如《刑法》第 180 条规定的内幕交易、泄露内幕信息罪，《期货交易管理条例》规定的处罚措施。而对于内幕交易民事责任的认定和处罚标准却规定较少。对属民事责任认定核心的因果关系，目前无论是法律、司法解释还是行政规章均未明确具体认定依据。在光大乌龙指案中，被告方即主张原告诉请的侵权赔偿只有在法律明确保护的前提下才能得到支持。

2. 多种市场因素聚合

证券投资本身具有较高风险，可能造成投资者损失的因素亦有多种。因而内幕交易民事责任因果关系往往牵涉多种因素，表现形式复杂，可能涉及社会经济、投资人心理等诸多因素。从域外证券司法实践来看，在认定内幕交易造成的投资者损失时，一般要结合交易和损失发生时间、影响股价变动情形及行为的连续性和作用范围等因素综合考虑。〔4〕

在多种因素影响下，即便因果关系得以确定，赔偿责任厘定仍属难题。因此，因果关系认定可转化为对内幕交易行为致损原因力大小的把握，在审理过程中应当准确划分内幕交易行为责任、投资者个人责任和系统风险等其他因素责任的大小，这亦是因果关系认定难点所在。如果认定标准过于强调内幕交易原因力，而忽视投资者决策或系统性风险，实质上加重了内幕交易人责任。与之相对，如果在责任认定上过于强调内幕交易行为与损害结果间的必然因果关系，设置较高证明门槛，则不利于保护投资者。应当说内幕交易行为对投资者公平交易权利的侵害是显而易见的，但实践中对如何合理区分自身决策失误与内幕交易侵害还有争议，不少法院直接将投资者损失归责于投资经验不足进而否定了内幕交易因果关系，这明显与内幕交易民事责任设置的制度初衷不符。

---

〔4〕 See *A mold S. Jacobs*, The Georgetown Law Journal, Vol. 65, 1977.

3. 行为与价格关联不足

内幕交易不必然在短期内直接影响证券价格。证券价格是投资者据以决策的重要信号,其损失往往也来自对价格走势的判断失误。在操纵市场或虚假陈述责任纠纷中,通过散布虚假信息、连续交易及不实披露等手段拉升或打压股价,一般情况下均直接作用于股价,投资人只要证明决策受到影响,即可证明违法行为与自身损失的因果关系。而内幕交易主要凭借信息从生成到发布的时间差,一般不会改变投资者原定的交易决策,因此具有较强隐蔽性。

4. 撮合交易识别困难

内幕交易民事责任制度所保护的投资者是内幕交易行为人的交易对手。样本中部分判决以难以确定原告系被告的交易对手而否定因果关系。如果可以区分交易对手就可以准确划定内幕交易影响人群范围,将简化因果关系证明工作。然而证券市场具有集合竞价特点,同时同价的对手方随机匹配,无法将内幕交易对手方与他人区分开来。即使技术上可行,也势必要付出额外成本,而且内幕交易的标的通常较大,更增加了识别对手方的难度。

5. 调查取证障碍重重

一方面,证券价格受到多种因素影响,因而在内幕交易民事责任中,需要广泛了解内幕交易一段时间内与证券价格相关的各类因素,这本身就为证明带来了不小难度;另一方面,由于撮合交易带来的隐蔽性,内幕信息披露或是内幕交易行为被立案侦查往往距交易已有较长时间,易造成取证困难。故在司法规则的制定中应当考虑到相关因素。

由此可见,在面临多重因素制约的情况下,内幕交易民事责任因果关系认定标准的缺失,已经成为制约证券市场民事赔偿制度健全发展的桎梏所在。

二、内幕交易民事责任因果关系认定的理论基础与要素

与刑法中因果关系注重认定行为人责任程度不同,民法中因果关系以保护受侵害人为中心。相较于刑事因果关系,民事法官在因果关系的

判断上具有更大自主权。为了有效规制实践中因果关系认定标准的差异，有必要追本溯源，梳理因果关系认定相关理论，明确认定要素。

（一）公平交易理论替代市场欺诈理论的发展趋势论证

市场欺诈理论是传统因果关系学说经证券市场变化发展后形成的，其在运用过程中也面临适应困境，有必要引入公平交易理论来完善因果关系的认定理论。

1. 内幕交易因果关系中市场欺诈理论的困境

市场欺诈理论起源于美国，其以欺诈的视角来认定内幕交易因果关系，但笔者认为内幕交易并不属于欺诈，原因如下。

（1）行为人无须承担内幕信息的披露义务

欺诈的前提是存在对外意思表示，虚假陈述主体一般负有信息披露义务，但我国《证券法》未要求内幕信息持有人对外披露。《证券法》第84条第1款规定，除了依法需要披露的信息外，信息披露义务人可以自愿披露与投资者作出价值判断和投资决策有关的信息，因此对不属于法定披露范围的重大未公开信息，行为人无信息披露义务。

（2）投资者并非内幕交易知情权的适格主体

未公开信息于公司而言往往被视为商业机密，因此若未达到法定披露条件及期限，公司不披露信息属合法。[5] 且按照《证券法》要求，信息披露的受众应当是整个市场，而非对该公司进行投资的个人，因此投资者对于内幕信息无知情权，内幕交易并不侵害投资者的“知情法益”。

（3）行为人缺乏影响投资者决策的主观故意

内幕交易不属于欺诈的原因还在于行为人的主观目的不是影响投资者的决策。与虚假陈述的频繁发声不同，行为人通常是秘密进行内幕交易的，其一般只关注实现牟利或避险目的，并无意于使投资者陷入错误决策。

综上，客观上内幕交易人无信息披露之义务，主观上并无促使投资人参与交易之故意，故欺诈理论难以在揭示危害本质的前提下准确厘定内幕交易因果关系。

---

〔5〕 参见耿利航：《证券内幕交易民事责任功能质疑》，载《法学研究》2010年第6期。

2. 内幕交易因果关系认定中公平交易理论的证成

利用欺诈理论认定因果关系的困境,尽管有市场复杂性和认定固有困难的原因,但逻辑基础选择不当亦不可忽视。回归《证券法》第3条确立的"证券交易必须公开、公平、公正"的基本原则(公平交易原则),选择公平交易理论作为认定证券内幕交易民事赔偿责任的逻辑基础,或许能拓展新的思路。

(1)违背公平交易原则

利用未公开信息进行不公平交易是内幕交易的侵害本质。证券市场具有"彼之所得即我之所失"的零和博弈特征,因而其赖以发展的基础为公平交易原则。内幕交易会破坏投资人对于市场公平交易的期许,其行为的违法性表现在内幕交易人依据利用职务便利或者其他途径获得的未公开信息参与交易,使其获得比其他投资者更为有利的交易基础。在信息披露前,内幕交易人在博弈基础、盈亏概率上相对于其他股民有明显优势,这会动摇其他投资者对公平竞争的合理信赖,影响证券市场长远发展。

(2)侵害投资者公平交易法益

所谓证券市场公平交易权,是指投资者在守法合规的前提下享有的获得公平交易条件的机会。公平的交易决策机制是投资者有均等交易机会的重要保障。作为价值发现信号,证券价格最重要的影响因素就是强制信息披露所保障的信息公开,这亦是投资者交易决策的判断基础。证券市场的运行规律决定其不可能实现信息的完全共享,而是尽力维护交易决策的信息运用在客观上的对等。因此,内幕交易行为的侵权客体就是以信息对称为核心的公平交易法益。

(3)明确公平交易法益主体范围

在市场欺诈理论下,内幕交易行为影响价格的真实性,是对全市场交易者的欺诈。因此,在 Affiliated Ute Citizens v. United States 案和 Shapiro v. Merrill Lynch 案[6]中,美国法院均将能够举证证明内幕交易人拥有信息却不公开的当事人列为适格的起诉主体,区别在于后者增加

---

〔6〕 参见杨峰:《美国、日本内幕交易民事责任因果关系比较研究》,载《环球法律评论》2006年第5期。

了内幕交易行为人交易或者推荐交易的情形。这虽然在一定程度上限缩了法益主体,但适格主体数量仍然过多,不但增加司法成本,且使内幕交易人责任过重。笔者汇总了美国证券法关于因果关系识别的部分案例,如表3所示。

表3 美国证券法关于因果关系识别的部分案例

序号	案件名称	裁判时间	因果关系认定
1	Affiliated Ute Citizens v. United States	1972年	当一个案件主要涉及未予披露信息时,信赖因果关系之要件并非请求赔偿的前提要件。原告仅需要证明被告负有公开义务而未公开重要信息
2	Shapiro v. Merrill Lynch	1974年	被告在拥有内幕信息的情况下交易证券或推荐交易证券,其行为实际上已经和原告的损失形成了因果关系
3	Fridrich v. Bradford	1976年	只有那些与内幕信息知悉人进行直接交易的善意投资者,包括内幕信息知悉人所出售的特定证券的直接购入人,以及内幕信息知悉人所买入的特定证券的直接出售人,其所发生的实际损失才是内幕交易所导致的,因此是内幕交易的真正受害人,才有权就其交易损失请求赔偿

内幕交易人的信息优势具有相对性。行为人的知悉内幕信息相对于整个证券市场有明显优势,但在其交易前,信息优势并未向交易优势转化。在交易开始后,行为人的交易决策仍可谓优于整个市场,但其作用效果仅具体直接地发生在其与交易相对人之间,并不牵涉其他投资者,因此内幕交易行为的受侵害方也仅有交易相对人,Fridrich v. Bradford 案亦持此观点。但该模式在实践中面临较大技术障碍,一一识别对应造成的巨额成本也不符合证券市场发展的实际需求。因此,应当通过拟制交易对手及设定时间区间划定群体范围。而具体到交易方向上,同时同向交易者虽然花费大量技术、时间、能力作出了与内幕交易行为人一致的决策,但毕竟没有受到损失,甚至可能获益,因此不应当被纳为法益主体。因此,按公平交易理论只有内幕交易人的反向交易相对人才属于行为侵权对象。

综上所述,内幕交易行为侵害同时交易者的公平交易权,但只有与内幕交易人同时反向交易的投资者受损。如无内幕交易行为,同时反向交易者就不会遭受由内幕交易人获利所带来的损失,故同时反向交易者的损失与内幕交易行为的因果关系得证。

(二)事实因果与法律因果的认定要素梳理

内幕交易民事责任因果关系的认定分为两个层面,一是事实因果,二是法律因果。首先确定事实因果,在此基础上筛选其中符合法律因果的部分。[7]

1. 事实因果的认定

与刑事因果关系相近,事实因果的认定经历了条件说、相当因果关系说等理论的发展过程。最早的条件说认为凡引起损害结果发生的条件,都是损害结果的原因,其认定公式为“没有前者,即没有后者”。[8]该学说的不足在于不区分条件成分,使责任范围过大。在此基础上出现了相当因果关系说,其存在两种表述:一是事件通常可以引发损害后果或者事件至少严重提高了出现损害后果的可能性;二是依据某些条件性质,如果只有将该条件与某些特殊的非正常情况放在一起才可能引发后果,则该条件可以被排除在损害后果原因之外。[9]在内幕交易民事责任因果关系的证明中,相当因果关系与举证责任倒置通常结合运用,投资者对于投资者损失和内幕交易行为,仅需说明两者间存在相当因果关系,之后由行为人就因果关系不成立进行举证。

对于“相当标准”尚存在争议,从理论原义来看,“相当”应该满足的条件一方面是对于损害发生不可欠缺,另一方面是实质增加了损害发生的现实可能性。具体而言,可以参考英美法系学者先后提出必要条件理论和实质要素理论。[10]必要条件理论又译作“若无——则不”规则。下面本文以A为被告实施内幕交易行为,B为内幕交易与原告损失存在因果关系,C为被告实施合法交易行为,来阐述必要条件理论下剔除法和替代法两种方法的证明路径(见表4)。该规则是判断因果关系的重要

---

〔7〕 参见晏景:《侵权责任中的因果关系认定》,人民法院出版社2014年版,第38页。

〔8〕 参见李光灿等:《刑法因果关系论》,北京大学出版社1986年版,第37页。

〔9〕 参见张新宝:《侵权责任构成要件研究》,法律出版社2007年版,第307页。

〔10〕 同前注〔7〕,晏景书,第39页。

方法，主要用来判断两方面的因果关系，一是交易因果关系，二是损失因果关系。交易因果关系指内幕交易行为对投资者交易决定的影响。而损失因果关系则是要证明投资者的损失是内幕交易行为人导致的。以光大乌龙指案的审理为例，按照剔除法的证明路径，如果没有光大公司的大额异常交易，投资者即不会受到损失，如果该条论述成立，则可以认定内幕交易因果关系成立。但证券交易行为本身受到多方面因素影响，如系统性风险的影响，必要条件理论实现了客观证明，但无法适应证券市场多因一果证明的需要。

表 4　剔除法和替代法认定过程说明

序号	认定方法	认定过程	认定结果
1	剔除法	假定没有 A，其他条件不变，损害后果不变	则不能认定 B
2		假定没有 A，其他条件不变，损害后果消除	则可以认定 B
3	替代法	假定 A 被 B 替代，其他条件不变，损害结果消除	则不能认定 B
4		假定 A 被 B 替代，其他条件不变，损害结果消除	则可以认定 B

为了弥补必要条件理论的缺陷，实质要素理论在 1911 年被提出，其主张被告之侵权行为对于损害之发生，必须为一项实质性因素。[11] 对于证券市场而言，投资人的损失多数由聚合因果关系引起，而且无论是内幕交易行为还是行业风险，均有可能导致投资者损失，若是按照条件因果关系理论，无论是采剔除法还是替代法，因果关系均会被否认。但是按照实质要素理论，如果包括内幕交易在内的两项原因中无论哪项均足以导致投资者损失，则可认定内幕交易行为是投资者损失的实质性因素。[12]

综上，在条件说的基础上，关键是确定引起结果的原因是否具有“相当性”。必要条件理论难以应对多因一果的证券市场，而实质要素理论并未揭示以何种标准衡量实质和非实质的区别。笔者认为，从证券司法

〔11〕 同前注〔8〕，李光灿等书，第 39 页。
〔12〕 参见美国《侵权法重述》第 432 条。

的实践来看,“相当性”的标准必然是以原因力“量”的标准来辅助必要条件理论的定性。

具体而言,笔者赞同“同时反向交易”这一标准。在光大乌龙指案中,光大公司主张在当日13时证券价格开始快速下跌,在14时许公司公告发布后,走势逐渐稳定,因此其披露内幕信息的行为不影响股价。最后法院认定如果投资者进行与内幕交易行为主要交易方向相反的交易,且其买卖的与内幕信息直接关联的证券、证券衍生品或期货合约遭受损失,则应认定内幕交易与投资者损失具有因果关系。[13] 从相当因果关系的角度来看,同时反向标准的提出兼顾了证券交易品种的关联性和侵权行为的时空性,而且反向标准也明确了内幕交易行为对投资者的损失有直接放大效应,将其与一般的对敲行为区别开来。

2. 法律因果的认定

法律因果是确定被告对原告承担法律责任的原因范畴,分为直接结果说和可预见性规则。直接结果说主张只要被告的行为具有过失,而且其能预见到自身行为具有引发事故的危险性,那么无论实际造成的后果其是否能够预见,均应承担责任。可预见性规则指行为人所为的行为在理性人看来是否能够预见,如果不足以预见将削弱其因果关系。

直接结果说具有相对明确的判断标准,对于故意类侵权行为具有参考价值。直接结果说有两层认定要求,一是行为人只对其侵害引发的直接结果负有责任。二是对侵害行为直接导致的损害后果,无论侵权人是否有预见,该侵权行为均构成损害结果发生之法律原因。[14] 由此带来的两个问题分别是投资者受到内幕交易行为影响造成的机会损失是否应当赔偿以及如何准确评价侵权人的可预见性和注意义务。

证券侵权损害可分为直接和间接两类。前者主要针对人身和财产损失,后者一般分为附带的经济损失和纯粹的经济损失。附带的经济损失指直接损害发生之后,由其持续性作用于财产所产生的损害;而纯粹的经济损失则是指不因受损人的人身、财产或绝对权利受损而产生的纯

---

〔13〕 参见熊进光、邱灵敏:《从“光大事件”案论期货内幕交易民事责任因果关系的认定》,载《长安金融法学研究》第7卷。

〔14〕 同前注〔7〕,晏景书,第41页。

粹经济上的不利益。[15] 证券司法实践中有少量支持纯粹经济损失的案例,例如,周某某与国信证券股份有限公司上海北京东路证券营业部证券交易合同纠纷案,[16]其争议焦点为投资者的机会损失是否可以赔偿。原告周某某在营业部进行委托交易,其中有两笔申报单因系统原因未能委托成功。对该两笔可能成交的委托,法院结合当日成交情况,判定营业部应当按照实际情况给予周某某补偿。除了该案审理体现的价值衡量,从法经济学视角来看,法院审理案件势必要从公正与效率出发,进行成本与效率考量,其中最重要的是要关注社会总成本变化。如果是强势证券交易市场,各主体平等分享全部信息,交易机会平等,某一方投资人的受损就是他方的收益,不存在社会总成本的损失。但因知悉内幕信息,行为人获得交易优势,基于对市场零和博弈的认知,其应当对其他投资人可能受损有预见性,因此造成的损失应属于直接损害。而投资者为参与证券市场交易亦需要参阅报表、开展投研及行业分析,因此与该交易相关的社会总成本必然增加,因此行为人对投资者因内幕交易受到的机会损失进行赔偿具有合理性。在内幕交易民事赔偿制度尚不健全的当下,对机会损失这一间接损害可以考虑按照直接损害进行比例折算。

证券市场具有瞬息万变、错综复杂的特点,对注意义务应当形成客观标准,以便准确界定侵权方的责任程度。对于一般的内幕交易行为,行为人主观态度往往是故意,其当然对交易对手方可能造成损失有预见性。但在光大乌龙指案中,技术风险导致的基础原因对于光大公司后续采取的内幕交易行为显然有一定影响,在因果关系的认定上应当予以考量。但从傅某君与光大公司证券内幕交易责任纠纷案[17]等光大乌龙指案的裁判文书论述来看,光大公司以技术原因诱发事件为由进行了抗辩,但法院仅认定光大公司对事件后果应当有预见性,并没有认定其应

〔15〕 参见高岚:《证券错误交易机会损失的侵权赔偿研究——基于证券“乌龙指”事件所展开的理性叙说》,载《证券法律评论》2019 年卷。

〔16〕 参见上海市第二中级人民法院:周某某与国信证券股份有限公司上海北京东路证券营业部证券交易合同纠纷二审民事判决书,案号:(2010)沪二中民六(商)终字第116 号,2010 年 9 月 29 日。

〔17〕 参见上海市第二中级人民法院:傅某君与光大证券股份有限公司证券内幕交易责任纠纷一审民事判决书,案号:(2014)沪二中民六(商)初字第 128 号,2016 年 3 月 31 日。

对上午程序错误导致的巨量交易负有赔偿责任。

综上，内幕交易行为事实因果、法律因果认定过程如图 1 所示。笔者认为，内幕交易民事责任以直接损害（包括机会损失）为限，其中针对直接损害范围的判断：其一，要结合原因与结果间关联的紧密性，二者间是否具有普遍的关联关系判断；其二，评估原因对结果的作用力是否足以引起结果的变化；其三，要结合行为人的可预见范围；其四，对于证券行业的技术或操作风险引发的民事侵权赔偿诉讼，应当考虑证券行业整体的技术水平和操作标准，如果是现阶段无法解决的技术问题则不应认定侵权方具有过错。

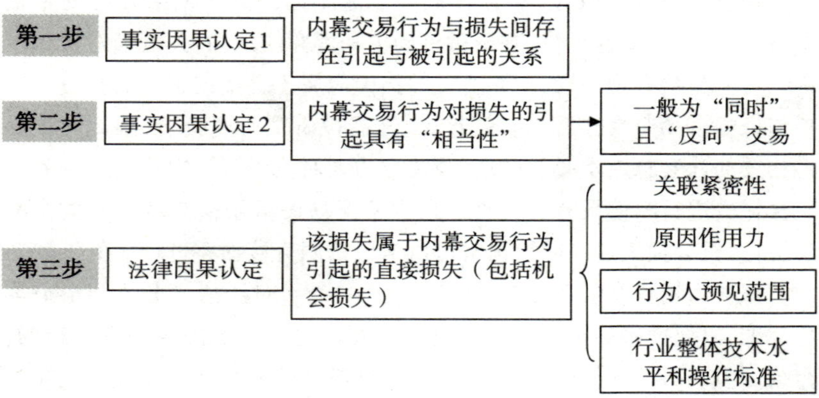

图 1　内幕交易行为事实因果、法律因果认定过程

（三）定性研究到定量分析的责任程度细化

对于因果关系的认定，在定性研究之外，可以通过更细致的定量分析对认定标准进行细化。

1. 因内幕信息获利与因内幕交易获利的区分

有观点认为内幕交易是违法买入股票的行为，行为人从着手交易一直到信息公开后的获利均应视为内幕交易获利，该观点在界分因知悉内幕信息获利和因不公平交易获利上陷入误区。法律并不禁止行为人因知悉信息获利，即便行为人提前掌握了内幕信息，只要和其他的交易者一同在内幕信息公开后进行交易，其行为亦不违法。因而内幕交易危害性实质体现在提前交易这一环节。所以只有行为人从着手交易到信息公开期间获得的利益应被视为非法，而其在内幕信息公开后的获利是合法的。因而对于因果关系认定中行为人的非法获益要严格限定在进行交易至内幕信息公开这一时间段。

2. 内幕交易人的获利与受害人的范围

利好型内幕信息会导致股票价格上涨，内幕交易人利用信息提前买入，实质上是提前改变了消息公开后的利益分配格局。在总利益特定的情况下，这种强制改变就是对其他投资者利益的必然剥夺。[18] 金额上，内幕交易人的收益为（信息公开后股价 - 买入股价）× 买入股票数量，其获利也是给其他投资者造成的损失。其中，既包括其交易相对人，也包括同时反向的非交易相对人，介入的内幕交易行为导致反向交易的行为人卖出的金额更低，且损失了在更高价格点抛出的机会成本。其交易行为结束后至内幕信息公开时，股票价格虽然也受到内幕交易行为的一定影响，但该影响是间接的，不宜认定为与内幕交易具有因果关系。

利空型内幕信息会导致股票价格下跌，内幕交易行为的本质是向同期买入的投资者转移损失。其收益为（卖出股价 - 信息公开后股价）× 卖出股票数量，其获利也是给其他投资者造成的损失。同样受害人既包括其交易相对人，也包括同时反向的非交易相对人，内幕交易人的提前卖出行为使其以更高的价格买入，失去了以更低价格买入的机会成本。

三、内幕交易民事责任因果关系认定规则的体系化构建

根据《证券法》第117条的规定[19]，与一般侵权民事责任中优先恢复原状的规则不同，即便因内幕交易行为导致了相应损害结果，一般亦不允许撤销交易、恢复原状或通过其他方式改变交易结果。为了保护证券市场交易的连续性、稳定性，内幕交易民事责任唯一的实现方式就是行为人承担损害赔偿责任，弥补受害投资者的经济损失。在损害赔偿的确定中，核心的判断因素即为因果关系，具体而言，因果关系司法认定可

〔18〕 参见刘敏：《论内幕交易侵权责任因果关系的认定》，载《法学评论》2017年第5期。
〔19〕 按照依法制定的交易规则进行的交易，不得改变其交易结果。

细化为三个层级：适格原告的界定、附加要素的分类与梳理、侵权损害赔偿数额中其他因素的排除。

（一）因果关系主体：适格原告的界定

证券市场主要交易方式为集中竞价和匿名交易，具有交易速度快、主体分布广的特点。与传统“一对一”侵权行为不同，内幕交易侵权行为表现为“一对多”，即行为人在实施内幕交易行为时对受害者没有明确的认识，任何参与交易的人均可能成为受害者。因而确定内幕交易民事责任的首要问题是如何在“多”且“不特定”的证券参与交易者中确定内幕交易行为的受害者，即内幕交易民事责任的适格原告，这亦关乎因果关系的主体确定。

1. 交易主体：同时反向交易者

对于内幕交易民事责任的适格原告，2015 年《证券法（修订草案）》第 92 条中提出将其限定为“内幕交易行为人应当对内幕交易期间从事相反证券交易的投资者”，该条虽未被新法采用，但笔者认为这一规定具有合理性。内幕交易民事责任的适格原告进行的应是与内幕交易“同时”且“反向”的交易（同时反向交易适格原因如图 2 所示），原因在于：其一，根据公平交易理论，虽然行为人依据的内幕信息优于所有投资者，但该优势经内幕交易行为实现的效果仅及于交易对手，未对市场或其他投资者产生影响。其二，从事实因果来看，且反向交易者的损失与内幕交易人的获利间的因果关系具有“相当性”；从法律因果来看，无论从因果关系紧密性、行为作用力还是行为人可预见范围来看，都足以认定二者之间的因果关系。当然，还需再结合行业整体技术水平和操作标准等

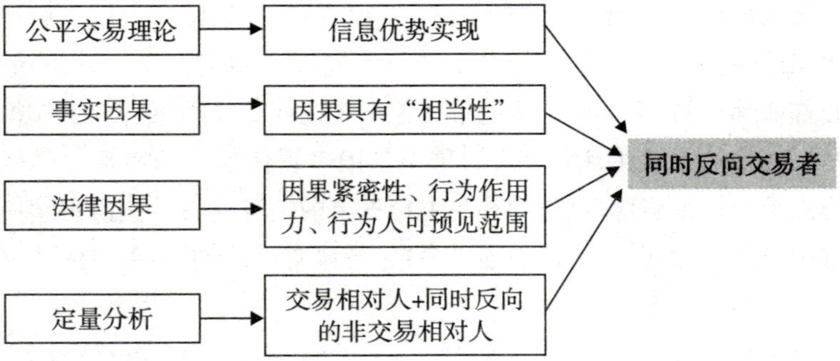

图 2　同时反向交易适格原因示意

因素进行个案判断。其三，从定量分析来看，行为人利用内幕信息优势提前进行交易，其行为侵害了交易相对人，也包括同时反向的非交易相对人的利益。

2. 交易范围：直接交易与间接交易

即使作出反向交易行为的投资者不属于内幕交易人直接交易对手，其仍属于因果关系的适格主体。原因在于：其一，按公平交易理论，内幕交易人的直接与非直接交易对手都处在内幕交易人信息优势下，且均因不公平交易蒙受损失。二者遭受损失的原理、过程和地位是相同的，即二者在内幕交易侵权行为中的本质是一样的。其二，因为证券市场撮合交易的特点，进行同时同类操作的交易者是否与内幕交易行为人直接交易，不是交易人可以决定与选择的。其三，从实践的角度来看，证券市场的交易本质为基于价格优先的机制被撮合成的不同交易，因而既有交易价格相同的买入者，同时又有与内幕交易行为人交易价格相同的卖出者时，实际上难以区分哪些买入者是与内幕交易行为人直接进行交易的。投资人在内幕交易期间以同一价格买入卖出的证券，应当相互抵销后判断交易方向。

3. 时间范围：下达交易指令至交易成交之时

所谓的"同时"具体指从何时开始、到何时结束。对该问题一直以来存在广泛争议。一般认为内幕交易行为人作出交易指令的时间为开始时间，而对于结束时间则存在分歧，主要形成了严格解释和宽泛解释两种观点。严格解释论将"同时"的范围限定在内幕交易行为当日，大多数美国法院目前仍持内幕交易日与反向交易应属同一天发生之观点；而宽泛解释论认为，应当将结束时间延伸到公开内幕信息的时间。理由在于：一方面，在内幕信息披露前市场交易持续进行，原先的内幕交易反向交易投资者完全可能继续交易，而只要转手证券就可避免损失；另一方面，对交易日后从内幕交易人同时反向交易对手处受让的证券，投资人不得提起诉讼，故机械运用"当日"标准是对投资者保护的限缩。

对于"同时"范围，笔者认为应当从公平交易理论规制的重点出发，即排除利用信息优势的提前交易行为，因而时间范围应限定为从内幕交易行为人利用其下达相应的内幕交易指令到撮合交易完成的时刻（见图3）。如一个内幕交易包括先后的多个买卖操作，则会产生几个内幕交易时段。

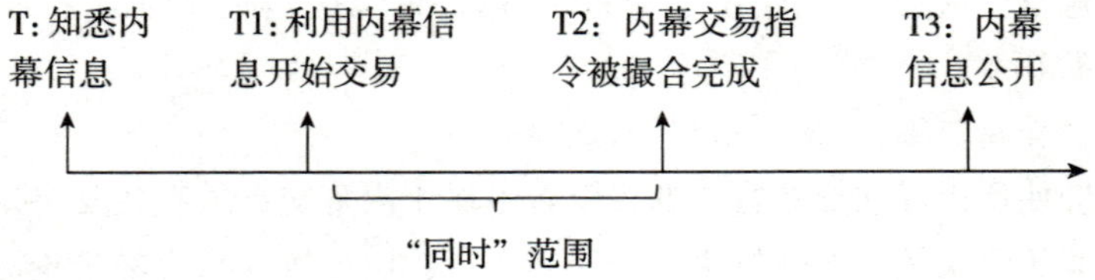

图3　内幕交易时段认定示意

因对时间起点已达成共识,下面主要论述以交易完成为结束时间的原因:一方面,如果采宽泛解释将结束时间延长到公开披露内幕信息时,因内幕交易行为不公平性体现在交易行为中,在交易行为结束后,虽然内幕交易行为对股市价格的影响还在继续,但因为后续交易的投资人无法再被匹配为内幕交易人的对手方,其受到的损失与内幕交易行为人没有直接关系;另一方面,按照宽泛解释论,内幕交易人交易时段内的反向交易对手方买卖的证券,在内幕信息公开前可能会再交易给其他投资人,因而使后者蒙受损失,因此将结束时间定为信息公开时较为合适。对此,笔者认为,后一次交易没有内幕交易行为人参与,其损失结果没有受到不公平交易状态的辐射,而且将时间定为信息公开时过度延长了因果关系链条,加重了内幕交易人的责任。

(二)因果关系优化:附加要素的分类与梳理

我国目前法律规范并未对内幕交易与投资者损失的因果关系作具体明确规定,而最高人民法院《关于审理证券市场因虚假陈述引发的民事赔偿案件的若干规定》第18条对虚假陈述民事赔偿的因果关系进行了规定。参照此规定,一般而言符合上述"同时"且"反向"交易的,即可推定与内幕交易行为间具有因果关系,故"同时"且"反向"可称为基础要素。但在司法实践中,还存在众多其他要素可能影响因果关系认定,可称为附加要素,包括上述内幕交易行为与损害结果的关联紧密性、行为作用力、行为人预见范围、行业整体技术标准和操作标准等因素。除此之外,还包括交易品种关联、异常高频交易、非交易时间段的因果关系等。明确这些要素的认定,对于优化因果关系的认定规则意义重大。

1. 交易品种关联

除了与内幕交易相同的证券外,因证券价格间存在相互影响,法院应当在审理过程中查明投资者交易的证券品种与内幕交易标的证券的关联性,如果前者以后者价格作为基础,或者两者间的价格具有关联性,则应认定两类证券具有品种关联关系。以光大乌龙指案中涉及的交易型开放式指数基金(Exchange Traded Fund,ETF)成分股为例,ETF 的净值与根据其追踪的股票指数密切相关,相应股指成分股的价格变化会导致 ETF 价值波动。ETF 本质又属于股票组合,ETF 份额与其指向的成分股均可在市场交易,相互之间又可以兑换,因此可能存在套利空间,故法院最后认定投资者较多交易的 50ETF、180ETF 的成分股与内幕交易品种间具有关联。

2. 交易频率异常

证券交易中证券的微小价差往往瞬息出现。因此为了捕捉投资机会,投资者特别是专业机构越来越多运用计算机程序自动下单,程序化、高频率的高频交易模式应运而生。此类明显异常的、高概率且并非由人工操控的交易行为,是否影响因果关系的认定?实践中有观点认为高频交易行为系预先设定、自动触发,交易人并没有作出自主选择,因而其所遭受的损失与内幕交易之间没有因果关系。但也有观点认为高频交易本质上也由交易者设置,只是由程序进行操作,至少依据现阶段的智能化水平,高频操作并不影响实际决策者的判断,不应当限制高频交易者的证券侵权索赔。笔者认为,随着人工智能在证券领域运用日益广泛,智能投顾、智能理财相继出现,保障高频交易的索赔权一定程度上凸显了保护投资者合法权益的资本市场运行法则。

3. 交易时段特定

在当前司法实践中,仅有在特定时段内的内幕交易方能被法院认定为内幕交易行为与投资者损失具有因果关系。如在光大乌龙指案中,证券监管机构仅认定光大公司当日下午卖出 ETF 和期货合约的行为属于内幕交易,而上午巨额委托属于技术性错误。但不少投资人仍起诉该公司赔偿上午的投资损失。笔者认为,对非内幕交易时段内的损失,一般应不予认定其与内幕交易存在因果关系,原因在于:第一,风险性是证券市场的重要特征,一般投资者主要基于证券价格的不确定性波动来作出投资决策,针对非内幕交易时间段内的买卖操作,难以准确衡量固有风险对因果关系证明链条的影响。第二,非内幕交易时段往往在内幕交易指令成交后，法院难以认定原告交易决策系在完全不受他人影响的前提下作出。第三，如将时间段扩展到非交易时间，虽然可能确实存在因内幕交易行为引发的连锁交易行为，但如将此范围内的交易纳入因果关系考量，因数量急剧扩大，一一判断难以实现，将大幅提高因果关系认定难度。

（三）因果关系提纯：侵权损害赔偿数额中其他因素的排除

根据公平交易理论，内幕交易行为人的赔偿数额计算的基础为上述“同时”开始与结束间的“股价差价”，但与一般民事侵权行为造成损害的直接性、唯一性、紧密性不同，交易市场中，影响证券价格的除了供求关系，还包括行业因素、周期因素乃至于利率、汇率等金融工具。故科学计算行为人对投资人的赔偿数额还应排除其他因素干扰，围绕内幕交易本身进行。一般有以下若干方式。

1. 排除预定交易计划

预定交易计划是指在知悉内幕信息前，将有价证券交易时间、数量、单价等要素通过合同、指示或者书面计划方式制定的交易行为。[20] 如内幕交易人实施预定交易计划，知晓内幕信息实际上未影响其后续交易行为；如反向交易投资者实施预定交易计划，其行为亦未受到内幕交易行为影响，因而该规则常被内幕交易行为人用作其行为不属于内幕交易的抗辩。笔者认为，内幕交易行为人亦可以用此对提出赔偿请求的投资人进行抗辩。具体要求应是投资人在内幕交易前已经制定购买或出售证券的生效合同，且交易人已经对他人作出交易指令，或者是已经制定对该证券的书面交易计划。因载明交易计划的是合同或交易指令，这意味着交易证券的数量、价格和日期已固定。例如，机构投资人在官网公示其交易安排，并严格按照计划完成交易。如法院确认投资人属预定交易计划，可以扣减乃至免除内幕交易行为人责任。

2. 考量信息知悉程度

投资人已经知悉内幕信息，应考虑其知悉程度扣减或免除内幕交易行为人赔偿责任。如果系行政处罚确认或者有其他证据证明在信息公

〔20〕 参见齐萌、刘博：《内幕交易抗辩事由：实证分析与法律规制》，载《财经法学》2022年第2期。

开前投资人已经知悉内幕信息，但其仍实施同时反向交易并受损，内幕交易人无须承担赔偿责任。如果无法查明投资人的特定信息来源，但是内幕交易人可以举证证明当事人已通过媒体、年报、股吧网帖、研报等渠道了解到内幕信息的部分内容，或者其自身发表过涉及内幕信息的言论，法院应当推定其对于内幕交易发生有一定认识，应当视其知悉程度扣减或免除内幕交易行为人赔偿责任。

3. 剔除系统风险因素

通常认为，证券市场的系统风险包括政策风险、利率风险、通胀风险和周期性波动等，鉴于系统风险因素的复杂性和不确定性，绝对精确的计量难以实现，但可以通过比较得出相对公平合理的结论。其计算过程应当参考证券行业板块指数或大盘指数，例如市场应用较广的申万指数，或者是个股在同一政策的相应影响下产生的价格波动情况。目前，各地司法机关已总结出同步指数对比法等具有实操性的系统风险扣除模型，完全可以运用在内幕交易民事赔偿的因果关系认定过程中。在尽可能排除内幕交易行为证券差价的影响因素后，可以根据证券价差乘以股数计算受害者损失，并根据损害金额，乘以一倍（仅赔偿损失）或多倍（含惩罚性赔偿）来计算损害赔偿金额。

综上，通过准确界定因果关系的适格原告，分类与梳理附加要素，排除侵权损害赔偿数额中其他因素三个步骤可以准确认定内幕交易民事责任因果关系，本文将其归纳为“三层级”认定法（见图4）。

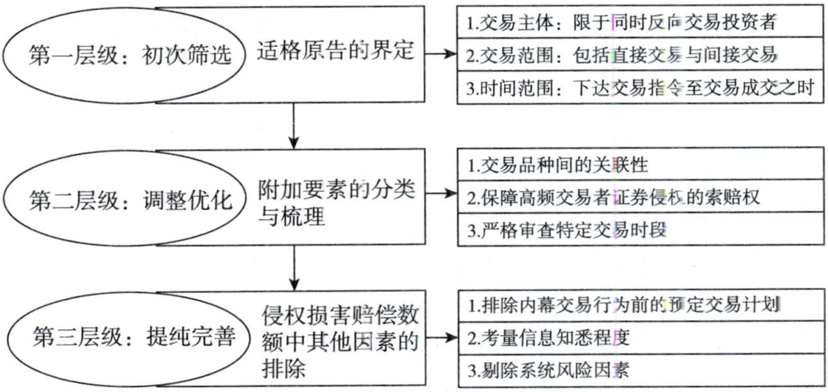

图4　内幕交易民事责任因果关系“三层级”认定法说明

结　语

内幕交易利用了普通投资者难以获得的信息优势,其行为侵害了投资者的公平交易法益。本文通过梳理内幕交易因果关系相关理论,认为鉴于法律传统和国情的差异,英美法上的欺诈理论等学说并不适应中国证券市场实际。本文主张在公平交易理论指引下,通过审理过程中对事实因果关系和法律因果关系认定要素的梳理,以定量分析与定性研究结合的方式细化当事人责任程度,明确因果关系主体,梳理排除附加要素,并在因果关系提纯的基础上合理确定赔偿数额。面对证券侵权此类当事人涉及面广、审理技术难度高的案件,人民法院应当谋有效保护投资者利益长远之策,行资本市场平稳有序发展固本之举,积极理顺内幕交易因果关系认定思路,出台证明标准,为出台可落地、能实践、堪应用的内幕交易民事赔偿解决方案贡献司法智慧。

(编辑:张　越　姜沅伯)

附件1:

关于审理民事赔偿案件中内幕交易行为与投资者损失间因果关系认定的若干规定(建议稿)

为保障证券市场公平交易秩序,在民事赔偿案件中准确认定内幕交易行为与投资者损失间因果关系,现就相关问题规定如下:

第一条　行为人在证券交易场所发行、交易证券过程中实施内幕交易引发的侵权民事赔偿案件,适用本规定。

第二条　原告提起内幕交易民事赔偿诉讼,符合民事诉讼法第一百二十二条规定,并提交以下证据或者证明材料的,人民法院应当受理:

(一)证明原告身份的相关文件;

(二)监管部门做出的针对内幕交易行为的行政处罚决定或者公告,或者人民法院的刑事裁判文书,或者虽未经过行政或刑事认定但足以使法院认定存在内幕交易事实的初步证据；

（三）原告因内幕交易行为而受到投资损失的相关证据。

第三条 原告能够证明下列情形的，人民法院应当认定被告的内幕交易行为与原告所受损失之间的交易因果关系成立：

（一）被告实施了内幕交易行为；

（二）原告交易的是与内幕交易行为直接关联的证券；

（三）原告在内幕交易时段内进行证券交易，并且交易方向与内幕交易方向相反。

第四条 与内幕交易行为直接关联的证券包括内幕交易标的证券本身，而如果某一品种证券以内幕交易信息相关品种证券的价格为基础，或者两者之间存在明显的价格联动关系，亦可以认定两个投资品种之间存在直接关联。

第五条 买入方向的相反，应是与内幕交易期间被告的买入或卖出证券方向相反。投资人在内幕交易期间以同一价格买入卖出的证券，应当相互抵销后判断交易方向。

第六条 内幕交易时段指内幕交易行为人利用内幕信息开始交易至内幕交易指令被撮合完成的期间。

第七条 被告能够证明下列情形之一的，人民法院应当认定因果关系不成立：

（一）原告的交易行为发生在非内幕交易时段；

（二）原告在交易时内幕信息已经被证券市场广泛知悉；

（三）原告的交易行为构成内幕交易、操纵证券市场等证券违法行为的；

（四）原告的交易行为与虚假陈述不具有交易因果关系的其他情形。

原告存在高频交易行为的，不影响因果关系认定。

第八条 内幕信息已经被证券市场广泛知悉，是指内幕信息在具有全国性影响的报刊、电台、电视台或监管部门网站、交易场所网站、主要门户网站、行业知名的自媒体等媒体上，首次被公开揭露并为证券市场知悉之日。人民法院应当根据公开交易市场对相关信息的反应等证据，判断投资者是否知悉了内幕信息。除当事人有相反证据足以反驳外，下列日期应当认定为内幕信息公开日：

(一)监管部门以涉嫌内幕交易为由对内幕交易行为人立案调查的信息公开之日;

(二)证券交易场所等自律管理组织因内幕交易对内幕交易行为人采取自律管理措施的信息公布之日。

第九条 在确定赔偿数额时应当扣减系统风险因素的影响,包括金融政策如利率、汇率,突发事件如国内突发事件、国外突发事件,经济制度变动等各种因素。在对系统风险提出比例进行计算的过程中,其参考标准应该为证券市场的相应指数波动。

第十条 对于利好型内幕交易,被告内幕交易获利计算公式为(信息公开后股价 - 买入股价) × 买入股票数量;对于利空型内幕交易,被告内幕交易获利计算公式为(卖出股价 - 信息公开后股价) × 卖出股票数量。被告在一个内幕交易行为中的赔偿额应以获利总额为限。

获利总额应当在索赔请求可以得到支持的原告之间根据交易额比例进行分配,如果被告获利总额高于原告直接损失总和,而原告同时又主张机会损失赔偿,法院可以酌情考虑支持原告相关请求。

第十一条 对于原告提起的内幕交易民事赔偿诉讼,人民法院应当审查起诉材料。如果当事人提交了监管部门针对内幕交易行为作出的行政处罚决定或者公告,或者人民法院的刑事裁判文书,应当在权威证券类媒体上发出公告,通知相同内幕交易时段内交易的投资人参与诉讼。若原告并未提交前述两类材料,但提交证明内幕交易事实存在的证据,法院经审查认定被告存在内幕交易行为,亦应当在权威证券类媒体上发出前述公告。

第十二条 对于内幕交易事实及其与投资者损失的因果关系认定,人民法院可以征求监管部门和证券交易场所的意见。

第十三条 本规定所称证券交易场所,指证券交易所、国务院批准的其他全国性证券交易场所。本规定所称监管部门,指国务院证券监督管理机构、国务院授权的部门及有关主管部门。

附件2：

近年来内幕交易民事责任纠纷典型案例

序号	案号	案件名	处理结果和裁判要点
1	(2008)宁民二初字第136号	陈某丰诉陈某良证券内幕交易民事赔偿案	处理结果:案件开庭审理后,原告申请撤回起诉,法院裁定予以准许。 裁判要点:国内首例证券内幕交易民事赔偿案。从美欧等成熟市场来看,对于这类案件,一般都是采用"举证责任倒置原则",就是对于原告的投资亏损,由被告来提供证据证明与自己的内幕交易行为无关,否则被告将全部承担责任
2	(2009)一中民初字第8217号	陈某灵诉潘某深证券内幕交易赔偿纠纷案	处理结果:尽管被告潘某深(大唐公司董事),卖出大唐电信股票的行为已被中国证监会认定为内幕交易行为,并受到行政处罚,但原告陈某灵(大唐电信股票投资者)的经济损失属于证券市场中正常的投资交易风险。与潘某深卖出股票的行为之间不具有因果关系。 裁判要点:(1)该案法官确定了内幕交易民事责任赔偿案件的处理要点在于因果关系的认定;(2)内幕交易没有操纵股价,未引起股价的不正常波动,不会对原告产生负面影响。因此,原告的损失与被告的交易行为之间不具有因果关系
3	(2011)二中民初字第20524号	李某与黄某裕、杜某证券内幕交易责任案	处理结果:驳回原告起诉。 裁判要点:李某主张其从2008年5月7日至10月20日期间的损失,但该期间已不是黄某裕、杜某实施内幕交易行为的时间,且买卖股票存在盈亏风险,股票的涨跌会受到经济环境及股市大盘指数因素的影响。李某所主张的"由于黄某裕、杜某的内幕交易行为被查处,终止了对鹏润地产公司的资金注入,导致了公司重组的失败从而导致股票下跌,产生损失",其性质属于因公司经营状况发生变化而对公司股票价格产生的作用

续表

序号	案号	案件名	处理结果和裁判要点
4	(2014)高民申字第02751号	吴某峰诉杜某等证券内幕交易责任纠纷案	处理结果:驳回吴某峰再审申请。 裁判要点:吴某峰主张的损失是2008年8月20日其卖出中关村科技公司股票的交易损失,而此前2007年9月、此后2008年9月至2009年3月吴某峰均有交易中关村科技公司股票的行为。吴某峰与黄某裕、杜某互不相识,即使黄某裕、杜某因内幕交易行为被确认为犯罪,与吴某峰的损失之间也不存在必然的因果关系。吴某峰基于自身的投资经验决定如何买卖股票,其损失应自行承担
5	(2016)苏01民终4347号	单某峰与鞠某立侵权责任纠纷案	处理结果:驳回原告诉讼请求。 裁判要点:鞠某立内幕交易广联达股票的行为发生在2010年9月至2011年3月期间,而单某峰购买和卖出该股票的时间是2014年10月底和2014年12月初,相隔了三年多近四年的时间,所以无论中国证券监督管理委员会的处罚决定书是在2014年10月22日作出之日就为单某峰所知悉还是如单某峰所述其2014年11月1日才从相关媒体了解到该处罚决定书,均距离内幕交易行为发生有三年多的时间,鞠某立三年多前的内幕交易行为被公布后,对三年多之后的该证券价格变化是否产生实质性的影响,现有证据无法认定这两者之间存在因果关系。另外,单某峰出售持有的广联达股票后最终仍获利8000多元,并没有实际损失,故对于单某峰要求鞠某立赔偿损失的主张,原审法院不予支持

续表

序号	案号	案件名	处理结果和裁判要点
6	(2016)沪民终158号	卢某香与光大公司内幕交易民事赔偿案	处理结果:法院认为反向交易的投资者的损失与内幕交易行为具有因果关系,可以获得赔偿。赔偿的金额为内幕交易后10个工作日的平均收盘价。 裁判要点:(1)该案进一步明确了内幕交易能否获得民事赔偿的关键在于因果关系的认定。在因果关系的认定上,首先,原告买入的证券必须与内幕信息有直接关联。其次,原告的交易方向必须与被告的内幕交易行为方向相反。(2)该案首次涉及了内幕交易赔偿数额的计算,并明确了相关交易税费不属于赔偿范围

《证券法苑》(2024)
第四十卷,第52~73页

内幕交易民事赔偿的损失认定与数额计算

袁　康*

摘要:内幕交易所造成的损失并非投资者的价差亏损或知情法益之损失,而是投资者的公平交易机会。其损失计算应以内幕交易人不当收益而非投资者实际亏损为基准。内幕交易民事赔偿的期间范围和数额计算应以存在信息优势滥用为前提,计算内幕交易者在此期间买卖证券获益或避损的金额,在排除证券市场系统风险后明确其不当收益数额,加上3倍范围内惩罚性赔偿,得出内幕交易侵权的民事赔偿总额,在个案中向适格投资者根据其交易量在同期反向交易总量中所占比例予以分别赔偿。

关键词:内幕交易　民事赔偿　损失认定　公平交易机会　赔偿数额

违反证券法三公原则的内幕交易在扰乱资本市场秩序的同时,也严重侵害了投资者的正当权

* 武汉大学法学院副教授,法学博士。武汉大学法学院硕士生陈凯琳同学提供了有力的资料搜集和文稿整理支持,在此特别致谢。

益，是我国资本市场长期以来的痼疾，也是监管部门重点打击的证券违法行为。面对隐蔽且多发的内幕交易，我国目前的规制路径呈现出"重处罚轻赔偿"的畸形形态，[1]即以监管部门行政处罚为主，投资者民事赔偿路径不畅。究其原因在于因为内幕交易民事赔偿的裁判标准尚未确立。除内幕交易侵权行为与投资者损害结果之间因果关系难以认定之外，投资者损失认定更是横亘在民事赔偿裁判面前的核心障碍。畅通内幕交易民事损害赔偿的路径，有必要厘清内幕交易造成的投资者损失是什么、损失数额如何计算、如何赔偿损失等关键问题。本文拟结合内幕交易的致损机理、成熟市场的裁判经验、我国证券侵权民事赔偿的理论实践探索，对前述问题进行分析，尝试为构建我国内幕交易民事赔偿损失认定规则提出一种可能的思路。

一、内幕交易民事赔偿的司法困境与损失认定难题

相比整体递增的内幕交易行政处罚案件数量，[2]我国内幕交易民事赔偿裁判案例寥寥无几。这种现象折射出了投资者在内幕交易发生后以民事赔偿诉讼方式寻求私权救济的困境。回溯屈指可数的司法实践，我国内幕交易民事赔偿诉讼经历了三个阶段。

第一阶段为2005年以前的空白期。尽管1993年的《股票发行与交易管理暂行条例》曾概括规定了违反条例的民事赔偿责任，但该条例及1999年施行的《证券法》均仅规定了内幕交易的刑事责任和行政责任，内幕交易民事赔偿并无直接法律依据。2001年9月最高人民法院下发《关于涉证券民事赔偿案件暂不予受理的通知》（已失效），该通知在内幕交易受损投资者本就难以寻求救济的基础上彻底斩断了通过诉讼获取民事赔偿的路径。随着2002年至2003年最高人民法院陆续发布《关于受理证券市场因虚假陈述引发的民事侵权纠纷案件有关问

〔1〕 参见彭志、肖土盛、赵园：《中国资本市场20年内幕交易行为案例综述》，载《财经研究》2017年第12期。

〔2〕 参见吕成龙：《内幕交易规制研究》，法律出版社2023年版，第35页。

题的通知》(已失效)和《关于审理证券市场因虚假陈述引发的民事赔偿案件的若干规定》(已失效),民事救济途径也只是对虚假陈述行为放开,而未拓展至内幕交易。在此期间,因内幕交易受损的投资者并无获取民事救济的可能性。

第二阶段为2005年至2015年的探索期。《证券法》2005年修订时在第76条第3款规定"内幕交易行为给投资者造成损失的,行为人应当依法承担赔偿责任"。该规定系首次明确内幕交易的民事责任,开启了受损投资者通过民事诉讼主张损害赔偿的通道。然而由于立法过于原则以及内幕交易致损机理的复杂性,内幕交易民事赔偿缺乏具体的适用规则,进而导致法院在审理案件时的高度谨慎与保守。在此期间,投资者因内幕交易提起的民事赔偿诉讼有四起,即2008年的陈某丰诉陈某良案[3]、2009年的陈某灵诉潘某深案[4]以及2011年的李某诉黄某裕等案[5]和2014年吴某峰诉杜某等案[6]。除第一个案件因原告撤诉结案外,其余几个均以法院认为原告损失与内幕交易之间并不存在因果关系为由驳回诉讼请求而告终。虽然在此期间并无原告顺利获得民事赔偿,但投资者通过民事诉讼寻求救济以及法院审慎处理内幕交易民事赔偿案件的尝试,都对建立和完善裁判规则与标准进行了有益探索。

第三阶段为2015年至今的突破期。2015年光大证券股份有限公司(以下简称光大证券)乌龙指事件引发的内幕交易系列民事诉讼成为内幕交易民事赔偿司法实践的"分水岭"。在这批案件中,法院一改因果关系认定的审慎保守态度,转而参照虚假陈述民事赔偿司法解释中的裁判思路,推定内幕交易行为与投资者损失之间的因果关系,使投资者民事胜诉获得赔偿从梦想照进了现实。虽然个案实践中的类推适

---

〔3〕 参见江苏省南京市中级人民法院:陈某丰诉陈某良证券内幕交易民事赔偿责任纠纷一审民事裁定书,案号:(2008)宁民二初字第136号,2008年9月4日。

〔4〕 参见北京市第一中级人民法院:陈某灵诉潘某深证券内幕交易赔偿责任纠纷一审民事判决书,案号:(2009)一中民初字第8217号,2009年10月22日。

〔5〕 参见北京市第二中级人民法院:李某与黄某裕、杜某证券内幕交易责任一审民事判决书,案号:(2011)二中民初字第20524号,2012年12月20日。

〔6〕 参见北京市高级人民法院:吴某峰诉杜某等证券内幕交易责任纠纷再审民事裁定书,案号:(2014)高民申字第02751号,2014年11月13日。

用并不意味着普遍适用的可能性,但推定因果关系的认定尝试在一定程度上实现了内幕交易民事赔偿关键障碍的松动。[7] 在此基础上,对内幕交易民事赔偿的裁判规则与标准开始了更进一步的探索,即损失认定标准。在徐某阳诉光大证券案[8]和郭某兰诉光大证券案[9]中,法院将投资者损失认定为反向交易差额,支持了原告的赔偿请求。但这种判决思路在成文法中难以找到足以支撑该判决的明确依据,交易差额损失系内幕交易行为所致的判断也不尽合理,加之该案诉争内幕交易行为仅是股指期货市场,使该案不具备普遍的援引意义。虽然此种处理方式在合理性和正当性上仍面临一些质疑,但这种直面问题的积极尝试仍具进步意义。

内幕交易民事侵权损害赔偿经历了上述三个阶段的艰难探索,取得了从无到有、从不可行到可行的实质性进展。但不可否认的是,由于当前赔偿标准缺乏共识、裁判规则尚付阙如,内幕交易民事赔偿仍然面临着较为严峻的考验,投资者通过民事诉讼方式获得救济依旧困难重重。不同于证券市场虚假陈述侵权的民事赔偿已经形成了较为全面、完整和系统化的裁判规则,内幕交易侵权的民事责任仅仅停留于《证券法》第53条第3款中"内幕交易行为给投资者造成损失的,应当依法承担赔偿责任"的原则性规定,但关于投资者损失认定、赔偿范围以及损失计算等具体的适用规则并未达成共识,内幕交易民事诉讼实践也难以据此全面开展。[10] 内幕交易民事赔偿责任具体认定规则的缺失以及理论研究的探索不足,导致司法实务中法院缺乏具有可操作性的损失裁量标准,也导致了现有内幕交易民事赔偿诉讼多以原告方失利而告终。概言之,我国目前内幕交易投资者私法保护机制尚处在缺位

[7] 参见熊玲:《内幕交易侵权责任因果关系的认定:路径选择与规则构建》,载郭锋主编:《证券法律评论》(2023年卷),人民法院出版社2023年版。

[8] 参见上海市高级人民法院:徐某阳与光大证券期货内幕交易责任纠纷二审民事判决书,案号:(2015)沪高民五(商)终字第61号,2016年1月18日。

[9] 参见上海市第一中级人民法院:郭某兰与光大证券内幕交易赔偿责任纠纷一审民事判决书,案号:(2013)沪一中民六(商)初字第30号,2016年12月28日。详见《最高人民法院公报》2018年第12期。

[10] 参见李有星、杨楠:《论我国内幕交易损害赔偿计算方法的建构》,载《时代法学》2012年第6期。

状态，投资者获得侵权民事赔偿仍然道阻且长。

鉴于内幕交易民事赔偿的司法困境，以及内幕交易致损机理的理论困惑，有学者甚至提出否定内幕交易的民事责任。[11] 这种观点认为内幕交易民事侵权无法完成周延的理论证成，且经由行政监管的公权力规制已能实现内幕交易行为的负外部性，故而内幕交易民事责任既不合理也无必要。然而，尽管“以行政监管矫正市场行为是一种富有效率的制度设计”，但并不能借此否定以民事责任约束市场行为的制度意义。从某种程度上讲，民事责任同样也能显著增加内幕交易行为的违法成本，从而实现内幕交易的私法规制。同时内幕交易民事责任对于实现投资者损失填补，维护投资者利益并维系资本市场信心仍具有重要的特有价值。[12] 完全走向公法规制而放弃私权救济，无疑是对内幕交易行为下投资者私权的漠视，难言对投资者保护认真对待。[13] 在当前我国《证券法》已明确内幕交易侵权民事责任的制度背景下，认真探索内幕交易民事损害赔偿标准而不是回避困难，似乎是更为理性务实的选择。

从证券侵权民事赔偿标准的构成来看，证券侵权行为、行为人过错、投资者的损害结果以及两者之间的因果关系是证券侵权民事责任的基本构成要件，而赔偿责任认定标准、赔偿数额确定标准和赔偿责任分配标准是民事赔偿裁判规则的基础构造。[14] 落实内幕交易民事责任，需要对以上要素充分厘清。就当前司法实践来看，造成内幕交易民事赔偿司法困境的障碍主要有二：一是内幕交易行为与投资者损失之间的因果关系难以认定，二是投资者损失和赔偿数额难以计算。而这两大障碍归根结底都落在一个共同的问题之上——到底内幕交易造成的投资者损失是什么？只有回答了这个前提性问题，才能确定这个损失与内幕交易行为之间是否存在因果关系，以及这个损失到底应当如何计算以及如何赔偿。否则，围绕这些问题的讨论都将是无意义的空谈。

---

〔11〕 参见吕成龙：《论内幕交易民事责任之否定》，载《财经法学》2023 年第 5 期。

〔12〕 参见冯果、李安安：《内幕交易的民事责任及其实现机制——写在资本市场建立 20 周年之际》，载《当代法学》2011 年第 5 期。

〔13〕 参见冯果：《内幕交易与私权救济》，载《法学研究》2000 年第 2 期。

〔14〕 参见袁康等：《证券侵权民事赔偿标准研究》，法律出版社 2022 年版，第 3 ~ 5 页。

二、内幕交易的致损机理与"损失"的理论解构

内幕交易民事责任的承担前提在于给投资者造成了损失。但是一直以来，对内幕交易导致投资者损失的理解比较抽象和模糊。立法者、监管部门和市场普遍认同内幕交易行为确实会损害公众投资者利益，但对于损失的认定和计算始终难以达成共识。即便内幕交易行为人民事赔偿责任得以认定，但民事赔偿的公平合理要求也会给赔偿数额确定和赔偿责任分配造成困难。毕竟，内幕交易行为固然违法侵权，但也不宜罔顾交易致损逻辑和侵权法律关系，稀里糊涂地要求内幕交易行为人对投资者参与证券交易的投资损失承担赔偿责任。因此，搞清楚内幕交易的致损机理，以及投资者损害后果究竟是什么显得尤为必要。

根据《证券法》的文义以及证券法学理论，内幕交易行为是指利用对证券价格有重大影响且尚未公开的内幕信息进行的证券交易。[15]结合信息披露制度来理解，内幕信息是公开信息的相对概念，系指尚在形成过程中的应披露信息或已形成但尚未披露的信息。相比于公众投资者而言，内幕信息知情人和非法获取内幕信息的人在发行人公开披露信息之前，具有明显的"信息优势"。按照内幕交易禁止规则，前述主体在内幕信息公开之前不得买卖证券，只有在内幕信息经披露转化为公开信息之后，方可实施证券交易。这一方面是证券市场公开原则的要求，即确保证券市场透明度，避免未公开的内幕信息成为具有信息优势的投资者的决策依据，从而加剧信息不对称对市场效率的抑制；另一方面是证券市场公平原则的要求，即禁止滥用信息优势获得相比公众投资者更好的交易条件和机会，避免个别市场主体"偷偷看牌"动摇资本市场公平秩序的根基。[16] 而一旦内幕信息知情人或非法获取内幕信息的人实施内幕交易，那么就在事实上造成了仅凭公开信息进行

〔15〕 参见李明良、李虹：《期货市场内幕交易的内涵：以美国为中心的考察》，载《证券法苑》2014 年第 4 期。

〔16〕 参见吕成龙：《谁在偷偷地看牌？——中国证监会内幕交易执法的窘境与规范检讨》，载《清华法学》2017 年第 4 期。

交易的公众投资者无法公平及时地完成交易决策,后于内幕交易行为人实施交易,也必然会导致公众投资者在证券投资中处于不利地位,从而遭受本不应有的损失。而这个损失究竟是什么呢?

内幕交易导致的投资者损失并非价差亏损。价差亏损是投资者在证券买卖中卖出价格低于买入价格所形成的差额损失,也是投资者在证券交易中最为直接的经济损失。但投资者的价差亏损是否系内幕交易行为所致,值得进一步讨论。第一,内幕交易行为并非证券价格波动的直接原因。区别于虚假陈述行为通过虚假记载、重大遗漏或误导性陈述直接影响投资者决策从而导致证券价格波动,内幕交易行为本身是极为隐蔽且不为公众知悉的,并且内幕交易的交易量和交易金额通常也并不足以导致证券价格的显著变化。即便证券价格在内幕交易行为实施后发生了较大变化,往往也是内幕交易对量价的细微影响被市场观察到后,其他交易者跟风盲从而引发了价格的较大波动,此即所谓"衍生知情交易机制"(derivatively informed trading mechanism)。[17] 抛开市场投机跟风造成的价格波动,将所有价格波动都归咎于内幕交易,可能失之片面。第二,内幕交易行为并未导致证券价格机制的扭曲。按照"有效市场假说",证券价格会反映市场信息。[18] 随着内幕交易行为的实施,证券的价格会逐渐体现尚未公开的内幕信息,从而使证券价格向"正确"的价格波动。因此,在某种意义上,内幕交易不仅不会影响价格真实性,反而有助于真实价格的形成。[19] 在并未扭曲证券价格的情况下,要求内幕交易者就投资者的价差亏损承担责任,显然并不具备合理性基础。投资者的理性决策(哪怕往往不那么理性)往往是结合了多方因素和考量,在内幕交易行为并未直接影响投资者决策且未导致价格扭曲的情况下,若将内幕交易导致的投资者损失与价差亏损直接画等号,恐有将投资者本应负担的市场风险统统转嫁给事后被发现的内幕交易者之嫌。[20]

---

〔17〕 参见张新、祝红梅:《内幕交易的经济学分析》,载《经济学(季刊)》2003 年第 4 期。

〔18〕 See Eugene F. Fama, *The Behavior of Stocl – Market Prices*, Journal of Business, Vol. 38, 1965.

〔19〕 参见缪因知:《反欺诈型内幕交易之合法化》,载《中外法学》2011 年第 5 期。

〔20〕 参见耿利航:《证券内幕交易民事责任功能质疑》,载《法学研究》2010 年第 6 期。

内幕交易导致的投资者损失并非"知情法益"之损失。有学者认为内幕交易行为损害了投资者的"平等知情权",[21]上海市高级人民法院也曾在金某诉光大证券案[22]中认为"内幕交易直接侵害了交易相对方的知情权",可见在理论与实务中均有将知情法益认定为投资者损失的观点。这类观点认为内幕交易利用信息优势交易侵害了一般投资者平等获取交易信息的知情权利,[23]该知情权体现为投资者应在同一时间、以同一方式知悉同一信息。[24] 然而,这类观点在法理上并非经得起推敲。投资者的知情权建立在信息披露制度的基础之上,知情范围为依法应予以披露的招股说明书、定期报告以及可能对证券价格产生影响的重大事件,知情权所对应的是信息披露义务 即只有信息披露义务人不履行或怠于履行披露义务时,才构成对知情权的侵害。然而:第一,内幕信息本属非公开信息,公众投资者并无知情的权利基础。内幕信息并不总是应披露而未披露的信息,还有可能是正在形成中的重大信息或未正式披露的信息。在正式披露之前,公众投资者并无知情的可能,自无知情权之损害。第二,内幕交易者并不都是信息披露义务人,并不负有保障公众投资者知情权的义务。内幕交易者因合法或非法原因获取和知悉内幕信息的,除董监高、大股东、实际控制人、收购人等法定的信息披露义务人之外,本不负有披露信息使投资者知情的义务,其实施内幕交易行为仅系对所知悉的内幕信息之滥用,与投资者知情权无涉。因此,内幕交易行为并不侵害公众投资者的"知情法益",[25]将知情法益认定为内幕交易的损失在法律关系逻辑上并不周延。

内幕交易导致的投资者损失实为"公平交易机会"之损失。投资者在证券交易活动中基于标的证券的相关信息作出投资决策,公开信

---

〔21〕 参见杨亮:《内幕交易论》,北京大学出版社2001年版,第26页。

〔22〕 参见上海市高级人民法院:金某与光大证券期货内幕交易责任纠纷二审民事判决书,案号:(2016)沪民终146号,2016年9月1日。

〔23〕 参见刘宪权:《证券期货犯罪理论与实务》,商务印书馆2005年版,第291页。

〔24〕 参见周贤日:《内幕交易法理及其责任机制》,载《华南师范大学学报(社会科学版)》2004年第4期。

〔25〕 参见曾洋编著:《内幕交易侵权责任的因果关系》,载《法学研究》2014年第6期。

息披露制度以及内幕交易禁止规则的核心目标亦在于确保投资者公平获取证券信息并公平开展证券交易。然而内幕信息的存在会导致证券市场中的信息失衡,即内幕信息知情人相比普通投资者而言具有明显的“信息比较优势”。一旦内幕人利用内幕信息进行交易从而获益或避损,则是滥用了其信息比较优势实现“抢跑”,从而获取了更为优越的交易机会。易言之,内幕交易的发生在事实上会导致普通投资者丧失基于及时、完整、充分的证券信息,在遵守法律法规及交易规则的前提下买卖证券的公平交易机会。〔26〕 尽管投资者“公平交易机会”这一法益概念尚未得到立法的确认,也有学者认为投资者的“公平交易权”难以证立,〔27〕然而“侵权法不仅仅保护主体的权利,而且也保护其享有的合法的利益”〔28〕,侵权法保护对象的二元结构体现了侵权法对公民民事权益的开放包容式的保护理念,投资者因内幕交易而使原有公平交易的基础被破坏,该公平交易机会的损失是客观存在且应当受到重视和保护的。“权利需要有法律的明确承认,而利益则需要衡量”〔29〕,当投资者基于应有的公平交易机会受到侵害时,理应获得法律的保护和救济。吕成龙教授曾对内幕交易规制中的“信义义务理论”和“平等获得理论”进行了深入的分析,并主张以后者作为内幕交易监管的理论依据。诚如其言,“我们反对内幕交易的理由在于内部人的信息优势并不是建立在机会均等的基础上,其滥用这种普通投资者无法得到的信息优势,与投资者预期存在一个所有参与者都依据相对的规则竞争的诚实、公平的证券市场的期望是不一致的”〔30〕。根据美国联邦第二巡回法院在 SEC v. Texas Gulf Sulphur Co. 案中提出的“平等获得理论”,内幕信息知情人“根据规则当然地应该被禁止进行不公平的交易”〔31〕,其核心意旨即在确保普通投资者不因内幕交易行为而失去本

〔26〕 参见曾洋编著:《证券法学》,南京大学出版社 2008 年版,第 82 页。

〔27〕 同前注〔11〕,吕成龙文,第 64 页。

〔28〕 王利明:《侵权行为概念之研究》,载《法学家》2003 年第 3 期。

〔29〕 曹险峰:《在权利与法益之间——对侵权行为客体的解读》,载《当代法学》2005 年第 5 期。

〔30〕 同前注〔16〕,吕成龙文。

〔31〕 SEC v. Texas Gulf Sulphur Co., 401 F2d 833(2d Cir. 1968).

应享有的公平交易机会。基于此,内幕交易给普通投资者造成的损失也许并非投资者自身交易过程中产生的直接损失,而是因失去公平交易机会而带来的间接损失。

三、内幕交易者实际收益:公平交易机会损失认定的应然逻辑

公平交易机会作为投资者本应享有的法益,其价值如何衡量关系到内幕交易者民事赔偿责任如何界定。因此,公平交易机会损失的量化计算应该成为内幕交易民事赔偿损失认定规则的关键环节。本应戒绝交易的内幕人实施内幕交易行为获益或避损,在事实上造成普通投资者公平交易机会的落空,从而间接导致了投资者的经济损失。内幕交易致损的数额计算一直是损失认定的一大难点,当前对于采取何种损失计算方法众说纷纭,在准确把握公平交易机会的价值实质的基础上对其进行合理计量,或是解决内幕交易民事赔偿困境的核心突破口。

基于对虚假陈述民事赔偿中损失计算规则的借鉴,以及对受损投资者充分补偿的执念,不少学者倾向于内幕交易损失应以投资者实际损失为计算基准。[32] 基于这一立场,在理论上也形成了多种损失计算方法。一是"实际价值计算法"(也称"净损差额法",out - of - pocket measure),即投资者损失是其进行交易时的价格与内幕交易公开后该证券实际价值之间的差额。然而该方法将因证券的"实际价值"缺乏可靠的衡量标准而难以操作,即便是由专家对实际价格进行论证也缺乏一个统一客观的评判标准,在实务中以此判断出的证券实际价值往往是不确定的、虚构的,因此该推测出的价格难以成为投资者主张赔偿的依据。[33] 二是"实际诱因计算法",该方法主张内幕交易行为人仅就因其内幕交易行为造成的证券价格波动对投资者负担赔偿责任,而对于其他市场影响因素造成的损失则一概不负责,主张以内幕交易所致

〔32〕 参见杨峰:《论我国内幕交易损害赔偿额之确定》,载《暨南学报(哲学社会科学版)》2006年第6期。

〔33〕 同前注〔13〕,冯果文。

价格变化与投资者交易的价格进行比较来得出损失具体数额。然而证券市场的价格波动本就具有多因性,难以在具体计算时单独剥离内幕交易行为因素对其进行独立量化,而且内幕交易行为是否确定会造成证券价格波动以及如何造成价格波动并无定论,因此该方法不具有可操作性。三是“差价计算法”(也称“净损差额修正法”,expedient out - of - pocket measure),该方法为避免实际价值确定难题引入了“合理期间”概念,属实际价值法的折中方案,具体是以原告股票交易时的价格与内幕交易行为暴露或获知后一段合理时间内股票价格的差价为投资者损失赔偿数额。〔34〕“差价计算法”既能够规避前两种计量方法所面临的技术操作问题,也可以涵盖适用于交易中内幕交易行为人避损或获利的不同场景。〔35〕当内幕交易信息公开之时市场价格的波动多数系因投资者的恐慌抛售或购入,若要求行为人对该节点价格进行赔偿恐有失公允,市场需要一段合理的信息吸收时间从而使证券价格更加趋于“真实价值”。然而不同标的的内幕信息被市场吸收消化的时间均有不同,如何科学确定一个损失价格计算“合理期间”是一大难题,因此这也是该方法在衡量标准上难获一致认可的缘由。四是“重新卖出价格法”(resale price measure),该方法将损失计算为受害方支付的购买价减去发现或应当发现内幕人进行内幕交易后合理期间内最低价格的差额,〔36〕然而该方法仅能适用于证券买方受欺诈的情形且“最低价格”的设置有可能过分加重内幕交易行为人的赔偿负担。五是与前一方法相对的“补进法”(cover measure),该方法中受害人可获赔偿为发现或应当发现内幕人进行内幕交易后一段合理时间内,该证券所达最高价格减去出售证券之所得,〔37〕然其缺点与重新卖出价格法一样,仅仅适用于证券卖方受欺诈的场景且具有内幕交易行为人赔偿负担过重的风险。

〔34〕 参见张斌:《内幕交易中的因果关系认定和赔偿数额确定》,载《人民司法》2008年第22期。

〔35〕 参见任志强:《刑法规制下的内幕交易行为若干问题探讨》,载《上海公安高等专科学校学报》2014年第1期。

〔36〕 同前注〔10〕,李有星、杨楠文。

〔37〕 同前注〔10〕,李有星、杨楠文。

在实践中有不少案例支撑了前述计算方法。美国关于禁止内幕交易的规定主要体现在1934年《证券交易法》第10节(b)条款以及由证券交易委员会确立的10b－5规则,该条款并没有附随规定行为人的民事责任,具体损失裁量交由司法部门进行个案判断。[38] 实践中法院倾向于采用实际价值计算法来计算受损投资者的实际损失,[39]实际价值计算法中受害人所能够获得的赔偿是交易当时证券的真实价格与实际支付价格之间的差额,但由于该证券真实价格在计算时难以准确确定,因此除该方法之外各州法院在计算投资者损失时也探索出了如差价计算法、补进法等不同计算方法。[40] 我国法院在处理光大证券内幕交易民事赔偿系列案件时,亦对损失数额按内幕交易期间因反向交易所产生的交易差额予以认定。

然而,由于致损机理的差异,虚假陈述基于买卖价格差额的损失计算逻辑并不适用于内幕交易。最高人民法院《关于审理证券市场虚假陈述侵权民事赔偿案件的若干规定》第27、28条区分规定了诱多型虚假陈述及诱空型虚假陈述的“买入价与卖出价”间的差额计算方法,[41]以期通过该差额计算出虚假陈述受损投资者的“真实损失”。[42] 然而内幕交易并不具有直接适用该差额计算的前提,原因在于:第一,内幕交易致损机理与虚假陈述有别。虚假陈述通过信息披露欺诈影响证券

---

〔38〕 参见蔡奕:《各国内幕交易管制与我国证券法的完善》,载《证券市场导报》2003年第10期。

〔39〕 典型案例如 Foster v. Finanial Technology, Inc. 517 F. 2d 1068 at 1071 (9th Cir. 1975); Blackie v. Barrack, 524 F. 2d 891, 909 (9th Cir. 1975), 429 U. S. 816 (1976)。

〔40〕 See William K. S. Wang, *Measuring Insider Trading Damages for a Private Plaintiff*, University of California at Davis Business Law Journal, Vol. 10, 2009. 转引自施天涛、周伦军主编:《美国证券欺诈经典案例:内幕交易与虚假陈述》,法律出版社2015年版,第8页。

〔41〕 参见汤欣、李卓卓:《新修虚假陈述民事赔偿司法解释评析》,载《法律适用》2022年第3期。

〔42〕 差额说本身是来自美国的一种理论,对于差额说含义存在不同主张,其中最简单的模型是以买入价与卖出价之间的差额作为损失来计算。参见朱大明:《证券虚假陈述中因果关系认定与损害赔偿数额计算的日本模式——以东芝案为例》,载《财经法学》2022年第6期。

价格,投资者只要信赖该信息进行交易即产生损失,[43]但内幕交易受损投资者并非受到行为人欺诈或诱导才买入或卖出证券,甚至大多数时候投资者根本就未意识到市场正在发生内幕交易行为,其受到损失是因为内幕信息知情人利用信息优势交易侵害到其他投资者的公平交易机会,公平交易机会损失与买卖差额损失并不能直接画等号,故该致损机理的差异也导致内幕交易难以直接适用虚假陈述的差额计算方法。第二,在内幕交易视角中难以探讨证券"真实价值"。虚假陈述一般通过公开信息披露开展,能够较为清晰确定信息披露节点对价格波动的影响幅度,但因内幕交易具有较高的隐蔽性,且行为发生后根本难言内幕交易单个因素对证券价格的影响程度,同时也不存在"假设提前知道内幕信息我就会变更交易决策"这一投资者的事后诸葛假设,[44]因此较难直接借鉴虚假陈述通过实施日、披露日或更正日来计算买入卖出的差额计算方式。

更为重要的是,失去公平交易机会导致经济损失并非投资者进行证券交易所导致的损失,而是未能公平进行交易所失去的应有收益,可以将其理解为若与内幕人平等获知该内幕消息并公平进行交易的可得收益之损失,笔者将其称为"若有——则可"。虽然内幕交易者的确实施了内幕交易行为,但一方面内幕交易行为并不总会引起证券价格的波动,或者并非直接引起证券价格的波动,普通投资者的交易差额并非内幕交易行为所致;另一方面投资者的交易行为并非受内幕交易行为所影响,内幕交易的"欺诈"实质仅是内幕人自身违反戒绝交易的信义义务,而非对普通投资者作出投资决策的误导。故由内幕交易者对投资者在证券交易过程中的直接经济损失予以赔偿并不符合逻辑。从公平交易机会的价值实质来看,其应当是内幕交易者滥用信息优势攫取的本可由普通投资者平等获得的收益。在这种收益未实际发生或没有确定方法进行估算的现实局限下,其实可以按照"若有——则可"的假定,以内幕交易者通过实施内幕交易而获得的收益予以参照核定,从而

〔43〕 参见彭冰:《证券虚假陈述民事赔偿中的因果关系——司法解释的新发展评析》,载《法律适用》2022年第5期。

〔44〕 同前注〔40〕,施天涛、周伦军书,第94页。

实现损失的准确计算。具体而言,若内幕交易者获益,有公平交易机会的普通投资者亦可获益,则投资者的损失即为内幕交易者的收益总额;若内幕交易者避损,有公平交易机会的普通投资者亦可避损,则投资者的损失即为内幕交易者的避损总额;若内幕交易者出现亏损,有公平交易机会的普通投资者并不会因失去机会而发生损失,则投资者损失不存在。基于此,内幕交易民事赔偿的损失计算应当将关注点从普通投资者转向内幕交易者,以内幕交易者的实际收益作为损失计算基准。

以内幕交易者实际收益而非普通投资者实际损失为内幕交易民事赔偿的损失计算基准,在实践中也可以找到依据。例如,Janigan v. Taylor 案作为 10b - 5 规则适用的早期里程碑案件即采用了"意外收益返还法",法院认为欺诈方在信息披露之后获得的利益属于意外之财,该意外之财是欺诈交易行为导致的最直接后果,因此将这些利益交给受欺诈方远比让欺诈方保有更为合适。[45] 还值得一提的是 1980 年美国联邦第二巡回上诉法院在 Elkind v. Liggett & Myers Inc. 案中批评了一审法院采取的净损差额法与净损差额修正法以及二审法院采用的实际诱因计算法,并提出了"吐赃法"(disgorgement measure)。该计算方法以投资者购买时的价格和在平等的信息基础上可以出售的价格(如在内幕信息披露后的一段合理时间经过的股票价格)间的差额作为赔偿额,并将赔偿上限定为内幕交易人利用内幕信息优势进行交易的部分,若投资者损失超过内幕交易行为人违法所得则以被告不法所得为损害赔偿的基础再按比例具体进行分配。[46] 该方法巧妙避开了以原告实际损失为目的的差额计算法在操作上的复杂性,且差额计算法可能会使原告获得过高或与内幕交易因素无关的损害赔偿,[47] 因此以被告违法所得为基准进行损失计算将更符合内幕交易致损机理,同时得出来的价格也更贴近内幕交易行为所造成的实际损失,[48] 这一以被告

---

〔45〕 See Janigan v. Taylor, 344 F. 2d 781(1st Cir 1965).

〔46〕 See Elkind v. Liggett & Myers Inc. 635 F2d 156 (2d Cir. 1980).

〔47〕 参见顾肖荣、杜文俊:《也谈证券犯罪的民事赔偿——以美国的内幕交易为例》,载《政治与法律》2002 年第 3 期。

〔48〕 同前注〔40〕,施天涛、周伦军书,第 89 ~92 页。

违法所得为投资者损失计算基准并划定赔偿上限的裁判思路值得借鉴。[49] 在 Elkind 案之后,美国内幕交易民事赔偿案件以"同期交易者"标准限制原告范围、以"违法所得"限制被告赔偿范围的裁判标准也基本成型。[50] 在香港证监会诉易某芳、危某、黄某三被告案(又称千里眼案)中,法庭支持了香港证监会提出的"恢复原状令"并要求各被告人交还从内幕交易中获取的违法收益,投资者损失则是内幕交易人卖出的平均价格与买入价格的差额减去管理人的酬金以及诉讼费用后的剩余部分。该"恢复原状令"实际上类似于美国内幕交易民事赔偿计算的"吐赃法"。

四、内幕交易民事赔偿数额计算规则之设想

我国现有司法实践探索所尝试的以普通投资者反向交易净损差额作为损失计算的依据,虽然有利于个案的便捷处理以及投资者损害的充分救济,但是由于偏离了内幕交易所致损害实为公平交易机会损失的侵权本质,以至于在法理上存在根本性的漏洞。当回归以内幕交易者实际收益作为损失计算的基准时,虽然可能引发对忽视投资者在证券交易中实际经济损失的怀疑,但毕竟是基于对内幕交易致损机理的客观认识以及对内幕交易者和投资者利益的合理平衡,不至于将投资者自身应承担的市场风险不公平地转嫁给内幕交易者。在此基础上,内幕交易者在承担民事赔偿责任时应当向谁赔、赔多少,是需要进一步予以细化明确的问题,以便为司法裁判提供规则支撑。笔者在本文中尝试提出一种不成熟的设想,以供方家批评指正。

(一)损失赔偿的期间范围与数额计算:以信息优势滥用为前提

内幕交易行为导致的普通投资者公平交易机会的损失应以内幕交

---

〔49〕 Elkind 案对内幕交易民事赔偿划定上限的做法在后续也得到了美国国会认可,故在 1988 年制定的《内幕交易和证券欺诈执行法》中新增第 20A 条,在同期反向交易者的民事诉权之外新增了被告责任限制仅及于所得利润或避免损失的规定。

〔50〕 参见周伦军:《从不当得利到损害赔偿:内幕交易民事责任的逻辑演进——〈证券法〉修订草案第 92 条之评析》,载《法律适用》2015 年第 8 期。

易者实际收益为计算基准，然而实际收益如何计算仍有待进一步讨论。在认定投资者损失即内幕交易者实际收益时，需要合理地将内幕交易者滥用信息优势进行内幕交易所获收益与其作为投资者正常的投资收益相区分，这就需要准确把握内幕信息与公平投资机会的内在联系，将损失计算限定于公平交易机会存续期间内幕交易行为人所获之收益。

内幕交易损害的公平交易机会存在于内幕信息形成之日起至内幕信息公开披露之日止。内幕信息形成前，并无内幕人及其信息优势，公平交易机会自无受损之虞。内幕信息形成后，知悉内幕信息但未交易的内幕人并未滥用信息优势，亦未损害普通投资者公平交易机会。内幕信息经公开披露后，内幕人的信息优势不再存续，内幕人与普通投资者重回同一起跑线，更无损害公平交易机会之可能。只有内幕人在内幕信息形成后、公开前实施内幕交易行为，才涉及对普通投资者公平交易机会的损害。内幕交易者在实施内幕交易至内幕信息被公开期间所获得的实际收益，则可被视为损害普通投资者公平交易机会而获得的不当利益，亦即造成的普通投资者在公平交易机会下可得利益之损失。

基于此，在内幕交易行为的整个周期中有四个时点值得关注：(1)内幕信息形成日，即可能影响证券价格的未公开信息形成之日，如上市公司重大资产处置的方案初步形成，或并购意向初步达成等；(2)内幕交易实施日，即内幕人利用内幕信息作出投资决策并实施证券买卖之日；(3)内幕信息公开日，即内幕信息通过公开信息披露程序，或在有全国影响力的媒体或平台公开曝光，从而被公众知悉之日；(4)内幕交易揭露日，即内幕交易行为被公开立案调查或被给予行政处罚，内幕交易行为被公众所知悉之日。在内幕信息形成日之前和内幕信息公开日之后，内幕人并不掌握尚未公开信息，与普通投资者之间处于信息均势状态，并不存在“抢跑”进而损害投资者公平交易机会的情况，也不存在投资者的损失。而内幕信息形成日与公开日之间，内幕人因掌握内幕信息而具备信息优势，但只有其实施了内幕交易行为，才存在滥用信息优势损害普通投资者公平交易机会的事实后果。故以内幕交易者所得利益计算投资者损失时，应以内幕交易者信息优势和投资者公平交易机会存续期间为限，即自内幕信息形成日起至内幕信息公开日止，在此期间的内幕交易者所得利益即为投资者之损失（见

图1）。

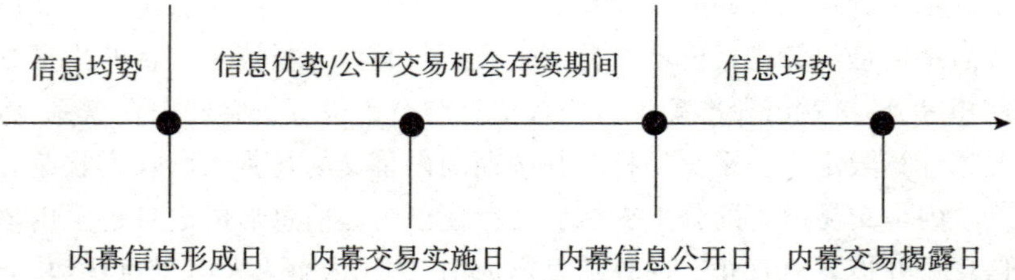

图1　内幕交易行为周期

内幕交易者在内幕信息实施日至公开日之间所得利益，既包括通过交易所获之收益，也应包括所避之损失。盖因若无信息优势之滥用，则不可能获得该收益或避免该损失（若无——则不）。对于普通投资者而言，若基于信息均势而有公平交易机会，则可获得该收益或避免该损失（若有——则可）。该所得利益的计算需要考虑内幕交易者买入日和卖出日的证券价格，但亦应考虑买入卖出时是否存在信息优势。具体可以分以下几种情形具体讨论：（1）若内幕信息形成日前内幕人已买入或卖出证券，内幕信息公开日前卖出或买入，内幕交易者所得利益应为内幕信息形成日与内幕交易实施日证券日均价格之差额。因为内幕信息形成日前所得收益并非滥用信息优势所得，理应从内幕交易不当收益中予以排除。（2）若内幕信息形成日后内幕人买入或卖出证券，内幕信息公开日之后才卖出或买入，内幕交易者所得利益应为内幕交易实施日与内幕信息公开日证券日均价格之差额。因为内幕信息公开后，内幕交易者的信息优势不再，与普通投资者都可基于信息均势公平交易，所得收益也是基于证券价格对已公开信息的真实反映，亦应从内幕交易不当收益中予以排除。（3）在内幕信息形成日前买入或卖出，在内幕信息公开日之后卖出或买入的，在信息优势存续期间并无交易，并不存在内幕交易行为，更不存在违法所得的计算。[51]

有学者在讨论内幕交易损失计算时考虑了内幕交易行为被发现时的市场反应，从而将内幕交易揭露日也纳入了损失计算的考量。但这

〔51〕　参见王越、郭献朝：《内幕交易罪违法所得的计算方法》，载《人民司法（应用）》2016年第22期。

种计算方法过度放大了内幕交易对证券价格波动的影响，同时也是对虚假陈述损害计算规则的生搬硬套。事实上，内幕交易在被公开立案调查或给予行政处罚时，通常内幕信息已完成公开并正常反映在了证券价格之中，公开日之后的价格波动带来的损益变化应属信息均势下的公平正当收益。即便是内幕信息公开前已有证券价格异常波动，但价格波动原因多样，哪怕是市场猜测存在内幕交易，也无法当然地据此判断内幕交易的客观存在或得以揭露。所以，内幕交易的揭露日对于损失计算并无实质意义。

（二）损失赔偿的数额调整：系统风险之排除与惩罚性赔偿之引入

虽然通过计算内幕交易者在相应期间内买入卖出的价格差额，可以得出其收益从而确定投资者损失的具体赔偿数额，但是这个数额是否公允合理，是否充分体现了责任过错相一致的原则和内幕交易规制的目标，还有进一步讨论的余地。为了精细化厘定内幕交易者所得之不当收益，同时加大对内幕交易的规制打击力度，笔者认为有必要在内幕交易者买卖价格差额的基础上进行适当的数额调整，以实现内幕交易者的公平追责和有效威慑。

第一，损失赔偿数额计算应排除证券市场系统风险。证券交易本质上是一种带有投机性质的投资行为，其是风险与收益并存的，投资者既然决定参与市场交易就需要自担风险为自己的冒险投资决策买单，不能过分扩大内幕交易行为人的赔偿责任使其成为市场上投资失利的兜底保险。〔52〕 正如最高人民法院《关于审理证券市场虚假陈述侵权民事赔偿案件的若干规定》第31条第2款之规定，若被告能证明原告的损失全部或部分系他人操纵市场、证券市场风险、证券市场对特定事件的过度反应、上市公司内外部经营环境等其他因素所导致，则可在损失计算时予以剔除。内幕交易过程中，证券价格会随证券市场正常波动而波动，或者叠加他人操纵市场而产生波动，机械地将内幕交易者买卖价差认定为其不当利益，显然有失公允。因此，宜借鉴虚假陈述民事损害赔偿中的系统风险排除之经验，在计算内幕交易赔偿数额时，参考大

〔52〕 参见赵旭东：《内幕交易民事责任的价值平衡与规则互补——以美国为研究范本》，载《比较法研究》2014年第2期。

盘或板块指数的波动幅度对内幕交易者所得利益予以适当减扣,同时根据被告举证妥善排除其他因素所导致的标的证券的波动。概言之,内幕交易者的赔偿范围应当限于内幕交易行为所致之损失,对非内幕交易行为所致之损失承担责任会有失公允。

第二,损失赔偿数额之确定应引入惩罚性赔偿机制。内幕交易作为危害证券市场公平性的毒瘤和痼疾,是证券法的规制重点。尽管证券监管公法规制在打击内幕交易活动中可以起到显著效果,但私法规制也应当发挥更加积极的作用。[53] 仅以损害填补的传统侵权赔偿思维确定内幕交易民事赔偿数额,并不足以对内幕交易者形成威慑力。引入惩罚性赔偿机制,显著提高内幕交易违法成本,可以有助于发挥私法在内幕交易规制中的应有作用。惩罚性赔偿在我国多部法律规定中都有迹可循,如《食品安全法》、《药品管理法》和《消费者权益保护法》中都规定了民事损害赔偿中的惩罚性赔偿金,即在请求赔偿损失之外另行请求 3 倍甚至 10 倍的赔偿金。这种惩罚性赔偿为有效约束市场主体行为、维护食品药品安全和消费者权益提供了有力支持。有学者也认为惩罚性赔偿制度因其特有的损害填补功能,不仅可以解决一般损害赔偿的制度难题,还可以赔偿一般损害赔偿所无法救济的损害。[54] 因此,可以考虑在确定内幕交易损失赔偿数额时,要求内幕交易者在赔偿剔除系统风险后所得不当收益的基础上,另行支付前述金额 3 倍的惩罚性赔偿金。

(三)损失赔偿的公平分配:适格投资者及其受偿比例

基于内幕交易者实施内幕交易所获收益计算得出的损失数额和惩罚性赔偿数额,解决的是内幕交易者赔偿总额的问题。然而,由于人数众多且不特定的普通投资者各自提起的民事诉讼不能合并审理,且赔偿总额确定的情况下单个投资者受偿金额的确定会显著影响其他投资者的受偿水平,不能对内幕交易民事赔偿诉讼个案孤立地进行处理,而是要考虑总体赔偿数额,对享有损害赔偿请求权的适格投资者予以公平赔偿。故在个案的损失认定中,宜完善两项规则。

---

〔53〕 同前注〔12〕,冯果、李安安文。

〔54〕 参见马新彦:《内幕交易惩罚性赔偿制度的构建》,载《法学研究》2011 年第 6 期。

第一，内幕交易者仅应向适格投资者即同期反向交易者进行赔偿。在内幕交易民事赔偿中，适格投资者的确定不仅是明确损害赔偿请求权的前提，也是影响投资者可分配损害赔偿金额的重要因素。毕竟在内幕交易者应赔数额确定的情况下，适格投资者越多，单个投资者分得的赔偿额就越小。从内幕交易行为与投资者损害的因果关系来看，只有投资者的公平交易机会确因内幕交易而受损才会产生民事赔偿责任，而只有与内幕交易者实施了同期反向交易的投资者，才涉及公平交易机会受到了侵害。一方面，与内幕交易者实施同向交易或者不交易的投资者并未出现公平交易机会受损之结果；另一方面，投资者在内幕交易实施日之前或内幕信息公开日之后进行交易的，也并未受到内幕交易者滥用信息优势的影响。这种"同期反向"的损失主体确认模式在美国 1988 年《内幕交易和证券欺诈执行法》、新加坡《证券和期货法》等域外立法都有所体现。[55]

"同期"开始节点为第一次内幕交易发生时，以及"反向交易者"为采取与内幕交易相反方向交易的投资者这两点一般不存在争议，然而对于"同期"何时结束则存在较大分歧与争议。有学者认为，应将结束时点设为内幕信息公开后的一段合理期间，因为即使内幕交易违法行为结束但其对于证券价格的影响并非立刻消失，需要给市场一定合理期间去消化该内幕信息，若在内幕交易行为结束之时即停止同期的计算则会导致后续仍受到该价格非正常波动影响的投资者损失被排斥在外。[56] 但事实上，内幕交易民事赔偿的内容系公平交易机会损失而非投资者价差亏损，内幕信息公开后即为公众所知悉，其所造成的价格波动系市场正常反应而非内幕交易所致。因此，"同期"的计算应为内幕交易实施日至内幕信息公开日期间。

第二，适格投资者应按其交易量占市场同期反向交易总量的比例参与赔偿总额的分配。鉴于内幕交易损害的是普通投资者的公平交易机会，且只有进行了同期反向交易的投资者才遭受了公平交易机会的

〔55〕 参见吴北：《论证券市场内幕交易民事侵权诉讼的原告主体范围》，载《华北金融》2019 年第 6 期。

〔56〕 同前注〔54〕，马新彦文。

损失,故在以内幕交易者的不当收益为基准计算损失赔偿总额时,赔偿对象应为进行了同期反向交易的全部投资者。但由于所有投资者并不总能同步提起诉讼,故在个案处理时需要考虑在后起诉的投资者获得公平赔偿的可能性,因此宜先行明确单个投资者在个案诉讼中可获支持的比例。这种按比例分配的方案在我国香港特别行政区已有实践,香港特别行政区法院对内幕交易投资者民事赔偿损失计算采取的做法是以行为人违法所得为计量基准,按照交易对手方与被告之间交易股票数量的比例进行分配。由于内幕交易的隐蔽性,一般是在内幕交易者受到行政处罚后才能确认其违法行为,而不是像虚假陈述那样非经行政处罚亦可认定,由此内幕交易者的获益金额可以借由行政处罚予以确认,进而可以依前述方法明确内幕交易者应赔偿的总额。这一赔偿总额由全部适格投资者共同按比例分配,该比例的确定应根据公平交易机会受损的程度确定,而这个公平交易机会受损的程度与同期反向交易的总量规模紧密联系,同期反向交易越多,公平交易机会受损则越严重。因此,适格投资者可以根据其交易量在同期反向交易总量中的比例来确定其参与分配该赔偿总额的比例。例如,某适格投资者交易总量为1万手,内幕交易的同期反向交易总量为100万手,若某内幕交易者基于不当收益和惩罚性赔偿总计应赔偿2000万元,则该适格投资者得分配该2000万元的1%,即20万元。这种按交易量比例进行分配的方法,既准确反映了适格投资者公平交易机会损失的实际程度,也有利于保障所有适格投资者的公平受偿。

五、结论

随着虚假陈述侵权民事赔偿裁判规则的成熟,逐步完善内幕交易民事赔偿的裁判规则成为以私法规制打击证券违法行为并真正落实投资者保护的重点任务。作为内幕交易侵权责任的核心要件,投资者损失的准确认定是证成内幕交易者损害赔偿责任和计算赔偿数额的核心前提。根据内幕交易的致损机理,内幕交易损害的是投资者的公平交易机会,公平交易机会损失应以内幕交易者实际收益而非投资者投资亏损作为计算基准。在确定赔偿范围时,应基于是否存在滥用信息优势来确定内幕交易者买卖证券价差的起止时点,从而确定赔偿的期间和数额。在此数额基础上,可排除证券市场系统风险并确定3倍的惩罚性赔偿,从而确定内幕交易者应赔偿的总额,继而在个案中由进行了同期反向交易的适格投资者根据其交易量在同期反向交易总量中的比例参与该赔偿总额的分配。需要说明的是,本文所主张的损失认定和数额计算方法只是一种理论上的探讨,有待于在司法实践中进一步凝聚多方共识,最终以司法解释的形式对内幕交易民事赔偿案件的裁判进行指导与规范。

（编辑：张　越　姜沅伯）

《证券法苑》(2024)
第四十卷，第74~92页

内幕交易损害赔偿的获利交出救济*

蒋　露**

摘要：投资者损失与内幕交易之间因果关系的证明难题导致损害赔偿难以推进。原因在于，在欺诈的路径下，内幕交易法被引向寻找行为不法性的理论基础，却未能建立与投资者的关系。事实上，应从行为的后果来考察内幕交易法的实施，损害赔偿应建构在内幕交易者获得的利益之上，这与其对市场造成的损害大致相称，也能更好地阻却行为。但目前，与其让投资者请求获利交出，不如通过监管执法没收违法所得，将资金归入投资者保护基金来实现补偿投资者的目标。

关键词：内幕交易　损害赔偿　因果关系　获利交出

内幕交易与投资者损失之间因果关系的勾连难以建立，导致国内外在内幕交易损害赔偿问题上一直踌躇不前，不得其门而入。一些学者虽然承认

* 本文系2023年度上证联合研究计划专项课题“内幕交易、操纵市场民事赔偿责任制度研究”的阶段性成果。

** 北京大学法学院经济法学博士研究生。

民事责任在震慑资本市场与保护投资者方面的作用,但否认因果关系的存在。[1] 由于无法找到一个真正的内幕交易受害者,[2]民事责任只能是一个否定的命题。另有学者虽未旗帜鲜明地摒弃民事责任,但也采谨慎观望的态度。[3] 而基于内幕交易民事责任难以一蹴而就的现实,有学者另辟蹊径,指出强化公共执法是更有效率的路径,投资者损失可以由公共执法中的投资者基金等制度来填补。[4] 我国司法实践在该问题上亦处于探索阶段。早期的陈某灵诉潘某深、[5]投资者诉黄某裕等[6]内幕交易民事赔偿纠纷案件均以法院否定因果关系而结案,且法院在说理上草草。直至光大证券股份有限公司(以下简称光大证券)乌龙指事件引发的相关纠纷中才出现胜诉案件,在内幕交易时段内进行了与光大证券内幕交易相同品种证券反向交易的投资者损失被认定与光大证券内幕交易行为存在法律上的因果关系。[7]

实际上,因果关系与前置问题[谁是内幕交易的受害者(谁可诉)]以及后端问题[内幕交易的损害赔偿如何确定(赔多少)]是一体性问题。本文认为,内幕交易民事责任中因果关系的论证难题源自长久以来内幕交易法规制目标的不清晰甚至混乱。目前围绕内幕交易民事责

---

〔1〕 参见耿利航:《证券内幕交易民事责任功能质疑》,载《法学研究》2010 年第 6 期。

〔2〕 参见吕成龙:《论内幕交易民事责任之否定》,载《财经法学》2023 年第 5 期。

〔3〕 参见赵旭东:《内幕交易民事责任的司法政策与导向》,载《法律适用》2013 年第 6 期;缪因知:《内幕交易民事责任制度的知易行难》,载《清华法学》2018 年第 1 期。

〔4〕 参见彭冰:《建立补偿投资者的证券行政责任机制:针对内幕交易和操纵市场行为》,载《中外法学》2004 年第 5 期;邢会强:《内幕交易公平基金制度的构建》,载郭锋主编:《证券法律评论:"注册制改革背景下的中国证券市场法治建设"专辑》(2016 年卷),中国法制出版社 2016 年版;郭雳:《证券执法中的公共补偿——美国公平基金制度的探析与借鉴》,载《清华法学》2018 年第 6 期。

〔5〕 参见北京市第一中级人民法院:陈某灵诉潘某深证券内幕交易赔偿纠纷一审民事判决书,案号:(2009)一中民初字第 8217 号,2009 年 10 月 22 日。

〔6〕 参见北京市第二中级人民法院:李某与黄某裕、杜某证券内幕交易责任一审民事判决书,案号:(2011)二中民初字第 20524 号,2012 年 12 月 20 日;北京市高级人民法院:吴某峰诉杜某等证券内幕交易责任纠纷再审民事裁定书,案号:(2014)高民申字第 02751 号,2014 年 11 月 13 日。

〔7〕 参见上海市高级人民法院:光大证券与李某晖证券内幕交易责任纠纷二审民事判决书,案号:(2016)沪高民五(商)终字第 58 号,2016 年 6 月 12 日。

任成立与否的肯定说与否定说所争论的"知情权"[8]和"公平交易权"[9]都未能为"谁"遭受了内幕交易侵害这一前置问题找到一个恰当的落点,而是想当然地在保护"投资者"的政策性目标下反向寻找内幕交易行为与"投资者(损失)"之间的法律关系。在内幕交易民事责任的命题建构下,这实为倒果为因。有鉴于此,本文将基于内幕交易损害赔偿中因果关系的说理障碍,回归内幕交易的规制基础,回答谁遭受了内幕交易的侵害以及遭受了何种侵害这一前置命题,进而重新明确内幕交易损害赔偿的实施路径。

一、损害赔偿诉讼中的因果关系障碍

我国内幕交易法以及证券民事责任制度很大程度上是借鉴美国法的结果。为此,有必要在美国法的基础上,回顾规则形成的背景及其遭遇的论证障碍。美国对于内幕交易不法性的演绎借用了普通法中的欺诈(fraud)制度,但在以不披露为特征的内幕交易案件中,因果关系证明同样是困扰其司法裁判的一大难题。

(一)欺诈与信赖推定

在美国法下,内幕交易被视为欺诈。美国投资者提起损害赔偿诉讼的主要依据为1934年《证券交易法》(以下简称1934年法案)Section 10(b),以及证券交易委员会(SEC)据此条颁布的Rule 10b-5(以下统称反欺诈条款)。原告若要胜诉,须证明普通法中欺诈的构成要件,具体包括:(1)被告对重大(material)事实存在不实陈述(misrepresentation);(2)被告是故意(scienter)为之的;(3)原告因为信赖(rely on)被告的陈述而进行证券交易;(4)原告的损失源于不实

---

〔8〕 例如,杨亮:《内幕交易论》,北京大学出版社2001年版,第26页。

〔9〕 例如,曾洋:《内幕交易侵权责任的因果关系》,载《法学研究》2014年第6期;《内幕交易侵权责任因果关系的司法观察》,载《中外法学》2015年第3期。

陈述。[10]

不同于传统的面对面交易，在非个人市场（impersonal market）中，投资者的交易是在证券交易所集合竞价规则下撮合而成的，匿名的交易状态使得欺诈的受害者难以确定，投资者损失与证券欺诈行为之间的因果关系难以证明。如果按照一般欺诈规则的要求，投资者需要证明其确实因信赖相对方的不实陈述才进行了相关交易，这将会把可能的受害投资者全部拒之诉讼门外。为此，美国最高法院通过 Basic Inc. v. Levinson 案采纳了欺诈市场理论（fraud - on - the - market theory），并对因果关系的证明采取了推定的方式。[11] 欺诈市场理论建构在有效市场假说（efficient market hypothesis）之上。根据该假说，所有公开的信息均反映在市场价格之中，包括任何欺诈性不实陈述或重大遗漏。欺诈市场理论认为，在有效市场中交易的投资者信赖证券市场价格的诚信（integrity）——没有被人为地扭曲这一事实——而进行交易。因此，即便投资者的交易行为不直接依赖于不实陈述，也可以基于对市场诚信的信赖这一前提而推定投资者交易与欺诈行为之间存在因果关系。[12] 此即因果关系的信赖推定原则。信赖推定与欺诈市场理论被我国部分学者所认同，[13] 并被我国关于虚假陈述民事赔偿案件的司法解释所吸纳，成为证券欺诈，特别是虚假陈述中因果关系证明的基础理论与法律原则。

不过，信赖推定这一证明方式的适用依赖于行为人实施了一个积极的欺诈行为，否则"因信赖行为人之不实陈述而为交易"就无从谈起，因此通常运用于半真半假、不实陈述等积极型欺诈案件中，在消极

---

〔10〕 See Dura Pharms, Inc. v. Broudo, 544 U. S. 336 (2005), pp. 341 - 342; Louis Loss & Joel Seligman, *Fundamentals of Securities Regulation*, Aspen Publishers, 2004, pp. 577 - 590, 1018 - 1031, 1274 - 1276.

〔11〕 See 485 U. S. 224 (1988).

〔12〕 Id, pp. 241 - 242 (quoting Peil, 806 F. 2d, pp. 1160 - 116).

〔13〕 参见冯果：《内幕交易与私权救济》，载《法学研究》2000 年第 2 期；盛焕炜、朱川：《证券虚假陈述民事赔偿因果关系论》，载《法学》2003 年第 6 期；马其家：《美国证券法上虚假陈述民事赔偿因果关系的认定及启示》，载《法律适用》2006 年第 3 期；陈洁：《证券虚假陈述侵权损害赔偿中因果关系的认定机制》，载《中国社会科学院大学学报》2023 年第 10 期；等等。

的不披露,也即内幕交易的情形中却存在一定问题。

(二)不披露、内幕交易与投资者损失

不同于行为人作出不实陈述以诱导其他投资者交易的案件,内幕交易的本质是行为人不披露相关信息而自己交易。也就是说,内幕交易具有隐蔽性,其他投资者不可能知晓市场中内幕交易的存在,也就不会基于行为人的积极陈述而决定交易。那么在欺诈的框架下,内幕交易案件面临的问题是如何证明投资者对不披露的信赖。

首先,欺诈市场理论无法很好地适用于内幕交易案件。欺诈市场理论的经济学假设是市场价格是有效率的,虚假陈述造成了证券价格偏离其正确价值,扭曲了价格机制。然而内幕交易往往无法被市场感知,对证券市场价格的信号效应微乎其微。[14] 支持合法化内幕交易的代表性学者曼恩(Manne)教授甚至指出,内幕交易会使股票价格朝着正确的方向变动,减少而不是增加交易在不知情投资者之间的随机伤害。[15] 即使承认内幕交易对证券价格存在扭曲,欺诈市场理论也不能回应不披露与投资者交易决策之间的因果关系,因为它的提出,本质上是为了降低原告的举证难度,而非直接证明因果关系。

其次,不同于虚假陈述案件中的被告(一般为证券发行人)对市场负有积极披露义务,内幕交易者对投资者并不当然地负有信息披露的义务。矛盾在于,只有假定内幕交易者有披露内幕信息而非交易的义务,才能建构一个理论,即内幕交易是造成在公开市场中交易的投资者遭受损害的原因之一。为此,美国法院在追究内幕交易责任时一大重点即确定信息披露义务及其理论基础。美国第二巡回法院通过 SEC 发起的两次执法案件——In re Cady, Roberts & Co. 案[16]与 SEC v. Texas Gulf Sulfur Co. 案[17]——确立了"披露或戒绝交易规则"(abstain or disclose rule)。任何持有内幕信息的人都必须向公众披露

〔14〕 See William J. Carney, *Signalling and Causation in Insider Trading*, Catholic University Law Review, Vol. 36, 1987.

〔15〕 See H. Manne, *Insider Trading and the Stock Market*, New York, The Free Press, 1966, pp. 107 – 108.

〔16〕 See 40 S. E. C. 907 (1961).

〔17〕 See 401 F. 2d 833 (2d Cir. 1968) (en banc), cert. denied, 394 U. S. 976 (1968).

信息,如果他为了保护公司秘密而不得披露或是选择不披露,那么他应当禁止交易或向他人推荐该证券。[18] 在 Cady, Roberts 案后不久,第二巡回法院在 List v. Fashion Park 案[19]中探讨了内幕交易中的因果关系问题。法院认为,在不披露信息的案件中,信赖要件的测试标准是,如果被告向原告披露了未披露的事实,原告会受到影响并采取不同的行动。[20] 第二巡回法院进而在 Shapiro v. Merrill Lynch, Pierce, Fenner & Smith 案[21]中采纳了 List 案对因果关系的证明逻辑,并援引披露或戒绝交易规则,指出持有重大未公开信息者的披露义务。法院指出,若非内幕交易者没有向相对方披露内幕信息,投资者就不会以不受内幕信息影响的价格交易,被告违反了对整个市场的责任,从而认可交易因果关系的成立。[22] 但是"若非,则无(but for)"[23]解决的是必要条件(sine qua non)而非充分条件。也就是说,实际上并不能得出内幕交易行为是投资者决定进入市场的原因这一结论。

美国最高法院后续在具有相同事实基础的 Fridrich v. Bradford 案[24]中指出了 Shapiro 案的推理缺陷,并驳回了第二巡回法院的因果关系论证。美国最高法院认为,被告的交易行为没有影响原告的卖出决定,从披露或戒绝交易规则中引申的披露义务并不是绝对义务。[25] 如果持有内幕信息的人不交易也不披露,市场中的所有卖方依然会遭受意外损害,对应的买方则意外获利。[26] 而此时并不存在内幕交易行

〔18〕 See Cady, Roberts, 40 S. E. C. 907 (1961), p. 848; Victor Brudney, *Insiders, Outsiders, and Informational Advantages under the Federal Securities Laws*, Harvard Law Review, Vol. 93, 1979.

〔19〕 See 340 F. 2d 457 (2d Cir.), cert. denied, 382 U. S. 811 reh'g denied, 382 U. S. 933 (1965).

〔20〕 Id, pp. 462 - 463.

〔21〕 See 495 F. 2d 228, 236 - 237 (2d Cir. 1974).

〔22〕 Id.

〔23〕 "若非,则无"或者必要条件是普通法中用以判断事实因果关系是否成立的规则,也即若非被告的过错,原告的损害就不会发生,通常被用于认定一般欺诈中信赖要件是否成立。

〔24〕 See 542 F. 2d 307 (6th Cir. 1976), cert. denied, 429 U. S 1053 (1977).

〔25〕 Id, p. 318.

〔26〕 Id.

为。这又带领损害赔偿问题回到起初的质疑——在非面对面市场中的内幕交易行为通常不像虚假陈述一般被投资者所知,投资者的交易决策和内幕交易无法建立因果关系。[27] 投资者的交易损失更多是因为其他市场风险,而非内幕交易。[28]

那么,这是否就意味着内幕交易不会侵害投资者的利益,或者内幕交易并未侵害"任何人"的利益,进而否定内幕交易民事责任的成立?论及此恐怕还不能有答案。美国在追究内幕交易责任时借用了普通法欺诈制度的框架,其逻辑起点是内幕交易的行为不法性为何?而赔偿投资者的问题,则被不适当地放在前者建构的理论基础上。然而,对行为不法性的关注从根本上回避了投资者权益是否受损以及何种权益受损,这一问题又关系损害赔偿的构造。该问题本质上是对禁止内幕交易的立法政策与理论基础的选择。

二、从行为之后果考察内幕交易法的实施

内幕交易民事责任中因果关系的论证困境其实是因为在内幕交易法的讨论中始终没有解决一个核心的前置命题:内幕交易法所保护的法益究竟为何。本文认为,目前主流的知情权说与公平交易权说都未能释清内幕交易法的规制目标,故而本部分将重新探讨谁是内幕交易的受害者。下文分析表明,美国在欺诈的思路下对为何禁止内幕交易,或者说内幕交易法的目标的阐释采取了不当方法,进而给损害赔偿中因果关系的证明造成不必要的障碍,也对借鉴相关规则的我国形成困扰。

(一)应关注内幕交易对市场的整体损害

美国法院关于禁止内幕交易的理论基础经历了多次重大转变。[29]

---

〔27〕 See James D. Cox, *Insider Trading and Contracting: A Critical Response to the Chicago School*, Duke Law Journal, Vol. 1986, 1986.

〔28〕 同前注〔1〕,耿利航文。

〔29〕 关于美国内幕交易代表性案件及其建构的相应理论,国内学者已多有介绍,兹不赘述,可参见赖英照:《美国内线交易法制的方法与价值》,载《台北大学法学论丛》2016年第99期。

在认定行为人是否违反了内幕交易禁令这一问题上，各级法院的方法大致可以总结为两种进路：一种是在欺诈的路径下寻找行为的不法性所在，可称为“行为方法”；另一种是追究交易是否对证券市场造成了不利影响，可称为“后果方法”。第二巡回法院在前期的 Cady, Roberts 案、Texas 案以及 Chiarella 案中采取的就是基于后果的裁判思路。而最高法院则坚持在欺诈框架下的行为方法，并引入信义义务、盗用理论回应完全不披露行为的不法性。在 Chiarella 案中，最高法院就明确拒绝第二巡回法院的后果方法并将行为方法加之于内幕交易法。[30]

但是，美国最高法院对行为而非后果的关注给内幕交易民事责任的成立造成无法逾越的障碍。行为方法寻找的是行为人是否违反了某种披露义务。这一义务和投资者损失之间是无法建立联系的，信义义务认为受损害的是公司，盗用理论认为受损害的是信息来源，均非直接交易相对方，因此其他投资者的损害赔偿请求无法被支持。而只有在后果方法下，才可能基于内幕交易者对整个证券市场造成了损害，进而得出投资者损失与行为人内幕交易有关的结论。

而美国之所以在为什么禁止内幕交易这一根本问题上选择追寻行为不法性的方向，是因为对最初的 Cady, Roberts 案存在误读。Cady, Roberts 案是 SEC 依据反欺诈条款提出的第一次内幕交易执法行动。在判断行为人是否违反反欺诈条款时，SEC 认为应考察两个要素：(1)存在某种“特殊关系”，使其有机会获得重大非公开信息；(2)其在未事先披露的情况下基于该信息的交易造成“固有的不公平(inherent unfairness)”。[31] 尽管 SEC 承认被告没有明显的欺诈行为，但认为被告的沉默是一种 Rule 10b－5(c)[32] 规定的对交易相对方“进行欺诈或欺骗的行为”。[33] 对此，一种观点是，SEC 暗示特殊关系及由此产生的

---

[30] See Lawrence E. Mitchell, *The Jurisprudence of the Misappropriation Theory and the New Insider Trading Legislation: From Fairness to Efficiency and Back*, Albany Law Review, Vol. 52, 1988.

[31] See Cady, Roberts, 40 S. E. C., p. 912.

[32] Rule 10b－5 规定，任何人在买卖任何证券的过程中参与对任何人将构成欺诈或欺骗的任何行为、做法或商业活动，属违法。See 17 CFR § 240. 10b－5.

[33] See Cady, Roberts, 40 S. E. C., p. 913.

义务使沉默变得可诉。Chiarella 案采用的就是这种解读,也即特殊关系为行为人确立了披露义务。[34] 另一种观点是,特殊关系只是为了证明被告能够获取内幕信息。[35] 凭借特殊渠道,交易者可以享受其他人无法享受的交易优势,但在一个信息获取应当相对平等的证券市场之中,这是不公平的。[36]

美国最高法院在 Chiarella 案中引入信义义务来解决沉默的义务基础问题,采取的是行为方法。然而除了引用的 Cady, Roberts 案中的特殊关系要素,没有任何其他依据可以将论证引向普通法中的欺诈。这不是解释反欺诈条款的必然路径,而是由最高法院在解释内幕交易法目标时的方法决定的。回归 Cady, Roberts 案,SEC 明显关注的是交易对整个市场包括投资者造成不公平的影响这一后果。也就是说,监管部门采取的是后果方法。特殊关系并不指向 Chiarella 案所解读的信义义务和普通法欺诈概念,仅仅是为了确定获取信息的事实。

对关系的偏重是对 Cady, Roberts 案以及特殊关系实际含义的误读。[37] 对于内幕交易法的规制目标,或者说,对于为什么禁止内幕交易所采取的考察视角,应当着重于对整个市场造成的损害后果,而不是执着于欺诈行为的不法性;否则,将会使损害赔偿中因果关系的论证落入困境。

(二)投资者平等信息获取权的析出

美国最高法院对于关系要素的过分关注不仅使其陷入寻找欺诈的某种义务基础的陷阱之中,还使其对行为造成的不公平后果的忽视,导致投资者受损害的权益未被真正释清。与 Cady, Roberts 案思路基本一致的 Texas 案判决直接指出,被告与发行人或者说信息来源之间的某种特殊关系,只在确定他们是否能够经常获得重大非公开信息时才

---

〔34〕 See Chiarella, 445 U. S. , pp. 228 – 30.

〔35〕 Id. (Blackmun, J. , dissenting), p. 249; see also F. Arnold Daum & Howard W. Phillips, *Implications of Cady, Roberts*, Business Lawyer (ABA), Vol. 17, 1962.

〔36〕 See Alison Grey Anderson, *Fraud, Fiduciaries, and Insider Trading*, Hofstra Law Review, Vol. 10, 1982.

〔37〕 See Douglas M. Branson, *Discourse on the Supreme Court Approach to SEC Rule 10b – 5 and Insider Trading*, Emory Law Journal, Vol. 30, 1981.

有相关性;内幕交易违法行为的本质是它对市场造成了不良影响。[38]

特殊关系造成某些主体相较于一般公众,在信息的获取上有更优势的渠道。而在他们获取了重大非公开信息后,关系要素也就不再重要,重点则应当转移为优势交易对市场的影响。拥有获取信息的特殊关系对其他投资者而言是不公平的,因为有这种关系的一方"合法地垄断了对相关信息的获取"[39]。这种不公平不仅仅是因为拥有更多信息,而且是因为这种优势不能通过某种竞争而消弭。[40]

内幕交易受到禁止是因为它对市场造成了不良影响,这里的市场当然包括其中参与交易的所有投资者。后果的有害性在投资者角度的直观解读是,内幕交易破坏了公众"对证券市场公正(justifiable)的期望,也即所有在非个人市场进行交易的投资者都能相对平等地获取重要信息(这一预期)"[41]。信息不对称在市场之中是普遍存在的。正是基于赖以作出交易决策的信息存在不对称,才使得投资者对同一证券的价值有着不同判断,并促进交易的达成。如果信息绝对对称,那么所有人对证券价格就会有一致的预期。故而,信息之对称(parity)是不可能且没有必要的。投资者所预期的市场公平,是在信息获取途径上的平等地位。就禁止内幕交易的目的而言,内幕交易者基于某种特殊关系,获得信息优势,进而造成交易的不公平,对市场而言是有害的,因为其扭曲了投资者对信息平等获取机制的预期,进而破坏了基于信息平等地位的公平获利可能。

美国判例在为何禁止内幕交易这一议题上并非无法形成一个一贯的理论,而是最高法院在试图将欺诈概念引入内幕交易法之后,精力被转移去界定行为的不法性。这种基于行为不法性的方法最终陷入寻找欺诈的义务基础和信义义务的适用困局之中,市场中其他投资者的利

---

[38] See Texas, 401 F. 2d 833 (2d Cir. 1968), cert. denied, 394 U. S. 976 (1968), pp. 848 & 858.

[39] Victor Brudney, *Insiders, Outsiders, and Informational Advantages under the Federal Securities Laws*, Harvard Law Review, Vol. 93, 1979.

[40] Id.

[41] Texas, 401 F. 2d 833 (2d Cir. 1968), cert. denied, 394 U. S. 976 (1968), citing Insider Trading in Stocks, 21 Bus. Law. 1009, 1010 (1966) (remarks of panelist William L. Cary), p. 848.

益为什么受到影响就变得不甚清晰。事实上,应当从内幕交易对整个市场所造成的不利后果考量内幕交易法的政策基础,内幕交易者基于特殊关系而获得信息优势的交易破坏了市场诚信,对其他投资者而言是不公平的,究其实质是侵害了投资者对信息的平等获取权。

三、内幕交易损害赔偿的路径:基于获利交出

内幕交易法的实施是从其对整个市场的危害而言的,其中,投资者平等信息获取权的保护是建构内幕交易损害赔偿的基础。这意味着,在受到内幕交易影响期间,市场中所有的反向交易者都可以向内幕交易者提起损害赔偿诉讼。而非在欺诈侵权的逻辑下,只有交易的相对方才受到内幕交易者的直接侵害并因此有权请求损害赔偿。进一步的问题是,内幕交易对市场造成的损害如何计算,或者说投资者对于平等信息获取权受侵害所能主张的损害赔偿范围如何确定。对此,本文认为应当引入获利交出责任,以对其他投资者如何在内幕交易案件中获得损害赔偿重新进行制度塑造。

(一)损害赔偿的预防功能与获利交出

损害赔偿,是指因违反法定或约定义务导致他人受损害,应当予以赔偿以恢复原状的一种民事责任承担形式。[42] 损害赔偿法通常的切入点是受害者的损失,围绕赔偿受害者因权益受侵害而发生的各种不利益(损失、损害)展开其制度逻辑,以填补损失为其主要任务。然而,这忽视了损害赔偿在预防损害行为发生方面的作用。

传统民法学说认为,对损害行为的预防功能不应当由民事责任来完成,而应当通过刑法等公法来实现。但新近观点逐渐开始强调损害赔偿法在损害预防方面的作用。[43] 德国学者瓦格纳即批评,传统损害

---

〔42〕 参见王泽鉴:《损害赔偿》,北京大学出版社2017年版,第10页。

〔43〕 同前注〔42〕,王泽鉴书,第13页。虽然王泽鉴认为预防作用只是损害赔偿法的附带性效果。

赔偿法的设计完全忽视了损害赔偿责任在事实上发挥的预防作用。[44]若从加害者,或者说赔偿责任人的角度来看,赔偿责任对该行为者而言就是其从事侵害行为的成本。以最简单的成本收益方法来考察行为人的心理,当其从违法行为中获取的利益小于可能的成本时,就会遏制行为人冒险从事某种侵害他人利益的行为,进而受害者的损失也就不会产生。然而传统的民法观点往往从受害者角度出发,寻找将受害者的损害转移给第三人的某种正当理由,但忘却了事前是否存在某种阻却违法行为的制度设计。直言之,基于受害者损失的损害赔偿法只能是一种事后的、对既定损害事实的救济法,若要尽可能地避免损害事实之发生,将当事人特别是可能的受害者的权益保持在"原状",则要从加害者视角加以考察。

对于加害者来说,单纯地在法律上被施加赔偿责任并不能达到威慑其行为的效果,因为加害者可预期的法律成本最多只是起诉者可以证明的损失。然而实践中,从侵害他人权益中获得的利润往往远超过受害者的损失。以我国光大证券乌龙指事件为例,光大证券在公开大盘暴涨系乌龙指这一内幕信息之前,就对冲了大部分错单交易,获利(避损)约8721万元。[45] 而就投资者胜诉并获得赔偿的情况而言,其赔偿数额仅5万余元。[46] 虽然光大证券乌龙指事件并非典型意义上的内幕交易案件,但行为人获利之巨与投资者可得赔偿之微形成鲜明对比。此外,在很多情形下,受害者对其实际损失无法计算且举证不能,如侵犯知识产权、个人信息以及不正当竞争等领域。就本文讨论之主题——内幕交易而言,亦是如此。虽然加害者通过侵害他人受到法律保护的利益而获得利润,但受害者可能并无直接可计量的损失,因为此类情形下,加害者本质上侵害的是法律原本赋予受害者基于该法益的获利可能。由此,如果只是围绕受害者建立损害赔偿制度,不仅可能

---

〔44〕 参见[德]格哈德·瓦格纳:《损害赔偿法的未来——商业化、惩罚性赔偿、集体性损害》,王程芳译,中国法制出版社2012年版,第18~30页。

〔45〕 参见中国证监会:《光大证券异常交易事件的调查处理情况》,载中国证监会网站,http://www.csrc.gov.cn/csrc/c100028/c1002255/content.shtml,2023年12月31日访问。

〔46〕 同前注〔8〕,杨亮书。

使填补损失的目标落空,也无法发挥损害赔偿之震慑违法行为者、阻却违法行为的预防功能。

此时,获利交出(disgorgement)[47]为上述情形中损害赔偿的确定提出了一种解决路径。获利交出或称基于获利的赔偿(gain - based damages)建立在加害者事实上获得的利益(利润),而不是受害者损害(损失)之上。侵害他人权益者可能获得利益,如果加害者需要赔偿的受害者损失远远小于其可能获得的利润,那么他仍有动力去实施侵害行为。但如果以加害者可能获得的利润界定损害赔偿的范围,那么法律成本将使其可得利润为零,可阻却其继续从事侵害行为。虽然某些情形下,获利交出会超出受害者可能的损失(如果投资者损失可以计算的话),使受害者获得过多利益。但加害者侵害了他人受保护的法益,享受该法益的人在受到侵害而遭受损害时,相较于破坏他人法益的人,更应当受到法律的特别保护。[48] 此时获利交出为的是震慑潜在的侵害行为。而且在整体上,该加害者所应赔偿的并没有超过他实际造成的损害成本,出于预防目的的超额补偿在规范意义上是可以容忍的。[49] 因此,在预防侵害行为发生的目标下或者说为实现损害赔偿制度的预防功能,应当赋予受害者要求加害者交出获利的损害赔偿请求权。如我国《民法典》第1182条即确认了侵害具有经济价值的人身权益时的获利交出救济,受害者可以选择是以侵权人的获利还是以自身损害为基础确立损害赔偿数额。

(二)获利交出责任契合内幕交易法

内幕交易受到禁止是因为该行为对整个市场包括其中的所有投资者造成了侵害,受损的对象不仅仅是交易相对方。获利交出制度符合内幕交易法基于后果的实施逻辑。

首先,获利交出旨在实现损害赔偿制度的预防功能,能够震慑可能的违法行为人。对于证券市场中的违法行为,无论是设置民事责任,还

---

〔47〕 目前似乎无因管理、不当得利或者损害赔偿都可以作为获利交出的基础,学理上暂未形成一致的观点。同前注〔44〕,格哈德·瓦格纳书,第140~144页。

〔48〕 参见[奥]海尔姆特·库齐奥:《侵权责任法的基本问题——德语国家的视角》(第1卷),朱岩译,北京大学出版社2017年版,第43页。

〔49〕 同前注〔44〕,格哈德·瓦格纳书,第34页。

是加以行政、刑事惩罚，其不可忽视的目标之一是震慑可能的违法行为者，防范内幕交易等行为对市场公平秩序的破坏以及对投资者信心的打击。行为人在证券市场中的冒险行为，往往是被巨大的利益所驱使。相较而言，基于受害者损失的赔偿责任则是九牛一毛，无法真正消除行为人之激励。在损害赔偿中引入获利交出是为了实现预防功能，以更有力地阻却内幕交易行为的发生。

其次，获利交出摆脱了投资者损害赔偿的证明困境。内幕交易行为者基于特殊关系在信息获取上具有优势地位，进而侵害了其他投资者在平等信息获取权上的法益。在这一逻辑之中，内幕交易者虽然破坏了他人之权益，但并非直接从侵害行为中获利，而是基于信息优势地位将其他投资者挤出市场，继而在非面对面交易中与不知情交易相对方进行交易而获利。也就是说，内幕交易者排除了其他投资者利用内幕信息的可能，进而侵害了投资者基于应当平等获取的信息取得同等利益的可能。由此，其他投资者应当有权向内幕交易者请求返还该利益。

最后，获利交出匹配内幕交易者对整个市场造成损害所应承担的后果。内幕交易侵害了整个市场，那么让内幕交易者交出全部获利才能达到预防内幕交易发生的目的。而且，由于内幕交易者吐出的获利与市场遭受的整体损失是相当的，因此，也就不存在过分剥夺内幕交易者利益的嫌疑。

（三）美国 Section 20A 的得失计较

对于通过获利交出建构损害赔偿制度，美国已有尝试，它的处理最终体现于 1988 年《内幕交易和证券欺诈执行法》（Insider Trading and Securities Fraud Enforcement Act，ITSFEA）之中。ITSFEA 将重点从对受害者的赔偿转向对违法者的惩罚。[50] 在对投资者请求损害赔偿的诉权上，ITSFEA 在 1934 年法案中增加了 Section 20A。[51] 具体而言，Section 20A（a）明确，任何人在掌握重大非公开信息的情况下违反法律

〔50〕 See Bernard D. Reams, *Insider Trading and the Law: A Legislative History of the Insider Trading Sanctions Act of 1984*, *Pub. Law No. 98 - 376*, William S. Hein & Company, 1989.

〔51〕 See 15 U. S. C. § 78t - 1.

规定买卖证券,均应在诉讼中对同时反向交易同种类证券的任何人负责。Section 20A(b)对被告责任进行了限缩,规定:(1)同期交易的索赔仅限于被告获得的利润或避免的损失。根据(a)款规定的损害赔偿总额不得超过在违法交易中获得的利润或避免的损失。(2)以获利交出抵消责任。如果SEC根据该法Section 21A(d)对行为人就同一违法行为提起诉讼并被法院判决交出利益,根据(a)款所主张的损害赔偿总额应减去已经吐出的金额。Section 20A(c)规定,泄露重大未公开信息的人和其直接信息受领人应当承担连带责任,也即解决了盗用信息情况下的投资者赔偿。最后,Section 20A(d)规定,基于Section 20的诉权不限制其他明示或默示诉权的行使。

概言之,Section 20A确立了同期反向交易者对内幕交易者的私人诉权,明确了诉讼资格。更值得关注的是,Section 20A对于私人损害的赔偿并非出于填补受害投资者损失,而是基于衡平法的理念,对投资者受到的侵害提供某种救济,此种损害赔偿方式以内幕交易者所取得的不法利益为上限。其实,Section 20A是对Shapiro v. Merrill Lynch, Pierce, Fenner & Smith案[52]、Elkind v. Liggett & Myers, Inc.案[53]等典型案例裁判规则的固定。对于损害赔偿的适当尺度,美国第二巡回法院相继摒弃了传统的实付金额(out - of - pocket)和市值损失(loss in market value)损害计算方法。[54] 与最高法院在Chiarella案中的做法相反,第二巡回法院对Elkind案的处理并非基于侵权(tort)而是基于衡平(equity)的理念,将损害赔偿视为某种救济(remedy)而非为了填补投资者损失。在衡平法上,法院应当关注的不是损害的原因而是损害的事实,以及通过司法行动实际控制损害。[55] 违法行为与投资者损失之间的因果关系又被称为法律上的因果关系,它的确定很大程度上是

[52] See 495 F. 2d 228, 236 - 237 (2d Cir. 1974).

[53] See 635 F. 2d 156 (2d Cir. 1980).

[54] Id, pp. 170 - 171.

[55] See Fred F. Lawrence, *A Treatise on the Substantive Law of Equity Jurisprudence*, § 13, Albany, N. Y.: M BENDER, 1929, p. 32.

法律政策权衡的结果。[56] 无论是以先前义务的有无还是损害是否具有因果关系来决定被告的责任,原告能否请求经济上损失的损害赔偿,从根本上来说,都是取决于政策的取向,其目的在于限缩被告的责任。[57] 最终,第二巡回法院采纳了基于获利交出的损害赔偿方式,被告的赔偿责任以其获得的利润或者避免的损失为限度,这与法院坚持的后果方法相符。内幕交易法如果以考察对整个市场的实际损害为路径,那么市场受到的整体损害即内幕交易者从证券活动中获得的不法利益,这种损害确定方式不仅与内幕交易者行为所造成的损害大致相当,也不会过分扩张内幕交易者的赔偿责任。显然,这种损害赔偿将个别交易者的赔偿视为偶然相关,这也正是 ITSFEA 所采用的衡量损害的方法。

当然 Section 20A 并非不存在争议,其备受诟病,且美国最高法院还没有解决的问题是,"同期"如何界定。[58] 立法者也没有提供有益的指导。[59] 有的法院要求投资者的交易与内幕交易在同一天进行,[60] 有的则允许有 3 ~ 5 天的时间差。[61] 另有法院指出,"同期"一词可能包括相关信息未披露的整个期间。[62] 同期的范围显然将影响 Section 20A 的原告范围,但是目前美国各级法院在该问题上众说纷纭,并没有

---

〔56〕 See Justin D. Levinson & Kaiping Peng, *Different Torts for Different Cohorts: A Cultural Psychological Critique of Tort Law's Actual Cause and Foreseeability Inquiries*, Southern California Interdisciplinary Law Journal, Vol. 13, 2004.

〔57〕 参见王泽鉴:《民法学说与判例研究》(第 8 册),北京大学出版社 2009 年版,第 205 页。

〔58〕 See Neil V. Shah, *Section 20A and the Struggle for Coherence, Meaning, and Fundamental Fairness in the Express Right of Action for Contemporaneous Insider Trading Liability*, Rutgers Law Review, Vol. 61, 2009.

〔59〕 See H. R. Rep. No. 100 – 910, p. 27 (1988), reprinted in 1988 U. S. C. C. A. N. 6043, p. 6064 & n. 22.

〔60〕 See In re Able Labs. Sec. Litig., No. 05 – 2681, 2008 WL 1967509, at 26 (D. N. J. Mar. 24, 2008); In re AST Research Sec. Litig., 887 F. Supp. 231, pp. 233 – 234 (C. D. Cal. 1995).

〔61〕 See In re Oxford Health Plans, Inc. Sec., Litig. 187 F. R. D. 133, 138 (S. D. N. Y. 1999); In re Eng'g Animation Sec. Litig., 110 F. Supp. 2d 1183 (S. D. Iowa 2000).

〔62〕 See In re Am. Bus. Computs. Corp. Sec. Litig., [1995 Transfer Binder] Fed. Sec. L. Rep.

形成统一意见。因此,对于 Section 20A 的借鉴,还需为同期提供一个明确的定义。

虽然 ITSFEA 和 Section 20A 有一定事急从权的意味,[63] 但仍值得借鉴的是在为什么禁止内幕交易这一问题上的后果方法。在内幕交易的违法性是因为其对市场造成不利后果这一前提下,内幕交易损害赔偿的制度逻辑与禁止内幕交易的理论基础得以衔接,内幕交易的实际损害即对市场的总体损害,原告个人受到的损害与之没有必然联系。故而,在损害赔偿诉讼中,也就不需要去考虑原告损失的实际证据,以及区分原告损失中哪些是基于内幕交易、哪些是基于市场风险,而应以内幕交易者获得的不法利益为基础,对投资者进行损害赔偿。至此,内幕交易损害赔偿在后果方法下,可以获得一个通顺的制度逻辑。

(四)在我国证券监管体系中的落地

在明确应当围绕内幕交易行为人的获利交出责任构造投资者的损害赔偿后,接下来的问题是,如何在我国法下实现该思路。对于通过私人诉讼请求行为人交出获利来说,投资者往往缺乏提起诉讼的动力,因为相较于对市场的整体损害,分配到个体投资者的赔偿较少。集体诉讼可能是一条解决路径。目前我国也在探索构建证券集体诉讼制度。[64] 不过,且不说能否真正调动投资者的诉讼积极性,集体诉讼中的"搭便车"和集体行动困境便是无法摆脱的难题,还要始终控制滥诉的风险。在美国法下,虽然 SEC 时任主席曾言,ITSFEA 赋予投资者私人诉权是对 SEC 执法行动的重要补充,[65] 但美国投资者提出的私人诉讼并不多,还受到 1995 年《私人证券诉讼改革法》(Private Securities Litigation Reform Act)的诸多限制,证券欺诈案件更多是通过 SEC 执法行动进行的,且多以和解结案。由投资者提起私人诉讼恐怕不是有效率的选择,即使是借由集体诉讼这一形式。

另一条路径是通过公共执法行动没收行为人的获利,并用前述追

---

〔63〕 参见周伦军:《从不当得利到损害赔偿:内幕交易民事责任的逻辑演进——〈证券法〉修订草案第 92 条之评析》,载《法律适用》2015 年第 8 期。

〔64〕 对此已有诸多研究,在此不展开。

〔65〕 See H. R. REP. No. 100 - 910, p. 26 (1988), re printed in 1988 U. S. C. C. A. N. 6043, 6063 (quoting SEC Chairman David S. Ruder).

缴的资金设立一个基金，来补偿投资者损失。为此，应当赋予监管部门没收行为人违法所得的权力。美国的做法是，SEC 将执法行动中收缴的违法所得、民事罚金以及和解金归入公平基金，用以赔偿受损的投资者。我国《证券法》第 191 条对内幕交易行为人也设置了没收违法所得的措施，但资金的最终去向是上缴国库。与美国不同，中国证监会收缴的违法所得在性质上更偏向于行政罚款而非补偿投资者，行政执法中的私法取向不浓，存在“与民争利”的倾向。虽然在民事责任优先的规则下，行政罚款应优先用于赔偿投资者，中国证监会还与财政部联合出台了《关于证券违法行为人财产优先用于承担民事赔偿责任有关事项的规定》，设置行政罚没款的“退库”程序来支持民事赔偿工作；但前述已指出，私人诉讼相较于行政执法效率不高，受制于投资者惰于行使诉权，在诉讼中缺乏举证能力以及执行困难的现实困境，投资者获得赔偿的愿望可能会落空，或至少相较于行政程序具有滞后性。可以借鉴美国的做法，落实行政执法补偿投资者的作用，将中国证监会没收违法所得界定为私法行动，将违法所得归入投资者保护基金，用以赔偿因证券市场违法行为而受损的广大投资者。如此，行政执法惩戒与阻却违法行为的功能与救济和赔偿投资者的目标得以在获利交出责任下衔接，从而能够更好地保护投资者，维系市场公平。

四、结论

内幕交易与投资者损失之间因果关系的证明难题，源自内幕交易法保护法益的“失落”。内幕交易法的实施应当从内幕交易行为造成的后果角度考察，而非继续在欺诈思路下寻求信义义务或者其他某种义务基础作为行为不法性的来源。在确定内幕交易受到禁止是因为内幕交易对市场公平造成不利影响，侵害了整个市场的利益后，投资者平等获取信息的权利也相应析出。由于信息获取的不平等，其他投资者相较于内幕交易者丧失了交易机会，继而丧失了获利的机会，对投资者平等信息获取权的保护是损害赔偿的基础。基于内幕交易对市场造成整体性损害，此时应以内幕交易者获得的不法利益为基础建构对投资者的损害赔偿,赋予内幕交易同期反向交易者一般性的获利返还请求权。这不仅能够达成补偿投资者的目标,也能预防内幕交易行为的发生。不过,相较于投资者的私人诉讼,通过中国证监会的公共执法来没收违法所得,并将没收的资金归入投资者保护基金,用以赔偿投资者,是更为便捷且高效的选择。

(编辑:韩励豪　姜沅伯)

《证券法苑》(2024)
第四十卷，第93~107页

内幕交易认定疑难问题实证研究*

——以证监会2000~2023年前三季度行政处罚决定为视角

范林波**

摘要：追究内幕交易者民事责任的前提之一是内幕交易行为成立。本文选取证监会2000~2023年前三季度作出的全部981份内幕交易行政处罚决定作为研究对象，从实证角度探讨内幕交易认定的六大疑难问题，包括内幕交易可否“二次推定”，内幕信息认定争议，内幕交易豁免情形的适用条件，接受建议者的交易是否构成内幕交易，共同内幕交易的证明，违法所得认定争议等，以期为内幕交易民事赔偿制度的建立提供借鉴、支持。

关键词：内幕交易　行政处罚　监管逻辑

内幕交易破坏市场公平交易，损害投资者合法权益，必须依法予以严惩。中国证监会及其派出机构（以下统称证监会）是国内打击内幕交易最重要的行政执法机构。了解证监会在内幕交易行政执法中的观点和做法，对正确认识国内内幕交易现状

* 本文仅代表作者个人观点，与所任职单位无关。

** 现供职于中国证监会行政处罚委员会。

具有重要价值。本文以证监会2000~2023年前三季度期间作出的全部981份内幕交易行政处罚决定为研究对象,剖析内幕交易认定中的六大疑难问题,包含内幕交易可否“二次推定”、内幕信息认定争议、内幕交易豁免情形的适用条件、接受建议者的交易是否构成内幕交易、共同内幕交易的证明以及违法所得认定争议。

一、内幕交易可否“二次推定”

证监会历史上首例推定认定内幕交易的案件是金某一、余某二内幕交易“四环药业”案(证监会〔2009〕4号)。之后的2011年7月13日,最高人民法院发布《关于审理证券行政处罚案件证据若干问题的座谈会纪要》(法〔2011〕第225号),首次在规则层面明确内幕交易行政处罚可以适用推定规则。2012年6月1日施行的最高人民法院、最高人民检察院《关于办理内幕交易、泄露内幕信息刑事案件具体应用法律若干问题的解释》(法释〔2012〕6号)与此一脉相承,将推定规则扩展至内幕交易刑事案件。两份司法文件共同的思路如下:如果没有直接证据证明当事人非法获取内幕信息,那么可以基于当事人与内幕信息知情人(或非法获取内幕信息的人)联络、接触以及异常交易涉案证券的情况,推定当事人非法获取了内幕信息并实施了内幕交易,除非当事人能够作出合理说明或者提供证据予以排除。司法文件之所以允许推定认定内幕交易,笔者认为核心原因是内幕交易的隐蔽性。如果一概要求执法机关必须获取直接证据(当事人自认、客观证据证实等)方能认定内幕交易,必将让大量内幕交易者逍遥法外。从数据上看,司法文件出台前的10年(2001~2010年),证监会对内幕交易仅作出21份行政处罚决定;司法文件出台后的10年(2013~2022年),证监会对内幕交易作出880份行政处罚决定,数量的明显变化,证实了推定规则对内幕交易监管执法的巨大促进作用。目前,推定认定内幕交易已成为证监会行政执法的常态。

内幕交易推定规则确立后,新的争议问题随之产生,即内幕交易可否“二次推定”:如果推定非法获取内幕信息的人与第三人联络,第三人在内幕信息公开前交易涉案股票,那么是否可以再次推定第三人构成内幕交易?对该争议问题,有的人持支持观点,有的人持反对观点,那么证监会在行政执法中是如何处理的呢?

行政处罚案例显示,证监会并未一概否定“二次推定”,而是在证据允许的情况下作出审慎认定。证监会 2000 ~ 2023 年前三季度作出的 981 份内幕交易行政处罚决定中有 23 份进行了“二次推定”。[1] 证监会系统首次“二次推定”内幕交易的案件为曾某妲内幕交易“英飞拓”案(深圳局〔2012〕4 号)。该案中,内幕交易者曾某妲并未与内幕信息知情人联络或接触,而仅与内幕信息知情人的亲属联络接触。深圳证监局推定曾某妲构成内幕交易的基本事实为:A、B 二人为内幕信息知情人,C 为 A 的妹妹、B 的妻子。曾某妲与 C 系同学,二人关系密切且有经济往来。曾某妲与 C 接触后次日全仓买入“英飞拓”,交易行为明显异常且无合理解释。该案内幕信息的两次传递均无直接证据证明,认定曾某妲内幕交易属于“二次推定”。又如,在郑某永内幕交易“得利斯”案(证监会〔2014〕72 号)中,当事人郑某永同样未与内幕信息知情人联络,而只与内幕信息知情人的妻子联络。证监会推定郑某永从内幕信息知情人妻子处非法获取了内幕信息,基本事实为:2013 年 1 月 11 日 9 时 22 分,得利斯董事长打电话让王某海(内幕信息知情人)向证券交易所报告拟披露“10 转 10”预案。9 时 29 分,王某海电话联系妻子张某兰。9 时 41 分,张某兰电话联系郑某永。9 时 43 分 ~ 9 时 47 分,郑某永操作本人账户买入“得利斯”且交易异常。9 时 50 分,郑某永交易结束后电话联系张某兰。本案内幕信息的两次传递同样没有直接证据证明,认定郑某永内幕交易系“二次推定”。

笔者认为,内幕交易“二次推定”问题本质上是证据问题或者说证

〔1〕“二次推定”内幕交易的行政处罚决定包括:深圳局〔2012〕4 号、证监会〔2014〕72 号、证监会〔2014〕97 号、证监会〔2014〕98 号、重庆局〔2014〕1 号、证监会〔2016〕15 号、证监会〔2016〕18 号、证监会〔2016〕67 号、证监会〔2015〕87 号、北京局〔2016〕2 号、证监会〔2018〕40 号、证监会〔2018〕86 号、证监会〔2018〕103 号、证监会〔2017〕107 号、上海局〔2019〕2 号、浙江局〔2019〕4 号、浙江局〔2019〕1 号、广东局〔2019〕16 号、广西局〔2019〕1 号、证监会〔2020〕51 号、深圳局〔2020〕4 号、广东局〔2021〕5 号、海南局〔2022〕2 号。

据的充分性问题,即根据现有证据,是否足以推论出处于信息传递末端的当事人非法获取了内幕信息。诚如反对者所言,“一次推定”本已潜藏错误认定的风险,“二次推定”使该风险呈几何倍数增加。为此,“二次推定”虽非必须一概禁止,但其运用必须慎之又慎。唯有证据条件充分,根据生活经验和理论逻辑足以作出令人信服的推断时,方可“二次推定”。

二、内幕信息认定争议

证监会行政处罚案例中常出现对内幕信息认定的争议,主要包括:

其一,涉案事项到底构成一个内幕信息,还是构成多个内幕信息。上市公司基于概括的意图,连续实施并购、重组、业务转型的情况时有发生,此时上市公司连续实施的数个行为到底是构成一个内幕信息,还是构成多个内幕信息,容易发生争议。以刘某均内幕交易“恒康医疗”案(证监会〔2017〕89 号)为例,证监会在该案中将上市公司基于由制药向医疗服务转型的意图先后收购 4 家医院事项,整体认定为一个内幕信息,但当事人刘某均主张上市公司收购 4 家医院分别构成 4 个内幕信息。该案后续发生行政诉讼,法院最终支持了证监会的观点,即恒康医疗战略转型信息构成内幕信息,恒康医疗据此实施的系列收购行为,是一个动态、连续、关联的发展过程。笔者认为,内幕信息个数的认定,须结合当事人交易的具体情况,若当事人知悉整体事项,交易呈现连续性,则宜整体认定为一个内幕信息;若当事人知悉部分事项,或者知悉整体事项但仅在特定组成部分事项发生后实施交易,则宜分别认定为多个内幕信息。内幕信息的认定,不应简单“一刀切”。

其二,重大事项的进展是否构成独立的内幕信息。证监会行政处罚案例显示,特定情形下重大事项的重大进展,可以构成独立的内幕信息。例如在冒某甲内幕交易“鸿达兴业”案(证监会〔2021〕67 号)中,证监会将上市公司重组事项的重大进展(终止筹划购买股权事项)认定为独立的内幕信息。又如在杭州浩红实业有限公司内幕交易“好想你”案(宁波局〔2022〕2 号)中,宁波证监局将上市公司“拟调整回购股份方案以减少股份回购数量，将公司资金优先用于其他用途”这一重大方针调整，认定为独立的内幕信息。笔者认为，重大进展是否构成独立内幕信息，主要在于该进展是否足以对证券市场价格产生重大影响，若是，则可以将其认定为独立的内幕信息。

其三，证监会是否有权依据内幕信息定义条款认定内幕信息。对内幕信息的认定而言，《证券法》（2005 年修订）第 75 条第 2 款第 8 项作出了兜底规定，即“国务院证券监督管理机构认定的对证券交易价格有显著影响的其他重要信息”。现行《证券法》（2019 年修订）第 52 条删除了该兜底规定。据此，有观点提出，证监会自此无权在法律列举情形外自行认定内幕信息。但在执法实践中，确实会出现一些法律未列举的重大事项（比如 2013 年光大证券股份有限公司乌龙指事件），对于这些事项，证监会还有权作出认定吗？笔者认为，答案是肯定的。比如在蒋某伟、朱某内幕交易“盾安环境”“江南化工”案（厦门局〔2020〕3 号）中，厦门证监局将“上市公司大股东出现债务危机”这种规则未明确列举的重大事件信息认定为内幕信息。当事人对此提出异议，认为根据现行《证券法》第 52 条，厦门证监局无权在法律未明确列举的情况下，径行认定“上市公司大股东出现债务危机”构成内幕信息。该案后续发生行政诉讼，法院作出的判决指出，证券监督管理机构有权依据现行《证券法》第 52 条第 1 款有关内幕信息的定义条款，依法认定“对该发行人证券的市场价格有重大影响的尚未公开的信息”属于内幕信息，不能简单认为内幕信息仅限于现行《证券法》第 80 条第款、第 81 条第 2 款列举的重大事件。法院上述判决明确了证监会有权依据内幕信息定义条款认定内幕信息。

其四，不到上市公司资产总额 30% 的资产购买是否构成内幕信息。现行《证券法》第 80 条第 2 款第 2 项规定的重大事件表述，由 2014 年《证券法》第 67 条第 2 款第 2 项规定的“公司的重大投资行为和重大的购置财产的决定”，调整为“公司的重大投资行为，公司在一年内购买、出售重大资产超过公司资产总额百分之三十，或者公司营业用主要资产的抵押、质押、出售或者报废一次超过该资产的百分之三十”。根据条文表述调整的情况，有观点提出，要构成该项规定的重大事件必须满足“资产总额 30%”的数量指标。但从证监会行政处罚决定看,证监会并未机械采取该“30%”的数量标准。[2] 例如在金某德内幕交易“美力科技”案(厦门局〔2022〕2号)中,当事人提出上市公司取得标的公司股权的对价为2.45亿元,未达到上市公司资产总额的30%,故不属于《证券法》第80条第2款第2项规定的重大投资行为,不构成内幕信息。厦门证监局未采纳该意见,其回应称:并购标的公司年度营业收入占美力科技同期营业收入的比例超50%,上市公司将该交易作为重大资产重组事项进行披露,故涉案收购事项属于重大投资行为,构成内幕信息。又如在宋某英内幕交易“鹏鹞环保”案(宁波局〔2021〕3号)中,上市公司鹏鹞环保拟投资从事新冠疫苗研发的某公司,投资金额仅3000万元,持股比例仅7.89%。宁波证监局认为,在当时新冠疫情肆虐的特殊背景下,上市公司参股涉新冠疫苗研发公司,对上市公司股票价格和投资者的投资决策具有重大影响,公告发布后上市公司股价连续2个交易日涨停亦可印证该事项的重大影响,故上市公司参股新冠疫苗研发公司事项属于“公司的重大投资行为”。笔者认为,《证券法》第80条第2款第2项列举的重大事件包括3个子类别,第一个为“公司的重大投资行为”,第二个为“公司在一年内购买、出售重大资产超过公司资产总额百分之三十”,第三个为“公司营业用主要资产的抵押、质押、出售或者报废一次超过该资产的百分之三十”。上述3个子类别乃是平行关系。因此,在判定一个投资是否属于重大投资时,除了相对数量指标外,投资的性质、绝对数额亦应一并考虑。一个投资是否属于重大投资,并不简单以数量是否达到上市公司资产总额30%为准,而应结合该事项对上市公司股票价格可能的影响进行判定。

其五,变化或者最终未实施的重大事项是否构成内幕信息。实践中,上市公司拟实施的重大事项未必能按初始计划施行,发生变化甚至终止的情况时有发生。对变化前或者终止前的事项是否构成内幕信息,有不同看法。一种观点认为,变化前的事项未能影响证券价格(影响证券价格的是变化后的事项),故不属于内幕信息。另一种观点认

〔2〕 相关行政处罚决定为:深圳局〔2020〕4号、深圳局〔2020〕5号、证监会〔2021〕83号、北京局〔2021〕23号、宁波局〔2021〕3号、厦门局〔2022〕2号、辽宁局〔2023〕1号。

为,变化前的事项是否属于内幕信息,应以该事项发生当时的情况进行判定,若发生当时符合内幕信息定义,则应将其认定为内幕信息。行政处罚案例显示,证监会秉持的是后一种观点。证监会2000~2023年前三季度的内幕交易行政处罚决定中有111份涉及重大事项变化或者终止,[3]具体包括3种情形:一是重大事项被其他事项替代。比如叶某内幕交易“威华股份”案(证监会〔2016〕53号)中,上市公司威华股份停牌前推进的重大事项是“拟收购IT资产及收购铜矿”,但停牌后调整为“拟让壳给赣州稀土”。证监会认定当事人基于调整前的重大事项交易“威华股份”构成内幕交易。二是重大事项终止。比如戚某娴内幕交易“天宸股份”案(证监会〔2018〕67号)中,上市公司拟收购某公司股权,后因故终止。证监会认定当事人根据终止前的收购信息交易“天宸股份”构成内幕交易。三是重大事项内容发生变化。比如朱某元内幕交易“坚瑞消防”案(证监会〔2016〕80号)中,上市公司为并购A、B两家公司申请停牌,但停牌后取消并购A、B两家公司,另与C公司达成并购意向。复牌时发布并购C公司信息。证监会将上市公司并购事项(囊括并购A、B、C 3家公司)整体认定为内幕信息。笔者认为,证监会判定相关事项是否构成内幕信息,并不以该事项是否最终实施为依据,而是以相关事项发生当时是否具备内幕信息特征为依据,即如果相关事项在发生当时已具备重大性和非公开性,可能对证券价格产生重大影响,则构成内幕信息。

三、内幕交易豁免情形的适用条件

《证券法》第53条第2款将上市公司收购作为内幕交易豁免情形。最高人民法院、最高人民检察院《关于办理内幕交易、泄露内幕信息刑事案件具体应用法律若干问题的解释》(法释〔2012〕6号)第4条新增3类豁免情形,即按照事先订立的书面合同、指令、计划(以下简称既定投资计划)进行交易;依据已被他人披露的信息交易;交易具有其他正

〔3〕 重大事项发生重大变化的18份,重大事项终止(最终未实施)的93份。

当理由或正当信息来源。那么,执法实践中,内幕交易豁免情形的适用情况到底如何呢?

行政处罚案例显示,证监会对内幕交易豁免情形的适用,设定了严格的条件。

其一,“上市公司收购”豁免。该项豁免情形的适用须以真实的上市公司收购为前提,豁免的对象为收购人(包括采取一致行动的收购人)。除收购人外的其他主体,不能以此主张豁免内幕交易。以孔某魁内幕交易“至正股份”案(山西局〔2021〕1号)为例,当事人孔某魁与党某相识,党某拟收购上市公司至正股份。内幕信息公开前,党某在与孔某魁喝茶聊天时,告知孔某魁其正商谈收购至正股份事宜。之后,孔某魁利用其儿子账户购入“至正股份”110余万股。山西证监局认定孔某魁构成内幕交易。孔某魁听证时辩称,他本人交易“至正股份”乃系执行与党某共同收购至正股份的计划,属“利用自己产生的收购信息进行交易”,不构成内幕交易。山西证监局未采纳该意见,在行政处罚决定中指出孔某魁不具有与党某共同收购上市公司的意图和行为,即收购期间,党某除在与孔某魁单独见面喝茶时告知收购至正股份事宜外,未再与孔某魁进行交流、磋商,亦未邀请孔某魁参与收购商谈。党某终止收购时,亦未告知孔某魁或征求孔某魁意见。孔某魁本人交易“至正股份”,也未告知党某或者征求党某意见。由此可见,党某、孔某魁二人未就共同收购上市公司达成任何协议或采取任何共同行为。孔某魁在内幕信息公开前买入“至正股份”的行为,属于利用上市公司收购内幕信息牟利的内幕交易,而非上市公司收购。

其二,“既定投资计划”豁免。构成既定投资计划,需满足两个条件:第一,该投资计划形成于内幕信息形成前。当事人在内幕信息形成后为实施内幕交易而刻意制定的投资计划不能构成豁免情形。比如在成某龙内幕交易“围海股份”案(宁波局〔2016〕1号)中,成某龙在申辩时宣称他本人在买入“围海股份”前一日制定了交易计划,次日买入乃是执行交易计划。宁波证监局未采纳该意见,认定成某龙的交易构成内幕交易。第二,构成既定投资计划的方案必须详尽且具体,不能是可选择性实施的。比如在广州穗富投资管理有限公司(以下简称穗富投资)内幕交易“国农科技”案(证监会〔2017〕92号)中,证监会对当事人提出的基于既定方案交易的申辩意见，回应称，“虽然穗富投资在内幕信息形成之前已经将‘国农科技’纳入‘股票池’作为拟进行投资的标的，但并没有买入时间、买入数量等涉及投资计划的具体信息，不能排除穗富投资利用内幕消息从事涉案交易”。截至目前，证监会公开的唯一一起根据既定投资计划豁免内幕交易的案件（实质为“部分豁免”），为王某内幕交易“金科文化”案（浙江局〔2023〕10号）。该案中，上市公司金科文化董事长王某（内幕信息知情人）在金科文化利空信息公开前卖出本人持有的部分“金科文化”股票，浙江证监局在认定王某构成内幕交易的同时，扣除了王某为履行与兴业证券的事先约定（通过卖出“金科文化”股票偿还债务承诺）而卖出的部分“金科文化”股票。该案行政处罚决定中虽没有出现“根据既定投资计划豁免”字样，但显然属于该情形。该案有几个细节值得关注：一是当事人系直接卖出本人名下账户持有的上市公司股票，基本可以证实其没有隐瞒涉案交易的故意；二是该既定投资计划系与第三方提前明确约定，第三方可以证实该既定投资计划的客观存在；三是对当事人减持超过既定投资计划的部分，仍认定为内幕交易。

其三，“依据已被他人披露的信息交易”豁免。证监会公开的案例都是行政处罚案例，因此是否有当事人因“依据已被他人披露的信息交易”而豁免内幕交易，目前难以确知。但从证监会公开的泄露内幕信息案例中，可了解该豁免情形的适用条件。比如在张某芳泄露丽珠集团内幕信息案（证监会〔2015〕23号）中，当事人张某芳在获知丽珠集团拟实施股权激励计划后，在“中信医药张某芳400”“中信医药张某芳A&A”等15个微信群和微信朋友圈发布该信息。证监会认定张某芳构成泄露内幕信息，但未认定接收该信息的人构成内幕交易（不排除接收该信息的部分人员实施了交易）。笔者认为，证监会作此选择的原因是，张某芳当时为中信证券医药行业首席分析师，影响力较大，相关信息在短时间内已广为传播，实质上已公开。在此情形下，不宜再认定依据该实质已公开信息进行的交易构成内幕交易。

其四，“交易具有其他正当理由或正当信息来源”豁免。行政处罚案例中，当事人往往提出各种“交易的正当理由或正当信息来源”，比如上市公司披露其他利好信息，个人喜好炒作概念股，上市公司有高送转预期,股价较同类股票低,股价走势好,市场传闻,朋友推荐等。但上述辩解一般难以被证监会采信。一方面,当事人交易异常的情况下,内幕信息外的其他交易理由往往难以合理解释当事人交易的异常性。另一方面,证监会认为只要内幕信息是影响当事人交易的重要因素之一,即可认定内幕交易成立。证监会在夏某伟内幕交易"精工科技"案(证监会〔2009〕26号)行政处罚决定中明确指出,当事人决策受多种因素影响,部分情况下,当事人基于市场传言、个人分析等因素,已关注相关证券,然后再通过相关渠道刺探内幕信息;部分情况下,当事人先获知内幕信息,然后再分析证券基本面、技术面。无论哪种情形,只要知悉内幕信息是影响当事人交易决策的因素之一,即可认定当事人构成内幕交易。

四、接受建议者的交易是否构成内幕交易

内幕信息知情人(或者非法获取内幕信息的人)建议第三人买卖股票,第三人据此实施了证券交易时,第三人的交易是否构成内幕交易呢?一种观点认为不构成,理由为第三人系根据他人建议买卖,而非依据内幕信息买卖。另一种观点认为可以构成,即在符合特定条件情形下,可以认定接受建议者的证券交易构成内幕交易。

证监会作出的行政处罚案例中既有处罚接受建议者的情况,也有不处罚接受建议者的情况。证监会2000~2023年前三季度涉及"建议他人买卖"的行政处罚决定有24份,其中11份认定接受建议者的交易构成内幕交易,13份未认定接受建议者的交易构成内幕交易。认定接受建议者的交易构成内幕交易的11份行政处罚决定中,4份有直接证据证明接受建议者同时非法获取了内幕信息,其余7份虽没有直接证据证明接受建议者非法获取了内幕信息,但接受建议者交易明显异常,且无法做出合理解释。以苏某龙、梁某内幕交易"和佳股份"案(证监会〔2015〕1号)为例,苏某龙为上市公司董事会秘书,知悉上市公司2012年度分配股利和增资计划,在内幕信息公开前与朋友梁某电话联系并短信建议梁某买入"和佳股份"。梁某此后异常交易"和佳股份"

（包括新开账户交易、转入大量资金全部用于购买“和佳股份”等）。基于上述情况，证监会推定接受建议的梁某构成内幕交易。又如在徐某、尤某峰内幕交易“鑫茂科技”案（证监会〔2022〕23 号）中，徐某为上市公司鑫茂科技实际控制人、董事长，知悉上市公司重大资产重组事项，尤某峰知悉徐某身份。内幕信息公开前，尤某峰和徐某多次打电话、见面，交流鑫茂科技情况，询问鑫茂科技怎么样。徐某表示“鑫茂科技”股票价格比较稳，可以买一些。此后，尤某峰通过配资，利用他人账户在内幕信息敏感期内大量买入“鑫茂科技”股票。从证监会相关行政处罚案例不难看出，在没有直接证据的情况下，判定接受建议者是否构成内幕交易的核心因素，乃是接受建议者的交易是否异常。

笔者认为，证监会之所以采取“异常交易的接受建议者的交易可以推定构成内幕交易”的执法思路，原因有二：一是正常情况下，接受建议者在接受内幕信息知情人（或者非法获取内幕信息的人）推荐时，会询问推荐理由。内幕信息知情人此时如实告知内幕信息是大概率事件。二是契合推定内幕交易的认定思路。正如前文所言，根据内幕交易推定规则，若与知悉内幕信息的人联络、接触的主体，证券交易异常且不能作出合理说明，即符合推定内幕交易的条件。依据前述推定规则，在接受建议者既有与知悉内幕信息的人联络、接触，又有交易异常情形的情况下，可以推定其交易构成内幕交易，除非其能够作出合理说明或者提供证据排除。因此，推定交易异常的接受建议者构成内幕交易，符合一贯的执法逻辑。反之，如果我们不将交易异常的接受建议者的交易认定为内幕交易，则将出现逻辑悖论，即对于同样的“内幕信息知情人与第三人联络、接触，且第三人交易异常”情形，若当事人承认存在“建议买卖”行为，则第三人可凭借“接受建议者”身份免责；若当事人否认全部事项（包括泄露传递或建议买卖），则第三人将依据推定规则被认定为内幕交易者。这显然是不合理的。综上，对交易异常的接受建议者而言，除非其能够作出合理说明或者提供证据排除，否则证监会可以将相关交易认定为内幕交易。

五、共同内幕交易的证明

共同内幕交易在证监会行政执法中并不鲜见。证监会2000～2023年前三季度共对共同内幕交易作出62份行政处罚决定。无论是《行政处罚法》《证券法》,还是《证券期货违法行为行政处罚办法》(证监会令第186号),都未对共同违法作出规定,更遑论对共同违法的构成要件制定具体规则。因缺乏关于共同违法的法律规定,对共同内幕交易行政违法行为的认定,通常借鉴《刑法》第25条对共同犯罪的规定(共同犯罪是指二人以上共同故意犯罪)。

行政处罚案例显示,证监会在共同内幕交易的认定上采取了主客观一致原则,既要证明当事人有共同内幕交易的故意,也要证明当事人共同实施内幕交易行为。执法实践中,夫妻共同内幕交易是最常见的共同内幕交易情形,证监会2000～2023年前三季度共有27份行政处罚决定涉及夫妻共同内幕交易。除夫妻关系外,父子关系、父女关系、兄弟关系、男女朋友关系亦是共同内幕交易的常见情形,这符合一般生活经验。需要指出的是,身份关系虽是认定共同内幕交易的“突破点”,但单独的身份关系尚不能推导出当事人之间存在共同内幕交易,还需其他因素予以补强,诸如交易的分工、资金的往来、收益的分配等,以庄某星、彭某娟内幕交易“中天科技”案(天津局〔2022〕5号)为例,当事人庄某星、彭某娟除具有夫妻关系外,还共同决策交易了“中天科技”股票,其中庄某星在内幕信息敏感期内与内幕信息知情人联络、接触,彭某娟则使用家中台式电脑操作账户进行交易。

共同内幕交易区别于单独内幕交易,关键点在于当事人之间存在分工、协作、配合,而非“一方泄露信息,一方内幕交易”,亦非“一方决策,一方执行”。执法实践中,“分工协作,共担风险,共享收益”是共同内幕交易的典型形态。比如在李某杰、吴某模内幕交易“*ST中富”案(证监会〔2021〕93号)中,李某杰作为内幕信息知情人,在内幕信息公开前向吴某模推荐买入“*ST中富”,经吴某模同意后,由李某杰操作吴某模借用的账户下单买入“*ST中富”。李某杰、吴某模二人约定分享交易收益，其中李某杰分取收益的5%。该案中，两名当事人具有利益诉求的同一、交易决策的协商、下单操作的分工等证据证明二人有共同的主观故意，相关行为构成共同内幕交易。

执法实践中，因内幕交易本身的隐蔽性，证监会多数情况下难以获取证明存在共同故意的直接证据，故常常综合间接证据认定（推定）当事人共同内幕交易。总体而言，证监会通过“密切身份关系＋其他补强因素”综合认定（推定）共同内幕交易。比如汪某元、汪某琤内幕交易“健康元”案（证监会〔2020〕10号）中，证监会综合汪某元、汪某琤的父女关系，汪某元与涉案账户之间的资金关系，交易终端信息重合程度，汪某元与内幕信息知情人联络、接触情况，汪某元、汪某琤共同控制使用涉案账户情况，汪某琤操作涉案账户情况等因素，认定汪某元、汪某琤父女二人构成共同内幕交易。

内幕交易本身的隐蔽性，加上共同违法的法律空白，再叠加推定认定的争议，让“推定共同内幕交易”常处于“风口浪尖”。证监会作出的共同内幕交易行政处罚决定中有13份后续发生行政诉讼。法院在马某海、李某内幕交易“新开普”案（山西局〔2020〕6号）等行政判决中，对共同内幕交易初步确定以下裁判观点：一是共同内幕交易的认定，可以从身份关系是否密切，是否存在高度的利益趋同，是否实施了与内幕信息相关的交易行为三个方面予以考量；二是共同内幕交易中，行为主体一方不以知悉违法行为全貌、参与违法行为全部环节为必要，只要其对行为整体性质、手段、目的存在共同违法之认可即可。

笔者认为，共同内幕交易的认定宜秉持审慎原则，既注重当事人之间的身份关系、联络接触情况、资金往来、各自实施的行为等客观证据，也注重当事人的陈述、证人证言等主观言辞，作出合理认定。监管执法既要避免因共同故意证明标准过高而使当事人逃避制裁，又要避免因证明标准过低而使共同内幕交易泛化。

六、违法所得认定争议

根据《证券法》第220条的规定，违法所得可以优先用于承担民事赔偿责任。证监会及财政部公布的《关于证券违法行为人财产优先用于承担民事赔偿责任有关事项的规定》(证监会、财政部公告〔2022〕40号)进一步细化了相关规则。因此,违法所得的认定不仅与行政执法相关,亦与民事赔偿相关。违法所得的认定又是证监会执法实践中争议最多的问题之一,现选取其中具有代表性的争议予以分析。

其一,利好型内幕信息公开前卖出证券的获利,是否纳入违法所得。有观点认为,若当事人在利好内幕信息公开前,已将违法买入的证券卖出,那么此时证券价格理论上尚未受到内幕信息影响,故相关获利与内幕信息无因果关系,不应纳入违法所得。证监会在行政处罚中的做法与该观点不同,即当事人在利好内幕信息公开前卖出证券的获利,仍将被纳入违法所得。比如在郑某武内幕交易"同方股份"案(北京局〔2023〕3 号)中,当事人郑某武在内幕信息公开前,已卖出全部内幕交易买入的股票,获益近 238 万元。北京证监局将该 238 万元认定为违法所得并依法予以没收。

其二,内幕交易获利归属于第三人的,是否影响违法所得的认定。证监会行政处罚决定显示,内幕交易获利无论是归属于内幕交易者本人,还是归属于第三人,均不影响违法所得的认定。换句话说,即使内幕交易者是为了第三人利益而实施内幕交易,交易的获利仍属于违法所得。例如在施某华内幕交易案(证监会〔2021〕77 号)中,施某华代理操作部分账户,证监会将施某华在内幕信息敏感期内操作账户买入涉案股票的获利,纳入违法所得。又如穗富投资内幕交易"国农科技"案(证监会〔2017〕92 号)中,穗富投资利用其担任投资顾问的产品账户进行内幕交易,相关交易获利同样被认定为违法所得。

其三,计算违法所得时是否扣除其他市场因素对证券价格的影响。证券市场中影响证券价格的因素众多,除内幕信息之外,还有市场基本面、行业板块趋势、发行人基本面、市场情绪等诸多因素。证券价格的变动是诸多因素共同作用的结果。那么,证监会在计算内幕交易违法所得时,是否扣除其他市场因素的影响呢?答案是否定的。例如在中程租赁有限公司内幕交易"新海宜"案(证监会〔2021〕50 号)中,当事人获知上市公司利空信息后卖出"新海宜"以避免损失。听证时,当事人要求扣除市场、大盘等系统风险造成的股价下跌。证监会明确回应称"计算违法所得时不予扣除市场、系统风险等因素"。又如在章某杰内幕交易"大东方"案(四川局〔2023〕1号)中,当事人提出计算违法所得时须剔除上市公司披露的重大资产重组事项(非涉案内幕信息)对股价的影响,四川证监局亦未予采纳。

其四,利用利好内幕信息买入的证券尚未卖出(尚未全部卖出)的,相关账面获利(亏损)是否纳入违法所得。证监会对当事人尚未卖出的非法证券,统一计算账面盈亏[以利好内幕信息公开后(证券复牌后)证券价格收盘价打开涨停日的收盘价计算]并纳入违法所得。比如在周某超内幕交易"创世纪"案(广东局〔2023〕9号)中,当事人利用内幕信息买入的证券全部未卖出,相关违法所得全部是账面获利。文某刚内幕交易"大唐电信"案(北京局〔2022〕12号)亦是类似情况。

笔者认为,理解证监会在违法所得上的认定思路,关键在于理解违法所得认定与内幕交易的因果关系。证监会构建的因果关系乃是"只要是利用内幕信息买入的证券,无论何时卖出,相关获利都计入违法所得",而非"内幕信息对证券交易获利贡献多少,违法所得就是多少"。掌握了这个逻辑起点,自然就可以理解为何证监会将"内幕信息敏感期内卖出证券的获利"和"内幕信息公开很久之后卖出证券的获利"都纳入违法所得。同样也可以理解违法所得计算为何不剔除其他市场因素的影响,甚至可以理解证监会为何要对当事人根据"无疾而终"的重大事项实施的内幕交易计算违法所得。

(编辑:徐安安　姜沅伯)

《证券法苑》(2024)
第四十卷,第108~125页

美国内幕交易法律制度最新发展与演变

符　望*

摘要: 美国证券市场较为发达,内幕交易新手段亦层出不穷,相应推动着实践不断发展、制度不断完善。本文结合最新的立法、执法与司法案例,从内幕交易刑事指控与民事、行政追责多个层面,梳理了美国内幕交易法律制度自2020年以后的发展与演变,包括10b5-1计划的限制、证监会追缴期限的延长、法院对"个人利益"的界定等,既为中资公司作为美国证券市场"发行人"的证券合规提供前沿观察,也为完善我国证券市场相关制度提供借鉴。

关键词: 内幕交易　证券市场　内幕知情人

打击与规制内幕交易,有助于资本市场诚信建设,这一点在各国证券相关立法与司法中已经达成共识。美国作为资本市场发展较快、相对较成熟的国家,新问题层出不穷,因此美国内幕交易的立法、执法一直在不断发展与更新。自2020年之后,美国在内幕交易的立法与司法方面出现了一些新动

---

* 上海金融法院法官,综合审判二庭庭长。

向，美国证监会打击内幕交易方面也有一些新进展。下文将予以梳理，并进行简要对比性评析，为我国完善内幕交易相关制度提供参考。

一、美国证监会10b5－1规则修改："单一交易计划"的限制

美国证监会针对1934年《证券交易法》出台了详细的实施规则，而这些规则根据证券市场的发展不断完善修改。针对内幕交易现象，美国证监会曾在2000年8月选择利用其在1934年《证券交易法》第10(b)条下的权力颁布了10b5－1规则。这为发行人和公司内部知情人规定了在面对内幕交易指控时可以提出的一项肯定性抗辩，即如果一个人在某些条件下根据有约束力的合同设定的条件进行交易，或者指示他人基于书面明确的计划为其账户进行交易，在这些情况下，如果该人出于善意且不知晓重要的内幕信息，则不会被认定为内幕交易。[1]

但是，实务中10b5－1规则可能会被滥用。因为公司内部知情人仍可能根据内幕信息制定计划投机取巧地进行交易，同时其受益于10b5－1规则所提供的肯定性抗辩。比如，公司内部知情人可能会制定多个重叠计划，然后有选择地只允许在提供最有利结果的计划下进行交易；或者是公司内部知情人在知悉内幕信息的前提下，制定计划分批交易证券。

猎豹移动(Cheetah Mobile)的案例[2]可以较好地反映10b5－1规则被滥用的情形。该案中，猎豹移动是一家总部位于中国的应用程序、手机游戏以及其他内容驱动产品的开发商。在2015年和2016年，该公司有高达1/3的收入来自其应用程序中大型广告合作伙伴的广告。2015年夏季，该广告合作伙伴通知猎豹移动其确定广告投放费用的算法发生了变化，并且如果不改进其应用程序，猎豹移动的收入可能减半。然而，猎豹移动并未提供解决方案。2015年第四季度，猎豹移动

---

〔1〕 See *Selective Disclosure and Insider Trading*, https://www.federalregister.gov/documents/2000/08/24/00－21156/selective－disclosure－and－insider－trading.

〔2〕 See *SEC Charges Cheetah Mobile's CEO and its Former President with Insider Trading*, https://www.sec.gov/news/press－release/2022－169.

从广告合作伙伴处的收入下降了11%,并在2016年第一季度进一步下降了约30%。尽管存在这种不利的趋势,但猎豹移动的首席执行官在与投资者和分析师的季度电话会议中并未透露广告合作伙伴的费用算法变化,而是归为"季节性"原因。猎豹移动在2016年4月提交的Form20-F财务报告中也没有提及算法变化以及不利的收入趋势。

2016年3月,高级管理人员意识到广告合作伙伴的算法变化导致了不利收入趋势,他们制定了一项10b5-1交易计划,以出售他们所持有的猎豹移动证券的一部分。此后,在2016年5月,猎豹移动公布了低于预期的第二季度收入预测,并宣布预计无法实现2016财年的收入预测,随后猎豹移动的股价下跌了约18%。在2016年5月收入预测披露之前,这两位高级管理人员已经根据交易计划出售了96,000股猎豹移动美国存托股份,避免了超过30万美元的亏损。美国证监会后来介入调查,并于2022年9月21日发布了调查结果。美国证监会认为猎豹移动的高级管理人员在制定2016年3月的交易计划以及随后出售猎豹移动证券时,已经知悉了广告合作伙伴的算法变化导致了不利收入趋势,这一信息是重要且非公开的。因此,该交易计划不符合1934年《证券交易法》10b5-1规则的要求,因为高级管理人员在制定计划时已经知晓了重要的内幕信息。美国证监会还指出,猎豹移动的内幕交易政策禁止员工在拥有重要内幕信息的情况下交易公司证券,并且作为猎豹移动的高级管理人员,其有责任不利用机密信息谋取个人利益,因此,他们的行为构成了内幕交易。

利用10b5-1规则进行内幕交易的情况有所增多,引起了美国国会和美国证监会的关注。在2021年12月,美国证监会提出了对10b5-1规则的修订,经过多次讨论后,2022年12月14日,美国证监会通过了最终规则,[3]最终规则在《联邦公报》上公布60天后生效。[4]

在明确"肯定性抗辩"(affirmative defense)方面,新规则与原有的规则并无过多变化,即如果某人证明存在以下情况,则其买卖行为可以

---

〔3〕 See https://www.sec.gov/files/rules/final/2022/33-11138.pdf.

〔4〕 See *SEC Adopts Amendments to Modernize Rule* 10*b*5-1 *Insider Trading Plans and Related Disclosures*, https://www.sec.gov/news/press-release/2022-222.

认定为并非基于重要的内幕信息："(A)在知悉该信息之前，该人已经(1)签订了购买或出售证券的具有约束力的合同；(2)指示他人为指示人的账户购买或出售该证券；或(3)通过了书面的证券交易计划；(B)所述的合同、指示或计划：(1)具体规定了拟购买或出售的证券数量以及拟购买或出售证券的价格和日期；(2)包含书面公式、算法或计算机程序，用于确定拟购买或出售的证券数量以及拟购买或出售证券的价格和日期；或(3)不允许该人对如何、何时或是否进行购买或出售施加任何后续影响；此外，根据合同、指示或计划施加此类影响的任何其他人在施加影响时必须不知晓该重大内幕信息。"[5]

需要注意的是，虽然 10b5 - 1 规则明确了可以对上述提及的已经制定的单一交易计划(single trade plan)提出肯定性抗辩，但本次修订明确要求这种计划属于 10b5 - 1 规则中所允许的单一交易计划，即要对符合条件的单一交易计划进行界定。根据新规则，这种单一交易计划旨在实现购买或出售证券的单一交易，包括计划希望取得或追求类似结果。而有些交易计划存在较大的自由度，并不构成单一交易计划，比如下列情况：如果该 10b5 - 1 计划让委托人的代理人自行决定是否将该计划作为单一交易执行，或该 10b5 - 1 计划没有将自由决定的权利留给代理人，但却规定代理人的未来行为将取决于该计划通过时尚未明确的事件或数据(比如计划明确的买卖是否进行将取决于指定股票的将来价格处于几个点位)，并且在采用该计划时可以合理预见它可能导致多次交易。在这两种情况下，这些计划不能被视为"单一交易计划"。除此之外，新修改的规则还明确了任何采用 10b5 - 1 计划的人必须在采用计划时以及在计划期限内本着善意行事。

本次修订的新规则还对 10b5 - 1 规则允许的单一交易计划增加了各种限制性条件，包括强制性冷静期、禁止重叠计划等，同时加强了发行人对这些计划的披露义务。这样一来，这些规则大大限制了内部知情人利用 10b5 - 1 规则制定计划以规避内幕交易指控的方式。具体限制如下：

1. 关于冷静期的规定：对于 10b5 - 1 计划，新规则区分了不同对象

---

[5] See https://www.law.cornell.edu/cfr/text/17/240.10b5 - 1.

适用不同的冷静期。(1)董事和高级职员[6]根据新的(或经修订的)10b5－1计划开始交易,必须在冷静期之后。冷静期以下列两个日期较晚者为准:计划通过后90天;或者发行人以表格10－Q或10－K的形式(对外国私募发行人则是表格6－K或20－F)披露发行人的财务业绩后两个工作日(业绩必须针对的是10b5－1计划通过时的财政季度),但最长冷静期为计划通过后的120天。(2)对于董事、高级管理人员或发行人以外的人士,冷静期为采用10b5－1计划后的30天。

冷静期规则还进一步明确,对10b5－1计划所依据的证券购买或出售的数量、价格或时间等进行修改(包括修改书面公式、算法或相关计算机程序),会构成该计划的终止和新计划的采用,这将触发新的冷静期。

2. 董事和高级职员证明:董事和高级职员必须在10b5－1计划中加入一个陈述,证明其在通过或修改10b5－1计划时,不知道有关发行人或其证券的内幕信息,且将善意地采用10b5－1计划,而不是将其用于规避10b－5规则所要求的禁止内幕交易目的。

3. 禁止重叠10b5－1计划:如果存在多个计划,则可能产生日期重叠的问题,这样一来,计划制定人会根据情况选择执行对自己交易最有利的计划,由此产生内幕交易的嫌疑。为此,新的规则明确了,在一般情况下,除发行人外,其他人不得同时采用多个10b5－1计划,即不允许存在重叠的情况。当然,在以下情况中例外允许存在多个计划:(1)与多个经纪人的综合合同。计划制定人与不同经纪交易商或其他代理人可能签订多个单独合同,在这种情况下,如果每个单独合同综合起来看能构成一个整体,则这些合同可以被视为一个单一的10b5－1计划,因此这些单独合同符合10b5－1规则的适用条件并共同受10b5－1规则的约束。当然,在这种情况下,由于采用了整体对待的做法,那么对其中任何一个单独合同的修改将同时构成对其他合同的修改,结果就是冷静期要重新起算。不过,如果10b5－1计划中有关购买或出售证券的数量、价格或时间的条款没有改变,只更换经纪交易商或代理人,这种情况就不被视为修改合同,无须重新起算冷静期。(2)较晚开

[6] 高级职员根据Rule 16a－1(f)界定。

始的计划。一个人可以同时维持两个单独的、存在先后顺序的 10b5－1 计划，前提条件是较早开始的计划下的所有交易完成时或到期未执行而失效时，根据较晚开始计划进行的交易尚未开始启动。即两者的执行期间不能重叠。如果较早开始的计划届满日期提前终止，则在提前终止日期开始重新起算冷静期，等冷静期过了之后，较晚开始的计划才能开始执行。(3)“卖出补缴”(sell to cover)计划。个人可以订立额外的计划，仅授权合格的“卖出补缴”交易以便个人在获得股权奖励时(如限制性股票或股票增值权)去履行纳税扣缴义务，前提是个人没有其他途径控制此类出售时间。

新的 10b5－1 计划相关规则中，还进一步明确了信息披露的新要求。美国上市公司还将被要求每季度在 10－Q 和 10－K 表格上披露 10b5－1 交易计划，并每年披露公司的内幕交易规制政策或为何未采纳该政策的解释。外国私募发行人(比如上文中提及的猎豹移动)，也被要求在 Form 20－F 上每年披露其内幕交易规则政策。发行人具体应披露：(1)是否有任何董事或高级职员在发行人的上一季度财报采用或终止任何 10b5－1 计划或不属于 10b5－1 计划的其他交易安排；[7] (2)对 10b5－1 计划或不属于 10b5－1 计划的其他交易安排的重要条款进行说明。在具体说明时，发行人无须披露相关交易计划或安排的具体交易价格，但对于其他重要事项必须强制披露，比如参与计划的董事或高级职员的姓名和头衔、计划的通过或终止日期、计划的期限以及根据该计划出售或购买的证券总数等。

新规则的出台，对于市场中的内幕交易认定以及处罚开始产生较大的影响。在前文提及的猎豹移动案件中，该公司首席执行官为了解决指控，不仅支付了民事罚款，同时作出相关承诺，以达成与美国证监会的和解。这些承诺基本遵照了美国证监会当时提出的对 10b5－1 规则的修订方案。具体承诺包括：(1)采纳或修改 10b5－1 计划后的冷却期为 120 天。(2)限制首席执行官在任何给定时间内只能有一个

[7] “不属于 10b5－1 计划的其他交易安排”是指在最终规则生效之前符合先前 2000 年规则的 10b5－1 计划，但这些计划由于不符合最终规则增加的新条件，故区分对待为“不属于 10b5－1 计划的其他交易安排”。

10b5－1计划(通过防止重叠的交易计划来防止滥用行为)。此外,公司两位高级管理人员还同意在进行证券交易前,提前通知美国证监会执法司市场滥用组的负责人,并在接下来的五年内每年证明他们遵守了美国证监会命令中的所有承诺。[8]

美国证监会对于10b5－1规则的完善,可以为完善我国立法提供一定的借鉴。对于按已制定的计划进行交易的问题,我国《证券法》虽没有明确将其作为免责情形,但最高人民法院、最高人民检察院《关于办理内幕交易、泄露内幕信息刑事案件具体应用法律若干问题的解释》第4条有所涉及:“具有下列情形之一的,不属于刑法第一百八十条第一款规定的从事与内幕信息有关的证券、期货交易:……(二)按照事先订立的书面合同、指令、计划从事相关证券、期货交易的……”该条为此类按计划的交易提供了相应的免责情形,但相对而言还比较粗糙,并未涉及计划内容、重叠计划等细节性要求,故可以根据实务发展更加细化。

二、国防授权法案的修订:内幕交易获利追缴期限的延长

2021年1月1日,美国国会推翻了特朗普总统的否决权,将2021年《国防授权法案》(National Defense Authorization Act,NDAA)颁布为法律。本来这一法案与证券执法关联并不大,但令人意外的是NDAA纳入了条款以修订1934年《证券交易法》第21(d)条。主要修订内容是明确授权美国证监会在联邦法院诉讼中追缴非法所得(disgorgement),并将美国证监会提出的追缴期限从5年延长至10年。修正案同时规定,美国证监会有10年的期限提出任何寻求衡平法救济的主张,这样一来,相当于增强了美国证监会采取执法行动的能力和动力以惩罚较长时间前的不当行为。

实务中,美国证监会针对内幕交易行为人的获利进行追缴,该权力

---

〔8〕 See Administrative Proceeding File No. 3－21118, In the Matter of Sheng Fu and Ming Xu, https://www.sec.gov/files/litigation/admin/2022/33－11104.pdf.

来自《证券交易法》。在 NDAA 之前,联邦法院允许美国证监会根据《证券交易法》第 21(d)(5)条获得一般性的衡平法救济,[9]但一般限制美国证监会仅在其行政程序中进行追缴。2017 年,美国最高法院在 Kokesh v. SEC[10]案中作出裁定限制了美国证监会的追缴权,认为追缴权力应受到 28U. S. C. § 2462 条款中规定的民事处罚 5 年诉讼时效的约束。这样一来,就影响了美国证监会的执法权。美国证监会估计,该案的裁决导致美国证监会在提起的案件中放弃了约 11 亿美元的追缴。[11] 此后,2020 年 6 月美国最高法院对 Liu v. SEC 案[12]作出裁决,进一步限制了美国证监会主张追缴的权力,认为追缴不得超过不法行为人的非法净利润,追缴之前还必须扣除合法开支。同时强调,对于不法行为人的关联公司一同获得的利益,除非能证明关联公司一起从事不法行为,否则不应予以追缴。另外,法院认为追缴的财产应归还给受害人。[13]

NDAA 正式赋予美国证监会明确的法定权力,相关法条规定:在美国证监会根据证券法的任何规定提起的任何诉讼或司法程序中,美国证监会可以主张追缴,任何联邦法院也可以下令追缴。对此,该法在第 6501 条中明确了以下内容:"……(8)时效期限。(A)追缴。美国证监会可根据第(7)款提出追缴要求——(i)美国证监会寻求追缴的诉讼或程序发生不迟于导致侵权行为的最晚日期后 5 年;或(ii)不迟于引起侵权行为的最晚日期后 10 年。美国证监会针对违反以下规定的行

---

〔9〕 该条原文如下:21(d)(5) EQUITABLE RELIEF.—In any action or proceeding brought or instituted by the Commission under any provision of the securities laws, the Commission may seek, and any Federal court may grant, any equitable relief that may be appropriate or necessary for the benefit of investors.

〔10〕 See Kokesh v. SEC, 137 S. Ct. 1635 (2017).

〔11〕 See SEC Division of Enforcement 2019 Annual Report at 21, http://www. sec. gov/files/enforcement – annual – report – 2019. pdf.

〔12〕 See Liu v. SEC, 140 S. Ct. 1936 (2020).

〔13〕 See Richard M. Rosenfeld & Kerri Elizabeth Webb, *Congress Slips Steroids to SEC Enforcement to Strengthen the SEC' Authority to Seek Disgorgement in Federal Court*, https://www. mayerbrown. com/en/perspectives – events/publications/2021/01/congress – slips – steroids – to – sec – enforcement – to – strengthen – the – secs – authority – to – seek – disgorgement – in – federal – court.

为提起诉讼或程序：（Ⅰ）第10（b）条；（Ⅱ）1933年《证券法》（15U. S. C. 77q（a）（1））第17（a）（1）条；（Ⅲ）1940年《投资顾问法》（15U. S. C. 80b－6（1））第206（1）条；或（Ⅳ）证券法中必须认定存在"明知、故意"，（scienter）的任何其他规定。（B）衡平法救济措施。美国证监会可以寻求任何衡平法救济措施，包括禁令或禁止令、暂停令或停止令，但不得迟于引起主张的违法行为发生后10年……"〔14〕

相对而言，NDAA立法对于追缴期限的延长，表明了证券市场对于美国的重要性以及美国国会进一步打击内幕交易的决心。对于相关处罚，我国《证券法》第191条规定："证券交易内幕信息的知情人或者非法获取内幕信息的人违反本法第五十三条的规定从事内幕交易的，责令依法处理非法持有的证券，没收违法所得，并处以违法所得一倍以上十倍以下的罚款；没有违法所得或者违法所得不足五十万元的，处以五十万元以上五百万元以下的罚款。单位从事内幕交易的，还应当对直接负责的主管人员和其他直接责任人员给予警告，并处以二十万元以上二百万元以下的罚款。国务院证券监督管理机构工作人员从事内幕交易的，从重处罚。"该条直接赋予了执法部门没收违法所得的权力。但在期限上面，应遵照我国《行政处罚法》第36条的规定："违法行为在二年内未被发现的，不再给予行政处罚；涉及公民生命健康安全、金融安全且有危害后果的，上述期限延长至五年。法律另有规定的除外。前款规定的期限，从违法行为发生之日起计算；违法行为有连续或者继续状态的，从行为终了之日起计算。"与美国立法对比，我国追缴期限相对较短。

三、司法的模糊与立法的探索："个人利益"如何界定

美国最高法院曾在Dirks v. SEC案〔15〕中，设定了一个标准，即受

---

〔14〕 See §6501, https://www.congress.gov/116/plaws/publ283/PLAW－116publ283.pdf.

〔15〕 Dirks v. SEC, 463 U. S. 646 (1983).

托人向第三方披露重要的内幕信息，只有当其作为内幕信息传递人时因直接或间接地从披露中获得个人利益而违反信赖和保密义务时，才属于欺诈行为。[16]

什么是个人利益，不同的法官则会产生不同的解读。美国第二巡回法院在 United States v. Newman 案[17]中，曾将 Dirks 案限制性地解释为要求证明“一种客观的、结果性的、至少代表金钱或类似价值性质的潜在收益的交换”。按该案的标准，需要证明内幕信息传递人的有形利益，还需要证明内幕信息传递人与受传递人之间存在“有意义的密切的人际关系”[18]。如果完全是基于友谊，特别是从偶然的或社会性的友谊中得到内幕信息，那么不应认定存在“个人利益”。

而第九巡回法院在 United States v. Salman 案[19]中，则提出了不同观点。第九巡回法院认为，第二巡回法院坚持证明有形利益，将使法院“背离 Dirks 案的明确认定，即当内部人向交易亲属或朋友赠送机密信息时，就满足了违反信义义务的要件”[20]。因此，应对“个人利益”作宽泛的解释。

在 2016 年的 Salman v. United States 案[21]中，最高法院解决了各巡回法院在政府必须证明什么才能确定内幕信息传递人具有“个人利益”的问题上的分歧。最高法院法官们达成了一致意见，肯定了第九巡回法院的裁决，并明确否定了第二巡回法院对 Dirks 案个人利益测试的狭义解释。该案事实并不复杂。花旗集团雇佣的一名投资银行家与他的哥哥分享了与收购有关的机密信息，他知道哥哥正在利用这些被挪用的信息购买目标公司的股票。其哥哥还将交易技巧秘密传递给本案申请人，即后来成为姻亲的好友。法院面临的主要问题是——在没有证据证明投资银行家与哥哥分享机密信息后获得了实际利益的情

---

〔16〕 参见朱子琳：《无偿泄密是内幕交易吗？——对美国泄密型内幕交易中个人利益标准的反思》，载《金融法苑》2020 年第 2 期。

〔17〕 See United States v. Newman, 773 F. 3d 438 (2d Cir. 2014).

〔18〕 Newman 案，773 F. 3d at 452。

〔19〕 See United States v. Salman, 792 F. 3d 1087 (9th Cir. 2015).

〔20〕 Salman 案，792 F. 3d at 1093（引用 Dirks，463 U. S. at 663）。

〔21〕 See Salman v. United States, 137 S. Ct. 420 (2016).

况下,对本案申请人的定罪是否能得到支持。法院认为,当内幕信息传递人向"从事交易的亲属或朋友"提供信息时……内幕信息传递人个人获得了好处,因为内幕信息传递人的亲属或朋友在交易中获得了好处。因为交易信息的赠送与内幕信息传递人自己进行交易后获得收益是一回事。[22] 在本案中,兄弟之间的交易提示完全属于Dirks案所设想的范式。

由于司法部门对于"个人利益"认定上的分歧与摇摆,美国立法部门则希望通过明确立法解决问题,比如采取类似欧盟与中国的立法规定,不再把"个人利益"作为内幕交易的要件。这种观点获得更大的支持力度,导致了各种立法提案。其中,众议员吉姆·海姆斯提出的2019年《内幕交易禁止法》(Insider Trading Prohibition Act,H. R. 2534)于2019年12月以两党压倒性的票数(410-13)在众议院通过,目前经过多次讨论后,仍在参议院等待批准。[23]

H. R. 2534如果颁布为法律,将在《证券交易法》中增加新的第16A(a)条,规定在拥有重大内幕信息的情况下交易证券是一种明确的违法行为,前提是"如果该人知道或轻率地无视该信息已被错误地获得,或据此交易证券将构成对该信息的错误使用"。第16A(b)条规定,如果"合理地预见"内幕信息受传递人将为交易目的对内幕信息进行交易或与他人分享,则"非法传播"与证券有关的"重要的、非公开的信息"即为违法行为。而第16A(c)条将规定,只有在信息是通过以下方式获得的情况下,这种交易或传递内幕信息才是"非法的":(1)盗窃、贿赂、虚假陈述或间谍活动;(2)违反任何保护计算机数据或计算机用户知识产权或隐私的联邦法律;(3)转换、挪用或其他未经授权和欺骗性地获取此类信息;(4)违反任何信义义务、违反保密协议、违反合同、违反任何行为准则或道德政策。或为了直接或间接的个人利益(包括金钱利益、名誉利益或向交易亲属或朋友赠送机密信息)而违反

〔22〕 Salman v. United States, 137 S. Ct. 420 (2016). at 428(引用Dirks案,463 U. S. at 664),载https://casetext.com/case/salman-v-united-states-1,2024年9月3日访问。

〔23〕 See https://docs.house.gov/meetings/BA/BA16/20230419/115754/BILLS-118HR2534116thCongressih.pdf.

任何其他个人或其他信赖和保密关系。据此,内幕交易和传递内幕信息将不再需要以 10 - b5 规则作为证券欺诈的一种类型进行起诉。

对于个人利益与内幕交易认定的关系,欧盟与中国的立法并未采取美国模式,比如我国《刑法》第 180 条规定:“证券、期货交易内幕信息的知情人员或者非法获取证券、期货交易内幕信息的人员,在涉及证券的发行,证券、期货交易或者其他对证券、期货交易价格有重大影响的信息尚未公开前,买入或者卖出该证券,或者从事与该内幕信息有关的期货交易,或者泄露该信息,或者明示、暗示他人从事上述交易活动……”根据该定义,内幕信息知情人的泄露行为,可以被认定为犯罪,传递人是否获得“个人利益”,并不属于构成要件。

四、Blaszczak 案:内幕交易刑事指控不再依赖于证券法

由于上文提到,存在“个人利益”这个司法认定的争议点,美国检方在指控内幕交易犯罪时,负有很重的举证责任。为了避开这个争议点,美国检方试图绕过引用证券法证明证券欺诈的路径,转而使用其他法律去追究从事内幕交易者的责任,由此引发了一起受到业界关注的 United States v. Blaszczak 案。[24] 该案中,争议点在于,检方能否根据《美国法典》其他条文而不是证券法来指控内幕交易刑事欺诈行为,这样就无须证明提供重要内幕信息的人传递信息是为了获得个人利益。对此,美国第二巡回法院与最高法院得出了不同的结论。

该案中,美国政府机构医疗保险和医疗补助服务中心雇员 Christopher Worrall 透露了一些内幕信息给某对冲基金的政治情报顾问 David Blaszczak,该信息与医疗保险和医疗补助服务中心即将发布的调整医疗保险和医疗补助服务的报销率的公告有关(以下简称医保信息)。Blaszczak 被指控与对冲基金分析师 Robert Olan 和 Theodore Huber 分享了这一信息,以便他们可以与某些相关上市公司进行投资,因为这一消息可能会影响这些公司的股价。2017 年,位于曼哈顿的美

[24] See United States v. Blaszczak, 947 F. 3d 19 (2d Cir. 2019).

国检察官办公室对这四人提起了内幕交易指控,认为这种政府部门的内幕信息与公司的非公开重要信息一样,可以用于内幕交易,因此构成了联邦犯罪,故提起诉讼。

2018 年,纽约南区联邦法院的陪审团做出宣判。检方指控四名被告犯有 1934 年《证券交易法》第 10(b)条规定的证券欺诈罪。这一罪名并不成立,但根据其他法律法规,被告犯有其他几项罪行,包括违反和/或密谋违反:(1)《美国法典》第 18 编第 1343 条,即关于联邦电汇欺诈的法规;(2)《美国法典》第 18 编第 1348 条,一项独立于 1934 年《证券交易法》第 10(b)条的联邦刑事证券欺诈法规,该法规于 2002 年作为《萨班斯 - 奥克斯利法案》的一部分颁布;(3)《美国法典》第 18 编第 641 条,即非法挪用美国财产为犯罪的规定;和《美国法典》第 18 编第 371 条,禁止共谋欺诈美国的规定。该案争议焦点在于,根据 1983 年的 Dirks v. SEC 案的判决,如果要用 1934 年《证券交易法》第 10(b)条定罪,则必须认定 CMS 雇员透露机密信息是为了获得"个人利益",而且其他被告知道该信息是为了获得个人利益。这一点很难认定,但如果适用《美国法典》第 18 编相关条文的指控,则无须认定"个人利益"这一复杂和存在争议的问题。因此,检方控罪时,援引了所有可能的条文。

但被告不服上诉。在上诉中,第二巡回法院审理的一个主要争议焦点是《美国法典》第 18 编规定的电信欺诈和证券欺诈指控,是否也需要认定"个人利益"的存在。最后法院裁定,在根据《美国法典》第 18 章提出的刑事案件中,1934 年《证券交易法》第 10(b)条所要求的提供者 - 接受者之间的"个人利益"标准要求不适用。该标准的产生,主要是基于国会制定证券交易法欺诈规定的目的,即不得利用内幕信息谋取个人利益。然而,这一立法意图并不扩展用于《美国法典》第 18 编电信欺诈和证券欺诈法规。后者作为 2002 年《萨班斯 - 奥克斯利法案》的一部分,目标在于扩大检察官的执法工具箱,因此适用范围比《美国法典》第 15 编证券法更广。基于不同的立法目标,"个人利益"标准不适用于基于《美国法典》第 18 编提出的指控。

但被告再上诉至美国最高法院,提出他们的定罪应予撤销,因为《美国法典》第 18 编涉及的电汇欺诈和证券欺诈定罪的构成要件之一为欺诈受害者金钱或财产(money or property),而本案中的医保信息不构成“财产”或“有价物”。这一理由在第二巡回法院的审理中也曾被提出,但被第二巡回法院以2∶1的投票结果驳回了。出乎意料地,美国最高法院同意了被告的上诉理由。

美国最高法院援引了其2020年裁决的Kelly v. United States案〔25〕,该案同样涉及“财产”或“有价物”问题,直接关系到Blaszczak案的核心争议。Kelly案涉及新泽西州政府官员被指控进行电汇欺诈,因为官员们谎称正在进行“交通研究”以限制进入乔治华盛顿大桥的车道数量,实际上是对新泽西州市长的政治报复。在Kelly案中,最高法院认为,电汇欺诈的指控要求被告的欺诈计划是寻求获得“金钱或财产”。由于有争议的行为是行使监管权力,尽管该案存在虚假的“交通研究”损失了雇员的时间和劳动力,实际上却并没有拿走政府手中任何有价值的东西,于是美国最高法院得出结论,定罪不能成立。基于Kelly案这一理由,美国最高法院撤销了第二巡回法院的决定,将Blaszczak案发回重审。

发回重审后,美国政府作为控方采取了不同寻常的举动,承认其在实质性罪名和以“财产”犯罪为前提的共谋罪名方面存在错误,认为这些罪名不应成立。但控方要求继续认定某些被告构成其余罪名,因此这些其余罪名并不完全以政府信息被视为“财产”为前提。尽管控方承认了错误,第二巡回法院也明确指出控方对错误的承认并不影响法院对案件的处理,于是三人合议庭再次讨论后形成2∶1的裁决,认为相关的医保决策前监管信息不构成“财产”或“有价物”,因此不能成为基于《美国法典》第18编法规提出刑事指控的依据,故被告相关罪名不成立。至于被告的其余罪名,第二巡回法院则认为涉及陪审团的事实认定与适当决策问题,不仅仅是法律适用,故再将这些罪名发回重审。

在本文写作之时,其余罪名发回重审之后的结果尚未出来,但很明显的是Blaszczak案将对美国内幕交易的认定产生重要影响。

其一,该案的过程表明,美国检察官通过新的责任理论以扩大内幕交易法的适用范围,而不限于原来的1934年《证券交易法》第10(b)条

〔25〕 See Kelly v. United States, 140 S. Ct. 1565 (2020).

款。这是一个值得关注的动向，相当于检察官希望以此避开 Dirks v. SEC 案确定的“个人利益”争议，减少证明的难度，这是一条对检方有利的新路径。但需要注意的是，相关的举证责任是有所不同的。《美国法典》第 18 编罪行仅涉及刑事责任。因此，检方必须以“超出合理怀疑”这一证明标准去证明案件中存在《美国法典》第 18 编所规定的欺诈要素，比如被告参与欺诈计划，通过虚假陈述、声明或承诺获取金钱或财产、被告有欺诈意图、为推进计划而进行了跨州电信传输等。[26] 这与《美国法典》第 15 编不同，其中的 1934 年《证券交易法》第 10(b)条针对违规行为规定了民事和刑事处罚，如果是民事索赔的话，证明标准仅需要适用“优势证据”标准，比刑事认定罪名的标准要低得多。

其二，对于来自私营企业与政府部门的内幕信息需要区分对待。对于私营企业的非公司信息，可以认定为“财产”或“有价物”，如果用于内幕交易，法院仍可以根据《美国法典》第 18 编法规认定为犯罪，而无须考虑信息传递人是否需要获得“个人利益”的问题。如果内幕信息来源于政府部门，由于 Blaszczak 案的影响，美国检察官在提起刑事检控时仍将遇到阻碍。因为无法认定此类信息构成“财产”或“有价物”，故难以赢得诉讼。当然，Blaszczak 案并不影响根据《证券交易法》第 10(b)条追究刑事或民事责任，但这时可能又要绕回到是否存在“个人利益”这个法律争议点。

五、OpenSea 案与 Coinbase 案：加密货币纳入内幕交易执法范围

在打击内幕交易的过程中，新的标的物进入了执法部门的视野。比如加密货币交易。因为此类货币交易蓬勃发展，并形成了相应的市场。

〔26〕《美国法典》第 18 编证券欺诈的要素与电信欺诈相似，但证券欺诈要求与证券或大宗商品的买卖有关(18 U.S.C. § 1348)。

在美国法律下，由于美国最高法院确定的豪伊测试标准，[27]许多新兴交易标的会被视为证券对待，因此自然也随之纳入了内幕交易执法范围。近年来，美国检察官与联邦调查局合作，对涉及非同质化代币（Non－homogenous tokens，NFT）市场OpenSea和知名加密货币交易所Coinbase的两件关于加密货币的内幕交易案采取了行动，这属于首次对加密货币内幕交易采取的执法行为，备受业界关注。除此之外，美国证监会还在Coinbase案件中提起了单独的诉讼，其中专门列举了其认为在当下被视为数字资产证券的九种加密货币，追究内幕交易行为人的民事责任。

在OpenSea案[28]中，2022年6月1日，美国检察官办公室在纽约州南区联邦地区法院（SDNY）对OpenSea产品经理Nathaniel Chastain提起刑事诉讼。Chastain是OpenSea的产品经理，每周负责指定在OpenSea上展示的NFT。由于有这种权力，Chastain使用匿名的OpenSea账户和数字货币钱包，购买了他选择将在OpenSea上展示的NFT。OpenSea从2021年5月左右开始在其首页上展示特定的NFT，每周展示几个NFT。一旦指定的NFT出现在OpenSea的首页上，消费者通常愿意为该NFT和同一创作者的其他NFT支付更高的价格。在这些NFT在OpenSea的首页上展示之前，消费者无法事先知情，但Chastain基于其在OpenSea的职务，可以事先知晓。当然，OpenSea制定制度要求其保守所有在OpenSea获得的内部信息，包括选择和指定哪些NFT会在OpenSea首页上展示的信息。

美国检察官指控，从2021年6月到2021年9月前后，Chastain在他知道哪些NFT将在OpenSea的首页上展示后，购买了数十个NFT，然后等他们展示后不久以3～5倍的购买价格出售，该行为足以证明Chastain

[27] 豪伊测试（Howey Test）是美国证券法中具有里程碑意义的判例法则，判断是否为证券的核心依据之一。它在SEC v. W. J. Howey Co.案中由最高法院确立。在该案中，美国最高法院明确了某项交易是否构成"投资合同"（从而属于证券范畴）的标准，该标准包含以下四个构成要件：（1）投资资金；（2）共同企业；（3）预期从他人的劳务和努力中获利；（4）盈利完全来自发起人或第三方的劳务和努力。只要一项交易满足上述四个要件，即使它不明确被称为"股票"或"债券"，也将被视为"投资合同"，从而受到联邦证券法的规范。

[28] See United States v. Chastain, No. 22－cr－00305（S. D. N. Y. May 31, 2022）.

犯有电信诈骗和洗钱罪以实施内幕交易获取个人利益。[29]

在 Coinbase 案[30]中,2022 年 7 月 21 日,美国检察官对 Coinbase 产品经理 Ishan Wahi 及其他两名自然人被告提起诉讼,指控他们在涉及个人利益的内幕交易中存在电信诈骗共谋和电信诈骗罪。Ishan Wahi 是 Coinbase 的产品经理,知晓关于 Coinbase 将公开上市的加密资产的机密信息。在 Coinbase 宣布将上市交易某种特定加密货币之前,Ishan Wahi 会把相关的信息泄露给另一名被告。被告随后会在 Coinbase 公告之前购买该加密货币,然后使用多个匿名的以太坊区块链钱包出售该资产,包括没有先前交易历史的新钱包。这些被告至少进行了 14 次交易,交易了至少 25 种不同的加密货币资产,最终获利约 150 万美元。

根据美国检察官办公室发布的新闻稿,2022 年 9 月 12 日,Ishan Wahi 的兄弟 Nikhil Wahi 已因参与加密货币资产内幕交易计划相关的串谋犯有电信诈骗罪而认罪。2023 年 1 月 10 日,Nikhil Wahi 因参与一项使用从其兄弟 Ishan Wahi 处获得的机密信息进行加密货币资产内幕交易的计划而被判处 10 个月监禁。除了监禁刑罚外,Nikhil Wahi 还被责令支付 892,500 美元的刑事没收款项。2023 年 2 月 7 日,Ishan Wahi 就涉及一项加密货币资产内幕交易计划而认罪了两项串谋电信诈骗罪。[31]

除了刑事责任之外,美国证监会也在一起单独的民事诉讼中对 Ishan Wahi 和其他几位被告提起了与内幕交易计划相关的诉讼,[32]美国证监会诉称,Ishan Wahi 违反了其对 Coinbase 所承担的信任和保密义务,而其他几名被告根据他们知道或应该知道是来自 Ishan Wahi 违反对 Coinbase 的信任和保密义务的重要机密信息进行交易。他们因多次在

[29] See https://www.justice.gov/usao-sdny/pr/former-employee-nft-marketplace-charged-first-ever-digital-asset-insider-trading-scheme.

[30] See United States v. Wahi, No. 22-cr-00392 (S.D.N.Y. July 21, 2022), https://www.justice.gov/usao-sdny/press-release/file/1521186/download.

[31] See Former Coinbase Insider Pleads Guilty In First-Ever Cryptocurrency Insider Trading Case, https://www.justice.gov/usao-sdny/pr/former-coinbase-insider-pleads-guilty-first-ever-cryptocurrency-insider-trading-case.

[32] See SEC v. Ishan Wahi, Nikhil Wahi, and Sameer Ramani, No. 2:22-cv-01009 (W.D. Wash. filed July 21, 2022).

Coinbase 加密货币资产证券公告之前进行交易而受益,导致至少 110 万美元的非法获利。美国证监会主张法庭认定被告违反了联邦证券法,永久禁止他们从事违反证券交易法的行为,并支付相关民事罚款,返还非法所得。在其诉状中,美国证监会指认被告方交易了九种数字代币。[33] 美国证监会在其诉状中运用"豪伊测试"进行分析[34]认为这些数字代币在"豪伊测试"下属于数字资产证券,属于证券法的适用范围,因此美国证监会对此事具有司法管辖权。

加密货币在美国蓬勃发展,也形成了相关的交易所。由于美国证券法的"豪伊测试"规则,加密货币可以被认定为证券,从而纳入内幕交易规制范围。相比之下,中国加密货币因受政策管控较严,证券法对于"证券"定义也较窄,[35] 并未授权行政执法部门或者司法机关自行扩大其定义,因此现阶段尚无法直接用证券法的内幕交易规则去打击此类交易中可能出现的内幕交易行为。不过,中国证券相关法律法规也留下了相应的口子,允许国务院依法认定其他证券,同时不排除在将来立法扩大"证券"的定义的可能性。因此,加密货币以及其他类似产品也有可能被纳入内幕交易监管范围。

（编辑:徐安安　姜沅伯）

---

〔33〕 Amp,由 Flexa Network, Inc 创造的基于以太坊的代币(AMP);RLY,由 Rally Network, Inc. 创造的治理代币;DDX,与 DerivaDEX 相关的治理代币;XYO,由 XY Labs, Inc. 创造的基于以太坊的代币;RGT,由 Rari Capital 及其代理商铸造的 ERC-20 代币;LCX,由列支敦士登加密资产交易所创造的代币;POWR,由 Power Ledger Pty. Ltd. 及其代理商创造的代币;DFX,由 DFX Finance 创造的代币;KROM,由 Kromatika Finance 及其代理商创造的 ERC-20 代币。

〔34〕 See https://www.sec.gov/litigation/complaints/2022/comp-pr2022-127.pdf.

〔35〕 参见《证券法》第 2 条第 1 款,"在中华人民共和国境内,股票、公司债券、存托凭证和国务院依法认定的其他证券的发行和交易,适用本法;本法未规定的,适用《中华人民共和国公司法》和其他法律、行政法规的规定"。

《证券法苑》(2024)
第四十卷,第126~150页

欺诈市场理论在操纵证券市场民事案件中的适用及其限制

樊　健*

摘要:操纵市场行为与虚假陈述对证券价格与市场机制的损害并无本质区别。因此,欺诈市场理论能够适用于操纵证券市场民事案件,中小投资者应当被推定为因为信赖操纵证券市场行为而进行了投资。这有利于减轻中小投资者的举证责任,有助于开展证券示范诉讼或者代表人诉讼等团体诉讼。不少学者质疑欺诈市场理论是否能够适用于操纵证券市场民事案件,但是这些反对意见不足以否定欺诈市场理论的适用性。

关键词:操纵证券市场　欺诈市场理论　交易因果关系　中小投资者

一、问题的提出

操纵证券市场行为民事责任的构成要件之一是投资者的投资行为与操纵证券市场行为之间存

* 上海财经大学法学院,副教授,博士生导师。

在交易因果关系。[1] 如果交易因果关系不能被证明,投资者就无法获得赔偿。在我国为数不多的操纵证券市场民事案件中,[2]投资者诉请被法院驳回的一个主要原因就是投资者无法证明存在交易因果关系。例如,在王某强与北京首放投资顾问有限公司诉汪某中操纵证券交易市场赔偿纠纷案(以下简称"汪某中案")中,[3]法院认为投资者没有证据表明受到了操纵证券市场行为的影响而从事股票交易,因而驳回了投资者的诉请。但是,在最近判决投资者胜诉的"阙某彬案"和"鲜某案"中,法院都认为基于欺诈市场理论,可以直接推定投资者的投资行为与操纵证券市场行为之间存在交易因果关系。该种推定极大地减轻了操纵证券市场民事案件中投资者的举证难度,同时为示范诉讼或者代表人诉讼等团体性证券纠纷解决机制扫清了程序上的障碍。这"对于维护广大投资者合法利益,打击操纵证券市场的违法行为,维护证券市场秩序以及保障我国证券行业的健康发展,具有非常重要的作用"[4]。

---

〔1〕《证券法》第55条第2款规定,"操纵证券市场行为给投资者造成损失的,应当依法承担赔偿责任"。本条作为投资者起诉操纵证券市场行为人的请求权基础,显然包含了因果关系要件,包括了交易因果关系和损失因果关系(投资者的投资损失与操纵证券市场行为之间存在因果关系)。对于证券市场违法行为民事责任要件中的因果关系要件(例如虚假陈述和操纵证券市场等),我国多数学者支持交易因果关系与损失因果关系的二分法,参见樊健:《我国证券市场虚假陈述民事责任理论与实践的新发展》,法律出版社2021年版,第1~3页;阎维博:《操纵市场民事责任因果关系认定:类型化分析与利益衡量》,载《投资者》2019年第1期;贾纬:《操纵市场行为的认定及其民事责任》,载《人民司法(应用)》2007年第17期。但是,也有学者认为,该二分法源于美国法,在我国尚缺乏理论与实践,因此不可贸然采用,参见廖升:《操纵证券市场侵权责任之因果关系》,载《法学评论》2017年第1期。对此,《关于审理证券市场虚假陈述侵权民事赔偿案件的若干规定》(以下简称《虚假陈述民事赔偿规定》)明确区分了交易因果关系和损失因果关系。

〔2〕目前,在两起操纵证券市场民事责任的案件中,法院支持了中小投资者的诉讼请求,即四川省高级人民法院:阙某彬等诉杨某辉操纵证券市场民事责任纠纷二审民事判决书,案号:(2020)川民终1532号,2021年1月15日(以下简称"阙某彬案");上海金融法院:曹某兵等诉鲜言操纵证券市场民事责任纠纷一审民事判决书,案号:(2021)沪74民初2599号,2022年9月29日。

〔3〕参见北京市第二中级人民法院(2011)二中民初字第6936号民事判决书。

〔4〕王洪光:《论操纵证券市场民事责任之构成》,载《人民司法(应用)》2009年第15期。

然而,有学者认为欺诈市场理论主要适用在证券虚假陈述的场合,[5]对该理论是否能够适用于操纵证券市场民事案件存在疑问。[6]甚至,有学者认为在证券虚假陈述民事案件中适用欺诈市场理论也值得反思。[7]因此,充分地论证欺诈市场理论如何能够适用于操纵证券市场民事案件以及其适用的边界在何处,在司法实践中不仅能够有效地减轻投资者(主要是中小投资者)的举证难度,维护其合法权益,便于开展团体诉讼;而且还可以避免诉讼双方当事人对该问题进行"策略性"的对抗,提升操纵证券市场民事案件的审判效率。在理论上,也能进一步拓宽欺诈市场理论的适用范围,明确排除适用该理论的情形。

二、欺诈市场理论的功能与争议

在面对面交易的情况下,投资者和操纵证券市场行为人直接进行磋商和交易,因此投资者证明是因为相信了操纵证券市场行为而进行了投资较为容易。然而,在非面对面的证券市场交易中,投资者与操纵证券市场行为人之间并没有磋商的可能,并且所有的证券交易都是通过证券交易所的集中竞价系统撮合完成,因此投资者难以证明其是因为相信了操纵证券市场行为所以进行了投资。[8]进而,在民事案件

[5] See Charles R. Korsmo, *Mismatch: The Misuse of Market Efficiency in Market Manipulation Class Actions*, William and Mary Law Review, No. 4, 2011.

[6] 参见缪因知:《操纵证券市场民事责任的适用疑难与制度缓进》,载《当代法学》2020年第4期。

[7] 参见耿利航:《欺诈市场理论反思》,载《法学研究》2020年第6期。

[8] 在"阙某彬案"中,法院认为,"股票交易实行集中竞价交易机制,买卖双方难以一一对应,杨某辉(投资者)不能也无须证明买卖之间的对应关系"。在顾某锋诉鞍山重型矿山机器股份有限公司证券虚假陈述责任纠纷案中[辽宁省高级人民法院(2019)辽民终456号民事判决书],法院认为,"证券虚假陈述侵权行为与传统意义上的一般侵权行为有着重大的区别,即侵权行为人与受害人并无'面对面'的接触,而这种'面对面'事实的缺失,给认定侵权责任的构成要件之一'因果关系'带来了无法回避的难题。由于证券交易主要采取集中竞价、交易所主机撮合成交的方式进行,不可能将虚假陈述行为人与受害人之间的联系特定化,使得遭受损失的投资人难以就其损失与侵权人行为之间的因果关系举证证明"。

中，如果一定要由投资者来举证证明存在交易因果关系，则几乎所有的投资者（主要是中小投资者）将无法完成该举证义务，败诉成为必然。《证券法》第1条开宗明义所规定的保护投资者利益的立法目标将形同具文。[9]“为避免这一证明窘境和负担，证券法在经济学有效市场假说的基础上发展出欺诈市场理论，确立了一个可反驳的推定：市场受到了欺诈即推定投资者受到了欺诈，但实际情况证明投资者并未受到欺诈的除外。此即为推定信赖与实际信赖，推定信赖主要是根据信息披露时点和交易时点等客观证据判断；实际信赖则以个体投资者的实际知情程度为准，由被告提出反证。”[10]当然，“这种‘推定信赖’属于‘可抗辩的信赖’，如果虚假陈述行为人能够提出反证，证明投资者的投资决策并未受到虚假陈述行为的影响，则应当认定，投资者因该投资决策导致的损失与虚假陈述行为没有因果关系”[11]。例如，投资者明知是虚假陈述依旧买入证券的（如公司高级管理人员为了提升投资者信心而买入股票），则交易因果关系不能被推定成立。[12] 欺诈市场理论虽然多用于证券虚假陈述的场合，但是下文会详细分析，该理论同样适用于操纵证券市场的场合。

（一）欺诈市场理论的重要作用

1. 减轻中小投资者的举证责任

依据欺诈市场理论，投资者的交易行为被推定为信赖了虚假陈述等违法行为，因此其就无须证明存在交易因果关系，这样将极大地增加这些投资者在民事诉讼中获胜的概率。相反，在前述“汪某中案”中，法院判决原告败诉的主要理由之一就是原告无法证明存在交易因果关系。因此，也就难怪在我国证券虚假陈述民事案件中，投资者的胜率相对较高。“在59个案件中（占案件总数的90.7%），原告都通过各种方

---

〔9〕 参见于莹、潘林：《证券虚假陈述侵权责任中信赖推定之证成：欺诈市场理论局限性的克服》，载《法制与社会发展》2011年第2期。当然，专业投资者等依据其投资决策报告等能够完成其举证义务，后文详述。

〔10〕 林文学、付金联、周伦军：《〈关于审理证券市场虚假陈述侵权民事赔偿案件的若干规定〉的理解与适用》，载《人民司法（应用）》2022年第7期。

〔11〕 辽宁省高级人民法院：顾某锋诉鞍山重型矿山机器股份有限公司证券虚假陈述责任纠纷二审民事判决书，案号：（2019）辽民终456号，2019年12月9日。

〔12〕 See Basic, Inc. v. Levinson, 485 U. S. 224 (1988).

式成功地获得了赔偿,而且赔付率整体较高。"〔13〕需要指出的是,欺诈市场理论所要保护的投资者主要是善意的中小投资者(非专业投资者或者普通投资者),通俗地讲即"散户"。〔14〕

事实上,这样的推定不仅仅是基于保护中小投资者的立法政策考量,也符合证券市场的实际运行情况。因为,中小投资者通常并不关注发行人等所披露的公开信息,其投资决策通常是基于推荐或者证券价格的变动等而作出。但是,在中小投资者投资的同时,所有公开(甚至未公开)的信息已经被机构投资者等专业投资者所消化吸收并反映到了证券价格上,因此投资者此时所支付的证券价格中即已经包含了包括虚假信息等在内的信息。〔15〕所以,中小投资者基于被扭曲的证券价格而买入相关证券,显然与虚假陈述等违法行为之间存在交易因果关系。

2. 有助于形成团体诉讼

在证券市场违法行为中,多数投资者的损失通常不会太大,具有小额化的特点。因此,从成本收益的角度来说,其单独提起民事诉讼并不划算。相应地,对于法院和被告而言,应对如此众多的证券市场违法案件和原告也是巨大的负担。〔16〕

在此背景下,在我国证券市场违法行为民事案件的审判实践中,出现了示范诉讼机制和代表人诉讼机制等新型审判方式,这些方式减轻了投资者和被告的诉讼负累以及法院的审判负担。然而,进行示范诉讼或者代表人诉讼的前提条件是,原告投资者之间应当具有共同的法律事实,〔17〕交易因果关系即为其中一项。可以想见,如果不以证券价格作为"桥梁"将投资者信赖与证券市场违法行为之间的因果关系连

〔13〕 黄辉:《中国证券虚假陈述民事赔偿制度:实证分析与政策建议》,载《证券法苑》2013 年第 2 期。另参见汤欣、陈旺:《虚假陈述民事司法的实践:回顾与思考》,载《投资者》2018 年第 1 期。

〔14〕 参见贾纬:《证券市场侵权民事责任之完善》,载《法律适用》2014 年第 7 期。

〔15〕 See Ronald J. Gilson & Reinier Kraakman, *The Mechanisms of Market Efficiency*, Virginia Law Review, No. 4, 1984.

〔16〕 参见林晓镍、单素华、黄佩蕾:《上海金融法院证券纠纷示范判决机制的构建》,载《人民司法》2019 年第 22 期。

〔17〕 参见最高人民法院《关于证券纠纷代表人诉讼若干问题的规定》第 5 条。

接起来,而要求投资者自行证明其信赖情况,则由于投资者的信赖不尽相同,显然不可能构成共同的交易因果关系,因而共同的法律事实也无法形成,示范诉讼或者代表人诉讼等团体诉讼也就无法开展。

总之,欺诈市场理论不仅符合证券交易市场的实际运行情况,而且也能够减轻中小投资者的举证负担,便于形成投资者之间的共同事实,有利于开展证券团体诉讼。

(二)对于欺诈市场理论的批评及其简要回应

本部分针对耿利航教授关于欺诈市场理论的批评,提出本文的简要回应,以便明确适用欺诈市场理论的正当性依据,为其适用于操纵证券市场民事案件中奠定基础。〔18〕

1. 批评意见

(1)欺诈市场理论开启滥诉之门

该意见认为,采用欺诈市场理论后,投资者的举证义务大为减轻,因此产生了投资者滥诉的后果。〔19〕这将极大地增加发行人的经营管理成本,并且对公司的声誉等也造成不小打击。

更为严重的是,证券诉讼会产生所谓"自我赔偿"或者"循环赔偿"的问题。"公司对外赔偿实质是投资者之间自我支付,即曾为公司股东的原告和公司现有股东这两类投资者群体之间的财富'循环'游戏。财富循环不会增进反而会大幅减损投资者整体福祉,因为投资者要为原、被告双方律师提供的服务付费。"〔20〕然而,真正的违法行为主体,例如实控人或者公司或企业的董事、监事和高级管理人员等,几乎没有被追究民事赔偿责任。〔21〕

(2)市场效率缺乏普遍的定义

由于欺诈市场理论的适用前提是该交易市场须具备半强势有效市

---

〔18〕 当然,限于本文的主题与篇幅,只能择其要点进行简单的介绍与回应。

〔19〕 同前注〔7〕。

〔20〕 同上注。See Elizabeth Chamblee Burch, *Reassessing Damages in Securities Fraud Class Actions*, Maryland Law Review, No. 2, 2007.

〔21〕 "在美国实践中,案件在进入实体审理前一般会达成和解。公司(或责任保险机构)总是支付和解款的主体,公司董事、高级管理人员等个人出钱平均仅占和解金额的0.4%。因此,真正实施欺诈行为者将逃脱惩戒(威慑失灵)。"同前注〔7〕,耿利航文。

场的条件。[22] 但是如何判断一个市场是否属于半强势有效市场,并没有普遍的标准。“效率市场是 FOMT 成立的前提,但 Basic 案对效率市场没有定义。通说一般认为,FOMT 可适用之市场是股价能够立即和充分反映公司新公开信息的所谓‘信息有效率’的市场。然而,市场效率看不见摸不着,也不存在可靠的测量标准——如果没有所谓的股票‘真实’价格作为对照物,又如何认定股价及时反映了最新信息并快速向真实价格靠拢?法官们实际上只能凭直觉对市场效率有或没有进行‘自由’判断。”[23]

(3)投资者的非理性行为

中小投资者由于心理方面的原因,例如风险厌恶、过度自信等,他们并非全是理性的投资者。[24] 甚至,“行为经济学的研究表明,即使是机构投资者也经常非理性,市场中充满各种噪音,投资者对股票价值判断各有标准,并不存在能够完美体现股票内在价值‘(真实价格)’的市场”[25]。证券市场并非理性的市场,而非理性的市场又谈何有效率?[26]

2. 本文的简要回应

(1)滥诉的应对

确实,由于欺诈市场理论大大减轻了投资者的举证难度,1988 年 Basic 案生效后,美国证券市场欺诈案件的数量大大增加,滥诉的情况

---

〔22〕 在 Basic 案中,美国联邦最高法院没有明确指出欺诈市场理论适用于半强势有效市场,但是从法院的推理逻辑和下级法院对该理论的适用情况来看,欺诈市场理论应当只适用于半强势有效市场,参见 Jonathan R. Macey & Geoffrey P. Miller, *Good Finance, Bad Economics: An Analysis of the Fraud – on – the – Market Theory*, Stanford Law Review, No. 4, 1990.

〔23〕 同前注〔7〕。

〔24〕 See Lynn A. Stout, *The Mechanisms of Market Inefficiency: An Introduction to the New Finance*, Journal of Corporation Law, No. 4, 2003.

〔25〕 同前注〔7〕。

〔26〕 讨论行为金融学与投资者行为关系的文献甚多。See Frederick C. Dunbar & Frederick C. Dunbar, *Fraud on the Market Meets Behavioral Finance*, Delaware Journal of Corporate Law, No. 2, 2006.

比比皆是。[27]

但是,对此需要从两方面来说明:一是美国国会针对投资者滥诉的情况,特别制定了私人证券诉讼改革法(Private Securities Litigation Reform Act of 1995, PSLRA),大幅度提高了原告投资者的举证要求。例如,投资者在起诉时,需要证明被告存在恶意(scienter),[28]从效果上看,滥诉的情况大为减少。[29] 此外,被告也被允许在案件受理阶段,以虚假陈述对证券价格没有影响为由推翻信赖推定,[30]但是被告需要提供具有说服力的证据来证明(defendants bear the burden of persuasion to rebut price impact),而不是仅仅提供证据来证明。[31] 二是证券民事诉讼作为"私人检察官",对于遏制证券市场违法行为确有助益,应当予以维持。[32]

就股东"自我赔偿"的问题,事实上这与欺诈市场理论无关,将之怪罪到欺诈市场理论头上,似乎是"欲加之罪"了。[33] 真正的问题在于,法律规定将非实际从事虚假陈述的发行人等作为被告,是否是个好的选择。[34] 就我国而言,发行人就虚假陈述承担无过错责任,这更是加重了发行人的赔偿责任。[35] 这样的规定是否有利于追究实际从事违法行为的"首恶",遏制证券市场违法行为,值得商榷。因此,本文同

---

〔27〕 See A. C. Pritchard, Halliburton Ⅱ, *A Loser's Story*, Duke Journal of Constitutional Law & Public Policy, No. 2, 2015.

〔28〕 See Robert N. Rapp, *Plausible Clause: Exploring the Limits of Loss Causation in Pleading and Proving Market Fraud Claims under Securities Exchange Act Sec.* 10(b) *and SEC Rule* 10b-5, Ohio Northern University Law Review, No. 2, 2015.

〔29〕 See Robert H. Klonoff, *The Decline of Class Actions*, Washington University Law Review, No. 3, 2013.

〔30〕 See Halliburton Co. v. Erica P. John Fund, Inc., 134 S. Ct. 2398(2014).

〔31〕 See Goldman Sachs Grp., Inc. v. Ark. Teachers Ret. Sys., 141 S. Ct. 1951 (2021).

〔32〕 参见汤欣:《私人诉讼与证券执法》,载《清华法学》2007 年第 3 期。

〔33〕 有学者认为"自我赔偿"或者"循环赔偿"的问题并没有经济学上的证据。See James Cameron Spindler, *We Have a Consensus of Fraud on the Market – And It's Wrong*, Harvard Business Law Review, No. 1, 2017.

〔34〕 See John C. Coffee, Jr., *Reforming the Securities Class Action: An Essay on Deterrence and Its Implementation*, Columbia Law Review, No. 7, 2006.

〔35〕 《证券法》第 85 条。

意耿利航教授的观点,应当将发行人排除在被告之外。[36]

就我国实际情况而言,滥诉问题在我国证券市场中并不严重。考虑到操纵证券市场民事案件不存在自我赔偿的问题,并且被告是操纵证券市场行为人自身,因此在此类案件中适用欺诈市场理论,相比于虚假陈述民事案件,其赔偿投资者,阻却违法行为的效果更佳,从而能够真正实现操纵证券市场行为民事责任的功能。

(2)市场效率的证明

在美国,司法实践已经确立了多种标准来判断证券市场是否具有效率。[37] 在著名的 Cammer v. Bloom 案中,[38] 美国法院认为,可以从每周证券的换手率或交易量(average weekly turnover or trading volume)、分析师的分析、评论以及推荐(the coverage of the securities by investment professionals)、做市商或者交易商(the number of market makers or dealers)、是否向美国证监会提交 Form S-3 文件以及就发行人出现的新信息,证券价格是否能够做出快速的反应(cause-and-effect relationship between news and price movement)等五个方面进行判断。对此,我国学者和美国学者已经有详细的讨论,足供参考。[39]

(3)投资者非理性行为并不会影响整个证券市场的效率

中小投资者的非理性行为固然会对其个人投资决策产生影响,然而是否会根本性改变证券市场的效率,值得怀疑。主要理由有以下三个方面。

---

〔36〕 同前注〔7〕。美国有学者认为,引入股东派生诉讼一定程度上能减少证券诉讼预防功能不彰的问题。See Richard A. Booth, *The End of the Securities Fraud Class Action as We Know It*, Berkeley Business Law Journal, No. 1, 2007.

〔37〕 完全有效市场可能并不存在于现实世界中,否则就没有专业投资者会耗费信息收集和处理成本来从事交易。因此,大体而言,如果证券市场能对信息做出快速的反应,可以说这个市场是信息有效的。See Bradford Cornell and John Haut, *How Efficient Is Sufficient: Applying the Concept of Market Efficiency in Litigation*, Business Lawyer, No. 2, 2019.

〔38〕 See 711 F. Supp. 1264 (D. N. J. 1989). 美国其他进一步细化该标准的案例,请参考 Krogmanv. Sterritt, 202 F. R. D. 467 (N. D. Tex. 2001)和 In re Polymedica Corp. Sec. Litig., 432 F. 3d 1 (1st Cir. 2005)。

〔39〕 樊健:《欺诈市场理论在公司债券虚假陈述纠纷中的适用》,载《财经法学》2020 年第 2 期。

第一，中小投资者依据投资顾问的推荐，甚至仅依据证券价格的变动等来做出投资决策，事实上并不是非理性投资。相反，是在考虑专业性和时间成本之后的理性决策，因为人类的理性总是有限的。事实上，由于在专业投资者的参与下市场价格已充分反映了公开信息，中小投资者已受到了市场机制的间接保护。[40]

第二，由于在证券市场中存在大量专业的投资者和分析师等，他们可以矫正中小投资者的非理性行为，使证券市场有效。[41]

第三，中小投资者群体之间存在的非理性投资行为可能会互相抵销，从而不会对整个证券市场产生实质性的影响。[42]

总之，中小投资者的非理性行为固然有其现实证据支持，但是就对整个证券市场的影响而言，本文认为并不能根本性改变证券市场的效率。[43]

三、欺诈市场理论与操纵证券市场民事案件的契合性

（一）操纵证券市场行为的类型与本质

我国《证券法》第55条规定了若干种常见的操纵证券市场行为，但是没有就操纵证券市场行为的概念进行界定。

---

〔40〕 See Holger Spamann, *Indirect Investor Protection: The Investment Ecosystem and Its Legal Underpinnings*, Journal of Legal Analysis, No. 4, 2022.

〔41〕 See Rajeev R. Bhattacharya & Stephen J. O'Brien, *Arbitrage Risk and Market Efficiency – Applications to Securities Class Actions*, Santa Clara Law Review, No. 3, 2015.

〔42〕 See William T. Allen, *Securities Markets as Social Products: The Pretty Efficient Capital Market Hypothesis*, Journal of Corporation Law, No. 4, 2003.

〔43〕 See Ronald J. Gilson & Reinier Kraakman, *The Mechanisms of Market Efficiency Twenty Years Later: The Hindsight Bias*, Journal of Corporation Law, No. 4, 2003.

大体而言,可以将操纵证券市场行为分为两种:[44] 一是交易型操纵证券市场行为(trading based manipulation),例如《证券法》第55条规定的连续或联合交易、洗售交易、对倒交易以及虚假申报等;二是信息型操纵证券市场行为(information based manipulation),例如《证券法》第55条规定的蛊惑交易和"抢帽子"交易等。当然,由于证券市场操纵行为的日新月异,《证券法》第55条还规定了兜底性条款来应对将来可能出现的新型操纵证券市场行为。

就操纵证券市场行为的本质或其危害性而言,学者之间的争议不小。有学者认为,操纵证券市场行为的本质是行为人通过散布虚假信息或者从事虚假的交易等,人为地影响了证券的价格或者供需关系,误导投资者。[45] 有学者则认为,操纵证券市场行为的本质是行为人利用了其支配地位影响了证券的价格或者供需关系。[46] 还有学者认为,操纵证券市场行为的本质是操纵行为致使证券价格无法反映发行人的基本面,影响了证券市场定价的有效性,损害了证券市场的效率。[47] 最后,按照美国著名学者 Fischel 教授和 Ross 教授的观点,操纵证券市场

---

〔44〕 See Franklin Allen and Douglas Gale, *Stock - Price Manipulation*, The Review of Financial Studies, No. 3, 1992. 两位作者还列举了另外一种操纵证券市场行为,行动型操纵证券市场行为(action - based manipulation),即通过实际地改变证券的价值来实现操纵的目的。从实务的角度看,这种操纵证券市场行为较为罕见。关于操纵证券市场行为的其他分类,参见 Merritt B. Fox et al., *Stock Market Manipulation and Its Regulation*, *Yale*, Journal on Regulation, No. 1, 2018。

〔45〕 例如,汤欣、高海涛:《操纵市场行政处罚案例全景观察》,载《证券法苑》2016年第2期;缪因知:《信息型操纵市场行为执法标准研究》,载《清华大学》2019年第6期。有法院也同样认为,"操纵市场本质上是一种证券欺诈行为,其目的是以异常的交易行为,影响市场价格,制造交易假象,诱导或致使其他投资者在不了解真实情况下作出证券投资……"参见北京市高级人民法院:薛文聪等诉中国证券监督管理委员会二审行政判决书,案号:(2019)京行终1928号,2019年5月20日。

〔46〕 参见刘宪权:《操纵证券、期货市场罪司法解释的法理解读》,载《法商研究》2020年第1期。有法院也认为,"操纵市场的违法行为人通常利用自身优势,采取不正当的手段,操纵或影响证券市场的价格。这种行为会导致市场机制失灵,侵害投资者的合法权益"。参见北京市第一中级人民法院:谢一峰诉中国证券监督管理委员会行政责任纠纷一审行政判决书,案号:(2019)京01行初387号,2019年12月26日。

〔47〕 See Fox et al., supra note 44; Gina - Gail S. Fletcher, *Macroeconomic Consequences of Market Manipulation*, Law and Contemporary Problems, No. 1, 2020; 樊健:《禁止操纵证券市场的理论基础:法律与金融的分析》,载《财经法学》2022年第3期。

行为只能从行为人的主观意图方面进行界定。他们认为,所谓操纵证券市场行为是指具有坏意图的获利交易(Manipulative trades could be defined as profitable trades made with "bad" intent)。具体而言,违法的操纵证券市场行为需要满足下列三个条件:(1)交易的目的是将证券价格引向某个方向(the trading is intended to move prices in a certain direction);(2)行为人并不相信证券价格会朝向该方向,除了交易行为导致证券价格朝向该方向之外(the trader has no belief that the prices would move in this direction but for the trade);(3)行为人获利仅仅来自其引导价格的能力,而非其掌握了私人信息(the resulting profit comes solely from the trader's ability to move prices and not from his possession of valuable information)。[48]

抛开不同学者就操纵证券市场行为本质的争议,有一点显然是各位学者的共识,即操纵证券市场行为使得证券价格被扭曲,其已经不能反映发行人的基本面,进而使证券市场的有效性被破坏。[49] 就此而论,操纵证券市场行为与虚假陈述类似,而与内幕交易不同。[50]

(二)欺诈市场理论同样能适用于操纵证券市场民事案件

1.“阙某彬案”与“鲜某案”的判决要旨

操纵证券市场行为扭曲了证券价格,使之不能反映发行人的基本

---

〔48〕 See Daniel R. Fischel & David J. Ross, *Should the Law Prohibit Manipulation in Financial Markets*, Harvard Law Review, No. 2, 1991.

〔49〕 See Fezzani v. Bear, Stearns & Co., Inc., 716 F. 3d 18 (2d Cir. 2013). 此处需要说明的是,关于证券市场的有效性,到底指什么有效?是信息有效(information efficiency)还是基本面有效(fundamental efficiency)?前者是指,有效市场仅指证券价格对公开信息做出迅速反映,至于该价格是否反映了发行人的基本面在所不论;后者是指,有效市场不仅包括信息有效,还包括价格能够反映公司基本面。本文认为,在众多专业投资者的参与下,基于市场博弈后的证券价格能够反映发行人的基本面。相比于这种客观的定价方式,目前似乎还没有比这更能反映发行人基本面的评价方式。“Market prices are typically viewed superior to other valuation techniques because, unlike, e. g., a single person's discounted cash flow model, the market price should distill the collective judgment of the many based on all the publicly available information about a given company and the value of its shares. Indeed, the relationship between market valuation and fundamental valuation has been strong historically”, see DFC Global Corp. v. Muirfield Value Partners, 172 A. 3d 346 (Del. 2017).

〔50〕 同前注〔6〕。

面,损害了证券市场的效率,这与虚假陈述对于证券价格的影响极为类似。

在"阙某彬案"中,一审法院认为,"在一个公开有效的证券交易市场中,公司股票的价格是由公司基本面和供求关系所决定的,操纵证券市场行为扭曲了公司基本面或供求关系,前者主要表现为信息型操纵,后者主要表现为价量型操纵。不管是哪种类型的操纵证券市场行为,最终都会导致公司股票价格偏离真实价值,此时的股票价格对投资者而言是不公平的,因信赖该股票价格为公正价格而交易的无辜投资者将因此遭受损失"。二审法院在一审法院说理的基础上进一步认为,"关于操纵行为对证券交易价格或者证券交易量产生影响的可能性,需考虑到证券市场的价格形成往往是多个因素促成的结果,精确判断各要素作用发挥程度及作用大小几无可能。因此,一审法院根据证券市场实际状况或证券市场发展规律,依据普遍的经验法则和证券市场常识予以综合判断,最终得出二者之间存在因果关系的判断。从而认定杨某辉的损失与阙某彬、蝶彩资产管理公司、谢某荣的操纵行为之间存在因果关系,认定事实清楚,适用法律正确,本院依法予以维持"。虽然,在该案中法院并未明确区分交易因果关系和损失因果关系,但是有一点是清楚的,其参考了《虚假陈述民事赔偿规定》的欺诈市场理论和信赖推定,并"依据普遍的经验法则和证券市场常识"来推定操纵证券市场行为与投资者损失之间因果关系的成立(包括交易因果关系和损失因果关系)。

在"鲜某案"中,上海金融法院同样认为,"证券市场以价格发现为重要功能,证券价格的真实性和准确性取决于各影响因素的真实性。在公开交易的证券市场中,影响股票价格的因素不仅包括上市公司披露的信息,也包括供求关系、成交量、以往价格走势等。操纵证券市场者通过交易策略,影响特定证券的市场价格,从而误导或扭曲投资者的投资决策,这与证券虚假陈述行为通过发布虚假信息扭曲股票价格具有相同的欺诈本质。因此,在公开交易的证券市场中,亦应适用欺诈市场理论和推定信赖原则,来判断投资者的投资决策与操纵行为之间是否存在交易因果关系"。

2. 反对论者的观点

(1)欺诈市场理论本身的问题

有学者认为,欺诈市场理论本身就存在诸多问题,不应该适用于操纵证券市场民事案件。例如,缪因知教授认为,欺诈市场理论“较为简单,但是否符合证券市场的实际情况,却显然令人怀疑,这也是其在实务适用中的困难之处。……我国A股市场的历史短,散户投资者占据主导地位,机构投资者的风格亦呈现出散户化、短视化、市场规范性弱、成熟度低的特点,投资者对各类信息缺乏基本的甄别与吸收能力”[51]。

(2)中小投资者的信赖并无正当性基础

例如,缪因知教授认为,“操纵市场的实施人可以是各类在市场上显形或隐形的、有公信力或无公信力的主体,表现形式则包括真实交易、虚假交易、发布真实信息、发布虚假信息等各类行为。在交易型操纵市场中,投资者只能观察到证券交易价量的变化,而不能知悉价量变化的原因为何。2020年3月起施行的新《证券法》第55条将‘意图影响’增列为认定操纵市场行为的标准,更是意味着一项被认定的操纵市场行为不一定产生影响市场的后果。在多数情况下,投资者对操纵行为人及其行为不存在合理信赖的理由”。

(3)我国证券市场并非有效市场

有不少学者认为,我国证券市场并非半强势有效市场,因此不符合欺诈市场理论的适用条件。[52]

(4)被操纵证券所在的交易市场通常缺乏效率性

美国学者Charles R. Korsmo教授认为,仅就交易型操纵证券市场行为而言,其通常发生在流动性比较差的证券市场中,因此仅需要数量不多的资金即可以操纵某只证券;相反,在有效率的证券市场中,操纵证券市场行为往往不能成功。因此,欺诈市场理论天然地不能适用于操纵证券市场民事案件。[53]

(5)在操纵证券市场民事案件中适用欺诈市场理论没有境外借鉴

---

〔51〕 同前注〔6〕。

〔52〕 同前注〔1〕,廖升文;同前注〔6〕。

〔53〕 See Korsmo, supra note 5.

有学者认为在操纵证券市场民事案件中适用欺诈市场理论，并没有成熟的境外司法实践可供借鉴。例如，"在实证法上，主流法域均未对操纵市场民事责任轻易进行因果关系推定。原则上，各国操纵市场民事诉讼的原告须就全部要素包括因果关系进行举证"[54]。

（6）不同投资者类型的信赖推定

有学者认为，不同类型的投资者对于证券市场价格真实性的信赖是不同的。例如，指数基金等专业投资者不能直接适用信赖推定。[55]

3. 本文对反对意见的回应

（1）欺诈市场理论的支持

本文在第二部分已经充分地论证了欺诈市场理论的现实性及其重要价值，此处不再赘述。需要再次强调的是，正如"阙某彬案"中二审法院所言，欺诈市场理论符合"普遍的经验法则和证券市场常识"，具有坚实的实证面支持。[56]

（2）投资者的信赖推定有其正当性

信息型操纵证券市场行为是通过控制信息披露的内容或者时间等来影响发行人的证券价格，例如"阙某彬案"。交易型操纵证券市场行为则是通过虚假买卖等方式，人为地创造出虚假的证券价格，例如"鲜某案"。[57] 不论哪种操纵证券市场行为，都扭曲了证券价格，使证券价格不能真实反映发行人的基本面。投资者因为信赖了被扭曲的证券价格而进行投资，显然是受到了操纵证券市场行为的影响，投资者的信赖

---

〔54〕 同前注〔6〕。

〔55〕 参见樊健：《我国证券市场虚假陈述交易上因果关系的新问题》，载《中外法学》2016年第6期。

〔56〕 关于欺诈市场理论的实证研究及其总结，参见 Eugene F. Fama, *Efficient Capital Market* Ⅱ, the Journal of Finance, No. 5, 1999。

〔57〕 See ATSI Communs., Inc. v. Shaar Fund, Ltd., 493 F.3d 87 (2d Cir. 2007).

推定有其非常坚实的正当性基础。[58] 正如有学者所言,“从操纵行为及证券市场的特性来看,将举证责任全归原告实有未妥”[59]。当然,如果操纵证券市场行为没有成功,没有对证券价格产生影响,那投资者的信赖也就失去了基础,这与美国法上的“价格影响理论”如出一辙。[60]

(3)我国的A股市场已经达到半强势有效

针对我国A股市场是否已经达到半强势有效的水平,从而能够适用欺诈市场理论的问题,在股权分置改革之前,多数实证研究持否定意见。[61] 但是,股权分置改革之后,我国证券市场的流动性大大增加,机构投资者和专业的证券分析机构等的数量也快速增加。[62] 目前,就我

〔58〕 例如,在DeMarco v. Robertson Stephens Inc. 案[318 F. Supp. 2d 110 (S. D. N. Y. 2004)]中,美国法院认为,研究机构的专业意见对于市场而言具有相当的分量。虽然被告抗辩其只是众多买入建议中的一种,但是如果被告能够表达真实看法,那么就有可能阻止股价虚高,至少能挽回部分投资者损失。或者,如果被告选择不公开发表意见,那么市场上买入的建议就不会那么多,这样也能挽回部分投资者损失。(The opinion of analysts trained to research and review public information about companies carries significant weight in the market. While defendants argue that Robertson Stephens was merely one voice in a chorus of buy recommendations, it is certainly plausible that had RS chosen to sing out of tune by publicly uttering its true opinion about Corvis stock, the resulting disharmony would have prevented the artificial inflation of the stock price and saved at least some of plaintiffs' losses. Alternatively, had Robertson Stephens chosen not to sing at all, it is possible that the chorus of buy recommendations would have been that much more muted, likewise saving at least some of plaintiff's losses.)相反,在前述“汪某中案”中,法院却认为,经查,在2007年1月1日至2008年5月,同期还有其他证券公司在互联网上推荐“中信银行”“中国石化”“万科A”股票。“现王某强没有证据证明其是受到首放公司发布的‘掘金报告’影响而进行上述股票交易”。仅仅因为还有其他机构推荐涉案股票就认为不存在交易因果关系,显然将交易因果关系的分析过于简单化。

〔59〕 戴铭升:《证券市场操纵行为损害赔偿之因果关系与举证责任》,戴铭升:《证券交易法物语(一)》,台北,元照出版有限公司2016年版,第110页。

〔60〕 See Allen Ferrell & Andrew Roper, *Price Impact, Materiality, and Halliburton* Ⅱ, Washington University Law Review, No. 2, 2015.

〔61〕 例如,龙小波、吴敏文:《证券市场有效性理论与中国证券市场有效性实证研究》,载《金融研究》1999年第3期;宋文光:《中国证券市场的有效性分析》,载《统计与决策》2005年第11期;王晓芳、刘凤根:《中国证券市场弱势效率的实证检验》,载《统计与决策》2007年第1期。

〔62〕 相关数据参见中国证券监督管理委员会编著:《中国资本市场三十年》,中国金融出版社2021年版,第110~122页。

国A股市场而言,基本上达到了半强势有效的水平。[63] 相比之下,“新三板市场”在交易量、分析师数量等方面与A股市场存在较大差距,因此本文认为发生在“新三板市场”的操纵证券市场民事案件不能直接适用欺诈市场理论。当然,不排除个别通过连续竞价的精选层股票(即将并入北京证券交易所)具有较好的效率性,此时投资者应该自己予以证明其具有效率性,从而能够适用信赖推定。

(4)半强势有效市场中的证券依旧可能被操纵

Charles R. Korsmo 教授多举微软等股票来说明操纵效率市场中证券的难度之高,但是效率市场中的证券并不都是大盘蓝筹股,还有诸多中小市值的股票,其也容易被操纵。美国和我国诸多实践都能印证这一点。[64]

(5)境外的丰富司法实践经验

①美国的司法实践

美国投资者通常会依据美国《证券交易法》第10(b)条和美国证监会制定的10(b)-5规则提起操纵证券市场的民事诉讼。在这类案件中,美国法院通常会采用欺诈市场理论来推定交易上因果关系的成立。例如,在 Desai v. Deutsche Bank Sec. Ltd. 案中,[65] 法院认为操纵证券市场行为所导致的虚假市场交易,与虚假记载或者重大遗漏类似,都使得证券市场价格失真,因而同样可以适用欺诈市场理论(The artificial market activity that constitutes manipulative conduct, no less than misrepresentations of, or misleadingly incomplete statements about, a company's earnings, is also information that the market price either does or

---

〔63〕 例如,刘维奇、牛晋霞、张信东:《股权分置改革与资本市场效率——基于三因子模型的实证检验》,载《会计研究》2010年第3期;叶志强、冯怡、张顺明:《股权分置改革后我国证券市场有效性研究——基于非预期非流动性新信息视角》,载《投资研究》2013年第5期。

〔64〕 参见 Steve Thel, *$850,000 in Six Minutes – The Mechanics of Securities Manipulation*, Cornell Law Review, No. 2, 1994;中国证监会行政处罚决定书[上海阜兴金融控股(集团)有限公司、朱一栋、李卫卫等5名责任人员]201877号(操纵深交所股票大连电瓷集团股份有限公司)。

〔65〕 See 573 F. 3d 931 (9th. Cir. 2009).

does not reflect）。又如，在 DeMarco v. Robertson Stephens Inc. 案中，[66] 法院认为，“抢帽子”操纵行为人的研究报告足以扭曲证券价格，投资者购买该证券时相信该证券价格的正直性即已经能够证明交易上因果关系的存在（Plaintiffs have adequately pled transaction causation by alleging that fraudulent opinions published in the RS research reports distorted the Corvis share price set by the market, and that the plaintiffs relied on the integrity of that price when purchasing Corvis stock）。再如，在 CP Stone Fort Holdings, LLC v. Does 案中，[67] 法院认为，虚假申报被公众投资者所知悉，影响了证券价格，因此原告投资者能够适用欺诈市场理论（The defendants' deceptions were communicated to the investing public when defendants placed the Deceptive Orders onto the order book, thereby affecting the price of the security ... the court concludes that plaintiff is entitled to the fraud – on – the – market presumption of reliance）。

②我国台湾地区的司法实践

在我国台湾地区的操纵证券市场民事案件中，绝大多数法院会采用欺诈市场理论来推定交易上因果关系的成立。例如，在唐某操纵股价案中，[68] 法院认为，“操纵股价行为所造成股价上涨或下跌之不实资讯，不仅是对个别投资人的欺骗，且是对整体证券市场的欺骗，个别投资人虽未取得特定的资讯，但因信赖市场，依市价买卖，应推定其买卖与操纵股价行为不实信息之间存有交易相当因果关系”。又如，在怡华股价操纵案中，[69] 法院认为“如行为人于特定期间就某特定股票以人为方式操纵其股票价格，将破坏该股票透过市场供需决定价格之机能，亦使投资人因误信人为操纵之股价信息，进场买进股票而蒙受日后股价下跌之损失。换言之，倘被告对证券市场确有操纵情事，原告毋须再就因果关系负积极举证之责任，而应由被告举证证明其操纵情事与原告授权人之损害间无因果关系，否则被告仍不得免除其责任。综此，

---

〔66〕 See 318 F. Supp. 2d 110 (S. D. N. Y. 2004).

〔67〕 See 2017 WL 1093166 (N. D. Ill., 2017).

〔68〕 参见我国台湾地区台北地方法院 2012 年度金字第 6 号判决书。

〔69〕 参见我国台湾地区桃园法院 2013 年度金字第 1 号判决书。

被告操纵股价之行为与授权人买进怡华股票之行为二者间,应推定有因果关系,当由被告举证证明其操纵股价之行为与原告授权人之损害间无因果关系,始可免责”。再如,在升贸公司股价操纵案中,[70]法院认为,“升贸公司股价既于操纵期间因被告李某某不法操纵行为发生不正常上涨及下跌之结果,而股票涨跌之行情即为投资人判断是否进场之重要凭据,故本件投资人确均系受升贸公司于操纵期间错误盘势走向之误导,而善意买入升贸公司股票。审酌证券交易市场之特性,并考量投资人系因信赖公平、公开及诚实之证券交易市场,且相信有价证券适正价格之形成过程并未遭受不法行为影响,始愿意进场为买卖交易行为之常情,足认本件投资人确系善意信赖集中市场之正常交易及股价之适正价格,致为错误之买卖交易行为。揆诸‘台湾地区民事诉讼法’第 277 条之立法理由,若责由受害人就其确因行为人之操纵股价行为而受有损害之事实,负举证责任,有违正义原则,亦显失公平。被告李某某既未能举证证明其操纵行为与投资人买卖升贸公司股票并无因果关系,则关于投资人于操纵期间买入升贸公司股票,与被告李某某不法操纵股价间之因果关系,应堪予认定”[71]。

总之,依据欺诈市场理论推定操纵证券市场行为与投资者投资决策之间存在交易因果关系具有足够的司法实践支持。

(6)部分投资者的排除

欺诈市场理论的作用之一就是保护中小投资者利益,减轻其举证负担。因为这些投资者通常并不直接依据发行人所披露的信息进行投资,而是依据他人推荐或者证券价格变动进行投资。相反,对于投资基金等专业投资者而言,其做出投资之前,通常需要进行投资分析,对投资标的进行研判,因此其投资决策是基于发行人所披露的公开信息等而作出的,证券交易价格仅仅是作出投资决策的一个考量因素而已。

---

〔70〕 参见我国台湾地区高等法院 2015 年度金上字第 5 号判决书。

〔71〕 另参见我国台湾地区台湾高等法院 2014 年度金上字第 16 号判决书;我国台湾地区台中法院 2010 年度金字第 23 号判决书。我国台湾地区学者的相同观点参见王志诚等:《实用证券交易法》,台北,新学林出版股份有限公司 2018 年版,第 572 页;赖英照:《股市游戏规则:最新证券交易法解析》,2020 年自版发行,第 591 页。

因此,针对专业投资者,欺诈市场理论不能直接适用。[72] 此外,如果投资者非善意,例如明知或者应当知道证券价格被操纵,依旧进行投资,显然也不能适用欺诈市场理论。对此,本文第四部分将进行详细分析。

总之,本文认为欺诈市场理论能够适用于操纵证券市场民事案件。在操纵期间(主要是诱多型操纵行为)买入证券并持续持有至操纵行为结束后的善意中小投资者应当被推定为信赖了操纵证券市场行为而进行投资,即推定成立交易因果关系或者说信赖推定。[73] 因此,对于"阙某彬案"和"鲜某案"的裁判要旨,本文表示赞同。[74] 同时,本文也肯定两案法院在这个问题上具有开拓性的司法裁判,有助于今后类似案件的审理。正如有律师所指出的那样,"从维护投资者合法权益,减轻投资者诉讼负担,便于法院审理角度出发,推定因果关系理论更符合目前司法实践,可以更好实现法律效果和社会效果的统一"[75]。

四、欺诈市场理论在证券市场操纵民事案件中的适用限制

欺诈市场理论适用的市场条件是半强势有效市场,由于我国"新三板市场"并非半强势有效市场,不能直接适用该理论。此外,由于股票和债券有相当大的差异,通常认为债券市场并不具有效率性,因此操纵

---

〔72〕 同前注〔6〕。

〔73〕 参见杨峰:《操纵证券市场民事责任因果关系认定规则之完善——从对美国、日本相关规定的比较出发》,载《法商研究》2006 年第 6 期。

〔74〕 其他学者也有类似观点,例如汤欣教授认为,投资者损失和操纵市场行为的因果关系认定向来是同类案件中原告面临的法律难点,值得称道的是,相关案件法院提出参照最高人民法院《关于审理证券市场因虚假陈述引发的民事赔偿案件的若干规定》第 18 条关于因果关系的认定,推定原告在操纵期间买入,操纵结束后卖出标的股票产生的投资损失与操纵市场行为存在因果关系。参见汤欣:《投资者诉恒康医疗相关主体 证券市场操纵民事赔偿案二审判决初评》,载中证中小投资者服务中心,http://www. isc. com. cn/html/zxxw/20210303/3617. html,2021 年 9 月 6 日访问。

〔75〕 洪鹏:《阙某等操纵证券市场民事赔偿案件评析》,载中证中小投资者服务中心,http://www. isc. com. cn/html/zxxw/20210303/3616. html,2021 年 9 月 6 日访问。

债券市场民事案件也不能直接适用欺诈市场理论。[76] 本部分主要讨论在操纵证券市场民事案件中,哪类投资者不能直接适用欺诈市场理论,即投资者适用限制的问题。

(一)专业投资者

1. 一般的专业投资者

专业投资者并非证券价格的接受者,而是证券价格的决定者。这些专业投资者通过分析发行人所有公开的信息,并且集合自身所收集到的非公开信息等,作出买卖决定,从而改变证券的交易价格。[77] 事实上,发行人的公开信息不可能自动地反映到证券价格上,能对这些公开信息做出快速反应并在短时间内获得收益的正是这些专业投资者,因此该类投资者是价格的决定者而非接受者。[78] 信赖推定真正的适用对象应当是那些价格接受者,即本文一再强调的中小投资者(非专业投资者或者普通投资者)。主要原因是对于中小投资者而言,其投资者决定通常基于投资顾问推荐或者证券价格的变动,而非发行人所披露的公开信息;并且,其也难以证明是因为相信了发行人所披露的信息才进行了投资(直接信赖),因为其通常不会保存投资决策的证据材料。"中小投资者处于信息末端,由于资金弱小,许多规避风险的交易机制如股指期货和融资融券无权运用,他们在证券市场属于弱势群体。……对于机构投资主体,只有充分证明自己是善意投资人的前提下,才能适用信赖推定原则确定其损失与虚假陈述的因果关系。"[79] 司

---

〔76〕 同前注〔39〕。

〔77〕 See Asher v. Baxter Intern. Inc., 377 F.3d 727 (7th Cir., 2004).

〔78〕 See John M. Newman Jr. et al., *Basic Truths: The Implications of the Fraud-on-the-Market Theory for Evaluating the Misleading and Materiality Elements of Securities Fraud Claims*, Journal of Corporation Law, No.4, 1995.

〔79〕 贾纬:《证券市场侵权民事责任之完善》,载《法律适用》2014年第7期。

法实践对此也表示认可。[80]

事实上,从举证能力的角度来看,专业投资者通常有投资决策报告等来作为直接信赖的依据;相反,让被告来推翻机构投资者的信赖推定则要困难很多,因此从举证责任分配的角度来看也应当由专业投资者举证真实信赖。[81] 正如有法院所指出的那样,“从权利与义务相平衡的角度,公众投资者、专业个人投资者和专业机构投资者应当承担的注意义务也应当依次增加”[82]。

综上所述,在操纵证券市场民事案件中,专业投资者不能直接适用

---

〔80〕 例如,上海雨浩投资咨询有限公司诉浙江祥源文化股份有限公司证券虚假陈述责任纠纷上诉案中[浙江省高级人民法院(2019)浙民终1414号民事判决书],浙江高院认为,“虚假陈述赔偿的规定采用‘市场欺诈’和‘推定信赖’原则确定因果关系的目的在于保护我国证券市场中不具备专业投资知识的中小投资者,而对于专业投资机构,因其应当具备高于普通证券市场投资人的投资技能和专业研究分析能力,不能仅凭其买入受虚假陈述影响的股票即认定其投资损失与虚假陈述存在因果关系,应分析辨别其投资损失是受虚假陈述影响还是其他因素导致。原审法院根据雨浩投资咨询公司主体身份的特殊性,认定在判断雨浩投资咨询公司‘推定信赖’能否成立的问题上,对其应适用高于普通证券市场投资人注意义务的标准,并无不当。该注意义务对外一般表现为对上市公司公开文件的分析、对上市公司进行实地考察和提出可行性研究报告等,对内则表现为按照公司章程规定履行了相应的审批、讨论、决策程序等。如果没有证据证明专业投资机构尽到审慎注意义务,则不能当然依据‘推定信赖’原则认定投资损失与虚假陈述之间存在因果关系”。但是,在中车金证投资有限公司、江苏保千里视像科技集团股份有限公司诉庄某等证券虚假陈述责任纠纷上诉案中[广东省高级人民法院(2019)粤民终2080号民事判决书],二审法院却认为,“无论是机构投资者,还是普通投资者,在证券交易中的身份均是投资者。投资者是否应负有更高注意义务,不应因其身份有所差别,而应根据交易市场和交易方式来确定。对于公开募集股份的发行市场和通过证券交易所报价系统进行的‘非面对面’证券交易,投资者均是信赖上市公司披露的信息进行交易,机构投资者和普通投资者负有的注意义务一致,并不负有更高的注意义务……”。在美国GAMCO Investors, Inc. v. Vivendi, S. A.案[927 F. Supp. 2d 88 (2nd Cir., 2013)]中,法院认为,由于原告的决策依据并非来自被告的证券价格而是来自其独特的估值方式,因此原告并不信赖“证券价格的正直性”,因此不能适用信赖推定。当然,法院同时指出,这是非常例外的情况。

〔81〕 See Grigori Erenburg et al., *The Paradox of Fraud – on – the – Market Theory: Who Relies on the Efficiency of Market Prices*, Journal of Empirical Legal Studies, No. 2, 2011.

〔82〕 辽宁省高级人民法院:周某某诉时空客集团股份有限公司虚假陈述责任纠纷上诉案,案号:(2021)辽民终字第309号,2021年5月21日。

欺诈市场理论或者信赖推定,其应当自行证明将信息型操纵证券市场行为中的虚假信息或者交易型操纵证券市场行为中的虚假供求关系等纳入到了投资决策中,才能被认为是信赖了操纵证券市场行为而进行的投资。例如,在信息型操纵案件中,专业投资者应当证明相关信息是其作出投资决策的依据之一;而在交易型操纵案件中,专业投资者应当证明相关证券的价量变化是其作出投资决策的依据之一。专业投资者有法定的谨慎投资义务(例如需要进行投资研究),因此其提供这些证据材料并不困难,不会给其带来严苛的举证负担。

2. 专业的做空交易者[83]

做空交易或者融券交易,是指投资者判断某只证券价格会下跌,所以其先向证券公司等借入证券再卖出,等约定归还证券的时间到来之前再买入证券归还给证券公司。卖出价与买入价之间的差额减去必要的费用,就是做空交易者的收益。通常而言,做空交易者并不认为证券价格是发行人基本面的反映,所以其才会做空该只证券。当然,也不能一概而论,因为也许做空交易者知道了发行人尚未披露的信息而去做空,这相反更加印证了其对于市场效率的信赖。因为只有其确信当利空信息出现时,证券市场会对之做出快速反应,其才能从中获利。[84]

在美国,对于做空交易者是否能直接适用欺诈市场理论有不少争议。[85] 反对者的主要理由在于做空交易者并不相信证券价格已经充分反映了公开信息,即不相信证券市场的效率性,因此不能直接适用欺诈市场理论。但是,如前所述,做空交易者如果不相信市场的效率性,其无法从做空交易中获利。[86] 因此,针对做空交易者,真正的问题不

---

〔83〕 本部分所要讨论的仅是专业做空交易者,对于非专业从事做空交易的投资者,例如从事融资融券交易的中小投资者,本文认为还是能够直接适用欺诈市场理论的。

〔84〕 See Schleicher v. Wendt, 618 F. 3d 679 (7th Cir., 2010).

〔85〕 See Douglas A. Smith, *Fraud on the Market: Short Sellers' Reliance on Market Price Integrity*, William and Mary Law Review, No. 3, 2005.

〔86〕 在前述我国台湾地区的唐某操纵股价案中,法院认为,做空交易者"若知悉本件操纵股价情事,其等应不至于以融券方式购买唐某公司股票而使自己因唐某公司股价持续被炒作而蒙受损失,故融券回补交易之投资人所受损失亦得求偿"。同旨参见刘连煜:《现代证券交易法实例研习》,台北,元照出版有限公司2020年版,第709~713页。

在于证券价格是否最终能反映发行人的所有公开信息，而是这些投资者是否可以仅仅通过相信证券价格的公正性而被推定为信赖了发行人所公开的信息。专业的做空投资者在进行投资之前，会进行充分的调查研究，以便最终确定投资策略，因此其有足够的证据来证明其是因为相信了公司所有公开的信息而进行的投资。换言之，他们作为专业投资者不能仅仅因为相信证券价格的公正性而被推定为信赖了发行人所披露的所有公开信息。

（二）非善意投资者

如果投资者知道或者应当知道证券价格被操纵还继续购买证券，显然其投资决策与操纵证券市场行为无关，交易因果关系不能成立。[87] 当然，对于投资者知道或者应当知道的情形，应当由被告来举证证明。[88] 本文认为，下列两类投资者很可能是非善意投资者，至少从被告及其代理律师的角度来讲，应当予以注意。

1. 操纵证券市场行为人的关联方

操纵证券市场行为人的近亲属[89]或者为操纵证券市场行为人提供配资账户的投资者等，由于存在特殊的关系（亲属关系或者账户借用关系等），衡诸常情，其明知或者应当知道行为人在操纵证券市场，如果在此期间其买入被操纵的证券，显然属于非善意投资者，其投资行为与操纵证券市场行为之间不存在交易上的因果关系。

2. 被操纵发行人的内部人员

被操纵发行人的内部人员，例如控股股东或者执行董事等，其对发行人内部的信息等知之甚详，因此其能够较为准确地判断发行人被操

---

〔87〕 参见《虚假陈述民事赔偿规定》第12条第2项的规定，“被告能够证明下列情形之一的，人民法院应当认定交易因果关系不成立：……（二）原告在交易时知道或者应当知道存在虚假陈述，或者虚假陈述已经被证券市场广泛知悉……”。

〔88〕 参见我国台湾地区台中法院2010年度金字第23号判决书、桃园法院2013年度金字第1号判决书。

〔89〕 在内幕交易中，内幕行为人的近亲属被视为“特定身份型非法获取内幕信息的人员”，如果其“在内幕信息敏感期内从事或者明示、暗示他人从事或者泄露内幕信息导致他人从事与该内幕信息有关的证券、期货交易的，必须对其明显异常交易或者泄露行为作出合理解释，不能作出合理解释的，应当认定为非法获取内幕信息的人员”。参见《关于办理内幕交易、泄露内幕信息刑事案件具体应用法律若干问题的解释》第2条第2项。

纵期间证券价格上涨的真实原因。所以,如果这类人员在操纵期间内购买证券,则应当推定为不具备善意。[90] 除非其能自己证明,其投资行为并未受到操纵证券市场行为的影响,例如其投资行为是基于操纵期间发行人所披露的利好信息等。

五、结论

由于虚假陈述与操纵证券市场行为的违法结果具有类似性,即扭曲了证券价格,使之不能反映发行人的基本面,损害了证券市场的效率。因此,欺诈市场理论同样能够适用于操纵证券市场民事案件。这样不仅有利于减轻中小投资者的举证责任,也有助于开展证券示范诉讼或者代表人诉讼等团体诉讼。虽然,不少学者对于欺诈市场理论是否能适用于操纵证券市场民事案件提出了质疑性意见,但是从本文的观点来看,这些意见都不能在根本上动摇欺诈市场理论在操纵证券市场民事案件中的适用性。欺诈市场理论主要是为了保护善意的中小投资者利益,因此在操纵证券市场民事案件中,专业投资者和非善意的投资者(包括操纵行为人的关联方和被操纵发行人的内部人员等),不能适用欺诈市场理论。

(编辑:徐伟浩　宋　澜)

〔90〕 同前注〔82〕。

《证券法苑》(2024)
第四十卷,第151~164页

操纵市场民事赔偿责任因果关系认定的法理与适用

赵　畅*

摘要:操纵市场与虚假陈述在行为主体、损害法益及责任构成等方面存在差异,运用欺诈市场理论认定操纵市场因果关系存在重大局限。操纵市场破坏了证券市场的价格形成机制,导致投资者无法行使其法定交易权利,遭受不同程度的损失。因此,需要考虑不同投资者在因果关系认定和推定中的规则适用;在推定因果关系的基础上,被告可以投资决策不在操纵期间或其他阻却事由推翻推定;损失因果关系的认定则需要基于操纵市场对投资者造成的实际损失加以判断。

关键词:操纵市场　因果关系　民事责任

引　言

虚假陈述、内幕交易和操纵市场是我国证券市场发展至今长期存在的痛点。随着最高人民法院《关于审理证券市场虚假陈述侵权民事赔偿案件的

* 华东政法大学经济法学院经济法学博士研究生。

若干规定》（以下简称《虚假陈述民事赔偿规定》）的公布与施行，促进操纵市场民事赔偿责任的配套制度完善也日益迫切。《证券法》第55条和《证券市场操纵行为认定指引（试行）》（已废止）第2条禁止任何人以不正当手段操纵证券市场，影响证券交易价格或者证券交易量，扰乱证券市场秩序。但就操纵市场民事赔偿责任制度尤其是因果关系的认定问题依然存在争议，有关规定始终未予明确。

实践中，鉴于虚假陈述与操纵市场行为存在一定的相似性，有观点认为操纵市场的本质亦属欺诈、误导，故可以适用欺诈市场理论（fraud – on – the – market theory）作为操纵市场民事赔偿责任因果关系的认定依据。然而，欺诈市场理论能否作为操纵市场民事赔偿责任因果关系认定的理论基础和适用依据仍存质疑。自2006年《刑法修正案（六）》将“操纵证券、期货交易价格罪”修改为“操纵证券、期货市场罪”起，罪名表述的转变体现出我国《刑法》已经进一步扩大了对操纵市场行为所侵害法益的界定及保护范围。同时表明我国对操纵市场的认识逐渐从“价格中心说”转向“秩序中心说”，从关注市场价格是否合理转向关注市场秩序是否公平。[1] 可见，欺诈与误导虽然能够作为操纵市场的行为表现之一，但从侵害的法益来看，操纵市场通过影响证券交易价格或交易量，严重破坏了证券市场的价格形成机制，阻碍了其他交易者交易权利的行使，给不特定主体造成了更大范围的秩序损害。[2] 因此，基于法益受损范围，厘清与完善交易因果关系和损失因果关系的认定及推定规则，是保护投资者合法权益以及维护证券市场交易秩序的精神体现。

一、操纵市场民事赔偿责任因果关系认定之困境

操纵证券市场与其所造成投资者损失之间的因果关系认定一直是

〔1〕 参见焦增军、李铭：《幌骗交易：类型化解释与期货市场操纵规制》，载《中国社会科学院研究生院学报》2019年第2期。

〔2〕 参见张守文：《经济法学》（第4版），中国人民大学出版社2018年版，第83页。

操纵市场民事赔偿责任制度的难题。一方面，由于操纵行为与损失之间的相互关系、影响力有所不同，投资者的损失并不一定由操纵市场的单一因素所致。另一方面，传统侵权责任的认定规则是否会提高操纵市场因果关系的认定难度，是否会加重投资者的举证责任，均对因果关系的原有认定路径提出了适当性与技术性的质疑。尽管有基于有效市场假说的相同前提，但由于操纵市场和虚假陈述在侵害对象和受损法益等方面的差异，欺诈市场理论能否解决所有操纵市场因果关系的认定问题尚且存疑。

（一）操纵市场行为及其因果关系认定的复杂性

实践中，行为人通过故意抬高或压低证券交易价格，制造证券行情，破坏证券市场自我调节的供求关系，使操纵后的价格与证券的真实价值发生偏离，诱使投资者进行证券交易，而后再操控证券价格逆向涨跌，导致投资者遭受以不真实价格高价买进证券或低价卖出证券的损失。操纵市场行为导致投资者损失的直接原因系证券价格的异常升降，但造成证券价格涨跌的原因多且复杂，进而导致对操纵市场因果关系的认定较为困难。

例如，信息型操纵的行为人多以利好信息的发布与证券价格的波动不存在直接关联或证券交易还受到市场固有风险和投资者决策失误的影响作为抗辩理由。但对于操纵市场行为及其所造成损失之间因果关系的认定显然不能孤立看待，而应予以整体分析。〔3〕申言之，操纵行为破坏了市场自发形成的交易条件，导致本应由买者自负的市场风险转变为受人为操控的非市场风险，因此，在认定操纵市场因果关系的过程中，需要对相关因素展开分析。

又如，跨市场操纵的本质是价格关联操纵，即利用两个或以上市场之间的价格关联实施操纵行为，〔4〕而价格关联则一般通过合约设计、交易机制或价格决定关系等形式建立联系。〔5〕2019年最高人民法院、

〔3〕参见张泽辰：《信息型操纵证券市场行为模式探究及风险防控——以大额持股变动与因果关系为视角》，载《法治研究》2020年第2期。

〔4〕参见谢杰：《跨市场操纵的经济机理与法律规制》，载《证券市场导报》2015年第12期。

〔5〕参见钟维：《跨市场操纵的行为模式与法律规制》，载《法学家》2018年第3期。

最高人民检察院《关于办理操纵证券、期货市场刑事案件适用法律若干问题的解释》规定了有关跨期、现货市场操纵行为。实际上,跨市场操纵因果关系的认定之所以困难,是因为跨市场操纵行为涉及多层次资本市场,作为金融衍生品,期权的价值由股票价格的变动所决定,从而扩大了行为人操纵市场的对象与范围。

(二)"若非"标准适用于操纵市场的技术缺陷

实践中,不同国家对民事赔偿责任因果关系的认定标准不同。在证券侵权案件的因果关系认定体系下,英美法系采用"二分法"进行操纵市场民事赔偿责任因果关系的认定:第一步为事实因果关系认定,即认定操纵行为与投资者权利损害之间存在因果关系,使用"若非"标准(but for test)进行判定;第二步为法律因果关系认定,即认定投资者受损权利与实际损失之间存在因果关系。[6] 大陆法系在"二分法"的基础上,通过对事实因果关系的认定标准加以限制,形成"相当因果关系说"(proximate cause)。只有同时满足"条件关系"和"相当性"的要求,才能认定操纵市场行为与投资者损失之间的因果关系成立。"条件关系"通常采用"若非"的证明标准,"相当性"一般通过"经验法则标准"或"合理人标准"进行判断。[7]

可见,无论是英美法系的"二分法"还是大陆法系的"相当因果关系说","若非"标准都是因果关系认定过程中不可或缺的环节。在"若非"标准下,认定操纵市场民事赔偿责任的因果关系,需要论证:如果没有操纵行为,投资者的损失就不会发生。然而,从熟人社会到陌生人社会,在"非面对面"的证券交易模式下,非人际化的证券市场以时间优先、价格优先为交易配对原则,[8] 基于匿名化的自动报价系统,买卖双方之间一般不存在直接的沟通或协商行为。故传统侵权理论下"若非"的证明标准对原告而言显然难度过高,如果不嵌入举证责任倒置

〔6〕 参见[荷]施皮尔:《侵权法的统一:因果关系》,易继明等译,法律出版社2009年版,第172页。

〔7〕 参见王泽鉴:《侵权行为》,北京大学出版社2009年版,第186页;王利明、周友军、高圣平:《中国侵权责任法教程》,人民法院出版社2010年版,第242页。

〔8〕 参见缪因知:《操纵证券市场民事责任的适用疑难与制度缓进》,载《当代法学》2020年第4期。

或信赖推定规则，仅凭原告对操纵市场因果关系的论证，几乎不可能达到“操纵市场行为是影响投资者决策并造成投资者损失的必要条件”的要求，导致处于弱势地位的投资者因无法达到举证标准而完全丧失对其合法权益的救济可能。

（三）欺诈市场理论应用于操纵市场的逻辑桎梏

对于操纵市场的本质，实践中存在多种解读，〔9〕理论与实务中普遍采取“欺诈说”。〔10〕针对操纵市场民事赔偿责任的制度空白，有学者提出，以虚假陈述为例，我国《虚假陈述民事赔偿规定》参照美国欺诈市场理论确立了交易因果关系推定规则，作为虚假陈述因果关系成立与否的标准，以此类推，操纵市场能否参照虚假陈述因果关系的信赖推定规则加以适用。实践中存在诸多争议。

例如，2011 年 * ST 钛白投资者诉程某水、刘某泽操纵证券市场，请求民事赔偿，北京市第二中级人民法院以“虚假陈述与操纵证券市场是两种不同的违法行为，两者在违法主体、行为表现、持续时间、影响范围方面均不同，原告要求参照《虚假陈述民事赔偿规定》认定操纵证券市场的民事赔偿责任和损失的计算数额，缺乏依据”为由驳回原告诉讼请求。同样的理由也被用于“汪某中案”。但也有法院作出完全不同的判决结果。在杨某辉诉阙某彬、蝶彩资产管理公司证券纠纷案中，成都市中级人民法院认为，证券交易欺诈行为可分为虚假陈述、内幕交易和操纵市场三类，三者之间相互联系，虚假陈述是表象，内幕交易和操纵市场才是问题的核心与根本。阙某彬、蝶彩资产管理公司的操纵行为与虚假陈述行为具有类似性，因此，杨某辉的损失与阙某彬、蝶彩资产管理公司的操纵行为之间的因果关系均可参照《虚假陈述民事赔偿规定》予以认定。〔11〕

---

〔9〕“垄断说”认为操纵市场是一种人为制造的价格垄断；“引诱说”强调操纵市场是行为人通过制造市场假象，诱使投资者在不真实、不公平的交易条件下作出投资决策；“欺诈说”主张操纵市场旨在伪造市场行情，迫使投资者在对市场存在误解的情况下做出投资决策。

〔10〕参见陈晨：《证券市场信息型操纵认定难点及监管对策研究》，载《证券市场导报》2017 年第 8 期。

〔11〕参见四川省成都市中级人民法院：杨某辉诉阙某彬、蝶彩资产管理（上海）有限公司证券纠纷一审民事判决书，案号：（2018）川 01 民初 2728 号，2019 年 12 月 27 日。

虽然操纵市场行为通过虚构交易制造市场假象引诱投资者按照行为人的预期进行交易,具有一定的欺诈性,但操纵市场行为的直接指向对象并非特定投资者,而是证券市场本身。[12] 诚如路易斯·罗斯所言,操纵市场与欺诈的领域相连,但在法律分析上,操纵市场并非欺诈的一部分。[13] 另外,虚假陈述和操纵市场的确存在诸多不同。比如,虚假陈述的主体一般为负有信息披露义务的发行方,而操纵市场的行为人则可以包括证券市场上所有的机构或个人参与主体。又如,虚假陈述的行为对象通常限于与上市公司相关证券存在交易关系的投资者,而操纵市场的侵害对象既包括同时反向交易者又包括所有同时交易者,是对整个证券市场交易秩序的破坏。再如,操纵市场侵犯的法益也远大于虚假陈述,操纵市场可能构成犯罪,而虚假陈述并未入罪,且民事责任的构成强调虚假陈述内容的重大性,较之操纵市场具有更高的责任构成标准。由此,欺诈市场理论的局限在于其并非不能适用于操纵市场民事赔偿责任因果关系的认定,而是其难以涵盖操纵行为及其损害结果之间全部的因果关系认定可能。

二、操纵市场民事赔偿责任因果关系认定再证成

操纵市场民事赔偿责任制度的缺位,导致司法案例所持观点各异,同案不同判的矛盾日益激化。部分法院在审理操纵市场民事赔偿案件时,援引《虚假陈述民事赔偿规定》的条款,参照虚假陈述的理论基础进行操纵市场因果关系的认定,这对于司法实践的推进确实存在积极意义,也在一定程度上缓解了原告的举证压力,但将欺诈市场理论机械地套用至操纵市场实属不妥。事实上,无论是对市场价格机制的影响还是对交易诚信的破坏,操纵市场都损害了投资者参与证券交易活动所信赖的客观前提。

---

〔12〕 参见刘宪权、林雨佳:《操纵证券、期货市场犯罪的本质与认定》,载《国家检察官学院学报》2018 年第 4 期。

〔13〕 See L. Loss, *Fundamentals of Securities Regulation* (2nd ed.), Little Brown & Company, 1988, p. 876.

（一）操纵市场因果关系二元划分的理论考察

《虚假陈述民事赔偿规定》的公布与施行加速了完善操纵市场民事赔偿责任制度的迫切需求。事实上，操纵市场与虚假陈述因果关系的认定既有共通点也存在区别。《虚假陈述民事赔偿规定》第 11 条和第 31 条明确了对虚假陈述采用交易因果关系认定和损失因果关系认定的“二分法”标准。从条款表述可知，我国对虚假陈述因果关系采取全面推定。对于交易因果关系，《虚假陈述民事赔偿规定》参照美国欺诈市场理论建立了推定规则。对于损失因果关系，信赖推定原则要求上市公司就“投资者所受损失系除虚假陈述行为以外的其他因素所导致的因果关系阻却”承担举证责任。

与虚假陈述相似，在认定操纵市场民事赔偿责任因果关系的过程中，也应分为交易因果关系和损失因果关系两个方面进行分析。对于投资者而言，交易因果关系属于事实层面的认定，只要投资者能够证明操纵行为已经引起证券交易价格发生异动，即可判定民事赔偿责任成立。同时，为了防止事实因果关系的认定标准过于宽松而导致原因广泛，还需要通过法律层面的因果关系加以限缩，以确定民事赔偿责任范围。但由于操纵市场行为人与投资者之间市场地位的悬殊差距，在绝大多数案件中，投资者要想证明损失因果关系的成立并非易事，从而导致投资者的诉讼请求无法得到支持。基于此，在损失因果关系的认定上，出于对投资者合法权益的保护，可以考虑采用因果关系的推定理论。

（二）操纵市场因果关系推定规则的法理支持

1. 操纵市场破坏了投资者所信赖的价格机制

操纵市场的本质就是操纵证券的市场价格。在证券价格没有人为操纵，社会公众投资者对各种证券的总需求和总供给通过市场价格的自然调节趋向平衡的前提下，[14] 投资者基于其对资本市场价格发现机制的信赖，从事证券交易活动并进行投资决策所带来的盈利或亏损结果，应当按照“买者自负”原则由投资者自行承担。然而，操纵行为破坏了投资者原本所信赖的价格形成机制。例如，交易型操纵的行为人通过对目标证券连续买卖，使价格攀升，造成目标证券交易活跃、持续

〔14〕 参见朱锦清：《证券法学》（第 4 版），北京大学出版社 2019 年版，第 266 页。

盈利的假象,引诱其他投资者出于对价格形成机制的信赖买入目标证券。达到预期获利目标后,行为人便会在价格高位将所持证券全部抛售,使投资者遭受损失。又如,信息型操纵的行为人往往扮演噪声交易者的角色:如果想抬高股价则发布利好消息,如果想压低股价则发布利空消息。新的利好或利空消息一旦出现,就会立即被市场所吸收,调整原来的估值,给出新的报价。另外,交易型操纵和信息型操纵也经常结合使用,比如行为人同时进行买入和推荐,以达到快速拉抬价格的效果。

我国证券市场属于半强式有效市场(semi - strong form efficiency market),即当前的证券价格既完全包含了所有历史信息,也充分反映了与上市公司证券有关的即时披露的所有公开信息。而操纵市场扭曲了证券价格对信息的客观真实反映,企图通过连续交易或利用信息优势等方法人为制造出另一种完全不真实的证券行情,打造非市场的价格形成机制,并企图获取投资者的信赖,影响投资者的决策。如果投资者因对操纵行为所生成的市场价格形成了合理信赖,并以此作出投资而遭受损失,应当认定操纵市场与投资者损失之间成立因果关系。此外,由于价格机制本身的基础性和广泛性,可能会出现没有直接买入目标证券却受到价格异动影响的投资者,此时,需要根据操纵市场对投资决策的影响力以及二者之间的关联度,综合考虑能否推定因果关系成立。

2. 操纵市场损害了交易诚信与公平交易环境

在有效的证券市场中,理性投资者参与证券交易活动的前提是出于对证券市场公平交易环境的合理信赖。然而,操纵市场却侵害了证券交易的诚信原则与公平交易环境。有观点认为对操纵市场的规范应建立在"自由公开市场"(free and open market)的理论基础上,即所有市场参与者均有权合理信赖证券市场是自由且公开的,是通过大量真实交易构建而成,而非操纵来反映证券价格。[15] 操纵市场行为人通过

〔15〕 See B. Black, *Fraud on the Market: A Criticism of Dispensing with Reliance Requirements in Certain Open Market Transactions*, North Carolina Law Review, No. 3, 1984.

各种方式和手段影响上市公司股票的公平市场价值,使相关证券的交易价格或交易量产生非市场性波动。一方面,操纵市场破坏了证券价格"随机游走"的特点,导致证券价格的变动路径及其收益率完全按照行为人的主观意志发生变化。另一方面,操纵市场违反了证券交易应当遵循的诚实信用原则,行为人系在损害投资者合法权益、市场经济秩序的前提下追求自身利益。有学者根据美国《全国市场系统管理规则》和欧盟《金融工具市场指令》归纳了公平市场应当具备的属性,"交易诚信"居首位,即市场参与者输入的所有指令都应当表达诚实的交易意图,不得人为影响交易量、价格或其他市场活跃指数。[16] 尽管是负有注意义务的机构投资者,但倘若操纵市场超出机构投资者所应承担的注意义务范围,则对于行为人而言,机构投资者与普通投资者并无二致,此时,应当认定操纵行为与机构投资者的投资决策之间成立交易因果关系。

3. 因果关系推定体现对投资者的倾斜性保护

在操纵市场民事责任纠纷案件中,被告常以"买者自负"作为抗辩理由,认为原告按照自己的判断从事证券交易活动,应当对其投资结果承担责任,操纵行为与投资者损失之间不存在因果关系。但"买者自负"应当建立在交易双方力量对等、能够合理预见并承受交易风险的基础上,[17] 操纵市场显然已经打破"买者自负"适用的前提条件。因此,为了实现证券交易的实质公平,矫正行为人对交易价格的操纵,需要加强被告的法定义务与责任,运用因果关系推定规则等规则设计加大被告的举证责任,强化对投资者的倾斜性保护。概言之,在证券侵权领域,因果关系的认定从政策方针到法律制度不可避免地体现了利益平衡理念。由于因果关系推定规则突出了对投资者的倾斜性保护,所以对于适用情形也应予以相应限制,从而最大限度地保证各方利益、价值取向与立法目标的平衡。[18]

---

〔16〕 See V. Mavroudis, *Market Manipulation as a Security Problem*, Cryptography and Security, Mar. 29, 2019.

〔17〕 参见何颖:《金融交易的适合性原则研究》,载《证券市场导报》2010 年第 2 期。

〔18〕 参见阎维博:《操纵市场民事责任因果关系认定:类型化分析与利益衡量》,载《投资者》2019 年第 1 期。

三、操纵市场民事赔偿责任因果关系的规则适用

基于操纵市场因果关系二元划分的理论基础，认定操纵市场与投资者损失之间存在因果关系，需要分别证明交易因果关系和损失因果关系的成立。此外，还需要根据证券交易活动的具体情形，分析是否涉及对操纵市场因果关系推定规则的适用。下文将从交易对手、操纵期间和损害结果三个方面展开对操纵市场交易因果关系与损失因果关系的认定以及因果关系推定规则的具体阐述。

（一）基于交易对手的交易因果关系认定

1. 实际交易对手与拟制交易对手的分析

实务中认定操纵市场交易因果关系成立的多数案件，其交易对手普遍为操纵行为人的实际交易对手。以“上海朱雀珠玉橙投资中心诉邵某等操纵证券交易市场责任纠纷案”为例，原告上海朱雀珠玉橙投资中心是新三板市场定向增发投资者，其以“面对面”签订《股票发行认购协议》的方式参与投资。作为特定投资者，原告应对行为人实施的操纵证券市场行为与其所遭受损失之间的因果关系进行举证，且不适用信赖推定原则。〔19〕 上海金融法院基于定增投资与操纵行为的关联性确定操纵期间，根据被告在操纵期间拉高股价影响原告参与投资的定价，认定操纵市场交易因果关系成立。

然而，实际交易对手并不能完全涵盖操纵市场行为对有关投资者合法权益的侵害。实际上，由于行为人操纵倾向的不确定性，投资者面对受操纵的价格信号而做出的投资决策也有所不同。〔20〕 在“非面对面”的证券市场中，同时进行同一证券交易的投资者人数众多，虽然操纵市场的侵害对象系首次交易的实际对手，但如果实际交易对手在操纵行为的揭露日前又将该证券再次转手交易，此时，操纵市场侵害的具

---

〔19〕 参见上海金融法院：上海朱雀珠玉橙投资中心诉邵某等操纵证券交易市场责任纠纷一审民事判决书，案号：(2021)沪74民初146号，2022年8月5日。

〔20〕 See B. Wang & S. Zheng, *Public Information Manipulation in the Financial Market*, Finance Research Letters, Vol. 51, 2023.

体法益将从实际交易对手蔓延至后手购买者，直至操纵市场行为被揭露。[21] 故应当赋予后手购买者即拟制交易对手与实际交易对手同等的诉权和因果关系认定标准。另外，由于操纵行为一般在二级市场进行，而二级市场的股价波动必然会影响其在一级市场的发行定价，进而影响一级市场投资者的投资决策。[22] 故对于该部分受到操纵市场行为影响的一级市场投资者也应将其划分为拟制交易对手，适用交易因果关系推定规则。

2. 对机构投资者与非适格投资者的探讨

机构投资者能否适用交易因果关系的推定规则，司法实践中存在不同的观点。有学者认为机构投资者根据其估值模型对投资决策作出独立判断，不会对操纵行为制造的价格信号产生信赖，故不应适用因果关系推定规则。[23] 其实不然，在半强式有效市场中，估值模型和基本面分析的投资决策方法均已失效，投资者根据公开信息做出的投资决策无法带来超额收益。除非投资者通过非公开信息或内幕信息进行决策，否则即使是理性的机构投资者也无法免受人为制造证券交易行情的干扰。因此，机构投资者同样可以适用信赖推定原则，但考虑到机构投资者相较于普通投资者所具备的决策优势，应当判断机构投资者是否尽到了更高的注意义务，适当提高信赖推定原则的适用门槛。比如，若机构投资者主张信赖推定，则需要提交投资可行性分析报告或投资决策报告，以证明其投资行为是理性且善意的。[24] 否则，不能认定机构投资者尽到了审慎、善意地对待操纵市场的注意义务，[25] 因机构投资者未尽到审慎注意义务而造成的损失，与操纵行为不存在因果关系。

---

〔21〕 See V. M. Dougherty, *A [Dis]semblance of Privity: Criticizing the Contemporaneous Trader Requirement in Insider Trading*, Delaware Journal of Corporate Law, Vol. 24, 1999.

〔22〕 参见彭冰：《交易型操纵民事责任的因果关系界定——朱雀投资诉阿波罗公司、邵某案分析》，载《中国法律评论》2023年第4期。

〔23〕 参见刘东辉：《操纵市场民事索赔中因果关系推定的法理与适用》，载《财经法学》2023年第5期。

〔24〕 参见贾纬：《证券市场侵权民事责任之完善》，载《法律适用》2014年第7期。

〔25〕 浙江省高级人民法院：海雨浩投资咨询有限公司、浙江祥源文化股份有限公司证券虚假陈述责任纠纷二审民事判决书，案号：(2019)浙民终1414号，2019年12月20日。

对于非适格投资者来说,一般需要排除适用因果关系推定规则。我国《公司债券发行与交易管理办法》第16条规定未达到相关资信标准的公开发行公司债券,仅限于专业投资者参与认购,此时,专业投资者以外的其他投资主体均属于非适格投资者。由于非适格投资者违法在先,可视为其自愿放弃了适当性保护。即非适格投资者不能因其过错行为产生的损失来寻求信赖推定原则的保护。

(二)基于操纵期间的交易因果关系认定

1. 操纵期间的确定:行为结束与影响消除

操纵期间的确定直接关系到操纵市场因果关系的认定。根据"法律因果性",通过操纵行为与投资决策之间的关联性和紧密性来确定操纵行为对投资决策产生直接或间接影响的时间段,有助于操纵市场交易因果关系的认定。首先,操纵市场实施日是行为人制造证券行情,影响证券交易价格或交易量之日。操纵市场结束日是行为人停止实施操纵之日。行为实施日至结束日属于操纵期间,在操纵期间因买卖证券而受损的投资者,具有请求民事赔偿的权利。其次,由于操纵市场与虚假陈述的固有差别,操纵市场结束日并没有使证券交易价格立即回归"真实",故《虚假陈述民事赔偿规定》中虚假陈述揭露日和更正日等时间标准不能完全适用于操纵市场。对于操纵市场结束日至基准日之间从事相关证券交易活动的投资者,需要根据公开交易市场对信息的反映来判断操纵行为的影响消除日,确定投资者的决策是否具有主观过错。影响消除日的时点主要有二:一是投资者主观知悉操纵行为;二是价格形成机制的市场化。也有学者提出可基于操纵行为的不同方式认定操纵期间,如交易型操纵需要关注交易量异常的最初和最末交易日,信息型操纵则需要关注信息传播的始末时点。[26]

2. 操纵期间在因果关系推定中的应用

根据因果关系推定规则,如果原告能够证明被告操纵市场且原告在操纵期间进行了相关证券交易,则可以推定操纵市场与投资者决策之间成立交易因果关系。当然,推定并非不可被推翻。如果被告能够

〔26〕 参见陈晨:《操纵证券市场"违法所得"认定的金融机理和法律解释》,载《证券市场导报》2023年第7期。

证明：原告的交易行为未发生在操纵期间；原告在交易时已经知悉或应当知悉存在操纵市场；原告的交易行为受到操纵市场结束日后发生的上市公司收购、重大资产重组等其他重大事件的影响，阻断了操纵行为与投资决策之间的因果关系；原告的交易行为构成内幕交易等证券违法行为或不具有交易因果关系的其他情形，推定可以被推翻。

（三）基于损害结果的损失因果关系认定

1. 同时反向交易者遭受实际损失

基于证券市场的零和博弈特征，以诱多型操纵市场为例，行为人通过操纵证券交易价格或证券交易量，引诱投资者以不真实的高价进行多头交易，当拉抬价格的操纵行为结束后，投资者将被迫以更低价位卖出所持证券从而遭受损失。操纵市场的本质即在于行为人拉抬证券交易价格的行为与投资者卖出证券的行为呈反向变化，在诱空型操纵市场中亦是如此。在信息型操纵中，行为人通过散布虚假信息或利用内部信息优势操控证券交易价格，诱使投资者进行反向交易。[27] 跨市场操纵中，无论是通过操纵现货影响期货市场价格还是通过操纵期货影响现货市场价格，其价格关联的本质依旧是引诱投资者从事与行为人完全相反的证券交易活动，并以投资者的损失作为其获利的基础。

2. 操纵市场民事赔偿的损失计算

《虚假陈述民事赔偿规定》第 27 条和第 28 条规定我国对虚假陈述民事赔偿的损失计算采用“事后观点”，即以投资者在虚假陈述实施日后、揭露日或更正日前买进或卖出证券的平均价格，与揭露日或更正日后、基准日前卖出或买回证券的平均价格之差额，为投资者的损失。然而，由于“事后观点”的损失计算方法易受到虚假陈述揭露后市场连锁反应的影响，[28] 故有学者提出采用“事前观点”即净损差额法（out－of－pocket）计算损失。[29] 净损差额是指原告从事证券交易活动时的市价

[27] 参见徐瑶：《信息型市场操纵的内涵与外延——基于行政和刑事案件的实证研究》，载《证券法苑》2017 年第 3 期。

[28] 参见彭冰：《证券虚假陈述民事赔偿中的因果关系——司法解释的新发展评析》，载《法律适用》2022 年第 5 期。

[29] 参见樊健：《论证券虚假陈述投资者损失计算的“事前观点”》，载《清华法学》2017 年第 3 期。

与同时期证券真实价格之间的差额。“事前观点”的损失计算方法旨在将被告的民事赔偿限缩于对原告的损失填补,而不涉及期待利益。[30] 实践中有时也将其与信赖利益损失等同解释,即通过对投资者信赖利益的计算,确定投资者因操纵市场而产生的直接或间接的费用与损失,旨在恢复受损投资者至其交易前的应有状态。操纵市场采用“事前观点”进行损失计算的优势在于能够避免操纵市场行为结束日并非证券交易价格回归日的潜在可能,从而化解“事后观点”适用的局限性,更好地保护投资者合法权益。此外,为了克服“事前观点”对损失计算一成不变的缺陷,还可根据操纵市场结束日至基准日之间价格影响消除的时点修正净损差额,以保证损失计算的合理性。

四、结语

操纵市场民事赔偿责任的制度设计已经超越民事侵权本身的价值衡量。由于操纵市场与虚假陈述的内在差异,故操纵市场因果关系的认定也不能够照搬《虚假陈述民事赔偿规定》的标准。操纵市场虽具有欺诈性,但操纵行为的直接指向并非特定投资者,而是整个证券市场。因此,根据侵害的法益设定交易因果关系与损失因果关系的双重标准,在横向上,针对不同交易对手,区分因果关系推定规则对机构投资者的适用条件和对非适格投资者应当排除适用,并以拟制交易对手实现对实际交易对手因果关系认定局限的补充;在纵向上,合理界定操纵期间,强化其在交易因果关系推定与推翻中的应用。交易因果关系成立后,根据投资者因操纵市场所遭受的实际损害结果认定损失因果关系,并采用“事前观点”进行损失计算,以确保受损投资者能够恢复至操纵行为未发生时的资金状况。总之,操纵市场因果关系的认定应当与证券市场的有效性内涵保持一致。

(编辑:张倩红　宋　澜)

---

〔30〕 参见李有星、杨楠:《论我国内幕交易损害赔偿计算方法的建构》,载《时代法学》2012 年第 6 期。

《证券法苑》(2024)
第四十卷,第165~185页

市场操纵行为中损失算定的检视与再造*

刘卫锋** 马佳慧***

摘要:损失算定是影响市场操纵行为人民事责任的重要因素,但《证券法》规定的原则性和市场操纵行为的复杂性,导致市场操纵行为损失的算定在司法实践中存在诸多问题。本文基于市场操纵行为中损失算定的实践,检讨市场操纵行为损失算定存在的问题,进而提出"事件分析法"的损失算法,完整分析市场操纵行为的赔偿范围、致损行为、事件影响证券价格的窗口期以及市场操纵行为影响消弭时点,进而构造市场操纵行为赔偿额算定结构。

关键词:市场操纵行为 损失算定 净损差额法 事件分析法

* 本文系中国金融管理公司课题"债券市场风险化解与工具创新(2022HZ007)"、中国银行间协会之课题"城投债务风险评估与应对(KFKT2023-034)"、西北政法大学校级科研机构科研项目资助(XJJG202311)、最高人民法院重大课题之"民法典的体系化适用研究(ZGFYZDKT202312-01)"的阶段性成果。

** 西北政法大学民商法学院副教授,法学博士。

*** 西北政法大学法治学院硕士研究生。

一、问题的提出

随着我国资本市场的发展，市场操纵的证券欺诈行为层出不穷，由此产生的案件纠纷数量也逐渐攀升。市场操纵行为人背离市场自由竞争机制，营造证券市场虚假的交易数量、交易价格以及交易信息，人为干预证券市场的真实供需关系，以此引诱普通投资者在不了解真实情况时参与证券交易，为自己谋取不正当利益或转嫁风险。[1]《证券法》第 55 条第 2 款规定"操纵证券市场行为给投资者造成损失的，应当依法承担赔偿责任"。由此可以看出，《证券法》仅对操纵市场的赔偿责任进行原则性规定，对于市场操纵行为人承担赔偿责任的范围、损失的计算方法等并未明确规定。最高人民法院《关于审理证券市场虚假陈述侵权民事赔偿案件的若干规定》（以下简称新《虚假陈述民事赔偿规定》）虽然对证券虚假陈述纠纷案中投资者损失赔偿的计算作出了相关规定，但对如何量化系统风险等非虚假陈述因素导致的损失并未作出明确的规定。这种情形下，法院是否可以参照新《虚假陈述民事赔偿规定》来认定操纵证券市场的民事赔偿责任和损失的计算数额尚存在争议，至今未形成统一的裁判观点。基于上述问题，本文对证券市场操纵行为中损失算定的分歧进行检讨，在此基础上对损失算定的结构进行分析，并结合实践中的合理经验，进而提出证券市场操纵行为损失算定的规范路径。

二、市场操纵行为中损失算定的实践

《证券法》第 55 条规定，操纵证券市场行为给投资者造成损失的，行为人应当依法承担赔偿责任。但截至目前，统计各地法院针对操纵

---

〔1〕 参见阎维博：《操纵市场民事责任因果关系认定：类型化分析与利益衡量》，载《投资者》2019 年第 1 期。

市场行为的民事赔偿案件，投资者仍只有少数提起诉讼，并且支持投资者获得赔偿的案件更是少数。通过检索裁判文书网以及“威科先行”等，共检索到切实可查的10份操纵证券市场民事赔偿案件的裁判文书，其中一起移交至山东省济南市中级人民法院后由原告撤诉而终结。将原被告、案件事实一致的案件进行汇总，情况如表1所示。

表1 司法实践中市场操纵行为损失额算定情况

案件	诉讼结果/裁判理由	赔偿范围	算定方法
史某华①、董某勤②与凤形耐磨案	驳回诉请 尚不足以认定凤形公司实施了操纵证券交易市场的侵权行为	—	—
广东中科③、东莞中科④、朱雀投资中心⑤与邵某案	支持原告部分损害赔偿请求	支持投资差额损失，利息损失不予支持	操纵行为可归类于交易型操纵，投资者损失 =（定增价格 -“真实定增价格”）× 持有股数，采用净损差额法计算损失。通过比较股票实际价格与同时期证券投资行业对案涉公司股权投资的一般公允价格之间的差值计算投资差额损失
鲜某案⑥	支持原告部分损害赔偿请求	投资差额损失、印花税、佣金予以支持	鲜某采用了连续买卖、洗售或对倒交易、虚假申报和利用信息优势操纵四种操纵手法，其中前三种手法属于交易型操纵，后一种手法属于信息型操纵。采用“净损差额法”与“价格同步对比法”，投资人额外负担了交易价格与拟制价格之间的差额，这部分就是侵权人应赔偿的损失。按照目的吸收手段的原理，信息型操纵吸收虚假陈述行为，对投资者已在证券虚

续表

案件	诉讼结果/裁判理由	赔偿范围	算定方法
			假陈述责任纠纷案件中获偿的部分,在损害额计算中予以相应扣除
恒康医疗案⑦	支持原告部分损害赔偿请求	投资差额损失及佣金、资金利息	该案的操纵行为与证券虚假陈述行为类似,为信息型操纵,并参照《虚假陈述民事赔偿规定》予以认定,投资差额损失按先进先出原则处理,以买入证券平均价格与实际卖出证券平均价格之差,乘以所持证券数量计算
山东隆基案⑧	原告撤诉		
浙江天成自控股份有限公司案⑨	驳回诉请 天成公司不存在操纵证券交易市场的行为		
九州证券股份有限公司案⑩	驳回诉请 九州公司不存在操纵证券交易市场的行为		

注:① 参见安徽省高级人民法院:史某华诉安徽省凤形耐磨材料股份有限公司操纵证券交易市场责任纠纷二审民事判决书,案号:(2019)皖民终111号,2019年4月12日。

② 参见安徽省高级人民法院:董某勤诉安徽省凤形耐磨材料股份有限公司操纵证券交易市场责任纠纷二审民事判决书,案号:(2019)皖民终121号,2019年4月12日。

③ 参见上海金融法院:广东中科白云新兴产业创业投资基金有限公司诉邵某等操纵证券交易市场责任纠纷一审民事判决书,案号:(2021)沪74民初1559号,2022年11月30日。

④ 参见上海金融法院:东莞中科中广创业投资有限公司诉邵某等操纵证券交易市场责任纠纷一审民事判决书,案号:(2021)沪74民初1558号,2022年11月30日。

⑤ 参见上海金融法院:上海朱雀珠玉橙投资中心(有限合伙)诉邵某等操纵证券交易市场责任纠纷一审民事判决书,案号:(2021)沪74民初146号,2022年8月5日。

⑥ 参见上海金融法院:投资者诉鲜言操纵证券交易市场责任纠纷一审民事判决书,案号:(2021)沪74民初2599号,2023年3月31日。

⑦ 参见四川省高级人民法院：阙文彬诉杨某辉证券纠纷二审民事判决书，案号：(2020)川民终1532号，2021年1月15日。

⑧ 参见山东省龙口市基层人民法院：全某政诉山东隆基机械股份有限公司操纵证券交易市场责任纠纷一审民事裁定书，案号：(2021)鲁0681民初1356号，2021年3月3日。

⑨ 参见浙江省天台县人民法院：冉某宇诉浙江天成自控股份有限公司操纵证券交易市场责任纠纷一审民事判决书，案号：(2021)浙1023民初2346号，2021年7月28日。

⑩ 参见北京市朝阳区人民法院：朱某斌诉九州证券股份有限公司操纵证券交易市场责任纠纷一审民事判决书，案号：(2022)京0105民初19396号，2022年5月19日。

根据《证券法》的规定，因市场操纵行为而受损的投资者可以通过提起民事诉讼寻求救济，但长期以来，操纵证券交易市场民事赔偿案件数量始终处于较低水平，人民法院支持投资者对操纵市场行为主张民事赔偿的则更为少见。经检索发现2020年的恒康医疗案为获赔的第一案，于2021年陆续出现的邵某案、鲜某案，其赔偿诉请得以被法院支持。但投资公众缺乏权利意识、缺乏自我保护意识，同时对于市场操纵行为人承担赔偿责任的范围、损失的计算方法没有统一的司法裁判标准，使操纵证券交易市场民事责任的落实举步维艰。因此，在司法实践中，法院为了解决上述问题在现行法的框架下试图构建起统一的司法裁判标准。

在获赔的3起案例中，法院裁判的路径均为被告是否存在操纵证券市场的侵权行为。如果存在操纵证券市场行为且导致了原告投资者的损失，那么被告主观上存在过错，客观上具有违法性，则应当依法承担民事侵权赔偿责任。但对于投资者损失赔偿范围以及损失算定方法存在分歧。首先，对于赔偿范围3起案例存在差异，一方面是原告诉请不同，另一方面是法院对投资者的损失赔偿范围有两种思路，以鲜某案为代表，法院根据侵权责任法确定赔偿范围，侵权损害赔偿的目的在于填平实际损失，使权利恢复到侵权行为发生前的状态，因而法院对于投资差额损失、印花税、佣金予以支持。而恒康医疗案以最高人民法院《关于审理证券市场因虚假陈述引发的民事赔偿案件的规定》（以下简称旧《虚假陈述民事赔偿规定》）第30条为依据，损失包括投资差额损失以及佣金、资金利息。其次，对于损失算定方法，3起案例均以侵权责任为逻辑起点，但在具体方法选取上存在差异。邵某案、鲜某案均采用净损差额法计算投资差额损失，但邵某案采用同时期证券投资行业对案涉公司股权投资的一般公允价格作为真实价格,而鲜某案采用同时期股票的真实价格作为案涉股票的真实价格。恒康医药一案中法院认定该案件涉及的操纵行为与证券虚假陈述相似,且原告是在操纵行为结束的次日卖出了股票,从而认为原告的损失与被告的操纵行为之间的因果关系可以类推适用旧《虚假陈述民事赔偿规定》。对于是否能根据旧《虚假陈述民事赔偿规定》的相关规定来审理操纵证券市场民事赔偿案件,法院的态度由过去的"不能"转变为"可以",但这只是一种有条件的类推适用,需要根据个案的具体情况来作出判断。法院之所以出现这样的变化,一是因为在投资者保护的大环境下,加强了对操纵证券市场的司法打击力度,二是法院也逐渐认识到不能因为没有明确的法律规定以及司法解释,而驳回投资者的索赔诉请。综上,我国证券法律制度虽然规定了市场操纵行为的民事责任,但实践中针对损害额的算定还存在分歧。

三、市场操纵行为中损失算定方式之检讨

关于市场操纵行为中的损失算定方式,有以下两种不同的主张。

(一)操纵型购买价格与法庭辩论终结日市场价格或者出售价格之间的差额

若没有出售所购买的证券,则从投资者基于操纵市场形成的操纵价格而实际支付的购买价格中扣除法庭辩论终结时市场价格的差额作为损害赔偿额。换言之,如果已将证券进行出售,相当于将扣除出售证券时价格的差额作为损害赔偿额。

据此,以操纵市场行为形成的价格买入证券的投资者所遭受的损失额,则基于操纵市场形成的操纵型价格与法庭辩论终结之日价格的差额计算;如果已经出售了其证券,则根据操纵市场形成的操纵型价格与出售操纵型证券价格的差额计算。在这种损失计算方法中,带来了与金钱性恢复原状相同的效果,以金钱赔偿来计算投资者基于操纵市场行为形成的价格购买证券而造成的损失,进而使其支付的金钱恢复原状。然而,在这种损失算定方式中,根据操纵型价格投资者是否继续持有该证

券,以及出售证券价格这一偶然情况,损失的范围会有所不同,因此损失的计算也存在问题。

(二)真实市场价格与操纵型购买价格的差额

该主张认为,在没有操纵市场行为的情况下,根据形成的真实市场价格和操纵市场形成的操纵价格,以及实际支付的购买价格之间的差额作为损害赔偿额度,即差价计算法。该主张是根据民法上侵权行为损害赔偿计算的原则,在选定灭失财产的价额时,原则上采纳了以侵权行为时为基准,以当时的交换价格为基础计算损失额的方式。

一般来讲,根据民法的基本原则,损害意味着将没有侵权行为存在的财产状态和因侵权行为而造成的财产状态进行比较后计算的差额。上述主张也是基于这一原则确立,被认为是最能反映受害本质的方法。然而,在该种损失算定下,若没有操纵市场的行为,形成的真实价格如何计算则成了问题。股价真实价格的计算,已有了一些理论与司法实践的探讨,如前端真实价格(操纵行为实施日前十日的平均价格)、后端真实价格(操纵行为结束日后十日的平均价格)、设定系数推定真实价格(考虑非操纵因素对真实价格的影响)等。目前将其从具体个案中剥离出来还存在明显的困境:其一,不同金融模型算法之间优劣难辨。从金融学的观点来测算股票应然的市值,目前已有多种研究方法,但因模型设计及参数选择的不同,所得结论也存在较大差异。其二,财务模型的计算方法很难为法律界人士和当事人所理解、审查和接受。由于财务建模过程中包含了大量的计量经济学以及统计工作,每个案例都需要单独计算。特别是,当不同的专家证人,通过不同的计算方式,在得出的结果也大相径庭的情况下,作为一名非专业的人士,该如何选择、审查和做出法律判决,这是一个十分棘手的问题。〔2〕

综上,第一种损失额的计算方式较为简便,且通过金钱上的恢复就可以反映受害者的实际损失额。然而,计算损失时,若以法庭辩论终结时或者出售时价格为标准,根据不同的情况,可能完全没有损失或者损失可能增加等。例如:A 股股价因操纵市场而形成每股 300 元的状态,

〔2〕 参见陈晨:《操纵证券市场"违法所得"认定的金融机理和法律解释》,载《证券市场导报》2023 年第 7 期。

买入后,由于经济形势良好和特定利好因素的影响,同行业股票涨幅均上涨了100%,但是,若发现该价格系操纵市场行为而形成的价格,A股的股价在每股300元的情况下无法再上涨。此时将买入的股票以每股300元进行抛售,那么按照第一种计算方式,就没有发生损失。若没有市场操纵行为,A股的真实价格为每股150元,由于利好因素,A股可能会上涨100%,可以以每股500元的价格抛售,这种情形下,完全无法反映对预期利润的损害。相反,B股的买入价格为每股300元,但发现是因操纵市场行为形成的价格,因此在抛售时,股票的价格下降到每股200元,但由于其他市场情况进一步下跌,如果以每股100元进行抛售,那么与操纵市场无关的100元将包括在操纵市场造成的损失中,具有不合理性。

四、市场操纵行为责任中损失赔偿额算定的结构分析

(一)市场操纵行为赔偿范围

确定操纵行为造成的损失范围并进行计算,大致可以有两种方向。(1)如果强调没有当时的操纵行为等,投资者则不会以高额的价格购买股票,而是以"正常价格购买",其损失额将体现为操纵市场行为造成的差额。(2)如果强调没有当时的操纵行为等,投资者"没有取得股份",其损失额中不仅包括操纵行为造成的差额,其他原因导致的股价下跌也有可能被纳入损失计算中,包括特别情况造成的损失等。也就是说,从概念上看,在前者的情况下,如果说取得者已经决定购买股票,操纵行为只影响了购买价格,那么对于之后操纵行为以外的情况引起的股价变动,不必由操纵行为者承担责任。在决定是否买入证券时,证券市价、股票发行公司的财务健全性也是考量因素之一,(2)的做法也有道理,但考虑到以下几点,其损失范围原则上应根据(1)的方式纯粹限定在"操纵行为产生的差额"中。也就是说,第一,在实际证券市场的实务中,即使某公司的操纵行为、财务欺诈等事实被曝光,该公司的股票在那之后是低价,但经常会继续活跃交易。第二,(2)的方式是证券市场上进行大规模交易时的损害赔偿方式,特别是在有多个债务人的情况下,很难一

概而论地计算其可预见性,存在不恰当的一面。仅仅因为有操纵市场等归责事由,公司是否应该对以后无法控制的情况(如市场状况的恶化)承担损害赔偿责任也是个疑问。第三,由于财务欺诈等欺诈行为的程度太严重,当该股票的正常价格实际上接近于零时,如果投资者知道这一事实,就很有可能不会买入该股票。但在这种情况下,通常其买入价格本身就是损失额,因此(1)和(2)之间并没有太大差异。

根据主流观点,市场操纵行为人承担侵权赔偿责任,侵权损害赔偿一向奉行全面赔偿原则,损害赔偿的范围应以实际发生的损害为计算标准,不考虑行为人的主观过错程度,不应当使受害人获得额外利益。[3]全面赔偿包括直接损失和间接损失。市场操纵行为人要对现有财产的直接减少进行赔偿,这一点毫无疑问。对在正常情况下实际可以得到的利益即可得利益的减少是否应纳入赔偿范围,学界争议颇多。如果投资者可以从尚未实现的可得利益中获得赔偿,这就相当于把市场风险转嫁到市场操纵行为人身上,而对投资者的救济则成为对其参加高风险投资的保障。将可得利益纳入市场操纵行为民事赔偿范围之中,无疑会违反公平原则。此外,影响证券市场的因素有很多,很难对投资者的可得利益进行明确的界定,因此,并不适合将可得利益纳入市场操纵行为损害赔偿范围之内。

在损害赔偿中,存在惩罚性赔偿和补偿性赔偿。惩罚性赔偿是损害赔偿的一种,与补偿性损害赔偿相对。惩罚性赔偿的主要目的是对加害人进行惩罚,而非对受害人造成的损失进行弥补。补偿性赔偿是以填补受害人的损失为目的,实现对其损害的救济。惩罚性赔偿意味着在填补损害之外,加害人要另行支付金钱,形成损一赔多的局面,它不局限于受害人所受的损害,带有惩罚和威慑作用。[4] 若在市场操纵行为中引入惩罚性赔偿,则需要考虑设定惩罚基准、惩罚倍数、举证责任分配、是否存在操纵行为人责任过重以及影响资本市场积极性等一系列问题。在补偿性赔偿的算定还未形成成熟的机制的前提下,再设置惩罚性赔偿易给司法实践造成过重的负担,因此,确定市场操纵行为的赔偿范围应坚

---

〔3〕 参见杨立新:《侵权损害赔偿》(第6版),法律出版社2016年版,第475页。

〔4〕 参见张新宝:《侵权责任法立法研究》,中国人民大学出版社2009年版,第122页。

持传统民法以损害填补为原则的民事责任机制。

综上,市场操纵行为赔偿范围应限于投资被操纵的目标证券期间证券价格变化所遭受的损失、交易佣金、已购买或出售的证券的印花税。投资者是在证券市场受到他人操纵的情形下,支付了比证券市场未被操纵时更多的金钱买进证券即买入受损,或少获得了如果证券市场未被操纵时卖出证券应获得的价款即卖出受损。对于佣金、印花税范围应限于投资差额范围内的该部分费用,而不能无限制的扩张。因市场操纵行为而受到损害的投资者,受到影响的也只是依附于投资差额部分的佣金、印花税。

(二)事件分析法的调适

如上所述,若按照第二种计算方式,以受害者买入股票的时间为基准计算损失相较在法庭辩论结束日或处理日更合理。另外,可以证明市场操纵者获取的不正当利益相当于形成的较高操纵股价与适当股价的差额,这成为决定市场操纵者利益范围和受害人损失范围的重要标准。

实践中,法院一般采纳第二种计算方式,但是,当受害者实际抛售的价格超过真实股价,法院往往将操纵性股价和抛售股价的差额计算为损失额。例如,若A股的正常股价为每股150元,在操纵市场行为导致的操纵股价为每股300元的情况下以每股250元抛售,根据第二种计算方法,损失额为每股150元,但根据法院的主张,损失额为每股50元。换言之,将真实股价和抛售股价之间的差额每股100元视为操纵行为者的利益,而不是受害者的损失。随着操纵市场行为发现,A股股价进一步下跌,抛售价格为每股50元,与买入时操纵股价每股300元相差每股250元,正常股价每股150元和操纵股价每股300元的差额为150元,根据第二种计算方法,作为买方的受害者将因每股100元的部分未被认定为损失而可能被视为是不正当。为了解决这一问题,将前者的损失额每股250元和后者的损失额每股150元之间的每股100元视为特殊情况造成的损失,根据我国《民法典》第1165条第1款的规定:“行为人因过错侵害他人民事权益造成损害的,应当承担侵权责任。”从适用规定来看,市场操纵行为人因过错侵害他人的情况下,可以解释为包括每股100元的损失,以完善第二种计算方法存在的不足。

然而,证券市场的价格千变万化,受到各种因素的影响。若没有操纵市场的行为,就很难计算形成的真实价格,因此第二种计算方法也存在一定问题。对此,有必要采纳事件分析法。

事件分析法,是一种用于研究特定事件或政策冲击对个体行为影响的实证研究方法。事件分析法在早期主要应用于公司金融领域,例如分析股票拆分、信息披露、企业并购等事件对公司股票价格或超额收益率(abnormal return)的影响。[5] 正常股价的计算方法是通过专家的鉴定,比较受到操纵市场行为影响期间(事件期间)的股价动向和没有该事件时的股价动向,当该差异在统计上有意义时,则认为股价受操纵市场行为的影响而变动,根据事件期间之前或之后一段时间的综合股价指数、行业指数及同类企业股价等公开指标中最恰当的一个导出的稀有方程,计算出事件期间的正常收益率,然后以此为基础,通过金融经济学等合理的方法来推断事件期间的正常股价。

事件分析法是通过比较某个事件发生期间股价的变化和没有该事件时的股价动态,根据其差异从统计学上计算正常股价的方法,即评估某个事件对股价影响的统计技术。据此,为了计算正常股价,需要考虑股票发行公司的销售额、营业利润、负债率、长短期展望的个别情况、市场或行业的状态以及国内外社会经济的整体趋势等诸多因素。事件分析法不同于上述两种方法,着眼于操纵市价与某一拟定价格(或委托机构算定的拟制价格或规定某一日市价为计算价格)之间的差额,其关注操纵行为给股价带来的影响,进而推算出股票的正常价格。

(三)事件影响证券价格的窗口期细化

计算市场操纵行为的损失额,需要确定该操纵行为对于股价的影响期间即窗口期。在市场中,市场操纵行为会快速反映到股价中,在几十分钟甚至几小时内,股价便会根据操纵行为而发生变化。因此,窗口期起始时间应该设为操纵行为前一个交易日,如果超过这个范围,会出现其他因素影响公司股价。

在"操纵行为"造成的影响中,是否应包括因这些操纵行为被发现

---

[5] 参见张子尧、黄炜:《事件研究法的实现、问题和拓展》,载《数量经济技术经济研究》2023 年第 9 期。

而产生的(低于正常股价的)进一步下跌部分。换句话说,窗口期的终点日是设定为操纵行为影响消弭日后一天还是操纵行为被揭示日后一天。在公司通过财务欺诈等披露错误信息被发现的情况下,认定财务欺诈参与人的责任尤其是需要考虑的问题。例如,假设 A 以每股 600 元的价格购买了正常价格为每股 300 元的股票,在发现虚假披露后以每股 120 元的价格抛售了该股票。根据上述结论,如果额外减少的 180 元(正常价格 300 元 - 卖出价格 120 元)是由于市场环境等外在因素造成的损失,则投资者不能针对这部分要求损害赔偿(以每股 600 元买入股票后以每股 120 元卖出的人很难赔偿每股 480 元的差额)。如果没有市场环境等其他因素,涨跌是由披露本身造成的呢?如果最初错误披露的事实被揭露,股价很可能比反映股票内在价值的正常股价跌得更多。有以下两个原因:(1)今后针对该企业提起的损害赔偿诉讼等诉讼费用(诉讼相关成本)会对股价产生不良影响。(2)存在所谓的“崩盘效应”,即企业价值分析能力差的普通投资者在价格下跌时开始抛售,且随着计划的抛售,股价跌幅扩大。这些过度损失在什么时候会被扭转,取决于投资者群体构成、交易频率等。

另外,与股价受虚假信息披露意外的外部因素影响的情况不同,因发现虚假信息披露而导致股价下跌是否可以看作自虚假信息披露之时起就存在的可以预见的损失问题。换言之,瑕疵信息披露当事人一般可以预见到在发现瑕疵信息披露后股价会跌至正常价格以下,且正常价格不易恢复。在此前提下,会产生瑕疵信息披露当事人是否应对额外跌幅承担赔偿责任的问题。

一般来讲,这样低于正常股价的额外跌幅应该被排除在该操纵行为对于股价的影响期间之外。特别是,(1)即使公司没有进行信息披露并如实公布,也会出现暴跌效应,从这个角度看,暴跌的结果往往是要披露的“坏消息”的消散,而不是信息披露本身,因此很难追究信息披露相关人员的责任;(2)外因导致的暴跌和暴跌效应导致的追加暴跌有时很难区分,如果将前者排除在损害赔偿范围之外,如本文的立场,则排除后者可能有利于涉及多个受害人的证券诉讼的客观解决;(3)如果允许额外跌幅的损害赔偿,将对已经卖出股票的受害人提供更大的保护,但对仍持有股票的受害人可能造成不利。这可能会造成公司资产的流失,因此扩大损害赔偿范围应慎重。同时，一旦将该期间扩大至此，可能引导投资者在这一情况下盲目抛售股票，会对该企业运营造成不利影响，因此要慎重考虑将窗口期扩大至操纵行为被揭示日的后一天。

因此，将股市走势进行简化，如图 1 所示，L 表示通过事件分析法来推断事件期间的正常股价；L1 表示拉抬价格型股票走势；L2 表示打压价格型股票走势；投资者的损失即在操纵行为开始至操纵行为影响消弭所形成 A 区以及 B 区卖出或买入股票产生的损失。[6] 操纵市场行为往往是一个连续的活动，投资者在连续买卖过程中，可能会受到损失，但也有可能获得利润。在非法行为责任中，如果加害行为与损害发生之间存在时间间隔，则应视为在损害成为现实时成立赔偿请求权。在这种情况下，损失是多次交易行为的叠加。需关注操纵行为开始至操纵行为影响消弭期间该只证券价格偏离正常价格指数变动的幅度，并以该期间为基础计算损害额。

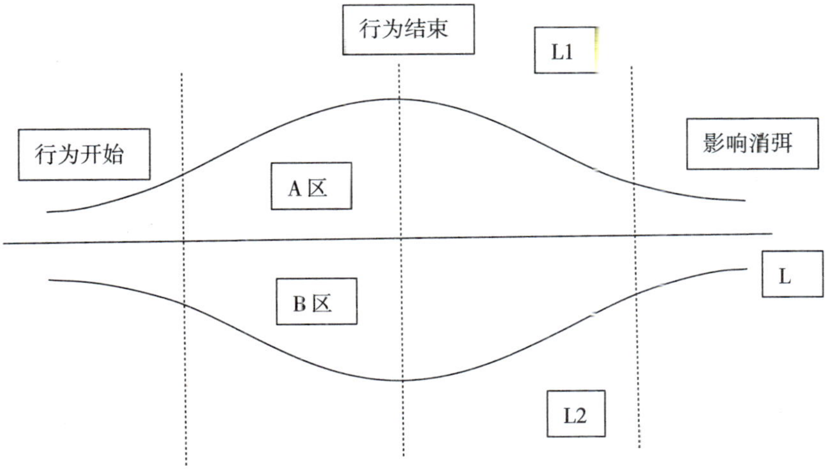

图 1　市场操纵行为致损范围

〔6〕 同前注〔1〕。

(四)致损行为的细化

操纵行为人利用交易或信息等手段扭曲市场价格,可分为拉抬价格型和打压价格型两类。因操纵市场而受损的投资者亦可分为两类,一类是减持型受损,误导投资者以低于股票真实价格卖出而遭受损失;另一类是增持型受损,误导投资者以高于股票真实价格买入而遭受损失。[7]以恒康医疗案的拉抬价格型操纵行为为例,投资者具体损失情况可细分以下情形:第一,投资者在操纵行为前购买股票并在操纵行为影响消弭之前卖出并遭受损失。若投资者于拉抬期间卖出遭受的损失,该损失由市场因素导致,不可归责于操纵者,如投资者于2013年5月8日买入,于同年6月10日卖出;若投资者在操纵行为影响消弭之后卖出,买入与卖出的股票价格均由市场因素决定,因此遭受损失也不可归责于操纵者。第二,在操纵行为开始后买入并持续持有遭受损失。因操纵市场行为而造成的损失,未必就是通过抛售来反映。例如在拉抬型操纵中,投资者以过高的价格买入了证券,这一损失在投资者买入之时就已形成,而无须通过结算"买卖差价"来计算损失,如在2013年7月3日买入并持有。[8] 第三,在操纵行为开始后买入,在操纵行为影响消弭前卖出并遭受损失。第四,在操纵行为开始后买入,在操纵行为影响消弭后卖出并遭受损失。如2013年7月3日买入,于2013年7月5日卖出。第五,在操纵行为影响消弭后买入并主张损失。因投资者根据真实的信息进行交易,故不可归责于操纵行为人。综上,恒康医疗案操纵期间如图2所示。

---

〔7〕 参见缪因知:《操纵证券市场民事责任的适用疑难与制度缓进》,载《当代法学》2020年第4期。

〔8〕 参见姜沅伯:《信息型操纵与虚假陈述异同》,载《中国金融》2020年第15期。

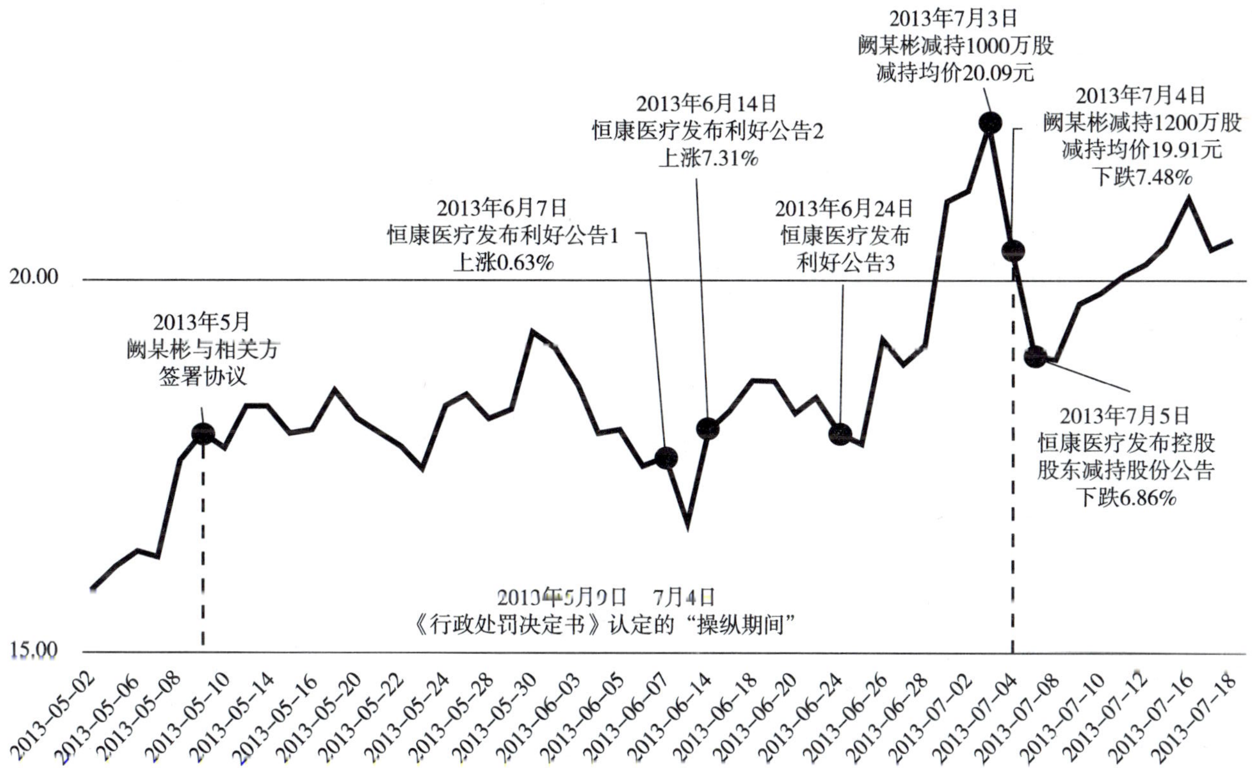

图 2　恒康医疗案操纵期间

(五)操纵行为影响消弭时点界分

在计算损害额时,还需要考虑几个时间点,如操纵行为实施日、操纵行为结束日、操纵行为影响消弭日以及操纵行为披露日等。[9] 证券虚假陈述行为的披露日和影响消除日一般相隔较近,而且根据新《虚假陈述民事赔偿规定》,后者实际上是依据前者来推定的。但操纵市场行为的披露日和影响消除日往往相去甚远,操纵市场行为往往在其影响消弭后数年才会被揭露,同时其股价也不会由于披露行为而产生显著变化。因此在市场操纵行为中揭露日的重要性相对较低,关键的时间节点是操纵市场行为结束之日以及操纵行为的影响消弭之日。[10] 就影响消弭时点,恒康医疗案中成都市中级人民法院在判决书中提出,"在操纵行为结束后,恒康医疗公司股价随着减持公告应声下跌,直至泡沫被挤净,价格趋于平稳,股票价格逐渐向其真实价值回归。市场操纵行为结束后,它的欺诈效应要多长时间才会被市场消化需要考虑的因素比较多"。鲜某案中上海金融法院认为,交易型操纵与信息型操纵制造人为价格的方式不同,其影响消除所需要的时间也不同。交易型操纵影响何时消除取决于操纵力量、操纵时长等多种因素,信息型操纵行为影响何时消除取决于其发布之信息的影响何时消除。从鲜某对标的公司进行信息披露的节奏和内容上,确定了信息型操纵的影响在2016年11月14日被消除,该日距操纵行为结束已经过去了一年多的时间。在这段时间里,标的公司股票累计换手率达到100%以上,应该可以将交易型操纵的影响涵盖于内,故这一时点可以被视为整个市场操纵行为的影响被消除之日。综上,这也意味着计算或推定操纵市场行为影响消弭时日的难度远大于证券虚假陈述。

操纵行为影响消弭从理论来说即被操纵股票价格波动率回归正常水平。如在拉抬型市场操纵的过程中,股票价格和交易量会显著增加,此时该行为将人为的错误信息反映到证券价格上,扭曲了证券价格,释放了虚假的市场信号,而在投资者看来,这是一种正面的信号,从而使投

〔9〕 参见刘宪权:《操纵证券、期货市场罪司法解释的法理解读》,载《法商研究》2020年第1期。

〔10〕 参见缪因知:《操纵证券市场民事责任的适用疑难与制度缓进》,载《当代法学》2020年第4期。

资者的情绪高涨并购买被操纵的股票,导致投资者受操纵行为误导而买入虚高价格的股票。当操纵行为结束后,对于换手率较低或者投资者关注度较低的股票,即使股价出现偏离正常水平较大的现象,投资者也无法在短期内把股票的价格迅速拉回到正常水平。这是因为,即便有一些投资者注意到了这只股票的潜在价值,却无法及时找到交易相对方卖出手中被高估的股票或者买入被低估的股票。此时被操纵股票价格波动率回归正常水平较换手率高或者投资者关注度较高的股票所需时间便会更长。[11]

市场操纵行为损失额的算定,需要认定操纵市场行为的影响消弭日,将投资人获赔额限定在市场操纵行为致损范围内。但认定该影响消弭日需考虑因素繁杂,每一具体个案中市场消化操纵行为所需时间长短不一。参照新《虚假陈述民事赔偿规定》该影响消弭日按情况可设置为(1)自操纵市场行为终了之日后至相当于被操纵的股票数量换手率达100%之日可认定为影响消弭日;(2)已经退出证券交易市场的,将摘牌日前一交易日认定为影响消弭日;(3)已经停止证券交易的,可以将停牌日前一交易日认定为影响消弭日;恢复交易的,以情况(1)确定影响消弭日。

五、结论

(一)事件分析法于规范之适用

1. 确定所需分析的事件

所需分析的事件通常是操纵行为人所实施的操纵行为,包括连续交易操纵、约定交易操纵、蛊惑交易操纵等交易型操纵以及信息型操纵。需要注意的是,实践中操纵行为人会采取多种操纵方式甚至包括交易型操纵以及信息型操纵在内的操纵手法。由于市场操纵行为的民事诉讼往往在该市场操纵行为受到刑事或行政处罚后再行提起,在

〔11〕 参见高嘉亮:《市场操纵、价格回归与市场有效性》,载《工信财经科技》2023 年第 1 期。

判决书或处罚书中会写明具体的市场操纵行为,由此分析市场操纵行为较为简单。

2. 确定窗口期

确定市场操纵行为的窗口期,便要确定市场操纵行为的实施日、市场操纵行为结束日以及市场操纵行为影响消弭日。市场操纵行为的实施日以及结束日可参照判决书或处罚书中列明的实施日、结束日,而对于影响消弭日,由于实践中操纵行为人会采取多种操纵行为,则应当分别计算每个操纵行为的影响消弭日,进而计算出整体操纵行为的影响消弭日。

3. 通过事件分析法计算股票的正常价格

事件分析法是通过比较某个事件发生期间股价的变化和没有该事件时的股价动态,根据其差异从统计学上计算正常股价。在此过程中,要将行业指数、公司前景、系统风险等因素考虑在内。需要指出的是,系统风险本就是损害计算的一个难题,而事件分析法恰好能解决该问题。法律本身并没有定义系统风险,但证券市场存在某种或几种因素会对所有股票价格产生影响,这种影响为个别企业、行业以及投资者所不能控制的,如国家宏观经济状况的变化、通货膨胀等。作为投资者不仅要面临外部客观因素所带来的风险,如系统风险、公司运营状况等;还要面对自身主观决定因素所造成的风险,如投机心理、从众心理等。这些风险,都有可能使投资者产生损失。正是由于上述风险的存在,就市场操纵行为中投资者的损失而言,若该损失由市场操纵行为造成,操纵行为人理所当然应对此承担赔偿责任。但是,该损失若是由系统风险等非操纵行为导致,则应由投资者自行承担。

4. 计算损失

以实际成交价格减去正常价格之后得到的价款即为投资者每股所受的损失,若存在连续交易,则逐笔计算损失和收益。以行为人实施了拉抬价格型市场操纵行为为例,投资者在窗口期实施下列交易行为,逐笔来计算损害,如表 2 所示。

表2　拉抬价格型市场操纵行为的损失计算

期间	买卖方向	成交数量/股	成交价格/元	正常价格/元	该笔盈亏/元	盈亏合计/元
拉抬型操纵期间	买入	30000	9	8.53	14100	8400
	卖出	-10000	10.20	8.40	-18000	
	卖出	-10000	8	8.33	—	
操纵结束至操纵影响消弭	买入	20000	8.90	8.20	14000	
	卖出	-10000	8.30	8.23	-700	
	卖出	-10000	8.10	8	-1000	

如表2所示，该投资者应得到赔偿8400元。

（二）单一型信息操纵市场损失计算

单一的信息型市场操纵行为模式为：第一，控制信息生成，如组织、策划公司重大资产重组、业务转型、分配股利等信息；第二，控制信息内容，背离信息披露应当真实、准确、完整的要求，存在夸大利好影响、脱离实际经营情况炒作热点题材、隐瞒重大风险等情形；第三，控制信息披露时点，如存在利空信息，应披露而未披露；将本可以一次性披露的利空或利好信息分成若干次披露，从而向市场释放误导信号，实现操纵目的。其目的均在于通过信息披露影响证券价格走势，以配合非操纵的买卖操作。案例四中恒康医疗在2013年5月9日至7月4日间进行的一系列信息披露，明显符合上述特征。所有信息披露的目的都在于将恒康医疗这段时间的股价拉抬并维持在每股20元的位置，以便大股东减持套现。

单一型信息操纵与证券虚假陈述行为在一定程度具有相似性，因此案例四中法院在计算损害额时参照虚假陈述民事责任的相关规定。投资者的投资差额损失以买入证券平均价格与实际卖出证券平均价格之差，乘以投资者所持证券数量计算。投资者在操纵期间多次买卖恒康医疗股票，按先进先出原则处理后，投资者于2013年7月4日持有的51200股恒康医疗股票买入均价为19.84元。投资者于2013年7月5日将持有的51200股恒康医疗股票全部卖出，卖出均价19.73元。投资者的投资差额损失5632元[（19.84元-19.73元）×51200]。关于证券虚假陈述的民事赔偿责任，我国司法解释采用“事后观点”，即以投资者因虚假陈述而购买的证券的价格与其披露后的证券价格的差额来推断其损失。[12] 尽管该方法简单、易于操作,对投资者的利益保护起到了积极的作用,但是也存在一些不足之处:一是可能诱使公司董事、控股股东等在揭示证券虚假陈述的同时或接近于此时,披露一个真实或也是虚假的重大利好消息。结果是证券虚假陈述揭露,也不一定会导致股价下跌甚至可能导致不降反升。此时损失并不存在,投资者不能获得赔偿。[13] 二是计算损害额时系统风险并未考虑在内,需要原告或被告再次举证证明。因此,有学者针对虚假陈述民事赔偿提出用"事件分析法"计算损失,原因在于"事件分析法"能较好地避免信息披露出现的道德风险。单一型信息操纵市场是行为人通过控制信息生成、内容、披露时点的手段来扭曲市场价格,投资者遭受的损失是操纵发生前后的差价,投资者往往在买入或卖出的那个时点便产生损失。采用事件分析法计算损失较为简便,同时,将系统因素纳入损失额计算中。

(三)交易型操作市场损失计算

交易型操纵市场对于投资者投资决策的影响难以准确判断,存在较强的个案特殊性。相较直接控制公司发布公告进行股价操纵的行为有较大区别,因此实践中损失的算定难以参照新《虚假陈述民事赔偿规定》进行认定。理论上认为交易型操纵行为对于投资者损失的影响集中在操纵行为实施期间及股价回归正常的这段期间,投资者的差额损失为实际买入股票的价格和未受到操纵影响下股票真实价格之间的差额,对此,邵某案、鲜某案采取了净损差额法原理计算投资者损失。但是,在把操纵市场价格真正引入市场价格的过程中,则难以估算出未受到操纵行为影响的股票理论定价。投资者以每股 20 元购进 A 股票,行为人实施市场操纵行为,股价下跌至每股 15 元。若投资者在 20 日后以每股 12 元的价格抛售 A 股票,则实际亏损会从 20 元中扣除 12 元,即 8 元。如果 20 个交易日后的股票价格是 15 元,那么,应该认为真正的亏损是 5 元。当市场操纵者实施市场操纵行为的时间点将影响损失赔偿额的认

[12] 参见彭冰:《证券虚假陈述民事赔偿中的因果关系——司法解释的新发展评析》,载《法律适用》2022 年第 5 期。

[13] 参见樊健:《我国证券市场虚假陈述民事责任理论与实践的新发展》,法律出版社 2021 年版,第 211 页。

定时，运用净损差额法计算损失的准确性便会降低。若股市整体涨幅为10%，此类公司股价将上涨15%左右。若市场整体下滑10%，则该公司股价将下跌5%，确定了股票价格的非正常变化。通过事件分析法进行分析（以市场操纵行为进行分析等），计算公司自身股价波动，进而计算损失额，便能较好解决净损差额法的弊端。因此，交易型操纵的市场操纵者的民事赔偿责任可以采用事件分析法，明确市场操纵行为与市场动向相关的行业股票、指数的关联性，通过这些关联性来认定操纵股价的推移，进而计算出损失额。

（编辑：孙秀满　宋　澜）

【制度检视】

《证券法苑》(2024)
第四十卷,第186~198页

证券账户控制权认定的司法审查标准及对行政执法的启示*

——基于司法判决书的调研分析

王宏宇**

摘要:证券账户控制关系是证券交易类案件中的核心问题。近年来,利用高新技术规避证券账户控制关系的行为增多,为证券执法带来较大压力。行政诉讼中法院对行政行为合法性进行的司法审查,对行政机关执法具有重要指导性。本文梳理分析了司法判决书中对证券账户控制关系的阐释,尝试对证券账户控制关系的法律本质、审查意见和行政执法路径进行分析和研讨,以期为证券监管执法中证券账户控制关系的认定提供助益。

关键词:证券账户控制关系　行政处罚　司法审查

一、问题的提出

证券账户的控制关系认定是实施穿透式监管

---

* 本文仅代表作者个人观点,与所任职单位无关。

** 中国证监会四级调研员。

的核心基础之一，是行政执法和刑事司法中认定操纵市场、内幕交易和利用未公开信息交易罪的焦点和难点。现实中，绝大多数涉案当事人利用他人证券账户、法人账户或基金账户等实施违法行为，涉案当事人在被中国证监会调查时往往拒不承认其对相关证券账户的控制权。我国《证券法》(2019年修订)第58条规定："任何单位和个人不得违反规定，出借自己的证券账户或者借用他人的证券账户从事证券交易"，为证券账户控制关系认定的惩处提供了坚实法律基础。但是证券行政执法体系中，对于证券账户控制权的规定按照违法类型零散分布于各部门规范性文件中，而刑事司法体系通过司法解释统一了对"自己实际控制的账户"的解释。[1] 在法秩序的统一的基础上，[2] 刑事司法与行政执法具有法律竞合关系，[3] 因此，借鉴刑事司法中对证券账户控制关系认定的司法阐释，进一步完善行政执法中的证券账户控制关系认定体系成为可行路径。本文收集对证券账户控制权认定提出异议的12份司法判决书，通过整理分析上述司法判决书中相关一审法院和二审法院对证券账户控制关系的司法阐释，尝试对证券账户控制关系的法律本质和行政执法路径进行分析和研讨，以期为行政执法中证券账户控制关系的认定提供助益。

二、证券账户控制关系认定的司法审查标准

证券账户控制关系的核心是对证券账户交易行为具有决策权，但是交易行为的决策权并不是一个明确的法律概念，[4] 实际执法中，只能根据当事人对证券账户的实际使用情形认定其对该账户具有交易决

---

〔1〕 参见最高人民法院、最高人民检察院《关于办理操纵证券、期货市场刑事案件适用法律若干问题的解释》。

〔2〕 参见王昭武：《法秩序统一性视野下违法判断的相对性》，载《中外法学》2015年第1期。

〔3〕 参见吴镝飞：《法秩序统一视域下的刑事违法性判断》，载《法学评论》2019年第3期。

〔4〕 参见王志明：《新〈证券法〉证券账户实名制的理解和适用研究》，载《证券法苑》2020年第3期。

策权。

(一)证券账户控制权认定的行政执法标准

近年来,由于证券交易方式的网络化、电子化程度越来越高,部分机构和个人以借助信息系统开立虚拟证券账户、借用他人证券账户等方式开展操纵市场、内幕交易等违法行为,[5]严重扰乱了市场秩序。《证券法》第58条对此作了回应,规定自然人、法人、非法人机构禁止出借证券账户或者借用他人证券账户从事证券交易,明确了证券账户的实名制要求,为证券账户控制关系的认定打下基础。但是《证券法》并未对证券账户控制关系予以详细界定,在行政执法实践中,主要通过证监会内部文件《证券期货内幕交易案件调查证据规范》和《利用未公开信息交易案件调查证据规范》中对证券账户的控制关系事实及控制关系证据作出的具体规定来界定。当事人对证券账户存在控制关系的事实包括以下几种情形:一是当事人与涉案账户开户、销户存在控制关系的事实;二是当事人与涉案账户资金进出、使用、分配存在控制关系的事实;三是当事人与涉案账户下单操作、交易决策存在控制关系的事实;四是当事人与涉案账户持有人、控制人就账户涉案证券或期货合约交易存在利益关联的事实。当事人对证券账户存在控制关系的证据主要包括"账户开立、销户的证据""资金关系的证据""证券或期货账户下单控制的证据""利益分配的证据""密切关系的证据""证言或当事人陈述"等。

(二)证券账户控制权认定的刑事司法标准

证券交易具有无纸化、信息化、专业化等特点,近年来伴随着信息技术的发展,当事人实施操纵市场、内幕交易等违法行为更加网络化、智能化,加大了行政执法和刑事司法调查取证的难度。与此同时,执法实践反映,由于证券账户控制关系认定的具体标准不明确,导致法律适用存在争议,当事人经常对证券账户控制关系认定情况及数量提出申诉,意图降低处罚程度。2019年7月1日起施行的最高人民法院、最高人民检察院《关于办理操纵证券、期货市场刑事案件适用法律若干问

---

[5] 参见陈剑、王志明、蒋迅锋:《关于借用证券账户行为的问题分析与监管思考》,载《证券法苑》2018年第2期。

题的解释》(法释〔2019〕9 号,以下简称《若干问题的解释》),第 5 条规定了 4 种应当认定为当事人“自己实际控制的账户”的情形。通过司法解释的方式规定了证券账户控制关系认定的具体定罪量刑标准,提出了“行为人以自己名义开户并使用的实名账户”“行为人向账户转入或者从账户转出资金,并承担实际损益的他人账户”“行为人通过第一项、第二项以外的方式管理、支配或者使用的他人账户”“行为人通过投资关系、协议等方式对账户内资产行使交易决策权的他人账户”“其他有证据证明行为人具有交易决策权的账户”5 种当事人“自己实际控制的账户”的情形;同时还规定了有证据证明行为人对第 1 款第 1 项至第 3 项账户内资产没有交易决策权的例外情形,解决了司法实践中“对他人账户的控制”的认定问题。

三、证券账户控制关系的司法审查现状分析

证券账户控制关系的核心是对他人账户交易行为具有决策权。本文通过中国裁判文书网搜集了 12 份存在证券账户控制关系争议的行政判决书,其中,9 份二审判决书,3 份一审判决书,主要由北京市高级人民法院作出。试图通过司法判决书中对证券账户控制关系的司法审查意见总结出司法机关的审查现状。

(一)总体情况

近年来,中国证监会执法水平显著提升,对各类违法案件快速反应、及时查处,有力打击了各类证券期货违法行为,2020 年至 2022 年间,[6] 办理操纵市场案件 239 件、内幕交易案件 437 件,仅有 13 位当事人发起行政诉讼。从诉讼案件的违法类型看,12 份证券账户控制关

〔6〕 参见《证监会通报 2020 年案件办理情况》,载中国证监会官网,http://www.csrc.gov.cn/csrc/c100200/cde2e163c393c4d69a384b228dc0fe2af/content.shtml,2023 年 12 月 31 日访问;《证监会通报 2021 年案件办理情况》,载中国证监会官网,http://www.csrc.gov.cn/csrc/c100028/c1921138/content.shtml,2023 年 12 月 31 日访问;《证监会通报 2022 年案件办理情况》,载中国证监会官网,http://www.csrc.gov.cn/csrc/c100028/c7088291/content.shtml,2023 年 12 月 31 日访问。

系存在争议的司法文书中,操纵市场类案件占比91.6%,其余为内幕交易案件。从违法当事人性质看,9位自然人提起司法诉讼,其余3位为法人。从账户数量看,12份司法文书(见表1)涉及853个证券账户,平均每个案件涉及71个证券账户。

表1　12份司法文书总体情况

序号	名称	文号	案件类型	控制证券账户情况
1	张某甲与证监会二审行政判决书	(2021)京行终1920号	操纵市场	张某甲、张某乙控制使用9个证券账户
2	张某乙与证监会二审行政判决书	(2021)京行终1908号	操纵市场	张某乙、张某甲控制使用9个证券账户
3	阳某某与证监会二审行政判决书	(2020)京行终6806号	内幕交易	阳某某控制14个证券账户
4	蔡某某与证监会一审行政判决书	(2017)京01行初737号	内幕交易	蔡某某控制使用6个证券账户
5	王某某与证监会二审行政判决书	(2019)京行终9905号	操纵市场	王某某控制使用"谢某微"等344个证券账户
6	北某某公司与证监会二审行政判决书	(2019)京行终4194号	操纵市场	北某某公司实际控制"陈某腾"等301个证券账户
7	广州某某投资管理有限公司与证监会二审行政判决书	(2019)京行终2312号	操纵市场	广州某某投资管理有限公司控制使用25个账户
8	北京某某投资管理有限公司与证监会二审行政判决书	(2019)京02行终1851号	操纵市场	北京某某投资管理有限公司控制使用5个账户
9	郁某某与证监会一审行政判决书	(2019)京01行初67号	操纵市场	郁某某控制使用40个账户
10	谢某某与证监会一审行政判决书	(2019)京01行初387号	操纵市场	谢某某控制11个账户

续表

序号	名称	文号	案件类型	控制证券账户情况
11	马某某与证监会一审行政判决书	(2019)京01行初370号	操纵市场	马某某控制使用36个账户
12	任某某与证监会二审行政判决书	(2017)京行终4822号	操纵市场	任某某控制53个证券账户

(二)人员关联、资金关联和行为关联是法院审查账户控制权的重要因素

证券账户控制关系的核心是对账户交易具有决策权,通过对证券账户决策权的行使实施交易,进而达到不法目的。决策权的认定需要审查当事人对账户是否具有管理、使用和处分的权限,[7]由于现实执法中很难直接证明证券账户决策权的存在,故司法审查中一般根据当事人对证券账户的实际使用情况,认定当事人对账户具有决策权。分析收集的12份司法文书,法院主要通过人员关联、资金关联和行为关联等三方面对16份争议自然人账户的控制关系进行了详细审查(见表2)。

表2 证券账户控制关系审查情况

序号	文号	争议账户情况	控制权的司法审查情况
1	(2021)京行终1920号	9个账户	人员关联+资金关联+行为关联
2	(2021)京行终1908号	9个账户	人员关联+资金关联+行为关联
3	(2020)京行终6806号	"肖某某"账户	人员关联+行为关联
4		"彭某某"账户	人员关联+行为关联
5		"李某某""卜某某"账户	人员关联+行为关联
6	(2019)京行终9905号	118个账户	人员关联+资金关联+行为关联

〔7〕 参见谢杰:《市场操纵犯罪司法解释的反思与解构》,载《法学》2020年第1期。

续表

序号	文号	争议账户情况	控制权的司法审查情况
7	(2019)京行终4194号	301个账户	人员关联+资金关联+行为关联
8	(2019)京01行初67号	38个账户	人员关联+行为关联
9		“朱某某”账户	人员关联+资金关联+行为关联
10		“顾某某”账户	人员关联+资金关联+行为关联
11		“孔某”账户	人员关联+资金关联+行为关联
12		“赵某”账户	人员关联+行为关联
13	(2019)京01行初387号	6个账户	人员关联+资金关联+行为关联
14	(2019)京01行初370号	配资账户	人员关联+行为关联
15	(2017)京行终4822号	1个账户	人员关联+行为关联
16	(2017)京01行初737号	6个账户	人员关联+行为关联

(三)人员关联的审查要点

人员关联是指案件当事人与账户名义所有人之间的关系，主要包括两种情形，一是涉案账户组名义所有人与当事人存在关联，包括亲属朋友关系、上下级关系。如张某甲和张某乙案件中，[8]账户的名义所有人是当事人控股公司的股东和员工，且这些股东和员工与张某达、张某甲多为亲戚关系；阳某某案件中，[9]彭某某账户的名义所有人是阳某某的

〔8〕 参见北京市高级人民法院：张某甲诉中国证券监督管理委员会二审行政判决书，案号：(2021)京行终1920号，2021年5月28日；北京市高级人民法院：张某乙诉中国证券监督管理委员会二审行政判决书，案号：(2021)京行终1908号，2021年5月28日。

〔9〕 参见北京市高级人民法院：阳某某诉中国证券监督管理委员会二审行政判决书，案号：(2020)京行终6806号，2021年2月8日。

母亲;北某某公司案件中,[10]12名账户的名义所有人的社保由北某某公司缴纳,且部分人员出现在北某某公司的员工通讯录中,部分人员是北某某公司员工的亲属;谢某某案件中,账户名义所有人与谢某某均为亲属关系。二是涉案账户组提供人与当事人存在关联,包括配资中介等账户提供人与当事人及其关联人员存在关联、账户名义所有人与配资中介等账户提供人存在关联。如王某某、[11]马某某案件中,[12]多名配资中介指认操纵团伙成员通过配资中介借入大量证券账户;北某某案件中,配资中介张某某、朱某某等人自认与北某某公司存在关联关系。综合分析法院对人员关联关系的审查,重点关注账户名义所有人或提供人与当事人之间的关联关系,主要通过自认、他认和调取的客观证据等方式确立关联关系的证据。

(四)资金关联的审查要点

资金关联的审查主要关注账户组的资金流向和其与当事人存在的关联以及账户之间存在的资金往来情况,如果账户组的资金直接或间接来源于当事人及其关联人员,其资金去向亦是至当事人及其关联人员,可以认定当事人与账户组之间存在资金关联。如张某甲、张某乙案件中,涉案账户之间存在大量、频繁的资金往来,涉案账户在操纵期间买入“某某集团”股票所用资金来自张某甲、张某乙和某某集团,卖出资金流向亦是张某甲、某某集团。如王某某案件中,258个交易账户资金直接或间接来源于王某某及其家庭成员,经由配资账户去向至王某某及其家庭成员;马某某案件中,涉案人员温某某与马某某、陈某存在资金往来;谢某某案件中,[13]涉案的6个个人账户和5个单位账户资金来源都是

---

〔10〕 参见北京市高级人民法院:北某某公司诉中国证券监督管理委员会二审行政判决书,案号:(2019)京行终4194号,2019年8月16日。

〔11〕 参见北京市高级人民法院:王某某诉中国证券监督管理委员会二审行政判决书,案号:(2019)京行终9905号,2020年9月22日。

〔12〕 参见北京市第一中级人民法院:马某某诉中国证券监督管理委员会其他一审行政判决书,案号:(2019)京01行初370号,2019年8月15日。

〔13〕 参见北京市第一中级人民法院:谢某某诉中国证券监督管理委员会等其他一审行政判决书,案号:(2019)京01行初387号,2019年12月26日。

谢某某及其控制的公司；郁某某案件中，[14]部分账户与郁某某认可控制的账户之间存在资金往来，或资金直接来源于郁某某控制的或有重大影响的俱乐部；北某某公司案件中，北某某公司的员工账户交易股票的资金来源于北某某公司，去向也是北某某公司及其子公司。

相较于上述账户而言，配资机构提供账户的资金审查情况略有不同，需要结合配资账户的保证金来源、提取盈利去向、利息支付等相关资金流向确认对资金关联的审查情况。如北某某公司案件中，配资中介通过各方中介和人员借出资金和证券账户后，北某某公司将保证金先打给配资中介，配资中介再把保证金转入指定的银行账户，最终使保证金和借来的资金均转入借来的证券账户，配资中介再转给北某某公司使用，因此，对于配资机构提供账户的资金审查要从接收保证金、转出保证金和提盈去向等3个方面予以审查。

（五）行为关联的审查要点

行为关联的司法审查要点主要包括交易终端硬件信息重合、证券交易地点和时间重合以及相关证券账户交易股票重合等方面，具体来看，一是涉案账户操作是否具有同一性。证券账户交易的同一性是指近期时点内相关账户与账户组内其他账户的交易趋同，如阳某某案件中，“肖某某”“彭某某”证券账户交易某上市公司股票的时点与阳某某账户组内的其他账户交易方向、时点趋同；北某某公司案件中，在一定时间区间内账户组中的证券账户集中交易的涉案股票具有明显的一致性。二是交易终端硬件设备的重合性。在重合性的认定上普遍执行同一设备的多数重合原则，而不是所有证券账户均须重合于同一台硬件设备，如张某甲案件中，张某甲控制的账户组中的9个证券账户的下单MAC地址一致，其中，6个账户在同一台MAC设备下单，其余3个MAC设备上均有2个以上证券账号重合；阳某某案件中，“肖某某”证券账户交易终端硬件信息与阳某某自认的“周某某”“张某”证券账户在特定时点相同。三是证券交易时间和地点的同一性。证券账户存在同一时间段先后在同一台电脑进行交易的情况，如张某甲案件中，张某甲控制的账户组中

---

〔14〕 参见北京市第一中级人民法院：郁某某诉中国证券监督管理委员会其他一审行政判决书，案号：(2019)京01行初67号，2019年12月26日。

的9个证券账户的下单的IP地址均为公司办公场所，且上述账户存在同一时间段先后在同一台电脑进行交易的情形，郁某某案件中，部分证券账户与“郁某某”账户的交易地址相同。

（六）投资决策与交易过程是法院审查产品账户控制关系的重要因素

对管理型基金或结构化信托产品账户的控制关系而言，其账户本质是决策者实施行为的工具，决策者是控制主体。实践中，判断产品账户的实际控制权，需要考察当事人对产品账户是否具有管理、使用和处分的权限，上述权限可以通过直接控制账户下达交易指令的方式实现，也可以通过投资协议、金融衍生品、股权结构等形式取得投资决策权，以间接控制账户的方式实现。如在广州某某投资公司案例中，〔15〕法院认为以广州某某投资公司作为投资顾问的产品账户的投资行为是依据广州某某投资公司的投资建议或投资指令进行的。对于以广州某某投资公司作为管理人的产品账户，依据基金合同，广州某某投资公司对基金财产行使管理、运用、处置权，广州某某投资公司对上述产品账户具有控制权。北京某某投资公司案例中，〔16〕法院提出北京某某投资公司以投资建议或收益互换指令的形式向信托公司或证券公司投资系统终端下发投资指令，信托及证券公司对相关投资指令并不做实质性审核，北京某某投资公司获得涉案账户的投资决策权。综上，对产品账户的控制关系审查而言，法院主要关注对产品账户作出的投资建议或投资指令的决策及执行，将对产品所有权人及相关协议中的规定作为关注事项，但重点是通过投资决策权和执行权来综合判断控制关系。

〔15〕参见北京市高级人民法院：广州某某投资管理有限公司诉中国证券监督管理委员会二审行政判决书，案号：(2019)京行终2312号，2019年5月22日。

〔16〕参见北京市第二中级人民法院：北京某某投资管理有限公司诉中国证券监督管理委员会等二审行政判决书，案号：(2019)京02行终1851号，2019年12月30日。

四、证券账户控制关系的司法判决对行政执法的借鉴

（一）确立人员关联、资金关联和行为关联的账户控制关系认定思路

由上述司法文书分析可知，证券账户控制关系认定的基本原则是当事人对账户享有使用或处分的权利，实际控制关系即可认定。考虑到违法当事人为规避监管，一般不会直接操作交易账户，故中国证监会很难获取有效的直接证据证明账户实际控制关系。在此情况下，综合考虑多方面的证据情况以推定账户实际控制关系符合实际。在中国证监会提供的证据能够形成证据链条且具有证据优势的情况下，除非违法行为当事人能够提供有效反证或者作出合理说明，否则可以推定账户实际控制关系的成立。

首先，从普通公众的认知观察，证券账户进行下单交易所使用的硬件终端信息，如IP、MAC、硬盘序列号、手机号等客观记录，在一定时间段内交易特定股票时呈现出较大重合度，或者交易时点紧密接续，即能够反映出交易账户下单交易大概率出于同一指令。其次，证券账户之间的资金往来亦能反映出账户之间的强关联性。虽然不同的资金渠道在个别交易账户上的反映并不相同，尤其是在涉及多账户配资时更是如此，但若证券账户资金流转情况整体上能够体现资金同一性的特征，则证券账户相关联是大概率事件。最后，当事人的自认、其他人员的证人证言及账户名义所有人与当事人的关系则从主观方面反映了账户实际控制关系，亦具有较强的证明力。综上，基于人员关联、资金关联和行为关联三个维度中的两项来综合考量证券账户的实际控制关系，符合市场逻辑及经验法则。

（二）建立起自认与证人证言相结合的优势证据效力体系

自认是指当事人对不利于自己的事实的承认，[17]证人证言是其他人员向行政执法机关所作的反映案件事实的陈述。[18] 在中国证监会作

---

〔17〕 参见陈界融：《论自认的效力》，载《政治与法律》2003年第4期。

〔18〕 参见田平安：《证人证言初论》，载《诉讼法论丛》1998年第2期。

出的行政处罚中，在调查过程中取得当事人对违法事实的自认及其他人员的证人证言是行政程序中的重要证据形式，但是也时常遇到翻供的情况。如郁某某案件中，账户名义所有人卞某某、徐某某在中国证监会听证阶段提交的情况说明对之前询问笔录所陈述的内容进行了推翻修正；任某某案件中，任某某与李某某在中国证监会调查时均承认“李某某”账户由任某某控制使用，但在下发事先告知书后，李某某与其交易员贺某某否认上述账户由任某某控制。对当事人自认及其他人员的证人证言翻供的情况，相关法院均支持中国证监会调查阶段取得的自认及证人证言证据，如对卞某某、徐某某的翻供，相关法院认为翻供内容形成在后，其证明效力小于调查阶段形成的证据；对李某某的翻供，相关法院经核实认为二人对相关交易事项的描述与事实不符，当事人事后提供的相关证据不足以采信。上述司法判决充分说明在行政程序执行完备后，相关当事人再行推翻上述事实，需要提供充分的相反证据。因此，建议中国证监会在充分保障当事人的行政程序权利的同时，在调查过程中要力争取得当事人的自认与其他人员的证人证言等相互印证的证据链，确保在无其他相反证据能够推翻的情况下，相互支持的证据链能作为认定违法违规事实的依据。

（三）资金关联的认定需要结合当事人与账户组及账户组之间的资金往来

根据上文分析，资金关联是证券账户控制关系认定的重要维度之一，司法文书中对资金关联关系的审查对行政执法具有重要指导意义。一是注重调取当事人及其关联人员与证券账户之间的资金关联关系。无论是借用个人账户还是使用配资机构提供的账户，当事人向控制账户注入大额资金是谋取非法利益的先决条件。但是司法实践显示当事人直接与控制的证券账户发生资金往来的案例逐年减少，多是通过关联人员、关联单位与控制账户发生资金往来，如张某某案件中，涉案账户的资金来自张某某、张某和某某集团，卖出资金流向张某某、某某集团；王某某案件中，涉案证券账户的资金直接或间接来源于王某某及其家庭成员；郁某某案件中，部分账户的资金来源于当事人参与的俱乐部；马某某案件中，部分账户的资金则经过中间人流转。因此，调取资金关联不仅要关注当事人，更要关注违法期间内证券账户的资金往来方与当事人之间的关联关系,由此确立资金关联关系。二是注重调取证券账户之间的资金关联关系。除当事人及其关联人员与证券账户的资金往来外,证券账户之间的资金往来也能反映出账户组之间的控制关系。如阳某某将控制证券账户的获利所得转入其他控制的账户;北某某公司控制证券账户之间的资金往来。因此,调取证券账户之间的资金往来对于证券账户组控制关系的认定具有重要意义。三是关注信用账户使用习惯改变的取证。在证券市场交易机制越发完备的当下,信用交易的使用能帮助当事人规避资金往来的调查,通过与借用账户名义所有人或关联人的资金往来,再借助信用交易融资,如阳某某案件中,其控制的彭某某账户资金主要来自账户的融资融券资金。对此,在调查过程中要高度重视信用交易习惯改变的证券账户,深入分析信用交易习惯改变的历史脉络及资金走向,综合判断资金关联关系。

(四)行为关联的认定要遵循交易设备、交易时间地点的同一性且指向当事人或其关联人员

通过对司法文书的分析可以得出法院在行为关联的审查上主要看重证券账户在交易设备、交易时间和地点的同一性,也就是证券账户在相同交易设备、相似交易时间和相同交易地点发生的交易可以认定为行为关联。但是在具体的证据调取程序中需要遵循以下原则,一是交易行为关联既包括同一性又包括联系性。同一性是指证券账户交易均指向相同的交易设备、交易时间、地点,张某某账户组的 9 个账户的交易 IP 地址均为某某集团办公场所,9 个账户在同一时间段先后在同一台电脑进行交易。联系性是指账户组内各个证券账户之间具有的关联性,张某某账户组中 6 个账户是通过同一 MAC 地址交易。郁某某账户组中 2 个账户与其本人认可的其他控制的账户交易的股票趋同。二是行为关联的认定必须指向当事人或其关联人员。指向性是行为关联认定的另一个重要因素,交易设备的同一、交易股票的趋同必然指向具体的决策人,因此,账户组的证券账户之间具有密切联系且均指向具体当事人或其关联人员是行为关联认定的另一关键点。

(编辑:阎俊忆　赵　宇)

《证券法苑》(2024)
第四十卷,第199~221页

司法程序能否解禁限售股?*

韩励豪**

摘要:如何规范上市公司限售流通股的强制执行,一直是司法实践中的难点问题。各地司法裁判也对限售承诺效力是否及于买受人具有不同认识。为统一司法裁判认识,增强各方主体对强制执行标的股票附带义务的认识,保护当事人的知情权,避免竞买人在不知悉的情况下参加竞买,出现违规减持行为或者未能及时履行相关义务,建议由最高人民法院出台相关司法解释,明确不得通过司法执行"洗白"限售股所附的限售承诺。

关键词:限售承诺　司法执行　非典型担保

上市公司股东在自身债务逾期时,其所持限售股可能会被法院强制执行。实践中通常以司法拍卖的形式执行,问题在于因司法拍卖获得限售股的权利人是否需要履行限售股所附的权利负担。证券监管规则中明确限售股买受人应当继续遵守限售股上所附的限售承诺。各地司法裁判也对限售承诺的效力是否及于买受人具有不同认识。为此,

---

* 本文仅代表作者个人观点,与所任职单位无关。

** 上海证券交易所工作人员。

本文对相关问题作了梳理和分析,并提出了制定相关司法解释的建议。

一、限售股强制执行面临司法程序与限售制度的适用难题

股份以自由流通为原则,限制流通为例外。限售股本质上是流通股,因特定条件受限,暂时无法上市流通,待满足解限条件后,可以申请上市流通。在司法执行实践中,上市公司股份早已是常见的财产类型。随着我国资本市场制度规范不断完善,强制执行限售股的案件数量在近年来也开始增多。根据笔者在人民法院诉讼资产网上以限售为关键词查询的结果,从 2012 年至 2023 年末,司法拍卖限售股的公告数量为 514 例,[1] 自 2019 年以来呈现总体上升的趋势(见图 1)。

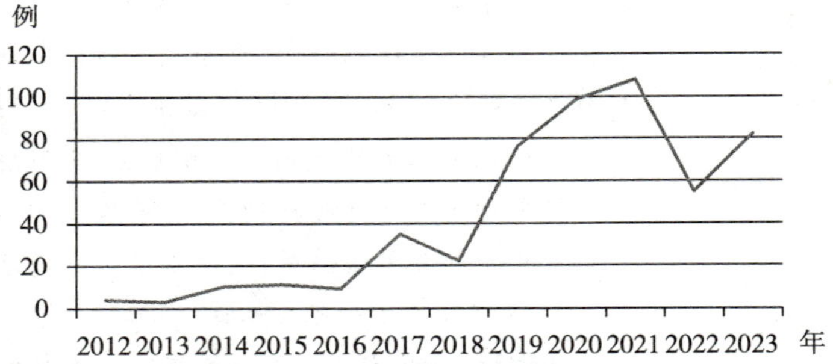

图 1　人民法院诉讼资产网司法拍卖限售股公告数量统计

然而,在执行过程中,强制执行限售股经常会面临司法执行如何适用限售规范的问题。对限售股受让方而言,其获得限售股的目的往往是短期变现而非长期投资,具有强烈的解禁动机。对上市公司而言,原股东将限售股通过执行程序转让给第三方,可能存在借司法执行摆脱限售限制,进而损害上市公司利益的问题。而限售股解禁规范要求由上市公司而非限售股受让方向证券交易所提出解除限售申请,一旦上市公司不予配合解禁,限售股股东与上市公司就限售股解禁往往容易

[1] 人民法院诉讼资产网上的拍卖公告有时有重复的现象,514 例为去除重复案例的结果。

引发纠纷。具体到实践中,强制执行限售股面临以下三个方面的问题。

(一)限售股能否强制执行

尽管司法实践中执行限售股已经屡见不鲜,但是司法解释层面并未明确限售股是否属于强制执行的财产标的。早在2001年,最高人民法院出台了《关于冻结、拍卖上市公司国有股和社会法人股若干问题的规定》(以下简称《股份执行规定》),但未明确限售股是否可以参照适用。实践中,对于限售股能否予以强制执行也有不同认识。例如,在吴某江、新世界策略(北京)投资顾问有限公司等诉山东雷士照明发展有限公司、重庆恩纬西实业发展有限公司借款合同纠纷案中,中国证监会发行监管部表示"不建议以拍卖等方式将处在'不得转让'期间的股份强行过户",但法院认为,对限售股转让权进行限制,是为了防止限售股持有人通过转让股权牟利,损害其他投资者的利益。但司法执行不存在这一问题。限售股转让的限制应当针对当事人自主协议转让行为,而非同样规范法院的执行行为。[2]

(二)执行程序中能否直接裁决限售股解禁

在执行过程中,对于通过何种途径裁决限售股解禁以及是否直接作出限售股解禁的判断,存在不同认识。例如,在天广中茂股份有限公司诉武汉市江夏区铁投小额贷款有限责任公司借款合同纠纷、[3]云鼎科技股份有限公司诉白某莲等借款合同纠纷[4]等案例中,法院直接在执行程序中裁定限售股解禁,但也有法院认为,执行机构将涉案股票解除限售后作为无限售流通股进行处置实质上系对涉案股票是否应转为无限售流通股进行了实体裁判,违反了"审执分离"的原则,亦与登

---

〔2〕 广东省珠海市中级人民法院:吴某江、新世界策略(北京)投资顾问有限公司等诉山东雷士照明发展有限公司、重庆恩纬西实业发展有限公司借款合同纠纷案执行裁定,案号:(2016)粤04执异21号,2016年4月5日。

〔3〕 广东省广州市天河区人民法院:天广中茂股份有限公司诉武汉市江夏区铁投小额贷款有限责任公司借款合同纠纷执行审查类执行裁定书,案号:(2019)粤0106执异1003号,2019年10月31日。

〔4〕 山东省宁阳县人民法院:云鼎科技股份有限公司诉白某莲等借款合同纠纷执行异议执行裁定书,案号:(2022)鲁0921执异10号,2022年3月7日。

记机构的职权相冲突。[5]

而在东方证券股份有限公司诉皇氏集团股份有限公司损害股东利益责任纠纷、[6]振兴生化股份有限公司、西南证券股份有限公司与公司有关的纠纷[7]等案例中,法院尊重证券交易所和证券登记结算机构的业务规则,在民事判决中要求上市公司协助限售股受让方办理股票解禁,并判决拒绝办理解禁的上市公司承担赔偿责任。在上市公司拒绝办理解禁手续的情况下,法院可能会向负有持续督导职责的财务顾问[8]甚至证券交易所、证券登记结算机构发出协助执行通知书,要求有关单位协助办理限售股解禁。

(三)负有承诺的限售股能否予以强制解禁

原股东基于重大资产重组等作出的限售承诺能否承继于受让方,是司法实践关于限售股解禁最为核心的焦点。虽然限售流通股已过锁定期限,但上市公司认为根据业绩补偿协议,原股东(业绩承诺方)业绩未达约定,对应的限售股应由上市公司回购因而拒绝向证券交易所申请办理限售股解禁手续。上市公司和限售股买受人就限售股能否解禁形成一定的利益冲突,而司法解释层面对限售股能否予以强制解禁缺乏明确规定。例如上海金融法院提出,限售股解禁须遵守法律法规、司法解释和证券监管部门规章、规范性法律文件、证券交易所规则中关于股票限售、股票减持等相关规定,但并未明确限售股买受人是否需要承继原股东限售承诺。[9]

---

[5] 广东省深圳市中级人民法院:猛狮新能源科技(河南)股份有限公司诉上海浦东发展银行股份有限公司深圳分行金融借款合同纠纷执行审查类执行裁定书,案号:(2020)粤03执复550、551号,2020年11月23日。

[6] 上海金融法院:东方证券股份有限公司诉皇氏集团股份有限公司损害股东利益责任纠纷案民事判决书,案号:(2020)沪74民初3479号,2021年7月29日。

[7] 天津市第一中级人民法院:振兴生化股份有限公司、西南证券股份有限公司与公司有关的纠纷二审民事判决书,案号:(2017)津01民终8582号,2018年5月2日。

[8] 北京市第一中级人民法院:王靖等执行裁定书,案号:(2020)京01执异69号,2020年4月15日。

[9] 参见《上海金融法院关于执行程序中处置上市公司股票的规定》第41条第2款:买受人或因抵偿协议取得股票的申请执行人在股票过户后处置上市公司股票的,应遵守法律法规、司法解释和证券监管部门规章、规范性法律文件、证券交易所规则中关于股票限售、股票减持等相关规定。

在司法实践中，各地法院对限售股买受人是否需要承继原股东作出的限售承诺存在不同认识。例如，在天广中茂股份有限公司诉武汉市江夏区铁投小额贷款有限责任公司小额借款合同纠纷判决[10]和裁定[11]、云鼎科技股份有限公司诉白某莲等借款合同纠纷[12]中，法院认为，监管规则对重大资产重组交易对手方获得的股份规定了最长36个月的限售期，自限售期届满之后即可解禁；业绩承诺是依附于重大交易对手方这一特殊身份作出的，该承诺作为业绩补偿协议的一部分，合同义务仅局限于交易双方；基于合同相对性的原则，通过司法拍卖成为股票的继受人不受业绩补偿协议的约束，也无须受原股东作出的业绩承诺的限制。上市公司对负有业绩承诺的股票只有债权请求权，应自行向原股东请求补偿，以原股东名下财产履行补偿责任。而在安徽德润融资租赁股份有限公司诉辅仁药业集团制药股份有限公司等融资租赁合同纠纷、[13]董某放诉巴士在线股份有限公司股票权利确认纠纷[14]等案例中，法院的立场恰恰相反。法院认为，虽然现行法律关于限售股的流通限制仅有特定期限内不得上市流通的规定，但现行监管规则中关于限售股审核解除限售条件的规定已不仅限于相关股东就限售期限的承诺，而是要求上市公司的董事会对相关股东作出的全部承诺（包括业绩保障、不占用资金等）及履行情况进行全面核查。股东仅以限售期届满为由申请解禁，并不能完全符合限售股解禁的条件。

实践层面还存在个别上市公司股东在股份被冻结之后作出限售承诺的案例，[15]法院基于限售股受让方对执行过程中的公告信息的充分信赖，认为在司法冻结后增设的解限条件会导致股票流通性与价值大

[10] 湖北省武汉市中级人民法院：天广中茂股份有限公司诉武汉市江夏区铁投小额贷款有限责任公司小额借款合同纠纷二审民事判决书，案号：（2021）鄂01民终152号，2021年2月26日。

[11] 同前注[3]。

[12] 同前注[4]。

[13] 河南省周口市中级人民法院：安徽德润融资租赁股份有限公司诉辅仁药业集团制药股份有限公司等融资租赁合同纠纷民事二审民事判决书，案号（2022）豫16民终1455号，2022年5月16日。

[14] 浙江省嘉兴市中级人民法院：董某放诉巴士在线股份有限公司股票权利确认纠纷二审民事判决书，案号：（2021）浙04民终163号，2021年3月16日。

[15] 同前注[6]。

幅下降,该限售承诺不能限制申请司法强制执行的买受人,甚至属于对抗法院强制执行的行为。[16]

二、强制执行限售股不代表解除限售股所附限售义务

执行是公平正义最后一道防线的最后一个环节。最高人民法院《关于在执行工作中进一步强化善意文明执行理念的意见》指出,执行工作对各方当事人影响重大,人民法院在执行过程中也要强化善意文明执行理念,严格规范公正保障各方当事人合法权益。[17] 强制执行限售股牵涉到司法执行制度和证券监管规范的双重适用,关系到申请执行人、上市公司和广大中小股东等多重主体的利益,需要更为精准地平衡各方主体利益,维护资本市场稳定,避免引发资本市场波动。因而,在强制执行限售股的过程中,应当尊重证券监管法律法规有关限售制度的规定,避免出现因个案损害资本市场整体利益的风险。最高人民法院也在多份涉及证券市场的司法保障意见中强调,对于证券监管部门、证券交易所经法定程序制定的、与法律法规不相抵触的股票发行、上市、持续监管等规章、规范性文件和业务规则的相关规定,人民法院可以在审理案件时依法参照适用。[18]

从限售规范目的和司法执行的目的上来看,两者服务于不同目标,在限售股司法执行的过程中处于不同面向,总体上不存在价值冲突:以《公司法》《证券法》为代表的证券法律法规规定的转让期限、转让比例等股份转让限制重在避免股份被大量抛售对公司正常经营和公司股价造成的不利影响;而司法执行股份强调执行效率,尽量选择方便执行的

---

〔16〕 参见符望、朱婧婧:《上市公司以"未公开承诺"对抗限售股解禁中的责任认定——东方证券诉皇氏集团损害股东利益责任纠纷案》,载蔡建春、王红主编:《证券法苑》(2023)第39卷,法律出版社2023年版。

〔17〕 参见最高人民法院《关于在执行工作中进一步强化善意文明执行理念的意见》之"一、充分认识善意文明执行的重要意义和精神实质"。

〔18〕 参见最高人民法院《关于为深化新三板改革、设立北京证券交易所提供司法保障的若干意见》之"3. 依法保障证券监管部门行政监管和北京证券交易所自律管理"部分。

财产进行执行。可以看出,限售股司法执行导致的权属变动在效果上不同于限售股的解禁流通。前者仅为司法强制力导致的权属单次变动,附于股份上的转让限制并不因司法执行而当然涤除;后者则指对股份上所附转让限制的完全去除,后续的自由转让不再受任何限制。[19]因此,限售股可以成为强制执行的标的,但强制执行本身并不代表解除限售股所附限售义务。

在司法解释层面,最高人民法院执行办公室《关于执行股份有限公司发起人股份问题的复函》(以下简称《复函》)也体现出区分司法执行与解禁流通的观点,《复函》认为《公司法》中关于发起人限售股的规定不适用于人民法院强制执行,但是要求受让人应当继受发起人的地位,承担发起人的责任。而司法实践中,对限售股司法执行和强制解禁也进行了相应区分。大多数法院对限售股采取网络司法拍卖方式进行处置,在拍卖成交后,法院再解除冻结并要求中国证券登记结算有限责任公司(以下简称中国结算)协助过户至买受人名下,在拍卖前后限售股性质不变。[20] 也有部分法院采取"司法划转"方式,即先将有限售条件流通股强制扣划至申请执行人账户,待办理解禁手续转为无限售条件流通股后再通过二级市场处置。[21] 中国结算上海分公司发布的《协助冻结流通证券业务指引》也规定,司法机关对于已冻结的股份进行处置时(包括强制卖出、强制过户),可先将冻结的股份扣划至申请人账户或指定账户,再进行处理。

具体到限售义务的性质上看,限售股上附着的转让限制可主要分为对附着于股份本身的限制和股东自愿施加的转让限制。从来源上

---

〔19〕 参见葛伟军、李攀:《限售股质权实现过程中的法益冲突解决——以〈公司法(修订草案二次审议稿)〉》,载《证券法苑》2023 年第 3 期。

〔20〕 参见广东省深圳市中级人民法院《关于强制执行上市公司股票的工作指引(试行)》第 19 条:"执行上市公司限售流通股,一般应当采取网络司法拍卖方式进行变价。上市公司限售流通股不因强制执行而改变其股份性质,但属于本指引第十二条规定的情形除外。"

〔21〕 参见江苏省高级人民法院《关于执行疑难问题的解答》第六条被执行人的股权(股份)如何处置? 第 3 款,执行被执行人所持上市公司限售流通股(股票),可以先将限售流通股强制扣划至申请执行人账户,待限售股办理解禁手续转为流通股后再行处置。在此过程中,执行法院视情可以冻结申请执行人该账户,防止变价款高于执行标的额时申请执行人转移变价款损害被执行人利益。

看，前两者属于《公司法》《证券法》等法律法规对股份施加的法定限制（以下简称基于法定义务的限制）；股东自愿施加的转让限制则包括上市公司与股东之间约定对股份的流通限制，以及股东因看好上市公司前景等因素而单方作出的转让限制。对于附着于股份本身的转让限制而言，主要是出于两方面的考量：一是防止有关股东过早"套现""跑路"，损害中小投资者的利益；二是防范控股股东、实际控制人等公司内部人士利用信息优势、成本优势抛售股份不法套利。尽管股东"套现""跑路"的可能性在司法执行语境下已遭最大限度压制，但允许该类股份在变价完毕后立即流入市场依然可能存在上述问题，因此有必要对其继续施加转让限制。〔22〕 限售措施的原因和正当性均来自股份财产性权利和股东特定身份的结合。但限售股受让人仅取得股份上的财产利益，并不当然继受股份所对应的身份地位。而对于实践中纠纷最为频繁的业绩补偿限售义务而言，其属于基于重大资产重组等双方合意设立的股份转让限制，主要是为了覆盖标的资产的高估值、高定价，规避经营风险，降低信息不对称可能造成的损失，上市公司采用了限制股份流通的手段以保护自身权益。即使业绩补偿限售股经过司法执行，也不改变其担保上市公司实现业绩补偿目的的性质。而限售股受让方在取得业绩承诺限售股时已知业绩承诺以及限售风险相关情况，该股票不因取得方式不同而改变限售流通股的性质，仍要受限售条件限制。在原股东未进行业绩补偿的情况下，限售股未能达到解除限售条件。如果以司法拍卖形式即可完全涤除股票上承载的公开承诺业绩补偿义务，则会导致原设定的业绩补偿机制以及股票限售制度目标落空，成为原限售股股东恶意以合法形式逃废相关债务，并损害上市公司及中小投资者的合法权益的方式。〔23〕

因此，法院在裁决解禁限售股的纠纷中，应当遵守证券监管规范确立的解禁路径，而不能仅因限售期限届满径行裁决限售股解禁。正如法院在深圳市全新好股份有限公司（以下简称全新好公司）诉深圳市

〔22〕 同前注〔19〕。

〔23〕 同前注〔14〕。

博恒投资有限公司公司决议纠纷[24]一案所指出的,上市公司股份的流通必须遵守证券交易所的相关规定,证券交易所关于股票流通的规定约束力及于上市公司所有股东。全新好公司是在深圳证券交易所上市的上市公司,那么全新好公司股东申请对限售股份解除限售应当遵守深圳证券交易所发布的《主板信息披露业务备忘录第4号——证券发行、上市与流通》(已失效)所规定的条件和程序,该规定的约束力及于持有上市公司股份的所有股东。

三、执行程序中不能径行裁定限售股解禁

(一)执行程序对执行标的的性质、权属不具有裁判确认的权力

审判权和执行权是民事司法领域最为基础的两项权力,但彼此之间存在差异。审判权对基于民事法律关系的实体法律纠纷进行裁判,旨在"定分止争";而执行权运用国家强制力促使义务人履行生效法律文书所确定的义务,并不解决民事实体争议。也就是说,审判机构通过审判确认实体权利,执行机构据此实现实体权利,这就是审判与执行、审判权与执行权之间最基本的关系。[25] 一旦执行过程中案外人对于执行标的涉及的基础法律关系产生争议,应当通过审判程序而非执行程序加以解决。而执行异议审查虽然也具有某些实体审查内容,但其本质仍属于执行程序,对争议财产的性质、权属不具有裁判确认的权力。

具体到司法执行限售股的过程中,基于法院对申请执行人与原股东之间的民事法律关系作出的裁判,执行程序才有生效的裁判依据将限售股过户给限售股买受人。但是,先前的法院裁判并未涉及限售股之上的限售义务,执行机构也没有依据径行解除相应限售义务。而限售义务抑或属于基于法定义务的限制,抑或属于基于双方合意的限制,

---

〔24〕 广东省深圳市中级人民法院:深圳市全新好股份有限公司诉深圳市博恒投资有限公司公司决议纠纷二审民事判决书,(2019)粤03民终21778号,2019年10月17日。

〔25〕 参见张卫平:《"审执分离"本质与路径的再认识》,载《中国法学》2023年第6期。

对于前者，涉及在证券发行、交易和证券监督管理过程中依据《公司法》《证券法》等法律法规形成的权利义务关系；对于后者，涉及上市公司与股东在重大资产重组等交易中形成的民事法律关系。因此，执行程序只能解决限售股过户的执行问题，而无法解决限售股是否解禁的实体问题。裁决限售股解禁的纠纷实质上是基于限售股基础法律关系的民事纠纷，应当通过审判程序而非执行程序解决。在限售股是否解禁的判断上，正如猛狮科技一案中法院所指出的，在持有上市公司限售流通股的申请执行人和上市公司之间就是否将限售流通股转为无限售流通股产生纠纷时，此时的重点是限售股是否满足解除限售的条件，此属申请执行人与上市公司之间的民事法律纠纷，而审查限售股是否达到解除限售条件的机构是证券交易所，法院在执行异议审查中不能因考虑执行的便利而径行对涉案股票应否变为无限售流通股作出裁判。〔26〕

（二）解禁限售股应当遵守证券监管规范确立的解禁路径

实践中，为了对限售股上市流通进行统一管理，防止限售股东不当损害上市公司利益，证券监管规则规定由上市公司统一向证券交易所提出解除股份限售申请，证券交易所对限售股是否满足解禁条件进行实质判断，证券交易所审核通过后由证券登记结算机构对股份解除锁定。根据《股票上市规则》，限售股申请解禁要由上市公司向证券交易所提交申请，保荐人及其保荐代表人、独立财务顾问及其主办人应当对本次解除限售事项的合规性进行核查，并对本次解除限售数量、解除限售时间是否符合有关法律法规、证券交易所相关规定和投资者承诺，相关信息披露是否真实、准确、完整发表结论性意见。而投资者申请限售股票及其衍生品种解除限售的，应当满足下列条件：(1)限售期已满；(2)解除限售不影响该投资者履行其作出的有关承诺；(3)申请解除限售的投资者不存在对公司的资金占用，公司对该投资者不存在违规担保等损害公司利益的行为；(4)不存在法律法规及证券交易所相关规定中规定的限制转让情形。

在限售股解禁过程中，证券交易所不仅从形式上审查上市公司及

---

〔26〕 同前注〔5〕。

中介机构提交的申请解禁手续是否齐备,而且从实质上判断限售股解禁是否符合上市公司的利益。可以看出,股票的限售期届满只是解除限售的条件之一,即使股票限售期届满,只要作出限售承诺的投资者存在未履行限售承诺或者存在资金占用、违规担保以及其他限制转让情形的,依然会被证券交易所认定为不满足解除限售条件。例如,在蓝色光标限售股申请解禁的过程中,深圳证券交易所发送关注函要求"说明李某、博杰投资、博萌投资在收购中作出的股份限售承诺、任职承诺、业绩补偿等承诺的履行情况,是否存在未严格履行上述承诺的情形。如是,请说明你公司申请将相关限售股份解限的原因和合规性"[27]。

司法实践中,部分地方法院直接判决交易所、中国结算协助执行,混淆了证券交易所对于限售股解禁的审核职责以及上市公司、中介机构对于限售股解禁的把关职责。根据《股票上市规则》,申请解禁限售股的主体是上市公司,证券交易所在限售股解禁过程中发挥的是审查限售股是否达到解禁条件的形式审核职责,而非直接代替市场主体将限售股解禁。而《股票上市规则》要求上市公司作为解除限售申请的主体,保荐机构等中介机构进行核查,这本身也含有要求上市公司、中介机构在解禁过程中发挥前端把关职责,避免未满足解限条件的股东反复提交解限申请的目的。

四、从非典型担保的角度审视限售股解禁司法纠纷

在限售股解禁的司法纠纷中,最为核心的点是限售股所附业绩补偿承诺的效力是否及于受让方。无论是仅从限售义务角度解释,还是从证券监管秩序出发,均无法对这一问题进行妥善解释。如果认定双方合意的限制无法拘束第三方,当初基于股份回购方式的业绩补偿机

[27] 蓝色光标在收到问询函后未将上述限售股解禁,李某、博杰投资、博萌投资遂向法院起诉要求解除限售,经北京市朝阳区人民法院、北京市第三人民法院两审驳回诉讼请求。参见北京市第三中级人民法院:李某等诉北京蓝色光标品牌管理顾问股份有限公司公司决议效力确认纠纷民事判决书,(2017)京03民终10927号,2017年12月25日。

制将有可能落空,不利于中小股东利益保障。若任由此现象泛滥,则会间接助长目前市场上存在的“三高”并购,司法强制执行就容易成为原限售股股东逃废债务、损害上市公司利益的通道。如果仅仅从证券监管秩序的角度出发,无法解释为何基于双方合意的限售约定对第三方产生拘束效力,也无法解释在类似东方证券股份有限公司诉皇氏集团股份有限公司损害股东利益责任纠纷〔28〕的案例中,未公开的限售承诺为何无法对抗限售股买受人。

既往的学术观点中为了调和两种不同的观点,基于“债权物权化”的理论和物权法定原则,提出将限售股所附的公开承诺作为一项法定物权,并同步修改《公司法》《证券法》。〔29〕 而在当前资本市场不断丰富非典型担保实践的背景下,本文认为,可以将股东自愿施加的转让限制作为一项非典型担保,以合理解决上市公司与限售股买受人之间的利益冲突。

(一)监管规则明确限售股受让方应遵守原股东的限售义务

基于双方合意的限售承诺,是对上市公司和投资者利益的重要保障措施,公开披露后会对投资者交易决策产生重要影响。以业绩承诺为例,交易对手方的业绩补偿承诺作为交易方案的重要组成部分,绝大多数重组双方均自主协商约定了业绩承诺及补偿条款。〔30〕 当业绩承诺方未完成协议约定的业绩并触发股份补偿时,上市公司一般以 1 元的象征性价格进行回购并注销股份,这实际上起到了缩股的作用,并能使每股收益有较大幅度的提升,从而促使股价上涨,有利于中小股东权益。因此,证券监管部门为了强化业绩承诺等限售承诺的约束力,在规则层面和实践中均强调不得通过司法执行等方式“洗白”限售股所附限售义务。

首先,监管规则明确限售股受让人应当遵守原股东的承诺。《上市公司监管指引第 4 号——上市公司及其相关方承诺》(以下简称《4 号指引》)第 16 条规定,收购人成为上市公司新的实际控制人时,如原实

〔28〕 同前注〔6〕。

〔29〕 参见袁坚:《论限售股司法拍卖的法律效果——以“公开承诺承继”为视角》,载《北方法学》2020 年第 2 期。

〔30〕 参见《上市公司重大资产重组管理办法》第 35 条。

际控制人承诺的相关事项未履行完毕,相关承诺义务应予以履行或由收购人予以承接,相关事项应在收购报告书或权益变动报告书中明确披露。承诺人作出股份限售等承诺的,其所持有的股份因司法强制执行、继承、遗赠等原因发生非交易过户的,受让方应当遵守原股东作出的相关承诺。[31] 《股票上市规则》也规定,投资者出售已解除限售的股票及其衍生品种应当严格遵守所作出的各项承诺,其出售股票及其衍生品种的行为不得影响所作承诺的继续履行。而为了避免业绩承诺方在作出承诺后将股份质押给第三人导致上市公司利益受损的情况,《监管规则适用指引——上市类第1号》进一步规定,业绩承诺方保证对价股份优先用于履行业绩补偿承诺,不通过质押股份等方式逃废补偿义务;未来质押对价股份时,将书面告知质权人根据业绩补偿协议上述股份具有潜在业绩承诺补偿义务情况,并在质押协议中就相关股份用于支付业绩补偿事项等与质权人作出明确约定。上市公司发布股份质押公告时,应当明确披露拟质押股份是否负担业绩补偿义务,质权人知悉相关股份具有潜在业绩补偿义务的情况,以及上市公司与质权人就相关股份在履行业绩补偿义务时处置方式的约定。

其次,证券交易所在限售股解禁案例中表明限售承诺应当予以承继。例如,在美丽生态案例中,深圳证券交易所在拍卖公告中登载的关于该限售股承诺承继及解限的复函中表示,该股份仍负有承诺不能被解限,否则将影响上市公司利益,"不建议对王某年所持股份做解限操作"[32]。但是,实践中也有个别例外。在建设机械案例中,建设机械原

---

〔31〕 该条款为2022年修订《4号指引》新增的内容,此前证券交易所在自律监管指引层面明确了限售承诺承接的相关要求。如《深圳证券交易所主板上市公司规范运作指引》(深证上[2010]243号)(已失效)4.5.12规定,承诺人作出股份限售等承诺的,其所持股份因协议转让、司法强制执行、继承、遗赠、依法分割财产等原因发生非交易过户的,受让方应当遵守原股东作出的相关承诺。

〔32〕 深圳市福田区人民法院:《深圳市福田区人民法院关于拍卖王某年名下8000000股美丽生态股票(证券代码:000010)公告(第一次)》,载人民法院诉讼资产网,https://www.rmfysszc.gov.cn/statichtml/rm_xmdetail/1330913.shtml,2024年1月30日访问。

股东王某荣在业绩对赌期未能完成业绩承诺,[33]其所持限售股在2018年7月和9月分别被司法拍卖,而前述限售股被司法拍卖后于2018年10月11日上市流通,没有受王某荣业绩承诺的影响。[34]

(二)资本市场的非典型担保得到立法层面和司法机关的认可

非典型担保本质是基于债权债务关系的合同,因其具有担保功能,法律赋予其类似担保物权的物权效力。根据大陆法系民法"物债二分"的模式,物权和债权具有严格的分界线,在物权中进一步区分所有权和限制物权,后者又包括用益物权和担保物权。而大陆法系民法又特别强调"物权法定"原则,不在法律规定范围之内、具有担保功能的制度安排,包括所有权保留、让与担保等在大陆法系民法之下没有容身之所。

例如,对于资本市场常用的股权让与担保而言,早期主流意见持否定态度,主要理由是动产让与担保实质上是一种变相的流质契约,设立人与债权人之间容易存在通谋行为以逃避债务,不能替代实践中发展出来的按揭制度的功能。但是,随着资本市场蓬勃发展,因让与担保在实践中具有手续简便、成本低等优势,让与担保越来越被广泛适用,融资融券等产品已实质适用了让与担保制度。2019年11月8日施行的《全国法院民商事审判工作会议纪要》(以下简称《九民纪要》)明确规定了让与担保制度。《九民纪要》规定,债务人或者第三人与债权人订立合同,约定将财产形式上转让至债权人名下,债务人到期清偿债务,债权人将该财产返还给债务人或第三人,债务人到期没有清偿债务,债权人对财产进行拍卖、变卖、折价偿还债权的,人民法院应当认定合同有效。可以说,如果完全坚持大陆法系"物权—债权"二分模式,就没有非典型担保的存在余地。

---

〔33〕 王某荣承诺天成机械3个年度经具有证券期货相关业务资格的审计机构审计的扣除非经常性损益及募集资金利息后归属于母公司股东的净利润应累积不低于10,100万元,3个年度届满时一次性测算和补偿。若在业绩承诺期内王某荣发生补偿义务,应在审计机构出具专项审计报告之日起15个工作日内以现金进行补偿。

〔34〕 王某荣至2018年年底才完成业绩承诺补偿义务,后因未按时完成补偿义务受到上海证券交易所(以下简称上交所)通报批评,参见上海证券交易所:《关于对陕西建设机械股份有限公司重大资产重组交易对方王某荣予以通报批评的决定》,文号:纪律处分决定书〔2019〕25号,2019年4月10日。

正是考虑到上述情况,《民法典》第388条规定"担保合同包括抵押合同、质押合同和其他具有担保功能的合同",将具有担保功能的合同纳入担保合同,进而通过构建统一的动产和权利登记制度,在大陆法系形式主义的框架下,吸收了英美法系功能主义的担保理念,实现了两大法系担保法制的有机统一。[35] 在《民法典》已经融合了两大法系担保制度的情况下,一般将担保物权分编规定的担保物权即抵押权、质权、留置权作为典型担保,而将规定在《民法典》其他部分(主要是合同编)甚至未规定在《民法典》中但具有担保功能的交易形态作为非典型担保。可见,非典型担保主要包括两种情形:一是虽为《民法典》所规定,但并未规定在担保物权分编的所有权保留买卖、融资租赁、有追索权的保理;二是未被《民法典》明确规定但具有担保物权功能的担保,如让与担保。

进一步地,最高人民法院《关于适用〈中华人民共和国民法典〉有关担保制度的解释》(以下简称《民法典担保制度解释》)明确了因抵押、质押、留置、保证等担保发生的纠纷,适用该解释。因所有权保留买卖、融资租赁、保理等涉及担保功能发生的纠纷,也适用该解释的有关规定。[36] 非典型担保涉及的担保功能,主要涉及以下几方面的规则:有关登记对抗的规则;有关担保物权的顺位规则;有关担保物权的实现规则;有关价款优先权等担保规则。当非典型担保因能否以及如何适用前述规则发生纠纷时,可以适用《民法典担保制度解释》的相关规定。[37]

(三)以非典型担保的角度将限售承诺统一纳入担保体系

非典型担保本身不是物权,而是债权合意。由于具有以特定物担保的意思,法律例外地令其在满足一定条件时具有物权效力。因此,在解释一项限售承诺是否构成非典型担保时,需要解释该项限售承诺是否指向特定股份(特定化),是否具备担保上市公司或上市公司关联主

[35] 参见最高人民法院民事审判第二庭:《最高人民法院民法典担保制度司法解释理解与适用》,人民法院出版社2021年版,第85页。

[36] 参见最高人民法院《关于适用〈中华人民共和国民法典〉有关担保制度的解释》第1条。

[37] 同前注[35]。

体债权实现的价值,是否具有公示性质以对抗后续的担保物权人。

1. 基于双方合意的限售承诺符合物权客体特定原则

物权客体特定原则是大陆法系国家物权法的基本原则。在“物债二分”的规范体例下,物权和债权有着清晰的界分,与债权属于对特定对象的请求权不同,物权则属于对特定对象的支配权,否则,物的支配和处分、公示公信将发生困难,直接威胁交易安全,这就是所谓客体特定原则。[38] 而具体到担保物权领域,在动产抵押或者权利质押的情形下,当事人对担保财产进行概括性描述的,担保物权能否有效设立,长期以来存在争议。一些观点认为,设立担保物权应当符合物权概念中所要求的“特定的物”以及权利人能够“直接支配和排他”等条件,作为担保物权标的“物”必须符合特定性的要求。[39] 也有一些观点认为,当事人订立书面合同,办理了物权登记,担保物权便有效设立,并未将担保财产是否足够具体作为考量担保物权能否成立的因素。[40]

《民法典担保制度解释》的出台终结了上述争议。《民法典》出台后,为应世界银行优化营商环境的要求,我国着力构建现代动产担保制度,《民法典担保制度解释》第 53 条规定,“当事人在动产和权利担保合同中对担保财产进行概括描述,该描述能够合理识别担保财产的,人民法院应当认定担保成立”。随后中国人民银行出台《动产和权利担保统一登记办法》及《中国人民银行征信中心动产融资统一登记公示系统操作规则》,其中也引入了“对担保财产信息进行具体描述或概括描述……能够合理识别担保财产”的规定。虽然担保财产能够进行概括性描述的原则已经确立,但是对于合理识别的标准,仍需要司法实践加以解释。司法实践中有案例认为,担保财产名称、类型或数量不明确的,属于担保财产概括性描述不充分从而导致担保财产无法被合理识

[38] 参见李永军:《论我国〈民法典〉物权编规范体系中的客体特定原则》,载《政治与法律》2021 年第 4 期。

[39] 最高人民法院:上海浦东发展银行股份有限公司临沂分行诉中国银行股份有限公司沂水支行等第三人撤销之诉民事裁定书,案号:(2020)最高法民申 6319 号,2021 年 3 月 26 日。

[40] 最高人民法院:常州凯纳房地产开发有限公司诉东亚银行(中国)有限公司苏州分行金融借款合同纠纷二审民事判决书,案号:(2019)最高法民终 422 号,2019 年 9 月 23 日。

别,因而担保物权未设立。[41]

具体到基于双方合意的限售承诺中,以业绩承诺为例,发行股份购买资产结束之日交易对方所获得的股份即被锁定,相关业绩补偿协议也在重大资产重组启动之时对外公示,并载明股份补偿回购数量的计算公式。[42] 可以理解为,上市公司以交易对方所获得的所有股份为对象,担保日后交易标的实现预测经营业绩。而在交易标的经营业绩不达标时,上市公司以业绩补偿协议载明的股份补偿计算公式为基础,确定拟回购的股份数量。因此,在基于双方合意的限售承诺中,用以担保的股份数量是明确具体的,指向重大资产重组等交易中所发行的全部股份,符合《民法典担保制度解释》合理识别的标准。而部分司法案例以"业绩承诺未达标时上市公司需回购的股份并未特定化"为由认定上市公司享有的限售股回购权是债权请求权,[43] 忽视了签订业绩补偿协议时用以担保的股份数量已经确定的事实,这不足以否定上市公司与交易对方之间达成的物权合意。

2. 基于双方合意的限售承诺具备经济价值

股份限售承诺需具备担保上市公司实现某项经济利益的价值,才能被纳入非典型担保的射程范围。股东因看好上市公司长期发展前景等因素单方作出的延长限售期等限售承诺,因不具备经济价值,无法被

---

〔41〕 上海市嘉定区人民法院:上海亭好模具有限公司诉上海辰宏机械有限公司加工合同纠纷一审民事判决书,案号:(2021)沪0114民初22544号,2021年12月29日;河南省虞城县人民法院:商丘众诚商砼有限公司诉贵州千硕建设(集团)有限公司商丘分公司等买卖合同纠纷一审民事判决书,案号:(2021)豫1425民初2715号,2022年3月9日。

〔42〕 参见《浙江祥源文化股份有限公司收购报告书》第28页,祥源旅开应补偿的金额及股份数量依据下述公式计算确定:祥源旅开当期补偿金额=(标的公司截至当期期末累计承诺净利润-标的公司截至当期期末累计实际净利润)÷业绩承诺期各年度的承诺净利润合计数×交易价格-累计已补偿金额;当期应补偿股份数=当期应补偿金额÷本次重组的股份发行价格;若上市公司在业绩承诺期内实施送股、资本公积转增股本等除权事项的,则补偿股份的数量应做相应调整并依据下述公式计算确定:调整后应补偿股份数=按上述公式计算的应补偿股份数×(1+送股或转增比例)。

〔43〕 浙江省高级人民法院:银江股份有限公司诉浙江浙商证券资产管理有限公司、李欣案外人执行异议之诉二审民事判决书,案号:(2017)浙民终247号,2017年12月25日。

解释为非典型担保。而基于双方合意的限售承诺,例如基于业绩补偿协议作出的限售承诺,可以解释为担保上市公司重大资产重组过程中的经济利益,在股东无法实现业绩承诺的场合,上市公司有权依据业绩补偿协议的约定注销限售股,具有类似于所有权保留的权利;[44] 又如基于股东资金占用、违规担保等损害公司利益行为作出的限售承诺,可以解释为担保上市公司通过法定渠道获得赔偿的权利。

3. 限售承诺公示赋予限售承诺对抗第三人的效力

物权公示是物权具有对抗性、排他性、追及性、优先性效力的关键。"物权具有绝对排他的效力,其得丧变更须有足由外部可以辨认的表征,始可透明其法律关系,减少交易成本,保护交易安全。"[45] 而担保物权人往往并不实际占有担保物,公示担保物权更是保障交易安全的生命线。我国《民法典》第 414 ~ 416 条规定了担保物权的优先顺位规则,即"公示优先原则"。非典型担保作为具有担保功能的债之关系,其要取得物权效果,除了要有明确提供担保之意思表示,还必须以适当方式对外公示,方可取得物权效力。我国《民法典》在第 641 条、第 745 条规定了所有权保留以及融资租赁这两类非典型担保的"登记对抗"规则。《民法典担保制度解释》进一步规定,对于非典型担保合同,当事人以法律、行政法规尚未规定之为由主张无效的,人民法院不予支持。不过,当事人未在法定的登记机构依法进行登记,主张该担保具有物权效力的,人民法院不予支持。[46] 司法实践中也明确,"根据登记公示公信原则,在确认西开投公司优先受偿权的范围时,则应将在工商部门登记备案的让与担保股权份额为依据"[47]。

具体到限售承诺中,限售承诺的登记机构为证券登记结算机构,只有对外公示公开,方可具有对抗第三人的物权效力。因此,上市公司不

〔44〕 北京市高级人民法院:杨某等非与执行审查执行判决书,案号:(2023)京执复 136 号,2023 年 6 月 15 日。

〔45〕 参见王泽鉴:《民法物权:通则·所有权》,中国政法大学出版社 2001 年版,第 92 页。

〔46〕 参见最高人民法院《关于适用〈中华人民共和国民法典〉有关担保制度的解释》第 63 条。

〔47〕 最高人民法院:齐星集团有限公司诉西宁经济技术开发区投资控股集团有限公司等借款合同纠纷再审民事判决书,案号:(2022)最高法民再 82 号,2022 年 6 月 14 日。

能以存在未公开的限售承诺为由阻碍股份上市流通。而作出限售承诺的当事人也不必在限售登记之外另行办理股权质押登记,限售承诺登记本身已经起到了向全市场公示限售承诺的效果。在限售承诺被作为非典型担保的情况下,也不能仅凭当事人未进行股权质押登记而否认限售承诺的物权效力,〔48〕而应依据限售承诺是否已经对外公示对限售承诺的物权效力进行认定,即"质权人在知道业绩补偿协议内容及限售股设定原因后仍愿意接受限售股出质的,视为与质押人协商一致,愿意承担限售股质押存在的业绩对赌风险,因此上市公司的限售股回购权优先于质权人"〔49〕。

综上所述,将基于双方合意的限售承诺纳入非典型担保体系,将有助于解决限售股解禁的司法纠纷,强制执行中如何适用限售制度的难题将迎刃而解:上市公司设立的类似所有权保留的限售股回购权在设立时会根据监管要求向市场公开业绩承诺的内容、解除限售的条件,市场已经充分知悉,而根据担保物权依登记时间先后进行清偿的原则,〔50〕作出业绩承诺的原股东即使将限售股出质,所设立的质权也应当劣后于上市公司设立的限售股回购权。

(四)限售股份上的限售承诺不因司法拍卖而消灭

司法执行对标的物上所负担的权利负担(担保物权)的处理,有承受主义与涤除主义之分。前者指拍卖物上的权利负担继续存在,由买受人承受,不因拍卖而消灭;后者是指物上负担因拍卖而消灭,拍定人取得无任何负担的拍卖物。因此,将限售承诺作为非典型担保还需解决的问题是,司法执行是否具有涤除拍卖财产上权利负担(担保物权)

〔48〕 在中农发种业集团股份有限公司(以下简称中农发种业公司)诉长城国兴金融租赁有限公司(以下简称长城国兴公司)合同纠纷一案中,法院认为,中农发种业公司称其与郭某江签订业绩补偿措施等协议,以该股票质押给中农发种业公司,但未办理质押登记。中农发种业公司以未办理质押登记的债权不能排除长城国兴公司已办理质押登记的债权的执行。参见河南省高级人民法院:中农发种业集团股份有限公司诉长城国兴金融租赁有限公司合同纠纷执行裁定书,案号:(2020)豫执复405号,2020年11月10日。

〔49〕 广西壮族自治区高级人民法院:皇氏集团股份有限公司诉徐某蕾等合同纠纷上诉二审民事判决书,案号:(2021)桂民终923号,2021年11月15日。

〔50〕 参见最高人民法院《关于适用〈中华人民共和国民法典〉有关担保制度的解释》第57条。

的效力,如果司法执行具有涤除权利负担的效力,则司法执行的过程中应当将限售股处分所得价款优先清偿上市公司。

我国司法实践中对拍卖财产上的权利负担采取有限保留原则,对拍卖物的担保物权及其他优先受偿权采取涤除主义立场,租赁权及其他用益物权采取承受主义立场。一般认为,担保物权作为从权利,只是为了交易风险所设立,在抵押物处置后权利人即可优先受偿,故不需要给予追及效力;而用益物权和租赁权通常涉及社会生产经济效益,可以给予物上存续的效力。最高人民法院《关于人民法院民事执行中拍卖、变卖财产的规定》第 28 条规定,拍卖财产上原有的担保物权及其他优先受偿权,因拍卖而消灭,拍卖所得价款,应当优先清偿担保物权人及其他优先受偿权人的债权,但当事人另有约定的除外。拍卖财产上原有的租赁权及其他用益物权,不因拍卖而消灭,但该权利继续存在于拍卖财产上对在先的担保物权或者其他优先受偿权的实现有影响的,人民法院应当依法将其除去后进行拍卖。

《民法典》顺应物权流转规律及市场经济发展规律的要求,对抵押财产转让是否涤除抵押权作出了不同规定。《民法典》第 406 条改变了原《物权法》第 191 条的规定,确立了抵押财产转让后抵押权可追及的规则,明确了抵押财产强制拍卖转让后,抵押权可不受影响,能够兼顾保障抵押权并实现物尽其用和利益平衡等价值目标。该条款对司法执行是否涤除担保物权的规定产生重大影响,抵押财产之上的抵押权不再因司法执行而消灭。对于设立于股权之上的权利质权,《民法典》第 443 条依然采取财产权利转让后涤除权利质权的立场:规定出质人转让基金份额、股权所得的价款,应当向质权人提前清偿债务或者提存。然而,对于限售承诺而言,司法执行限售股时往往无法确定原股东是否能够履行限售义务,或者原股东履行限售义务的期限尚未届至。如果将限售承诺作为非典型担保对待,并且严格执行司法执行对担保物权的涤除主义,那么上市公司将丧失可期待的期限利益。

对此,可借鉴比较法相关规定,将基于双方合意的限售承诺作为非典型担保的同时,明确司法执行不影响限售承诺的效力。司法执行本质上是债权的实现方式,不应当以损害他人合法权益为代价,司法执行过程中应当尊重标的物上担保物权人的意见。因而,对于限售承诺中原股东尚未履行完毕限售义务的，可以规定限售承诺的效力不受司法执行的影响。

五、建议出台司法解释明确不得通过司法执行“洗白”限售股

如前所述，在限售股被司法强制执行过户后，限售承诺并不因司法执行而改变效力，否则将影响资本市场秩序，损害上市公司利益。在满足证券监管规范关于限售股的解禁条件后，限售股方可上市流通。但个别案例中上市公司股东在股份被司法冻结后作出限售承诺，会导致股票流通性与价值大幅下降，极大地损害了债权人利益，妨碍司法执行程序。因此，法院在民事审判程序裁决限售股是否解禁时，需要综合考虑限售承诺的来源、公开性，不仅因为限售股限售期限届满而直接要求限售股解禁，而是要充分尊重证券监管有关限售制度的规范，在保护上市公司中小股东利益和维护司法执行效率之间取得平衡。而在各地司法裁判对买受人是否继受限售承诺认识不一的情况下，由最高人民法院出台司法解释，统一司法裁判认识至关重要。而《股份执行规定》已经出台二十多年，2021 年 12 月 20 日最高人民法院还发布了《关于人民法院强制执行股权若干问题的规定》，进一步规范有限责任公司股权、股份有限公司股份（不包括上市公司股份、新三板公司股份）[51]的执行程序。因此，最高人民法院出台有关上市公司股份的司法解释，明确限售承诺的承受范围尤为必要。

1. 建议明确通过审判程序裁决限售股解禁纠纷

如前所述，限售股解禁引发的纠纷属于上市公司与限售股买受人之间的民事纠纷，而不属于原股东与限售股买受人在执行程序之间发生的争议，因此，建议在司法解释中明确法院通过民事审判程序而非执行异议审查程序裁决限售股解禁纠纷。

---

〔51〕 参见最高人民法院《关于人民法院强制执行股权若干问题的规定》第 1 条。

2. 建议明确原股东在执行前作出的公开承诺之效力及于限售股买受人

在司法拍卖的公告中,法院一般会对拍卖的限售股基本情况进行提示,要求买受人自行了解限售股所附的流通限制和业绩承诺等内容并要求买受人自行承担相应的法律后果。例如,在ST天润司法拍卖公告中,法院在公告中提示称“被执行人名下所持有的1632万股湖南天润数字娱乐文化传媒股份有限公司的股票性质为限售流通股,非公开发行限售股解除限售日期为2019年4月28日,但因涉及公司非公开发行业绩对赌情况,解除限售日期待定(内容参考于*ST天润2020年年度报告)”〔52〕。又如在建设机械司法拍卖公告中,法院提示称“该股票属于限售流通股,尚不能上市交易。请各竞买人务必咨询中国结算上海分公司,知晓相关情况,符合竞买条件后竞买。上市流通时间及解禁时间也可咨询陕西建设机械股份有限公司”〔53〕。

为避免股东通过司法执行逃避所负的限售承诺相关义务,建议在司法解释中明确司法执行不改变限售股的限售性质,限售股买受人应当遵守原股东作出的限售承诺。进一步地,为增强各方主体对强制执行标的股票附带义务的认识,保护当事人的知情权,避免竞买人在不知悉的情况下参加竞买,出现违规减持行为或者未能及时履行相关义务,建议在有关司法解释中明确在上市公司股票司法拍卖公告中应当充分提示标的股票附带义务。同时,受让人完成竞买、承继相关义务后,应当及时通知上市公司予以公告,以明确市场预期,便于证券交易所开展后续信息披露、股份变动行为的管理工作。此外,为防止实践中个别股东通过作出限售承诺阻碍在先的司法执行的情况,明确股东就已经查封、扣押、冻结的股份所作限售承诺属于移转、设定权利负担或者其他

〔52〕 上海金融法院:《上海金融法院关于1632万股湖南天润数字娱乐文化传媒股份有限公司股票(*ST天润,限售流通股)(第二次拍卖)的公告》,载人民法院诉讼资产网,https://www.rmfysszc.gov.cn/statichtml/rm_xmdetail/3973286.shtml,2024年1月30日访问。

〔53〕 南通市通州区人民法院:《南通市通州区人民法院关于王志荣持有的896057股建设机械(股票代码:600984)限售流通股股权(第一次拍卖)的公告》,载人民法院诉讼资产网,https://www.rmfysszc.gov.cn/statichtml/rm_xmdetail/987180.shtml,2024年1月30日访问。

有碍执行的行为,应当承担相应法律责任。[54]

3. 建议明确裁决由上市公司承担协助执行义务

如前所述,《股票上市规则》等规定限售股解禁时由上市公司提出解禁手续,证券交易所承担审核限售股是否达到解禁条件的审核职责,证券登记结算机构就限售股解禁材料进行材料齐备性的形式审核。为了避免法院混淆上市公司的申请解禁职责与证券交易所、证券登记结算机构的审核把关职责,建议在司法解释中明确由上市公司承担提出解禁手续的协助执行义务,上市公司拒不协助执行或者拖延协助执行导致限售股买受人受到损失的,应当承担赔偿限售股买受人相应损失等法律责任。[55]

(编辑:严 琦 姜沅伯)

---

〔54〕 参见最高人民法院《关于人民法院民事执行中查封、扣押、冻结财产的规定》第24条规定:"被执行人就已经查封、扣押、冻结的财产所作的移转、设定权利负担或者其他有碍执行的行为,不得对抗申请执行人。"

〔55〕 司法实践中,上市公司拒绝为达到限售股解禁条件的当事人办理解禁手续的,法院会判决上市公司承担侵权责任。如同前注〔6〕;同前注〔7〕。

《证券法苑》(2024)
第四十卷,第 222~236 页

股权收益权转让之担保功能的司法认定及实现路径

——某信托公司诉某投资公司其他合同纠纷案

崔 婕[*] 杨 晖[**]

摘要:股权收益是基于股权而享有的财产收益,法律并未明确其可设定质押权利。一般可通过两种方式实现其担保功能:一是通过债权途径,即以合同约定让与担保,或者仅通过合同明确股权收益的担保功能,但并未成立让与担保。二是以担保物权方式,约定股权收益权的未来收益确定后便成立现金质押。本案中,合同明确限制出让人随意处置股息红利并进行专户监管,股权收益权并未真正转让,股息红利实际用于受让人在转让合同项下收益实现之担保功能。

关键词:股权收益权 合同转让 无名合同 担保功能

一、案情

2017 年 11 月,某银行、某投资公司均为委托人

* 上海金融法院综合审判二庭副庭长。

** 上海市崇明区人民法院商事审判庭审判员。

(受益人)分别认购信托计划A类信托单位(优先级)140,000万元,B类(劣后级)信托单位46,700万元。信托合同约定,信托计划72个月,为事务管理类信托。受托人按照委托人的意愿,以受托人的名义,将信托计划资金受让某投资公司持有标的股权受益权。每日信托单位对应的固定信托报酬=当日信托单位存续份数×1元×0.1%/360。保管费的费率为每年0.05%。信托合同同时约定,若出现受托人以外交易对手违约的情况,受托人仅根据委托人指令权人的指令行使法律法规或者信托文件规定的权利,全体委托人授权A类委托人作为委托人指令权人,就委托人决策保留事项对受托人下达委托人指令。

2017年11月,某信托公司与某投资公司签订股权收益权转让合同。信托计划以信托资金受让某投资公司持有的标的股(启迪控股公司股权)对应的股权收益权。某投资公司自转让价款投放之日起定期向某信托公司支付股权收益权维持费,年化费率6.8%。信托成立满两年后,某投资公司有权向某信托公司回购标的股权收益权。行权费=A类委托人信托资金×实际标的股权收益权转让存续天数×0.1%/360。优先回购价款=14亿元-已提前注销的信托计划A类委托人信托份额。合同项下标的股权收益权包括但不限于以下权利:(1)标的股权的股息红利及在任何情形下的变现所得;(2)因送股、公积金转增、配股、拆分股权等而形成的派生股权的股息红利及变现所得;(3)若公司依法解散,则享有公司解散且清算后标的股权对应的公司财产的权利;(4)若某投资公司根据法律、行政法规、规章的规定,以及司法机关的裁决或信托合同的约定,依法对外转让或以其他方式处置标的股权,则某信托公司享有处置标的股权所获得的全部或部分收益的权利;(5)标的股权产生的其他收入。标的股权收益权所产生的全部财产性收益或权利,均为该合同所述转让之标的,在该合同约定转让期限内,某投资公司不得对该收益权行使分配或处分权利,以确保标的之完整性,但经双方协商同意的除外。

关于超额收益,在信托合同有效期内,若标的股权已上市并流通的,某投资公司需向某信托公司支付超额收益。某投资公司全部抛售标的股权股票,以实际抛售股票的加权平均股价为基准价格,当基准价格大于13.26元/股时,某投资公司根据如下公式确定超额收益:[(基准价格－13.26元/股）×14,515.2万股］×10%。若某投资公司未抛售，则以某投资公司在收到某信托公司书面通知函之日前20个交易日启迪控股公司的平均股价（不满20个交易日按实际流通交易日计算平均股价）为基准价格，当基准价格大于13.26元/股时，某投资公司根据如下公式确定超额收益：［（基准价格－13.26元/股）×14,515.2万股］×10%。

关于违约责任，若某投资公司未按期足额将标的股权转让收入、股息红利、应支付的赔偿金等任何应付款项支付给某信托公司，则某投资公司除应立即支付该款项外，还应向某信托公司支付迟延付款违约金，每日迟延付款违约金为应付而未付款项金额的日万分之三（0.03%），若迟延付款违约金不足以弥补某信托公司遭受的损失，还应赔偿某信托公司因此而受到的损失的差额部分。

某投资公司与某信托公司、某银行签订《集合资金信托计划差额补齐协议》（以下简称《差额补齐协议》）。某投资公司为某信托公司、某银行（A类委托人信托资金）提供差额补齐义务。《差额补齐协议》约定：（1）为保障信托资金本金及收益安全，某投资公司提供差额补齐保证金义务（IPO前）。股净资产低于预警线，某投资公司应在3个工作日内将每股净资产差额补足保证金给某银行指定账户；IPO已上市且未流通，股价低于10.77元，某投资公司应将差价作为保证金补足；IPO已上市且流通，每股低于10.77元，直接平仓，信托计划终止。（2）如果在信托终止时或在股权收益权转让期限届满时（包括提前到期）某银行在信托项下获取的本金及收益不足以覆盖某银行的信托资金本金及预期信托收益，以及在信托合同有效期内，某信托公司累计取得标的股权收益权所产生的全部财产性收益不足以兑付信托计划A类委托人信托资金预期信托利益、附加信托收益及信托财产相关费用，则补齐金额为某银行信托本金＋某银行按信托合同约定的预期收益＋信托计划应付未付信托费用＋按股权收益权转让合同约定的某信托公司的附加信托收益－某银行在信托项下已实际分配的信托权益（含附加信托收益）。（3）迟延补差，某投资公司应支付每日万分之三（0.03%）的违约金。

2017年11月21日，某信托公司向某投资公司支付股权收益权转让价款1,867,000,000元。2019年9月30日,某投资公司支付1,600万元到某投资公司开立在某银行的尾号2816的监管账户,2020年3月23日,15,972,348.61元划转至某信托公司,用于支付股权收益权维持费。

某信托公司与某投资公司签订股权质押合同,质押担保主债权为某信托公司(甲方)、某投资公司(乙方)签署的《差额补齐协议》形成的主债权。标的股权质押期间产生的收益,包括但不限于红利和其他收益等派生权益一并作为质押物。质押标的价值减少足以危害质权人权利的,出质人均有义务向质权人增加或者重新提供质权人认可的担保,质权人有权要求出质人恢复质押股权的价值或者提供与减少价值相当的担保。案外人协信远创公司出具代偿承诺函,约定协信远创公司为某投资公司在《差额补齐协议》项下的义务向某信托公司承担连带担保责任。自然人吴某、陈某与某投资公司签订保证合同,约定二人为某投资公司在《差额补齐协议》项下的义务承担连带担保责任。协信远创公司与某信托公司、某银行订立受让与回购协议,约定信托终止时(包括提前终止),协信远创公司的受让与回购义务条件同《差额补齐协议》约定的触发条件,受让与回购金额为某银行在信托项下委托的信托资金本金+信托预期收益+信托计划应付未付信托费用+按照股权收益权转让合同中约定的应属于甲方的信托收益-某银行在信托项下已经实际分配的信托权益(含附加信托收益)。

关于监管账户及股息红利分配情况,2017年9月27日,某投资公司与某银行签订账户监管协议,约定某投资公司将标的股权的股息红利及信托计划差额补足保证金存入某投资公司在某银行开立的尾号2816的监管账户,该账户不开通电子银行及通兑,对外支付须经某银行审核同意,并加盖资金监管账户专用审核章。资金用途不得用于二级市场投资、涉房项目支出与某银行信贷政策禁止性行业。若某投资公司违反上述约定,某银行有权要求某投资公司限期纠正,并可要求某投资公司包括但不限于提供相应担保、赔偿损失等。

某信托公司、某投资公司共同签订,拟向启迪控股公司发送的《关于股权分红款划付账户告知函》载明:股权收益权转让合同约定,标的股权产生的股息红利均归属某信托公司,若启迪控股公司在转让期间分配标的股权红利,支付至尾号2816的监管账户。

2017年度启迪控股公司股东会决议,2017年度按0.55元/股分配股息红利,共计分配39,916.80万元。某投资公司获分配利润7,983.36万元。2020年度股东会决议,某投资公司获得分配利润4.6亿元。某投资公司2021年1月的资产负债表显示应收股息红利期初、期末余额均为539,833,600元,但2021年2~4月的资产负债表均未见应收股息红利期末余额。

2021年10月,某信托公司向某投资公司发送《关于违反合同约定处理标的股权分红的违约提示函》,载明截至2020年12月,启迪控股公司应付某投资公司股息红利约5.3亿元。某投资公司违约处置股息红利。某信托公司要求某投资公司将股息红利转入尾号2816的监管账户,金额合计5.3亿元。

某信托公司诉请:(1)某投资公司向某信托公司支付标的股权分配的股利539,833,600元;(2)某投资公司向某信托公司支付因迟延支付股利产生的违约金32,228,065.92元[以539,833,600元为基数,按照日万分之三(0.03%)的标准,自2021年2月1日起暂计算至2021年8月18日,实际支付至付清之日止]。庭审中,某信托公司提出备位诉请称:某投资公司将已获标的股权股息红利539,833,600元支付至某投资公司在某银行开立的尾号2816的监管账户。某投资公司无某信托公司的指令不得处分该款项。

二、裁判

上海金融法院于2022年10月10日作出(2021)沪74民初2921号民事判决,判决某投资公司向尾号2816的监管账户支付539,833,600元;驳回某信托公司的其余诉讼请求。一审判决后,双方均未上诉,该判决已生效。

(一)关于事务管理型信托受托人是否享有诉权

根据《信托法》第2条的规定及信托合同的约定,A类委托人某银行为信托计划全体委托人的委托人指令权人。某银行向上海金融法院出具书面意见，明确表示授权某信托公司提起本案诉讼。因此根据《信托法》及信托合同的规定，某信托公司享有本案诉权。

（二）关于股权收益权是否真正转让、诉争股息红利的归属

1. 某信托公司在股权收益权转让合同项下对价是固定的股权收益权维持费以及包括超额收益在内的附加信托收益。显然固定的股权收益权维持费性质与基于股权收益权产生的不确定的股权收益性质并不相同。此外，合同还约定，某投资公司不得对标的股权收益权行使分配或处分权利，以确保标的之完整性，但经双方协商同意的除外。可见，某信托公司并非股权收益的所有权人，其支付转让价款的对价是依据向某投资公司融出资金金额量化计算的本息收益而非股权收益。

2. 某信托公司的上述收益对价通过《差额补齐协议》加以保障，不承担股权收益风险。此外，针对某投资公司上述差额补齐义务又安排股权受让回购、股权质押、保证等一系列增信措施。综合上述合同约定，某信托公司在股权收益权转让合同项下的收益均获得保障，不承担任何股权受益权转让期间的风险。

3. 某信托公司、某投资公司签订股权收益权转让合同的真实目的系以转让价款名义实现资金融通。有证据显示，合同标的股权收益权的价值并未经过评估，且根据受让与回购协议，信托终止后，若某银行未按照信托合同的约定获得全部收益，以及某信托公司未按股权收益权转让合同的约定获得全部附加信托收益及信托计划相关费用，协信远创公司负有无条件以固定价格回购诉争股权收益权的义务，且回购价格是某银行及某信托公司的依约应收收益与实际获得收益的差额。可见某投资公司系为获得资金融通，某信托公司则为获得固定本息回报。

4. 合同约定标的股权上市流通的部分超额收益归属信托财产，这进一步证明了某信托公司并未真正受让股权收益权。

综上，某信托公司虽通过股权收益权转让合同受让股权收益权，但在转让期间获得固定股权收益权维持费及包括部分超额收益在内的附加信托收益，并不承担标的股权价值变动以及股权收益（股息红利）是否产生的风险。某信托公司的本位诉请主张股息红利归属某信托公司，无事实与法律依据，不予支持。

(三)诉争股息红利的功能认定及其实现

1.根据双方当事人的约定,某投资公司不能随意处置股息红利。同时,根据《关于股权分红款划付账户告知函》,某信托公司、某投资公司合意要求启迪控股公司将股息红利支付到约定监管账户。该告知函虽未向启迪控股公司实际发送,但由某信托公司、某投资公司共同盖章,应视为双方真实意思表示及合意结果。某信托公司虽不是账户监管协议的签约方,但该协议是关于某投资公司如何确保股权收益权完整,即股息红利划转至特定账户并限制使用用途的具体安排,其实质是股权收益权转让合同实施的必要组成部分,某投资公司理应遵守。且由于某信托公司并非启迪控股公司股东,无法直接向该公司主张权利,要实现股权收益的担保作用,本案双方约定以某投资公司在某银行处开立监管账户,监管股息红利,对其处置该部分股权收益的权利进行限制。综上,双方当事人的该意思表示并无法定无效事由,合法有效。

2.诉争股息红利担保功能认定及实现。首先,诉争股息红利进入监管账户后的支出需经某银行审核同意,上述约定旨在督促某投资公司如约履行股权收益权转让合同项下包括股权收益权维持费等对价的支付,以保障某信托公司信托投资本金和收益维持在约定水平,最终担保某银行在案涉信托合同项下预期收益的实现。其次,本案某信托公司、某投资公司双方还另行签订了股权质押合同,股息红利作为股权的法定孳息,当然属于质押财产。若案涉股权质押已进行登记,则质权依法成立,某信托公司作为质权人亦可对诉争股利依法行使质权。至于某投资公司主张的诉争股利支付至监管账户后及时抵扣债务的问题,根据法律规定,出质人请求质权人及时行使质权,因质权人怠于行使权利造成出质人损害的,由质权人承担赔偿责任。

综上分析,本案系争股权收益权转让合同系无名合同,该合同系当事人真实意思表示,且不违反法律、行政法规的强制性规定,合法有效。某投资公司违反约定,擅自将获得分配的股利处分,当然构成违约。某信托公司备位诉请要求某投资公司划转股息红利至监管账户,应予支持。

(四)关于案涉股息红利金额如何确定

股息红利是股权的法定孳息。公司在盈利的情况下是否及如何向股东分配利润，属于商业判断和股东意思自治的范畴，股东分红只有经股东会决议分配后方实际发生并确定。因此，法定孳息虽是因法律关系所获得的收益，但其产生应是在收益确定之时，而不是法律关系确定之时。凡是归属股东的股权分红，只有在具体金额确定时方具备股权收益权转让合同及股权质押合同约定的具有担保作用的股权的法定孳息状态，此时，某投资公司应依约将该部分股息红利支付至监管账户。

三、评析

司法实践基本认可股权收益权的买卖融资、质押融资、出让回购融资交易模式的法律效力。本案的特殊之处在于，争议焦点并非直接行使股权收益权回购权利，而是主张受让人实现其依据转让合同对股权收益权之股息红利的名义所有权或担保，这实际涉及以股权收益权进行融资担保的法律性质及其实现路径的探讨。这类交易纠纷焦点通常集中在对股权收益权是否真实买卖、担保功能如何认定及实现上。对于争议焦点所涉及的股权收益权担保融资交易的相关法律问题，仍需结合市场实践及立法发展加以深入讨论。

（一）股权收益权法律性质之分析

关于股权收益权转让中的股息红利之担保功能及实现的司法认定争议，首先源于股权收益权的法律性质并未在法律中明确规定，实践中存在股权收益权是物权还是债权的争论，进而影响股权收益权转让合同的法律定性。

1. 收益权的法律性质

通常理解，收益权依附于基础资产，但收益权不同于基础资产；收益权不是一项独立的权利，而是基础资产权利分化的部分权能；收益权是根据法律规定或者合同创设、基于基础资产而可能产生的经济利益，具有可转让性。根据权利形成的基础，收益权可区分为法定资产收益权，如自然资源收益权；基于特许经营权产生的资产收益权，如公路、桥梁、隧道收益权；基于当事人约定形成的资产收益权，如有限合伙份额收益权、票据收益权、保单收益权等。根据基础权利的性质，还可分为物权收益权、债权收益权、其他权利收益权。

收益权在我国法律体系中并无明确定位,法律性质亦无明确界定。在司法层面,最高人民法院《关于适用〈中华人民共和国民法典〉有关担保制度的解释》(以下简称《民法典担保解释》)第61条第4款规定:以基础设施和公用事业项目收益权、提供服务或者劳务产生的债权以及其他将有的应收账款出质,当事人为应收账款设立特定账户,发生法定或者约定的质权实现事由时,质权人请求就该特定账户内的款项优先受偿的,人民法院应予支持;特定账户内的款项不足以清偿债务或者未设立特定账户,质权人请求折价或者拍卖、变卖项目收益权等将有的应收账款,并以所得的价款优先受偿的,人民法院依法予以支持。该规定将部分不动产收益权纳入《民法典》"权利质押"范围。随着近年来收益权交易在金融市场中的活跃,金融监管文件已广泛承认和使用收益权这一概念,在不断加强收益权交易监管的同时,已普遍认可收益权作为金融交易标的的行业实践。

在收益权的法律性质无明确法律界定的情况下,应比照我国法律的相近规定进行分析。除物权法定外,我国法律对其他财产性权利并未禁止。若是物权收益权,权能与权利分离没有法律障碍,所有权人可将所有权的部分权能与所有权分离而单独转让,设立用益物权或者担保物权。若是债权收益权,其内部亦存在多项权能可以明确分辨,也可实现权能与权利的分离,通过合同实现收益权转让。

2. 股权收益权的法律性质

股权收益权是以公司股权为基础资产,股东因直接投资公司而依法获取的投资收益,对标的股权享有其全部收益的权利,具有物权属性,是股权的法定孳息,是未来可能产生的收益。但在股权收益权转让合同项下,受让人获得的股权收益权是一种合同债权,是股东将其对标的股权的收益权能进行转让,受让人支付对价,获取标的股权可能产生的收益,其法律性质不属于法定的物权种类,而应为可分的债权权能之一。金融交易中,通过股权收益权转让合同将具有物权属性的股权收益权转换为债权属性的收益权,受让人取得标的股权收益权,出让人仍持有标的股权。

(二)股权收益权融资担保之法律逻辑

股权收益权转让融资拓宽了股权融资的形式。实践中,以股权收益权融资,具体的交易架构不外乎以下几种形式。一是通过股权收益权的买卖融资(让与担保),二是以股权收益权质押进行担保融资,三是以股权收益权名义转让实现担保功能(非让与担保,如出让回购等)。上述融资形式从法律性质方面可以总结为两类,一是股权收益权债权形式融资担保,如股权收益权的买卖融资及名义转让担保;二是股权收益权的物权形式融资担保,如股权收益(权)质押。在实际交易中,上述分类也可能混合使用。例如进行股权收益权担保融资,以合同约定股权收益权名义转让,但限制出让人(标的股权股东)处分股权收益权以担保受让人(投资人)本金及收益,受让人的合同对价以固定收益加浮动收益形式实现,同时安排回购、差额补齐、保证等增信措施。

1. 股权收益权真正转让的判断标准

如以股权收益权实现融资、担保之目的,对不同具体融资形式的法律性质的判断首先集中在对股权收益权转让合同法律性质的判断上,即股权收益权是否真正转让。对此,应从受让人在该合同项下对价、收益风险承担、合同订立的真实目的来判定股权收益权是否真正转让,进而确定股权收益权转让合同性质、股息红利的归属及功能。

首先,股权收益权转让合同必须有效。以合同形式转让股权收益权,合同的法律效力没有瑕疵。若股权收益权转让合同无违反法律、行政法规的强制性规定及恶意串通损害国家、集体或第三人利益之情形,转让合同应为有效。

其次,判断是否真正受让股权收益权的所有权,应考察股权收益权转让合同目的、受让人支付的合同对价是否为转让标的的合理价值及实现方式、是否承担相应风险等因素。一是受让人通过转让合同获得标的股权收益,但不参与经营管理。二是转让合同约定合同履行期内,出让人必须保障股权收益权的完整性,不得随意处置股息红利等股权收益。同时,出让人将标的股权质押给受让人,担保受让人投资本金及收益实现。三是股权收益权的转让对价非市场公允价值,系直接在受让人投资本金基础上增加固定比例的溢价。四是股权收益权转让合同通常还约定差额补齐、回购条款等,或另行签订差额补齐协议、回购协议、增信担保等措施保障受让人的投资本金及转让合同项下的收益得以全部实现,不承担买入标的股权收益权是否产生的风险。若同时符合上述情形,虽转让合同有效,但股权收益权转让并非股权收益权的实质转让,受让人并未真正取得股权收益权的所有权,不能主张股权收益当然归其所有。

本案中,某信托公司、某投资公司并无买卖股权收益权的真实意思表示,实质是某信托公司将全部信托资金支付受让股权收益权价款,某投资公司获得资金融通,而某信托公司支付转让价款的对价是固定的信托收益及附加收益,并通过相应的回购、差额补足、保证、股权质押等一系列增信措施,保障某信托公司收取股权收益权转让价款本金及收益,因此案涉股权收益权并非真正转让。

2. 股权收益权融资担保的不同法律性质及逻辑

若股权收益权非真正转让,则要进一步探讨以股权收益权实现融资担保具体形式的不同法律性质及其逻辑。

(1)以股权收益权融资担保的债权形式

在债权模式下,通过合同创设股权收益权,由融资人(出让人、股东)形式转让给投资人(受让人)。

在成立让与担保法律关系的情形下,合同创设股权收益权并转让给投资人,投资人依转让合同取得股权的全部收益所有权。投资人可依据转让合同约定,要求融资人在投资期间所得股权收益置于投资人监管下,当投资无法收回时,股权收益优先用于担保投资收益。通过这种股权收益权的买卖,将股东享有的依据股权请求分配股权收益的物权性质权利转化为投资人享有合同债权性质的请求限制融资人(股东)处置股权收益,并自合同约定股权收益权回购(收购)无法依约进行,或者标的公司股权市值低于合同约定价格时,将投资人控制的股权收益用于实现转让合同约定的投资人支付的投资本金及固定收益。纠纷通常主要集中在投资人通过诉讼确认其对股权收益权的权属性质上,即投资人对股权收益权的权利属性是所有权、担保物权或合同债权,要求处分股权收益用以实现投资本金和固定收益。

在合同设立担保功能情形下,投资人通过转让合同形式受让股权收益权,但并不直接控制、处置股权收益,仅通过限制融资人处分股权收益权用以担保融资。合同同时约定融资人(股东)无条件回购(收购)投资人的股权收益权,并以融资人(股东)或者第三方的差额补足及担保增信措施等保障投资人在转让合同项下的投资本金及固定收益。在此种以股权收益权进行融资的担保中,纠纷通常集中在投资人要求融资人(股东)或者第三方履行约定的回购(收购)、差额补足及担保义务上。而本案纠纷特殊之处在于投资人请求融资人(股东)实现对股权收益的监管,即控制股权收益权的现金收益(股息红利)。

(2)以股权收益权融资担保的物权形式

如前文分析,股权收益权是股东投资股权的风险收益,是基于股权未来可能产生的收益,与公司的经营状况息息相关,具有不确定性;此外股权收益的获取必须依赖股东的身份,股权收益的划转必须遵守公司利润分配的法律规定和公司章程的约定,因此行使股权收益权与一般的财产权利有所差别,股权收益权尚不具备法定的可以作为质押的权利特征。目前的法律、行政法规亦未明确将股权收益权列为可以出质的财产权利。此外,以股权收益权直接进行权利质押,面临着权利担保设立的程序困难。股权收益权设立质押担保,权利的交付存在困难,公示登记尚未有法律规范。但如果股权收益权已经实现,变成现金分红或资金收益,如公司明确分配给股东的股息红利、股东出售股权的现金收益、公司上市股票流通获得超额溢价收益等,此时股权收益权已经固定,可以参考金钱质押形式设定担保,以现金专户形式设立现金质押。根据《民法典担保解释》第 61 条第 4 款的规定,设定特定账户,将股权收益权的现金收益划入该账户,投资人控制该账户,并在合同约定的投资收益未实现时,对该账户内的款项优先受偿。

(三)股权收益权的担保功能认定及实现思路

《民法典》第 440 条规定了可以设定质权的权利种类,[1]其中并未列明股权收益权。虽然股东享有的基于投资股权而产生的财产性收益于法有据,但从法律权利角度看,股权收益权尚未被立法明确为一种权

---

[1] (1)汇票、本票、支票;(2)债券、存款单;(3)仓单、提单;(4)可以转让的基金份额、股权;(5)可以转让的注册商标专用权、专利权、著作权等知识产权中的财产权;(6)现有的以及将有的应收账款;(7)法律、行政法规规定可以出质的其他财产权利。

利。股权收益可明确、可固定,具有流动性,具备进行担保的法律属性,通过当事人意思自治,以合同创设股权收益权融资担保,也未尝不可。但基于物权法定思路,因目前法律并未将股权收益权列在权利质押范畴内,在司法实践中,一旦由此产生纠纷,将面临对股权收益(股息红利)担保功能认定及实现的法律逻辑思辨。《民法典》第467条第1款规定:"本法或者其他法律没有明文规定的合同,适用本编通则的规定,并可以参照适用本编或者其他法律最相类似合同的规定。"对于无名合同的性质认定,应比较最相类似的法律规定。关于股权收益权合同转让中的股息红利的功能认定及实现路径,要结合合同约定及股权收益权的法律特征进行综合判断。

1. 股权收益权担保功能的认定

如前文所述,以物权化方式固定担保中,若股权收益还未产生,则可依照未来应收账款质押之思路,进行权利质押登记,以明确股权收益权的担保功能;若股权收益(股息红利)已明确并固定,则可以按照现金质押法律规则设定担保。这种方式股权收益权直接设立担保物权,其担保法律性质可依法认定。

但以债权化方式固定担保功能时,是以转让合同明确设定担保功能,即成立非典型担保。通过转让合同将股权收益从股东权益中分离,以合同转让方式,实现股权收益权由融资人向投资人流转,一旦投资人的投资收益无法依约实现,股权收益就用于担保其投资收益的实现。综合前文分析,通过合同创设股权收益权的担保功能必须首先确定受让人本意并非真正受让股权收益权。其次,转让合同限制出让人随意处分股权收益并确保股权收益权的完整性,转让合同约定或者另有其他协议约定股权收益用于担保受让人在股权收益权转让合同项下对价收益的实现。综合上述条件,可认定股权收益权在转让合同项下的担保功能。

2. 股息红利担保功能的实现

股息红利担保功能的实现亦有物权和债权两种路径可供选择。

一是担保物权实现路径,将股权包括股权收益在内设立质押,担保权人实现担保权利。以股权担保,根据《民法典》相关权利质押的第440条、第443条、第445条、第446条的规定,要有效设立质权,要符合

《民法典》第436条规定的质权实现方式,即质权人可以与出质人协议以质押财产折价,也可以就拍卖、变卖质押财产所得的价款优先受偿。质押财产折价或者变卖的,应当参照市场价格。若以股权现金收益进行质押,则可根据《民法典担保解释》第61条第4款的规定,以现金质押专户形式实现质权担保。

二是合同债权路径,通常是通过特定账户对股权收益的流转加以限制,以实现担保功能。《民法典担保解释》非典型担保的第63条规定,债权人与担保人订立担保合同,约定以法律、行政法规尚未规定可以担保的财产权利设立担保,当事人主张合同无效的,人民法院不予支持。当事人未在法定的登记机构依法进行登记,主张该担保具有物权效力的,人民法院不予支持。在股权收益权转让中,受让人并非股东,无法直接行使股权收益权,故只能通过合同另行安排,约定一部分股权收益直接归属受让人,或者通过合同权利实现担保目的。如限制出让人对股权收益权的直接支配权,通过特定监管账户控制出让人处分股息红利,用于担保受让人收益的实现。在此情况下,若投资人主张对监管账户资金直接行使优先受偿权,则要受限于其事先将该监管账户资金在法定公示登记机构进行担保权利登记,否则只能行使合同债权,即实现合同上的担保功能,而非实现担保物权。

本案中,系争股息红利的功能为担保某银行(某信托公司)在信托计划(股权收益权转让合同)项下约定收益的实现。某信托公司并非标的公司股东,其通过股权收益权转让合同获得的股权收益权是一种合同债权,请求获取某投资公司(股东)投资标的公司而获得的股权收益。某信托公司主张实现股权收益权的担保功能,必须遵守公司法关于股东权利的相关规定。首先,某信托公司不能直接请求标的公司将股息红利置于其控制之下,而必须通过监管账户实现对股息红利的控制。其次,还可通过股权质押合同明确规定标的股权及其收益均用于担保某银行的预期信托收益等信托计划收益,进一步控制股权及其收益用于担保案涉交易合同履行。但由于某信托公司并未将该监管账户资金进行公示登记,未取得担保物权,不可直接主张对该账户资金的优先受偿。

环顾市场及司法实践,关于股权收益权转让及担保融资的性质及实现争议,在信托依法成立后资金运用行为产生的纠纷中确系常见。在股权收益权转让交易中,通过无名合同形式,设定股权收益权的担保功能合法有效。对合同上的担保功能的认定及实现必须在公司法股东权利等相关规定及《民法典》等法律关于权利质押的相关规定框架下,充分尊重交易当事人意思自治及真实意思,进行司法判断,以实现维护市场稳定预期。平衡纠纷各方利益之目标。

(编辑:朱锡俊　姜沅伯)

《证券法苑》(2024)
第四十卷,第237~250页

股份有限公司上市前后股权查封与质押效力冲突的司法认定

——江苏某宇公司诉中某资管公司、第三人中证登上海分公司质押合同纠纷案评析

朱颖琦[*]　李瑶菲[**]

摘要:《公司法》采用有限责任公司、股份有限公司二元化立法体例,其中,股份有限公司以发行股票是否在证券交易所上市交易为判断标准,可进一步区分为上市公司和非上市公司。此种立法体系下,公司股权质押、转让登记机构出现"碎片化"现象。本文从一则案例切入,讨论非上市股份有限公司股权变动的登记现状及司法查封在财产流转中的效力边界,以解决司法查封与善意第三方抵质押权之间的权利冲突。

关键字:司法冻结　公司上市　股权变动登记　合同效力

有限责任公司法定股权变更登记机构较为明确,为公司注册地的市场监管部门,上市公司的股

* 上海金融法院综合审判一庭副庭长。
** 上海金融法院综合审判一庭法官助理。

权质押登记机构为证券登记结算机构,而非上市的股份有限公司股权质押登记存在严重的制度真空地带,[1]实践中登记可能发生在区域性股权交易市场、当地市场监督管理局或公司内部机关下的股东名册中。非上市的股份有限公司股权质押登记这种碎片化的特征容易造成股权上的司法查封、担保等权利冲突,从而无法保障第三人的交易安全,司法查封在财产流转中的效力边界亟待厘清,本文从一则案例切入详述之。

一、据以研究分析的案例

2016 年 11 月 4 日,原告江苏某宇公司与被告中某资管公司签订股权质押协议,约定将江苏银行 200 万元股权质押给中某资管公司,江苏某宇公司应保证对上述质押的股权取得完全的、有效的处分权,保证上述股权在此之前未设置质押权。2016 年 11 月 11 日,经质权人申请,中国证券登记结算有限责任公司上海分公司(以下简称中证登上海分公司)办理了被告的股权质押登记,中某资管公司取得质押登记证明。

原告提出,早在 2016 年 4 月 26 日,原告因涉借款合同纠纷被淮安经济技术开发区法院(以下简称淮安经开区法院)作出保全裁定冻结财产。2016 年 6 月 22 日,淮安经开区法院向江苏省市场监督管理局出具《协助执行公示通知书》,要求协助冻结原告持有的江苏银行股权 200 万元,冻结期为 2016 年 6 月 22 日至 2017 年 6 月 21 日。2016 年 12 月 15 日,淮安经开区法院依据保全裁定再次作出执行裁定冻结江苏某宇公司持有的江苏银行股权 200 万元,中证登上海分公司对该冻结信息予以登记。

依据上述事实,原告认为在江苏银行股权已被法院查封保全的情况下出质给中某资管公司并设立登记,该质押登记行为应属无效,起诉请求确认中某资管公司对该质押股权不享有优先受偿权。

---

〔1〕《公司法》仅要求登记机构登记发起人信息,其他股东信息则游离于公司登记体系外,登记机构遂无法对其股权办理出质登记。

审理中，上海金融法院查询了国家企业信用信息公示系统中江苏银行企业信用信息公示系统，淮安经开区法院根据裁定书冻结原告持有的江苏银行200万元股权，查封期限自2016年6月22日至2017年6月21日，但公示日期为2018年1月31日，冻结期满后未续行冻结，已自动失效。

法院经审理认为，依法被查封、扣押、监管的财产不得抵押旨在限制所有权人对查封财产的处分权利，保障公权性强制措施的实现，但对于善意第三人而言，司法查封并不具有绝对效力。财产被依法查封并不必然导致以被查封财产设定的抵质押合同和行为绝对无效。在以依法被查封的财产设定抵质押权的情形下，抵质押合同的效力不受查封影响，查封没有公示的，第三人可善意取得抵质押权。据此，法院根据质押登记办理时股权登记中不存在已公示的司法查封信息，最终认定质押有效成立，遂驳回原告诉请。

上述案件中，原、被告双方签订质押合同时，所涉股权已为上海证券交易所上市公司股份，故其登记机关为中证登上海分公司。但因案涉股权在公司上市前曾被其他法院司法查封冻结的信息遗漏登记，原、被告双方就“被冻结的股权能否出质、前述司法查封是否产生公示效力、被告能否善意取得案涉股权质押权”等问题产生争议。当前时期非上市股份有限公司股权登记机关不统一，股份有限公司上市前后股份登记衔接机制不完善的情况下，此类争议非常典型。

二、非上市股份有限公司股权登记制度、现状及问题

公司股权登记事项主要包括初始设立登记、股权转让和股权质押。我国法律并未将登记作为所有公司股权转让的生效要件，而是作了区分，非上市公司股权的设立和转让都不以登记为生效要件而是作为对抗要件，未经登记不得对抗善意第三人。《公司法》没有针对非上市股份有限公司股权变动生效要件作专门规定，各方可以通过协议变更、股东名册变更、公司登记机关变更等多种法律行为进行股权变动，然而实践中反映出登记机构之间信息衔接不畅以及登记机关‘碎片化”等突

出问题和现象,因此有必要从理论基础、制度现状厘清登记行为本身的法律意义以及引起的相关法律后果。

(一)股权登记的法理基础及其重要性

《民法典》第65条[2]规定了公司登记公示效力,该规范目的在于保护"两种信赖",其本质是"谁得以登记事实对抗另一方",从而保护商事交易安全。依据主张效力的主体不同,可分为公信效力和对抗效力,前者是指善意相对人得以登记事实对抗登记义务人,将登记事实拟制为客观真实存乎于当事人之间,并据此使相关法律事实发生相应法律后果的效力;后者是指登记义务人得以登记事实对抗善意相对人,推定其知悉登记事实的效力。[3] 无论是民事物权领域还是商法商事,登记所要解决的问题都包括了权利之间的优先顺位问题。股权登记的法理基础亦基于此,其项下主要包括权属登记、变更登记及负担登记三种类型。在财产权利流转的场合,物权与债权的变动时点不同,不动产与动产的变动时点亦有区别。由于股权既非物权,也非债权,而是独立的新型民事权利,股权变动不能简单套用物权或债权变动的民法规则。[4] 非上市公司股份的特殊之处在于其无形性和分散性,相较于其他财产权具有高流通性特征。与有限责任公司股权相比,股份有限公司不再讲求人合性,因而其股份转让不再受"优先购买权"等诸多规则约束,可自由交易;同时其股权交易在对外信息披露程度、流通性方面无法与公众公司相比,因此具有其独有的特征。当前,在鼓励中小型创新企业通过吸引创业投资基金进行股份制改造的背景下,非上市股份有限公司的股权份额明晰、交易信息透明显得更为重要,因而在交易流转中的公示登记尤为关键。

关于股权变动公示登记问题,《德国商法典》规定公司股东发生变

---

[2] 《民法典》第65条规定:"法人的实际情况与登记的事项不一致的,不得对抗善意相对人。"

[3] 参见邹学庚:《〈民法典〉第65条商事登记公示效力研究》,载《国家检察官学院学报》2021年第1期。

[4] 参见刘俊海:《论股权转让时的股权变动规则:契约自由、公司确认与登记公示的三重维度》,载《上海政法学院学报(法治论丛)》2022年第5期。

动的应进行登记，该信息登记由法院负责，且采实质审查标准。[5] 至于对外的公示对抗效力问题，《德国商法典》第9条第1款规定，为了资讯的目的，任何人都被许可查阅上市登记簿以及提交到登记机关的材料，经申请，登记法院可以对申请人接收的数据内容与提交到机关的文件一致性进行认证。这确立了德国商事公示制度，即股权变动等需登记的事项须向全社会进行公示。同时，该法第15条规定，除非第三人明确知晓这一项应记入商事登记簿的事实，否则在该事实没有登记在登记簿和公告期间，不得对抗第三人。[6] 也就是说，在登记后并非立即可以对抗第三人，还需要对外公告期满才产生完全的公示效力，这种制度设计体现了第三人和登记义务人之间的权益保护平衡。[7]

（二）我国股份有限公司股权登记现状及问题

1. 股份有限公司的股权设立、转让登记

股权的特殊在于其无形性，较之其他财产权最为特别的就是高流通性和团体增值性。股权无形性的存在价值使得其必须将权利人的权利状态昭示于天下才得以保障交易和权属安全。上市公司作为公众公司，其股份已被法律特定化为证券，其登记及交易的严谨性和透明度自不待言。《证券法》《证券登记结算管理办法》为上市公司的股票发行及交易提供了明确的法律依据，股票流通转让应当在法律规定的交易场所进行，例如上海证券交易所、深圳证券交易所。而对于非上市股份有限公司，《公司法》[8] 规定公司应将股东姓名或者名称以及出资额向公司登记机关登记，登记事项变更的应当办理变更登记，未办理登记

[5] 《德国商法典》第106条规定，公司影响其住所所在辖区申报商业登记。第107条规定，新股东加入公司的，应申报商业登记。转引自《德国商法典》，杜景林、卢谌译，中国政法大学出版社1999年版，第10页。

[6] 同前注，第15页。

[7] 参见李长兵：《德国商法中的权利外观责任及其借鉴》，载《甘肃政法学院学报》2012年第6期。

[8] 《公司法》第32条规定："公司登记事项包括：（一）名称；（二）住所；（三）注册资本；（四）经营范围；（五）法定代表人的姓名；（六）有限责任公司股东、股份有限公司发起人的姓名或者名称。"第34条第2款规定："公司登记事项未经登记或者未经变更登记，不得对抗善意相对人。"

的不得对抗善意第三人。第159条[9]规定股份转让后由公司将受让人的姓名或名称及住所记载于股东名册,这不仅表明股份有限公司股权登记在股东名册上进行,还表明了先转让、后登记的行为主次。1994年颁布实施的《公司登记管理条例》规定了工商行政管理机关是公司登记机关。[10] 2022年3月1日,《市场主体登记管理条例》整合了包含《公司登记管理条例》在内的多部规范市场主体登记管理的行政法规,进一步明确了全国各级市场监督管理部门主管市场主体的登记工作。由此可知,当前法律、行政法规仅要求股份有限公司在设立登记时登记发起人的信息,而在后续股权转让环节缺乏明确的登记要求,导致非上市股份有限公司相较于上市公司、有限责任公司而言,股权交易信息公开程度低且滞后,影响股权交易的安全性。

实践中,经济发达、股权流通需求较强的地区已逐渐认识到非上市公司股权登记的重要性。为了规范非上市股份有限公司股权管理,厦门市、杭州市、重庆市等各地政府分别在2019~2020年出台文件管理市辖范围内非上市股份有限公司股东名册,由各地股权交易中心作为股权市场运营机构进行创新试点、具体实践。以厦门市为例,厦门金融监管局制定《非上市股份有限公司股权登记托管管理办法》,明确股权登记托管是指股权登记托管机构管理在本市设立的非上市股份有限公司股东名册,办理股权登记,提供股权托管服务的活动。出台该办法的主要目的在于明晰股权权属关系,促进区域内股权交易流动。目前,各地区域内股权托管交易平台已基本搭建并且交易活跃,还有部分法院在股权托管交易中心办理非上市股权查封冻结手续。需要注意的是,各地的股权托管中心并非法定的股权登记机关,因此还需将司法查封

[9] 《公司法》第159条第1款规定:股票的转让,由股东以背书方式或者法律、行政法规规定的其他方式进行;转让后由公司将受让人的姓名或者名称及住所记载于股东名册。

[10] 《公司登记管理条例》(2016年修订,已被废止)第4条第1款规定:工商行政管理机关是公司登记机关。

信息告知法定登记机关登记并进行公示才能产生对抗效力。[11]

2. 股份有限公司的股权权利限制(质押、司法查封)登记

与股权转让不同,股权质押采取登记生效要件主义,学术界曾对此提出异议,[12]认为在非上市公司股权的产生和转让都不以登记为生效要件的前提下,对其股权的质押采取登记生效要件主义,大可质疑。《物权法》(已失效)第226、227、228条针对不同的权利类型规定了不同的质押登记机构,比如以基金份额、证券登记结算机构登记的股权出质的应向证券登记结算机构办理出质登记,以其他股权出质的向工商行政管理部门办理登记,以注册商标专用权、专利权、著作权等知识产权中的财产权处置的向有关主管部门登记,应收账款则向信贷征信机构办理等。[13] 但《民法典》第443、444、445条在承继《物权法》质押登记规定的同时删除了有关权利质押登记机构的规定,但规定"质权自办理出质登记时设立",这体现了立法者统一权利质押登记的意图,也是功能主义立法思路的体现。2020年12月国务院颁布的《关于实施动产和权利担保统一登记的决定》进一步明确应收账款、存款单、仓单、提单质押均应纳入统一登记系统,但仍遗留权利质权的登记未能完

---

〔11〕 最高人民法院《关于人民法院民事执行中查封、扣押、冻结财产的规定》(2020年修正)第7条第2款规定:查封、扣押、冻结已登记的不动产、特定动产及其他财产权,应当通知有关登记机关办理登记手续。未办理登记手续的,不得对抗其他已经办理了登记手续的查封、扣押、冻结行为。第24条第3款规定:法院的查封、扣押、冻结没有公示的,其效力不得对抗善意第三人。

〔12〕 参见程啸:《担保物权研究》,中国人民大学出版社2017年版,第592页。

〔13〕 《物权法》第226条规定:以基金份额、股权出质的,当事人应当订立书面合同。以基金份额、证券登记结算机构登记的股权出质的,质权自证券登记结算机构办理出质登记时设立;以其他股权出质的,质权自工商行政管理部门办理出质登记时设立。基金份额、股权出质后,不得转让,但经出质人与质权人协商同意的除外。出质人转让基金份额、股权所得的价款,应当向质权人提前清偿债务或者提存。第227条规定:以注册商标专用权、专利权、著作权等知识产权中的财产权出质的,当事人应当订立书面合同。质权自有关主管部门办理出质登记时设立。知识产权中的财产权出质后,出质人不得转让或者许可他人使用,但经出质人与质权人协商同意的除外。出质人转让或者许可他人使用出质的知识产权中的财产权所得的价款,应当向质权人提前清偿债务或者提存。第228条规定:以应收账款出质的,当事人应当订立书面合同。质权自信贷征信机构办理出质登记时设立。应收账款出质后,不得转让,但经出质人与质权人协商同意的除外。出质人转让应收账款所得的价款,应当向质权人提前清偿债务或者提存。

全统一,债券质押、基金份额质押、股权质押、知识产权等财产权质押被排除在统一登记之外。部分学者主张,如同特殊动产的抵押登记,在这些特殊权利的质押登记方面,从技术上完全可以实现通过建立电子链接的方式将原始权利的登记与担保权的登记分开,从而实现权利担保的统一登记。[14] 上市公司的股权质押、查封冻结信息登记的规定较为明确:上市公司的股权、在全国中小企业股份转让系统转让股权的股份公司以及退市公司的股权的质押登记均在证券登记结算机构办理,证券登记结算机构主要是指中国证券登记结算有限责任公司。

至于有限责任公司的股权和未在证券登记结算机构登记的股份有限公司的股权的质押、司法查封登记机构为何,实践中存在原工商行政管理机关办理非上市股份有限公司质押登记的情况,[15] 也存在地方规范性规定要求非上市股份公司股权出质时,不仅要到市场监督管理部门办理出质登记,还应到股权登记托管部门办理手续。例如,上海市《关于加强本市股权托管交易市场非上市股份公司登记服务的意见》(沪金融办〔2013〕343 号)明确指出:相关企业和股东可以持有上海股权托管交易中心出具的有关股权托管登记证明材料,向本市工商部门办理载明股东情况的章程备案和股权出质登记。湖南省《关于规范开展非上市企业股权登记托管和股权质押融资工作的指导意见》(湘金监发〔2021〕21 号)优化了股权出质流程,规定:出质人和质权人在签订股权质押合同后,到市场监管部门办理股权出质登记。股权出质登记后,由股权登记托管机构对出质股权在股东名册上进行记载。

为解决上述登记机关混乱的问题,由《工商行政管理机关股权出质登记办法》修改而来的《股权出质登记办法》自 2021 年开始实施。该办法明确适用于有限责任公司和股份有限公司股权出质,各级市场监督管理部门的企业登记机关是股权出质登记机构,登记机关应当将股权出质登记事项在国家企业信用信息公示系统公示,供社会公众查询。

---

〔14〕 参见李运杨:《〈民法典〉动产担保制度对功能主义的分散式继受》,载《华东政法大学学报》2022 年第 4 期。

〔15〕 上海市虹口区人民法院:上海某晟实业有限公司与江苏某通能源发展有限公司等买卖合同纠纷其他执行裁定书,案号:(2019)沪 0109 执异 110 号案件,2020 年 1 月 19 日。

但新规实施后仍存在一定问题,根据《公司法》〔16〕和《公司登记管理条例》(已失效),非上市股份公司向公司登记机关申请设立登记和变更登记的事项均不包括发起人之外的其他股东,这引起实践操作上的问题,在市场监督管理部门的业务操作系统里,股份公司的股份不属于公司登记事项,除发起人外,新股东不录入业务系统。但股权质押需关联系统股东信息,故很可能无法对新股东进行股权质押办理登记。

司法实践中对于股权出质登记的效力,观点也并不统一。多数法院认为市场监督管理部门办理出质登记即生效且具有公示效力,个别法院则认为应在公示期结束后产生公示对抗效力。

(三)股份有限公司股权登记存在的问题

股权变动登记制度以及前述案例中的司法实践现状反映出当前我国商业交易中股权登记主要有以下三个方面问题。

第一,股权信息有效登记机关法律规定不明,规则散乱。股份有限公司的股权登记公示机关缺乏统一规范,主要问题集中在未上市的股份有限公司的股权变更、查封的登记是以市场监督管理局还是公司股东名册为准,部分还在区域性股权交易中心进行登记,交易相对人难以彻查股份权利情况,容易引发法律纠纷,影响交易安全。目前我国非上市股份有限公司股权公示登记机关散乱,不利于保护股权交易的相对方。也恰恰由于公司登记制度的失灵,中国银保监会(现为国家金融监督管理总局)组建的中国信托登记有限责任公司开始履行信托登记(包括股权信托登记)职责,这进一步加剧了登记机关碎片化问题。

第二,股权登记有效公示不及时。商事登记公示效力产生的时点并无明文规定,由公示机关对外公开登记信息之时产生对抗第三人之效力属于法理应有之意。然而法律层面并无强制性规定要求公示机关接收公开登记信息的同时对外披露该信息,这就导致外部对股权变动信息可获知时间相对后移。以前述案例释之,司法机关对江苏某宇公司持有的江苏银行股权作了查封,并通知市场监督管理机关,但该机关实际并未及时对外发布。对于外部善意第三人来说,其就无法第一时

〔16〕 2023年修订的《公司法》第32条、第34条规定的股份公司向公司登记机关申请设立登记和变更登记的事项均不包括发起人之外的其他股东。

间查知股权被冻结，那么股权变动的效力到底自何时起生效，这是该案例待解决的主要问题之一。

第三，股份有限公司首次公开发行前后股权信息衔接存在制度疏漏，缺乏监管。根据《证券法》《证券登记结算管理办法》的规定，证券公开发行前，由发行人提交证券持有人名册。发行人应保证其所提交资料的合法真实有效完整，而中国证券登记结算有限责任公司作为登记结算机构仅作形式审查。由于在发行前后缺乏对股权情况的实质审核，容易产生股权登记信息失实的情况，影响相关主体的权利。商事交易的相对人之善意有别于民法上单纯的、推定的善意，要求相对人对交易条件尽到必要的注意义务。受让人接受交易时负有通过一定的途径了解股权情况的义务，以确保他们是安全的交易对象。在全国范围内统一财产权利登记的时代背景下，非上市股份有限公司股权变动登记机构亟待统一。

三、非上市股份有限公司股权司法查封的效力

《担保法》（已失效）第 37 条以及《物权法》第 184 条均规定，依法被查封的财产不得抵押。《民法典》第 399 条承继前条款，规定依法被查封、扣押、监管的财产不得抵押。理论与实务中对司法查封的法律效力也就是"依法被查封的财产不得抵押"的规范性质存有两种认识，一种观点认为，禁止以司法查封物设定抵押构成抵押物范围的限制，系禁止性规定。因此，司法查封具备绝对效力，以司法查封物设定抵押应归于无效。另一种观点认为，在民事司法查封程序中，针对不动产所采取的查封措施，限制被执行人对该财产进行任意处分，是为了保障申请执行人所享有的债权的实现，而非因该财产的合法性不确定。《担保法》第 37 条、《物权法》第 184 条以及《民法典》第 399 条的规定并非担保法或物权法领域的固有规范，而系引致担保法或物权法之外的强行规定而产生的立法及司法效果。查封的效力集中体现在其所具有的对抗效力上，可以分为公法上的绝对效力和私法上的相对效力。

本文赞同第二种观点，《民法典》禁止被查封财产进行抵押的规定

旨在限制所有权人对查封财产的处分权利,保障公权性强制措施的实现,但对于善意第三人而言,司法查封并不具有绝对效力。财产被依法查封并不必然导致以被查封财产设定的抵质押合同和行为绝对无效。最高人民法院《关于人民法院民事执行中查封、扣押、冻结财产的规定》(2020 年修正)第 24 条第 3 款规定:"人民法院的查封、扣押、冻结没有公示的,其效力不得对抗善意第三人。"因此,在以依法被查封的财产设定抵质押权的情形下,抵质押合同的效力不受查封影响,查封没有公示的,第三人可善意取得抵质押权。

以前述案例为例,被告中某资管公司与原告江苏某宇公司签订股权质押合同并办理质押登记是在 2016 年 11 月,彼时质押股权所在的公司江苏银行已在上海证券交易所上市。《物权法》第 226 条规定,以证券登记结算机构登记的股权出质的,质权自证券登记结算机构办理出质登记时设立;以其他股权出质的,质权自工商行政管理部门办理出质登记时设立。因此,当时案涉江苏银行股权的登记公示机关为证券登记结算机构,即第三人中证登上海分公司。根据第三人中证登上海分公司的述称及相关证据材料,原、被告办理股权质押时,案涉股权并不存在司法查封的情况。淮安经开区法院一直到同年 12 月 15 日才向第三人中证登上海分公司办理协助查封登记,该查封时间晚于原、被告办理质押登记的时间,不能影响设立在前的质押权利。

淮安经开区法院虽早在 2016 年 6 月就案涉股权作出司法查封并由工商行政管理部门协助公示,但随后该股权所在公司江苏银行在证券交易场所发行上市,其股权登记公示机关发生相应变化。上述查封在江苏银行首次公开发行登记时未能在中证登上海分公司登记系统显示,无法产生公示效力,不能对抗因信赖证券登记结算机构统一公示平台信息而参与交易的善意第三方。由此,被告中某资管公司有权依据《物权法》第 106 条的规定,善意取得案涉股份的质押权。

四、股份有限公司被查封股权之善意取得的司法认定

(一)善意取得的认定:权利人是否知情

现代民法上的善意最早来自拉丁文“bona fides”,意味着不知情,通常是指行为人在从事某种民事行为时不知存在某种足以影响该行为法律效力的因素的一种心理状态。[17] 前文已有所提及,民法中的善意是一种消极善意、单纯的善意、推定的善意,这是因为自然人之间的法律关系能让相对人产生认识错误的因素较少,绝大多数民事领域只要自然人处于“不知情”的状态,就可被法律推定为善意,而证明其非善意的证明责任归于对方。[18] 而商人的理性能力与注意义务与民事主体的预设存在显著不同,商人的善意通常是一种积极的善意,包含了要积极履行商业审查义务的内涵。[19] 例如,《最高人民法院关于适用〈中华人民共和国民法典〉有关担保制度的解释》第7条规定公司法定代表人违反公司法关于公司对外担保决议程序的规定超越权限代表公司与相对人订立担保合同的,相对人善意时担保合同对公司发生效力。此时相对人需要自证已对公司决议进行了合理审查。

同理,股权质押中的权利人是否获得质押优先顺位,需要自证已通过公开途径查询股权上的权利负担情况。实际作出市场登记信息的公示机关,比如国家企业信用信息公示系统,接收登记信息之时因外部善意第三人对变动信息无从可查,相关信息并不产生对外公示效力,对抗信息效力应自公示机关在公开平台公示相关信息时产生。

(二)司法查封何时产生公示效力对抗第三人

就查封的对抗效力而言,虽然其在本质上是由司法机关具有的国家公权力属性赋予的,但无论是公法上及对第三人的绝对效力,抑或对

---

〔17〕 参见郑立、马太建:《论民法中的善意制度》,载《法学杂志》1989年第5期。

〔18〕 参见邹学庚:《〈民法典〉第65条商事登记公示效力研究》,载《国家检察官学院学报》2021年第1期。

〔19〕 参见李建伟:《公司决议的外部效力研究——〈民法典〉第85条法教义学分析》,载《法学评论》2020年第4期。

债务人的相对效力，都需要经过查封公示才能实现。已经采取的查封措施可以使潜在的债权人充分了解该财产已被依法查封的事实，从而对查封物的经济价值以及潜在的交易风险进行充分考虑，决定是否接受以该查封物设定的担保物权抑或围绕查封物进行交易。同时，查封的公示效果会对潜在的债权人能否主张善意取得产生直接影响，而这也会对在查封之前已经取得债权的主体的利益构成潜在的威胁。如果查封的公示效应不达，潜在的债权人就可以通过主张善意取得而获得优先清偿，这就会压缩其他债权人的清偿利益空间，甚至导致其他债权人无法获得清偿。因此，从查封公示的角度来看，只要查封措施能够充分发挥公示效应，即使允许以依法被查封的财产设定抵押权，也不会对申请执行人利益造成妨害。〔20〕

（三）股份有限公司上市前后股份的特殊登记衔接

《证券法》第 149 条将股份有限公司上市登记的结算办法下放至由证券登记结算机构自行制定业务规则。关于股份有限公司初始发行及质押登记，《证券登记结算管理办法》第 28 条以及《中国证券登记结算有限责任公司证券登记规则》第 6 条、《证券质押登记业务实施细则》第 3 条均有类似的规定，即证券发行人应当向证券登记结算机构提交已发行证券的证券持有人名册及其他相关资料。证券登记结算机构据此办理证券持有人名册的初始登记。

我国证券登记实行证券登记申请人申报制，在股票首次公开发行初始登记、质押登记等业务办理中，证券登记结算公司对证券发行人、证券持有人等证券登记申请人提供的登记申请材料进行形式审核，证券登记申请人应当保证其所提供的登记申请材料真实、准确、完整，证券登记结算机构不承担证券发行人原因导致的证券持有人名册及其他相关资料有误而产生的损失和法律后果。

此种上市申报制度的疏漏在于当拟上市的股份有限公司的股权不够清晰，或者其股份被股东进行质押时因市场监督管理部门或其他原因未得到公示时，拟上市公司并没有途径查明股权真实持有人或质押

〔20〕 参见张尧：《以民事司法查封财产设定抵押的效力分析》，载《法学家》2022 年第 1 期。

情况,由此极易产生权属纠纷。对此,本文认为应及时统一股权登记公示机关,对非上市股份有限公司的股权转让和质押进行统一登记,以便于相对人查询确认。

五、结语

股权的流转只限于所有权的转移,并不影响公司的正常运营,因此股权作为一种新型社会财富表现形式日益在企业融资中备受青睐。本文通过讨论非上市股份有限公司股权变动的登记现状及对应的效力,同时厘清了司法查封在财产社会流转中的效力边界,妥善解决了司法查封与善意第三方抵质押权发生权利冲突的问题,并提出统一非上市股份有限公司法定的股权登记公示机关以及做好公司上市过程中因登记机关发生变化而产生的股权登记衔接具有现实意义。

(编辑:邹　露　吴紫君)

【域外法制】

《证券法苑》(2024)
第四十卷,第251~353页

义务与多样性*

[美]克里斯·布鲁默**
[美]小里奥·E. 斯特恩***
梁　爽****　俞　快*****　译

摘要:在乔治·弗洛伊德与布伦娜·泰勒惨死之后,从华尔街到西海岸的立法者与董事会推出了一系列旨在增加公司多样性、平等性和包容性

* Duty and Diversity, 75 Vanderbilt Law Review 1–92 (2022). 本文系国家社科基金青年项目"'合规机制'的公司法普适性规则研究"(项目编号:17CFX071)的阶段性成果。本文已获得作者翻译授权。

** 克里斯·布鲁默是艾格尼丝·威廉姆斯百年纪念教授、国际法研究所所长、乔治城大学法律中心的法学教授。

*** 小里奥·E. 斯特恩是特拉华州前首席法官和大法官、宾夕法尼亚大学凯里法学院迈克尔·L. 瓦赫特律与政策杰出研究员、哈佛大学公司治理项目高级研究员、阿斯彭研究所亨利·克朗研究员、沃奇尔·立普顿律师事务所法律顾问。作者感谢卡罗琳·埃克萨基斯、格雷斯·金、芭芭拉·库恩、佩吉·菲弗、沈菁和雅各布·韦尔登以及丹·奥雷、史蒂夫·班布里奇、迈克尔·巴尔、斯泰西·弗里德曼、约瑟夫·霍尔、阿德里安娜·哈里斯、托德·亨德森、罗伯特·杰克逊、唐纳德·朗格沃特、萨巴斯蒂安·尼尔斯、伊丽莎白·鲍尔曼、埃德·洛克、鲍勃·汤普森、乌尔斯卡·维利孔亚、贾米拉·威廉姆斯和耶莎·亚达夫提供的信息。

**** 华东政法大学国际金融法律学院教授。

***** 华东政法大学国际金融法律学院硕士研究生。

(DEI)的改革。然而,这些改革面临重重困难,包括合宪性风险、改革规模与范围的限制,以及实际效果程度等。公司受托人受忠实义务约束,必须采取积极措施以确保公司遵守重要民事权利和反歧视方面的法律规范,并确保自身公平获取经济机会。另外,像商业判断规则这样的公司法原则不仅允许,而且鼓励美国公司采取有效的行动以减少种族和性别方面的不平等。

引　言

50 年前,米尔顿·弗里德曼(Milton Friedman)曾对公司受托人说过这样一句名言:他们应该把注意力放在为股东创造利润上。弗里德曼认为公司不应有“社会良知”,也无须采取“消除歧视”的行动,他轻蔑地将这种主张称为“当代改革者的口号”。[1] 这一观点虽然不太受关注,但立场鲜明。从那时起,弗里德曼与他的追随者们就在关于公司目的的辩论中支持这种狭隘的受托责任观,更糟糕的是,他们试图削弱促进平等性和包容性的外部法律。

今天,被米尔顿·弗里德曼轻视的问题依然迫在眉睫。在弗里德曼的观点对董事和政策制定者产生影响的时期,美国黑人和白人之间的不平等差距不断扩大,而新冠疫情对少数族裔影响的差异性更突出了这种不平等的持久性。针对黑人的可怕暴力事件以及其他持续排外的证据证明了这一点。同样地,工资和机会方面的不平等也在持续对妇女产生不利影响。

越来越多的人要求企业领导者通过推广行之有效的做法来解决这些严重的问题,即尊重自己的员工、它们所运营和服务的社区以及客户,采取积极措施确保机会平等,创造一个充满包容性和宽容性的工作场所,并拥抱人类的多样性。这种对 DEI 的承诺不仅是企业在其内部

---

〔1〕 Milton Friedman, A Friedman Doctrine – The Social Responsibility of Business Is to Increase Its Profits, N. Y. TIMES MAG. , September 13, 1970, p. 32. 在同一段话中,弗里德曼同样贬低为工人“提供就业”和“避免污染”。Id. 50 年后的今天,种族不平等、收入和工资不平等以及环境危害仍然是巨大的社会问题。

作出的承诺，还要求企业评估其如何对待消费者和它们所影响的社区。

尽管弗洛伊德(Floyd)遇害事件的直接后果往往会让那些认为企业采取行动以解决多样性等问题是不正当、非法且不利于追求股东利润的人哑口无言，但历史证明，这种情况难以长久。那些赞同弗里德曼世界观的人认为，如果公司受托人对公司的DEI政策所作出的承诺超越了反歧视法律所规定的最低限度，他们在公司内的位置恐怕就摇摇欲坠了，这意味着他们可能会因未能全心全意地关注公司利润而面临法律风险。事实上，尽管种族平等一直是一个核心问题，企业界的许多主要成员也意识到他们有义务做得更好，但有些公司仍公开接受弗里德曼的立场，指示其员工继续一门心思地关注利润，并不惜一切代价避免对种族问题的讨论。我们担心，长此以往，扭曲公司法的企图将再度出现，即认为公司领导者可能不会采取行动以确保公司超越法律规定的最低限度来促进这些重要的价值观，因为这样做将不适当地偏离公司对利润最大化的关注。

在这篇文章中，我们解释了为什么此类论点没能正确理解公司法的基础，特别是信义义务(fiduciary duty)的重要原则，这些原则影响着公司董事和高级管理人员的合理预期。本文表明，即使在美国最关注股东的公司法——特拉华州的公司法下，弗里德曼的规范性观点也不被美国公司法接受，美国公司法并未阻止公司自愿、努力地促进平等性与多样性。

事实上，对信义义务的正确理解有助于公司制定有效的DEI政策。信义义务要求董事会通过监督公司政策和实践来关注DEI，并确保公司遵守重要法律，这些法律侧重于平等地对待不同的申请人、员工、客户、社区和业务合作伙伴。不仅如此，信义义务中的忠实义务要求义务人进行积极的努力以促进公司的可持续成功，即董事和经理必须努力促进公司的最大利益。有大量证据表明，具有良好DEI实践的公司不仅不太可能因其行为而面临不利的法律、监管以及工人、社区和消费者的反弹，其董事会和员工队伍还会变得更加高效，它们在日益多样化的客户群体和公众中的声誉将不断提高。机构投资者所设立的信托也将越来越侧重于可持续的盈利能力，并避免对其客户来讲代价高昂的有害外部性，这些客户拥有跟踪整个经济系统的多元化投资组合。

因此,作为一项信义义务,企业领导者不仅拥有广泛的权力来促进包容性和多样性的企业文化,由于他们还肩负着为公司的最佳利益行事的积极义务,鉴于公司应避免令人反感的歧视这一重要的法律要求,以及社会和投资者日益增长的对企业应致力于减少种族和性别不平等的期待,他们也需要这么做。此外,像商业判断规则这样的基础性公司法原则保护和支持那些认为让公司为提升 DEI 提供助力是正确经营方式的董事和经理。这一信义义务还规定了最低限度的警戒线,甚至为必须开展的基本活动划定了底线,以确保公司遵守反歧视的社会法律。

这一法律现实非常重要,它可以确保问责辩论能够清晰地进行,即企业领导者和控制上市公司的机构投资者是否在尽其所能地推动这些价值观。很多时候,多样性问题被视为一个成本中心(cost center),或者是现代公司使命之外的东西,这导致了对以多样性为导向的公司改革的批评,即认为这是“以牺牲他人为代价的美德信号”。[2] 但本文提出了一种与之迥然相异的理论——传统公司法原则的运作为对 DEI 的追求提供了坚实的授权基础,这甚至可以很容易地与那些信奉所谓“股东至上”主义者的观点相一致。因此,本文的贡献不是讨论公司法应该是什么,而是探讨公司法已经是什么。对于管理者和董事在应对多样性的挑战和机遇时必须考虑哪些工具和义务这一新颖的问题,本文提供了一个古老的答案。

本文的内容如下。在第一部分中,我们记录了美国公司董事会和首席执行官所面临的人口困境,即美国公司领导层的人口结构与整个国家的人口结构之间存在惊人的差距。然后,我们将探讨这些数据在后乔治·弗洛伊德(George Floyd)时代与后新冠疫情时代中的意

---

〔2〕 The Editorial Board, Opinion, The Woke Nasdaq, WALL ST. J. (Dec. 1, 2020, 6:39 PM), https://www.wsj.com/articles/the-woke-nasdaq-11606865986 [https://perma.cc/CLW5-65PK]. 这些批评也得到了一些最受尊敬的监管者的支持。See, e.g., Arthur Levitt Jr., Opinion, If Corporate Diversity Works, Show Me the Money, WALL ST. J. (Jan. 20, 2021, 6:00 PM), https://www.wsj.com/articles/if-corporate-diversity-works-show-me-the-money-11611183633 [https://perma.cc/EX3P-N23R](主张“多样性要求本质上是政治性的”).

义，它们表明对更好的公司行为和更多的种族经济机会的要求已经明显增加了。

第二部分讨论DEI和公司价值之间的关系。我们首先考察了有关多样性与财务业绩的实证研究，发现这些研究所揭示的情况喜忧参半，但对于权衡是否以及如何处理DEI问题的公司决策者来说，它们依然具有实践和法律层面的意义。我们发现，就像许多与企业经营有关的复杂领域一样，信息是不完整的，有时甚至存在缺陷，而且往往处于形成的过程中；然而，来自学术研究的证据以及领先的商业顾问和思想家提出的逻辑论点，为公司受托人提供了一个合理的基础，使他们得出结论，即有效的DEI政策符合公司的最佳利益。沿着这一主题继续前行，我们将分析重心转向组织心理学的文献，这些文献认为认知多样性（以及更普遍的多样性）是对团体迷思（groupthink）和其他社会病症的预防措施，这些病症会损害良好的决策，从而危及公司价值。在这一部分的结尾，我们将介绍多样性最令人信服的商业案例——企业声誉及其与公司信誉和成功的联系。这一部分调查了DEI与企业成功的广泛联系，并强调了为什么企业有必要关注DEI，因为这能避免它被认为不是一个致力于尊重所有美国人的企业，以及由此造成的严重声誉损害、法律风险和其他负面后果。然后，我们将这种风险与寻求保持和最大化回报的企业所面临的人口学现实联系起来。由于现有的劳动力、客户群体和战略伙伴在国内和国际上都正在变得多元化，DEI方面的考虑对企业在这些关键利益相关者中的声誉产生了显著影响，从而影响到它们的资本、人才、客户获取和保留成本。基于上述所有原因，我们的结论是，推进DEI的公司政策的必要基础是存在的，这些政策的采用，正如我们后面将更详细地讨论的那样，有资格得到商业判断规则的保护。

第三部分研究了目前立法和市场层面改善企业部门DEI的举措。为了提供背景，我们首先分析了在商业领域促进种族和性别平等的关键性联邦法律。然后，我们列出了越来越多的举措：将员工、环境、社会和治理因素(EESG)纳入投资流程的投资基金活动;[3]旨在提高董事会多样性的加利福尼亚州和纽约州公司法改革;要求披露公司董事会指标的纳斯达克拟议新上市规则;以及高盛集团作出的在上市时只帮助符合最低多样性指标的公司的承诺。我们发现,这些举措有可能在未来为企业多样性带来重要的提升。然而,本文的结论是,上述许多举措面临着实质性的宪法挑战。同样重要的是,几乎所有的倡议都是来自董事会层面的,而且不包括私营公司,尽管私营公司在经济活动中的份额越来越大。它们也没有解决平等性和包容性的问题,以及公司如何使用合同工与客户社区互动等延伸问题。因此,从定义上讲,这些措施的覆盖面和可靠性都有限,如果希望认真改进公司的做法,公司必须采取补充行动。

在第四部分,我们提供了一个基础理论以说明公司法中的受托责任法如何适用于公司的DEI政策。首先,我们解释了忠实义务和注意义务的一般原则,以及公司的守法义务是如何成为公司法运作基础的。本文表明,信义义务中的忠实义务不仅包括避免对公司造成损害的消极责任,还包括采取积极措施以促进公司最佳利益的积极责任。正如特拉华州著名的凯马克(Caremark)案判决所反映的那样,公司受托人有义务积极努力地促进企业遵守对其运营至关重要的法律法规。[4]重要的是,Caremark 案最核心的作用在于它对董事施加了合规义务(normative obligation),即努力避免因公司违反对社会至关重要的法律而发生的监管处罚、经理人离职、利益相关者抵制以及整体的声誉和财务损害。正如本文所表明的那样,提起 Caremark 案这一事实通常表明

---

〔3〕 值得注意的是,参与者自己以及相关文献都是以不同的方式对这些安排进行描述的,尽管鉴于其在EESG在投资决策中的重要性,这些安排传统上被称为“ESG”项目。我们在本文中使用“EESG”一词,是为了强调许多企业和基金对企业如何以尊重的态度对待可能对其成功负有最大责任的群体——雇员——的额外重视。See David Katz & Laura A. McIntosh, Corporate Governance Update: EESG and the COVID – 19 Crisis, HARV. L. SCH. F. ON CORP. GOVERNANCE (May 31, 2020), https://corpgov. law. harvard. edu/2020/05/31/corporate – governance – update – eesg – and – the – covid – 19 – crisis [https://perma. cc/C9TX – XQBV] (关注了为应对新冠疫情危机对人力资本的影响而增加的以利益相关者和雇员为中心的信息披露).

〔4〕 In re Caremark Int'l Inc. Derivative Litig., 698 A. 2d 959 (Del. Ch. 1996).

公司已经败诉，即使董事最终没有承担 Caremark 框架下的责任。本文还强调，受托责任法的肯定性部分给予了企业领导人相当大的自由裁量权，使他们能够追求他们合理地认为在公司的持续盈利能力和与利益攸关方、社会和监管机构的声誉完整性方面符合公司最佳利益的政策。

第五部分采取了关键步骤以说明上述一般原则如何具体适用于 DEI。对于那些对 DEI 持怀疑态度的经理和董事，或者那些担心这可能超出他们作为受托人责任范围的人，本文解释了为什么受托责任要求他们在某种意义上关注反歧视做法，以及为什么不这样做比确保公司拥有有效的 DEI 做法风险更大。本文表明，在特拉华州的 Caremark 案判决中，合法行为所包含的法律预期是如何责成受托人对反歧视法律法规的遵守情况进行预防性监督的，这是他们忠实义务的核心特征。如果他们不这样做，公司不仅要承担与这些违法行为相伴而生的公司责任；即使后续的衍生诉讼最终被驳回，公司——连同公司的董事和高级管理人员——还可能面临巨大的声誉成本、利益相关者的抵制、管理层高层和董事会的内部更替，以及监管机构的罚款和禁令。公司受托人的守法义务不仅是一项通过公司和个人责任的威胁来执行的重要的“硬法”，它还定义了公司法作为规范性的“软法”对受托人的期望。[5] 这些期望超出了受托人可以承担的损害赔偿责任，并要求他们保护公司免于因未能遵守财务、管理和声誉方面的关键法律而导致的后果。这些后果在乔治·弗洛伊德和布伦娜·泰勒（Breonna Taylor）以及揭示和加剧不平等的新冠疫情之后变得更加严重。

最后，本文指出，为什么那些希望通过采取积极措施提高公司可持续盈利能力来履行其规范性忠实义务的公司经理和董事可以放心地接受对 DEI 的承诺，即更雄心勃勃的 DEI 政策，从而超越他们在 Caremark 框架下应当承担的职责——监测反歧视合规的核心义务。在这样做的

〔5〕 学者们所说的软法，是指那些虽然可能根本没有法律约束力，或者像 Caremark 案的情况那样，难以通过违法行为的金钱赔偿来实施，但在被违反时要付出高昂代价的规范或准则。欲了解更多，可见 CHRIS BRUMMER, SOFT LAW AND THE GLOBAL FINANCIAL SYSTEM 141 (2012)（注意到不良声誉如何阻碍监管机构开展经济外交的能力）。

时候,本文强调,公司受托人不需要确切的证据来证明DEI对企业价值的影响就可以采取行动。因为我们有合理的依据可以得出结论,即促进DEI将提高公司在日益多样化的国内和国际经济形势中的盈利能力。受托责任法,特别是商业判断规则,对公司实行DEI政策进行了授权。因此,在公司法层面,企业领导人没有理由不采纳这些政策,更何况还有一些强有力的理由促使他们这样做。

在推进这一体系的过程中,本文提供了一个合理而又新颖的方法,但该方法在意识形态方面免不了受到诋毁。尽管现在美国公司对DEI的关注度很高,但它通常不是作为一个长期存在的公司法原则被人们讨论的。事实上,从弗里德曼对改革派“口号”的嘲笑,到一些“黑人的命也是命”(Black Lives Matter)活动家对贬低多样性之意义的敏感,把对行动的道德呼吁降为商业特权之一,多样性通常被理解为公司的外部事务。

然而,本文认为,在支持多样性的理由中,既包含强大的道德层面的理由,也有商业层面的理由,这使它甚至可以作为一个与传统的公司法原则具有相关性的问题。此外,弗里德曼观点中的内部/外部二分法具有很大的误导性:公司法最基本的责任即忠实义务,其基因既是对外的,也是对内的,因为它创造了遵守包括核心民权立法在内的所有法律的义务,这对公司、利益相关者和社会而言都是至关重要的。上述澄清使我们能够进行重要的干预以完善当前的改革,甚至在传统的公司法框架内促成新的改革。这一重要的现实给美国企业的领导者和对他们行使权力的机构投资者提出了一个实质性问题:如果公司法不仅使董事和董事会能够处理重要的道德投资问题,还要求公司关注这些问题,那么他们是会正面履行自己的职责,甚至超越这些职责的要求,还是会因为忽视这些职责而招致高昂的财务、声誉和法律风险?

一、人口的困境:美国企业中的不平等和代表权差距

关于公司法的讨论——无论是在兼并与收购的背景下,还是在代理声明的背景下,或者是在(更为罕见的)关于多样性的背景下——都

无一例外地集中于董事会和管理层。这一方面是因为,相较于公司股东,企业领导者面临着非常特殊的治理挑战。另一方面,这也反映了他们在作出影响股东、员工和社会的决策时作为一个集体所拥有的集中权力。然而,美国的企业领导层明显无法代表我们国家的多样性——这一现实与要求更平等的经济机会和参与度的广泛呼声形成了鲜明对比。为此,本文概述了有关美国公司董事会和管理层多样性的最新数据。然后,本文将这一问题置于由于新冠疫情而变得更为悬殊的种族财富和收入差距的背景下,随着乔治·弗洛伊德惨死后全社会对公司改革的呼吁,我们不仅要使公司高层变得更具多样性,而且要在所有影响重要公司利益相关者的公司行动中嵌入对 DEI 的承诺。

(一)公司董事会:他们在 21 世纪的重要性与代表权差距

公司董事会的设置旨在解决与公司组织相关的三种代理问题:“管理者和分散的股东之间的问题,控股股东和非控股股东之间的问题,以及股东和债权人之间的问题。”[6] 尽管早期的罗斯福新政(New Deal)将董事会视为促进大公司崛起的经济权力集中的一部分,但鉴于股东的“所有权”和管理层的“控制权”分离可能会产生激励问题,董事会在今天仍被认为具有关键的把关功能,这在上市公司中尤为显著。[7]

在不那么理论化的基础上,由于现实世界的发展,公司董事会的重要性也在提升。自从 20 世纪 70 年代出现了对管理层不当行为的关注,从而导致了对外部董事组成的审计委员会的要求,[8] 以及在 20 世

---

〔6〕 Edward B. Rock, Adapting to the New Shareholder - Centric Reality, 161 U. PA. L. REV. 1907, 1910 (2013).

〔7〕 See id; see also ADOLF A. BERLE, JR. & GARDINER C. MEANS, THE MODERN CORPORATION AND PRIVATE PROPERTY (1932)(这部著作将所有权和控制权的分离确定为公司法和社会学的一个主要问题)。但值得注意的是,对伯利(Berle)和米恩斯(Means)来说,“管理者”的概念既包括“董事会”,也包括“公司的高级雇员”。Id. at 202.

〔8〕 马丁·利普顿(Martin Lipton)的标志性文章:Takeover Bids in the Target's Boardroom, 35 BUS. LAW. 101 (1979),阐述了在要约收购的背景下,董事会应如何运作,非管理层董事应发挥重要作用,相互讨论并监督管理层的行为。See id. at 120 - 23. 这篇文章随后在鼓励独立董事发挥强有力的作用和制定了将权力从管理层转移出去的审查标准方面影响了特拉华州最高法院的一系列重要案件,如 Unocal Corp. v. Mesa Petroleum Co., 493 A. 2d 946, 954 - 55 (Del. 1985)。

纪80年代收购热潮的背景下,独立董事成为了解决敌意收购给管理层带来的问题的关键,公司董事会作为一个机构在公司治理中的重要性与日俱增。[9] 董事会现在被严肃地视为管理工具本身,在许多重要方面与日常管理人员截然不同;公司判例法、交易所规则[10]以及州和联邦层面的法律改革都强调了董事会这一角色的重要性。[11]

由于公司董事会的地位变得日益重要,近几十年来,它一直是选举和其他挑战的焦点,机构投资者迫切地要求增加独立董事的数量,这些独立董事将对他们的要求作出更多反应,且具有受到机构投资者青睐的特征。[12] 但是,这种对董事会组成人员的关注并没有转化成能够代表我们国家的董事会;相反,公司董事会甚至没有达到种族或性别多样性的最低门槛。例如,非裔美国人占美国人口的13.4%,但在2020年

〔9〕 See Melvin A. Eisenberg, The Board of Directors and Internal Control, 19 CARDOZO L. REV. 237, 238 (1997). ("董事会本身并非没有缺陷,但作为一个紧凑而有凝聚力的机构,它对公司来说是个性化的,并且能够相对独立于管理层的控制,它能够很好地代表股东对管理层进行持续而密切的监督。")

〔10〕 纽约证券交易所要求上市公司"有一个完全由独立董事组成的提名/公司治理委员会"。N. Y. STOCK EXCH., NYSE LISTED COMPANY MANUAL § 303A. 04(a) (rev. 2021), https://nyseguide. srorules. com/listed - company - manual [https://perma. cc/F6LR - 5XRJ]. 纳斯达克交易所要求上市公司的董事提名人"必须由以下两种方式选出或推荐给董事会:(A)在只有独立董事参与的投票中,独立董事占董事会独立董事的多数;或(B)提名委员会完全由独立董事组成"。NASDAQ, NASDAQ STOCK MARKET LLC RULES: RULE 5605(e) (rev. 2021), https://listingcenter. nasdaq. com/rulebook/nasdaq/rules/ [https://perma. cc/B5SZ - QYH6].

〔11〕 See, e. g. Dodd - Frank Wall Street Reform and Consumer Protection Act, Pub. L. No. 111 - 203, § 952, 124 Stat. 1376, 1900 - 03 (2010) (codified at 15 U. S. C. § 78j - 3); Sarbanes - Oxley Act of 2002, Pub. L. No. 107 - 204, § 301, 116 Stat. 745, 775 - 77 (codified at 15 U. S. C. § 78j - 1).

〔12〕 在过去的20年里,代理权争夺战、撤回运动和其他有争议的投票的发生率明显增加,这些努力通过协议或投票箱的胜利来获得起义者想要的东西的成功率也明显增加。See, e. g., John C. Coffee, Jr. & Darius Palia, The Wolf at the Door: The Impact of Hedge Fund Activism on Corporate Governance, 41 J. CORP. L. 545, 554 - 56 (2016) (2005 ~ 2006年,对冲基金在连续20个月里只有52次维权活动,而2010年至2014年年初,此类活动为1115次,仅2014年就有347次).

年底本文撰写时，他们仅占财富 500 强公司董事会的 8.6%，[13] 见图 1。同时，白人在董事会中的比例远远超过了黑人的比例。例如，据报道，在财富 500 强公司的董事会中，白人占所有董事会成员的 83.9%，比他们在美国人口中的比例高出 28% 以上。

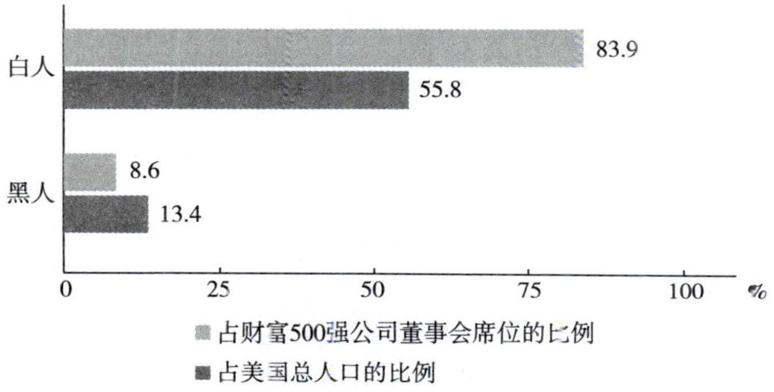

图 1　2020 年非裔美国人在财富 500 强公司董事会中的代表性不足

---

[13] Jeff Green, Focus on Black Directors Has Latinos Asking: What About Us?, BLOOMBERG (Sept. 18, 2020, 1:58 PM), https://www.bloomberg.com/news/articles/2020 – 09 – 18/latinos – call – forboard – seats – left – out – of – efforts – to – promote – black – directors [https://perma.cc/46YE – X7BW]. 对于拉美人来说，这个数字更加扭曲。尽管拉美裔人口约占美国人口的 18.3%，但在财富 500 强公司的董事会中只占 4.1%，不到他们在更广泛人口中所占比例的 1/4。DELOITTE & ALL. FOR BD. DIVERSITY, MISSING PIECES REPORT: THE BOARD DIVERSITY CENSUS OF WOMEN AND MINORITIES ON FORTUNE 500 BOARDS 19 (6th ed. 2021), https://www.deloitte.com/us/en/pages/about – deloitte/articles/pressreleases/number – of – fortune – 500 – boards – with – over – 40 – percent – diversity – nearly – quadrupled – since – 2010.html [https://perma.cc/3WAB – 3UHP]. 此外，他们的参与似乎并不能反映美国面临的人口变化。自 1990 年以来，拉丁裔占美国人口的比例较 1990 年的 9% 增加了一倍多，目前约为 20%。1990s: National Tables, U.S. CENSUS BUREAU, https://www.census.gov/data/tables/time – series/demo/popest/1990s – national.html (last updated Oct. 8, 2021) [https://perma.cc/J2EK – JH5R]. (在“1990 年至 2000 年按性别、种族和西班牙裔血统划分的年度人口估计”项下打开“人口数据”文件。) QuickFacts, U.S. CENSUS BUREAU, https://www.census.gov/quickfacts/fact/table/US#qf – headnote – b (last visited Oct. 12, 2021) [https://perma.cc/HQ4A – 9596]. 但即使在过去 20 年中出现了超过 10% 的指数增长，拉美裔在财富 500 强公司董事会中的席位比例在这段时间内也只增长了不到 3%。DELOITTE & ALL. FOR BD. DIVERSITY, supra, at 20, 35

如图2所示,女性在财富500强公司中的代表比例为26.1%,与非裔美国人和拉美人相比要好得多,后者大约只占12.5%。然而,作为一个群体,与她们在总人口中50.2%的比例相比,她们的代表权仍然过低。〔14〕 在这一人群中,白人女性在董事会席位中的份额增加得最多,从2004年的15.7%左右增加到2018年的22.5%,占到从白人男性转移过来的董事会席位的近70%,〔15〕见图3。与此同时,少数族裔女性的董事会席位几乎没有增加,只增加了1%,从3.2%增至4.6%。少数族裔男性的董事会席位也只取得了很小的进步,从9.9%上升到11.5%。〔16〕

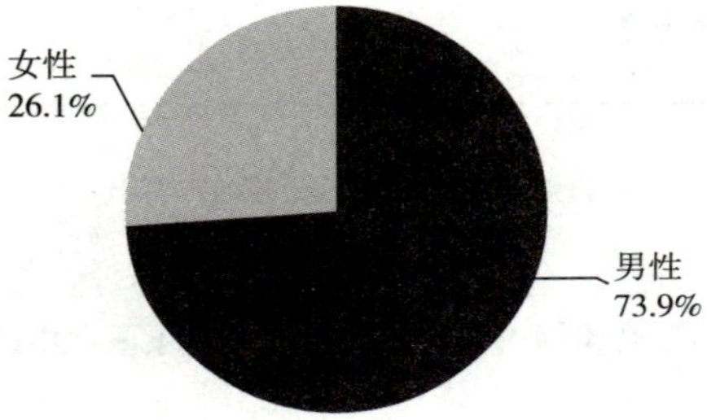

图2 2020年不同性别在财富500强公司董事会中的代表性占比

大量的文献详述了公司董事会在人口比例方面的缺陷的来源。在20世纪60年代的民权运动之后,黑人和女性成为公司董事会成员的前景逐渐改善,但其进展往往是零星而缓慢的。〔17〕

---

〔14〕 Women on Corporate Boards: Quick Take, CATALYST (Mar. 13,2020), https://www.catalyst.org/research/women-on-corporate-boards/ [https://perma.cc/7X5Q-CMF6].

〔15〕 另一方面,少数族裔男性和女性在董事会的席位比例仅增长了3.3%,从12.8%增长到16.1%。We Know Diversity Is Good for Business, So Why Do Corporate Leaders Remain Predominantly White and Male?, DIVERSITY JOBS (Nov. 10,2020), https://www.diversityjobs.com/2020/11/corporate-gender-ethnic-veteran-disability-lgbtqia-diversity/ [https://perma.cc/S7YH-3YNH].

〔16〕 Id.

〔17〕 Lisa M. Fairfax, Clogs in the Pipeline: The Mixed Data on Women Directors and Continued Barriers to Their Advancement, 65 MD. L. REV. 579,580 (2006). ("自1934年以来,女性在进入董事会方面取得了重大进展,并对这些董事会做出了重大贡献,但她们在成为董事会成员方面面临着相当大的障碍,必须积极主动地加以解决。")

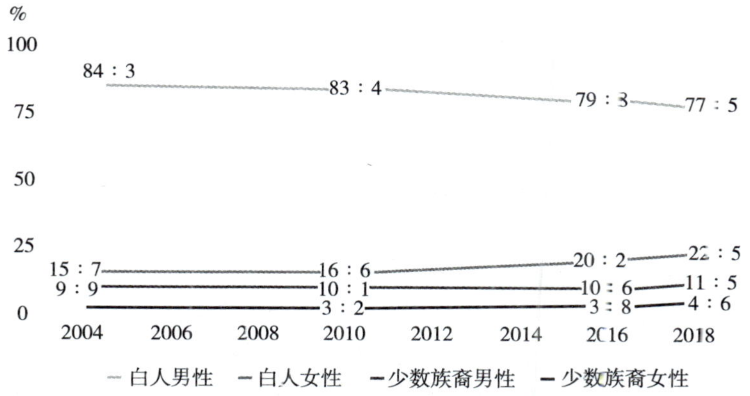

图 3　2004 年至 2018 年不同群体在财富 500 强公司董事会中的代表性占比

这些文献指出了董事会多样性所面临的一些常见障碍，其中大部分与董事会成员的选择方式有关。首先，董事会往往倾向于选择那些曾经运营过业务部门或担任过运营职位的候选人——简而言之，即那些曾在外部董事会任职的、来自其他公司的首席执行官——这就意味着女性和少数族裔候选人的数量较少。如果不努力寻找政府、军队、教育和法律等具有管理经验的经济部门的领导人——少数族裔和女性在这些部门的管理经验更多，[18] 公司董事会将倾向于反映公司管理层的构成。此外，由于人员流动性低，美国规模最大的那些公司的董事会席位很少出现空缺——它们面试的候选人人数也往往较少，而且一般由

〔18〕 See, e. g. , EILEEN PATTEN & KIM PARKER, PEW RSCH. CTR. , WOMEN IN THE U. S. MILITARY: GROWING SHARE, DISTINCTIVE PROFILE 1 (2011), https://www. pewresearch. org/wp content/uploads/sites/3/2011/12/women - in - the - military. pdf [https://perma. cc/7PKW - YMW5] ("女性在现役军人中的比例从 2% 提高到 14%，增长了 7 倍，在现役军官中的比例从 4% 提高到 16%，增长了 4 倍。"); Dylan Jackson, The Diversity Scorecard, AM. LAW (June 2020), https://www. bal. com/wpcontent/uploads/2020/05/TAL0527202049781Berry. pdf [https://perma. cc/T6RL - NKRW] ("少数族裔律师在美国最大的公司中的代表人数增加了 3. 9%。"); Hilary Burns, Study: Higher Ed Could Be First Mass. Sector to Hit Gender Parity, BOS. Bus. J. (Nov. 4, 2019, 6:22 AM), https://www. bizjournals. com/boston/news/2019/11/04/studyhigher - ed - could - be - first - mass - sector - to - hit. html [https://perma. cc/8M4N - 6DSF] ("马萨诸塞州 48% 的教务长是女性，全州 55% 的教务长和高级领导团队成员是女性。").

曾在董事会任职过的候选人组成。[19] 因此,多元化人群的机会很少,即使有职位空缺,少数族裔和女性候选人也可能根本没有面试机会。[20]

但可以说,最重要的原因是,女性和少数族裔不太可能拥有寻求董事会职位的候选人所必需的社会网络和社会关系。首席执行官们更青睐他们可以信任的人,他们从直接的个人经历中了解到这些人是有能力的,并且可以与之合作并施加影响。[21] 通常情况下,这导致他们倾向于考虑那些已经处于高级管理人员或其他董事会成员的社交圈子里中的熟人。首席执行官的上述动因使得女性和少数族裔处于不利地位,因为他们不一定来自或参与和主导公司董事会的白人男子相同的文化或社会经济网络。[22] 尽管对于那些代表人数不足的人来说,他们在形式上符合要求。2016 年对 1000 多名董事会成员的调查表明,超过一半的黑人董事在被任命之前就被董事会成员认识(而白人董事的比例为 35%)。[23] 同样,白人董事更有可能是公司的现任或前任高级管理人员。他们之中近 1/3 的人在被介绍给董事会时,已经被首席执行官认识。[24]

---

〔19〕 J. Yo – Jud Cheng, Boris Groysberg & Paul M. Healy, Why Do Boards Have So Few Black Directors?, HARV. BUS. REV. (Aug. 13, 2020), https://hbr.org/2020/08/why-do-boards-have-so-few-black-directors?registration=success [https://perma.cc/E868-FHLF].

〔20〕 Id.

〔21〕 See generally Udi Hoitash, Should Independent Board Members with Social Ties Disqualify Themselves from Serving on a Board?, 99 J. BUS. ETHICS 399 (2011)(研究了董事和管理层之间的社会联系如何促进信任和信息共享).

〔22〕 我们并没有忽视这样一个现实,即公司董事和经理也不能代表典型的白人男性。总的来说,他们来自特权阶层和精英背景,远远超过典型的美国白人。事实上,从我们对 DEI 的观点来看,让所有美国人都参与进来的努力是重要的,这包括没有特权背景的白人,他们在机会和准入方面往往面临着与收入有限的有色人种相同的一些困难。See Adia Harvey Wingfield, How Organizations Are Failing Black Workers – and How to Do Better, HARV. BUS. REV. (Jan. 16, 2019), https:/fhbr.org/2019/01/how-organizations-are-failing-black-workers-and-how-to-do-better [https://perma.cc/L7XE-FJA7](发现许多机构通过社交网络来填补主管职位空缺,这类似于精英专业服务公司只从东海岸的少数精英大学招聘人才).

〔23〕 Cheng et al., supra note 19.

〔24〕 Id.

(二)首席执行官和C型雇员(C－suite officers):高级管理人员的代表性鸿沟加深

一般的公司法规授权公司管理层特别是首席执行官作出重大的公司决策并监督公司的运作和资源。[25] 首席执行官是公司最重要的个体官员,他们凭借其管理身份,负责确保公司董事会的目标在公司的较低层次得到实现。在实践中,这意味着首席执行官雇用其他管理人员和员工以执行公司的政策和董事会指示,并将其作为广大公众和公司之间的主要接口。首席执行官还主要负责确定公司的资源如何使用以及用于何种目的。他们还可能负责实施公司的员工招聘、保留和晋升战略,并确保工作场所的文化与公司的目标相称。

尽管对一个高效的首席执行官的要求因行业而异,但首席执行官就像负责管理他们的董事会一样,是一个高度同质化的群体。就标普500指数公司的首席执行官而言,他们之中只有9%是少数族裔。[26] 具体来说,3%是拉丁裔,2%是印度裔,1%是亚洲裔,1%是中东裔,1%是多种族,1%是黑人,[27] 见图4。

在评估财富500强公司C型雇员的多样性时,情况几乎没有好转。C型雇员包括首席财务官(CFO)、首席运营官(COO)和首席信息官(CIO)。在这群稀有的雇员群体中,只有3.2%是非洲裔美国人。[28] 只有4.3%的

---

〔25〕 Adam Hayes, Chief Executive Officer (CEO), INVESTOPEDIA, https://www.investopedia.com/terms/c/ceo.asp (last updated July 1, 2020) [https://perma.cc/6MCN－5X7Q].

〔26〕 Te－Ping Chen, Why Are There Still So Few Black CEOs?, WALL ST. J. (Sept. 28, 2020, 10:16 AM), https://www.wsj.com/articles/why－are－there－still－so－few－black－ceos－11601302601 [https://perma.cc/HQ9C－K2GL](这篇文章指出,在拥有100名或100名以上员工的美国公司中,非洲裔美国人仅占高级管理人员或高级职位的3%).

〔27〕 Id.

〔28〕 CTR. FOR TALENT INNOVATION, BEING BLACK IN CORPORATE AMERICA: AN INTERSECTIONAL EXPLORATION 3 (2019), https://coqual.org/wpcontent/uploads/2020/09/CoqualBeingBlackinCorporateAmerica090720－1.pdf [https://perma.cc/33DY－P9CM](发现尽管数字不同,但非裔美国专业人士比白人专业人士更有可能雄心勃勃;总体而言,65%的非洲裔美国人在他们的职业生涯中被认为"非常雄心勃勃",而白人的这一比例为53%).

是拉丁裔。[29] 与此同时,白人占绝大多数,其比例超过 85%,见图 5。

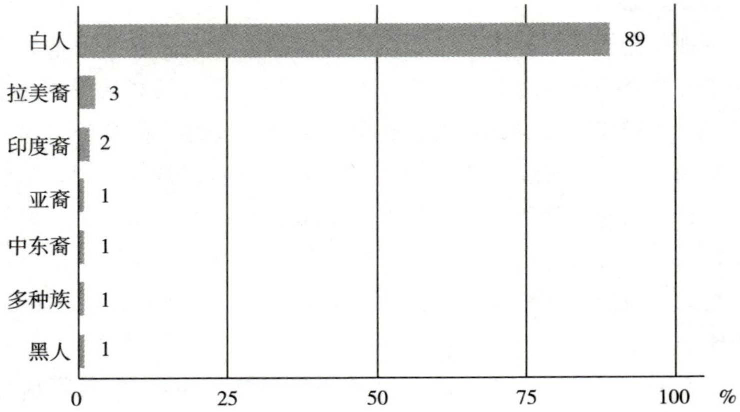

图 4　标普 500 指数公司首席执行官的种族构成

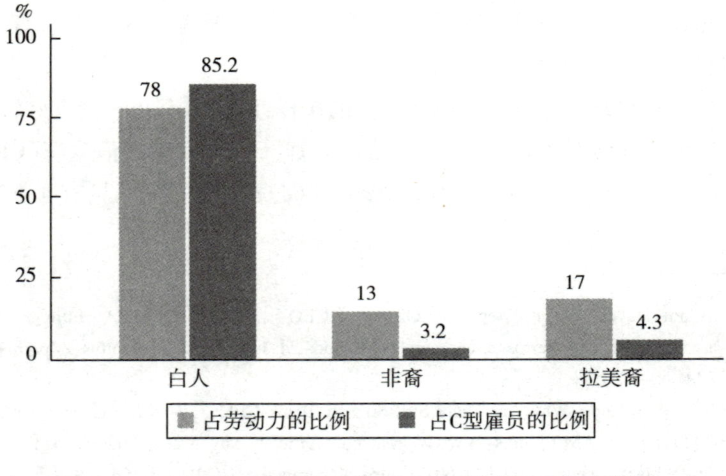

图 5　不同族裔在财富 500 强公司 C 型雇员中的代表性

与公司董事会的情况一样,在全国 3000 家规模最大的公司中,担

[29] J. D. Swerzenski, Donald Tomaskovic – Devey & Eric Hoyt, This Is Where There Are the Most Hispanic Executives (and It's Not Where You Think), FAST CO. (Jan. 28, 2020), https://www.fastcompany.com/90456329/this – is – where – there – are – the – most – hispanic – executives – and – its – not – where – you – think [https://perma.cc/6T6Y – Q3WP].

任高级管理人员的女性多于代表性不足的少数族裔，后者的数量有167人。[30] 数据显示，女性比例在C型雇员群体中取得了进步，从约7%增长到今天的近12%。[31] 相比之下，在标普100指数50家最大公司的279名高级管理人员中，只有5名是黑人。[32] 但是，与女性在美国总人口中50.2%的比例相比，女性的代表性仍然严重不足。[33] 此外，在财富500强公司中，女性只占据了6%的首席执行官职位，不同种族的人在财富500强公司首席执行官中的表现也差不多，只有9%，[34] 见图6。

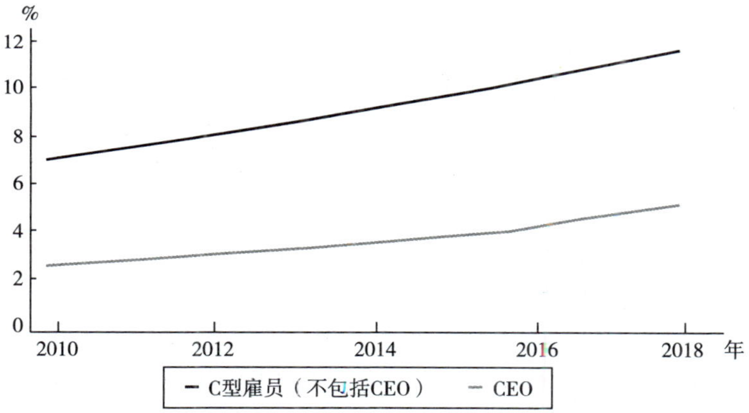

图6　女性在高级管理人员中的代表性占比

〔30〕 Vanessa Fuhrmans, Where Are All the Women CEOs?, WALL ST. J. (Feb. 6, 2020, 10:34 AM), https://www.wsj.com/articles/why-so-few-ceos-are-women-you-can-have-a-seat-at-the-tableand-not-be-a-player-11581003276 [https://perma.cc/Z3B6-DCZG].

〔31〕 Id.

〔32〕 Jessica Guynn & Brent Schrotenboer, Why Are There Still So Few Black Executives in America?, USA TODAY, https://www.usatoday.com/in-depth/money/business/2020/08/20/racismblack-america-corporate-america-facebook-apple-netflix-nike-diversity/5557003002/ (last updated Feb. 4, 2021, 8:54 AM) [https://perma.cc/38WW-8DPN].

〔33〕 Fuhrmans, supra note 30.

〔34〕 同上（在财富100强的所有高级管理人员职位中，女性仅占25%，而在财富100强的高级管理人员职位中，种族多元化的个人仅占16%）。

与公司董事会一样,研究人员发现,被排除在专业网络之外是C型雇员结构不平衡的一个关键因素。人际网络和社会交往可以决定职业生涯的成败,而女性和少数族裔可能会发现自己很难融入主流的企业文化并与他们的白人男性同事平起平坐。因此,他们往往无法充分发展晋升所需的关系,[35]由此导致的结果可能很严重。许多公司的晋升是在职位公布之前就已经以非正式的形式决定了的,这使代表人数不足的群体成员没有机会参与竞争,也无法得到公司领导层的支持以使他们的名字被提出。[36]

在职业生涯的早期阶段,晋升机会不足也是原因之一。首席执行官、招聘人员和学者经常报告说,女性和黑人专业人士在职业生涯早期面临更大的障碍,包括工作与生活的平衡以及家庭责任,并比他们的同事更容易受到批评。[37] 即使少数族裔和女性接近高级管理人员职位,他们也很少获得作为首席执行官和首席财务官等顶级职位的垫脚石的盈亏职位,而更多的是被安排到市场营销或人力资源等岗位。[38] “《华尔街日报》按市值计算最大的上市公司的高管进行的一项研究表明”,占据公司最高职位的男性绝大多数获得了管理职位,“这些职位对公司的盈利而言关系重大”。[39] 相比之下,女性“经常担任人力资源、行政或法律主管……那些没有盈利责任的工作”,而且通常无法涉足公司的经营。[40]

对于非白人女性来说,在公司晋升更加困难。[41] 在2019年对329家大公司及其6.8万多名员工进行的一项调查中,有色人种女性不太可能说,她们的老板给了她们管理人员和项目的机会,或帮助她们驾驭

---

〔35〕 Chen, supra note 26.

〔36〕 Id.

〔37〕 Id.

〔38〕 Id.

〔39〕 Fuhrmans, supra note 30.

〔40〕 Id.

〔41〕 Lisa Fairfax, Some Reflections on the Diversity of Corporate Boards: Women, People of Color, and the Unique Issues Associated with Women of Color, 79 ST. JOHN'S L. REV. 1105, 1116 (2005) (“指出非白人妇女将阻碍其成功的障碍描述为‘混凝土’天花板,与白人妇女经历的‘玻璃’天花板不同”).

企业政治。[42] 根据麦肯锡公司和 LeanIn. Org(一个促进女性工作进步的非营利组织)的研究,她们只占到高级管理人员人数的 3%。[43] 见图 7。

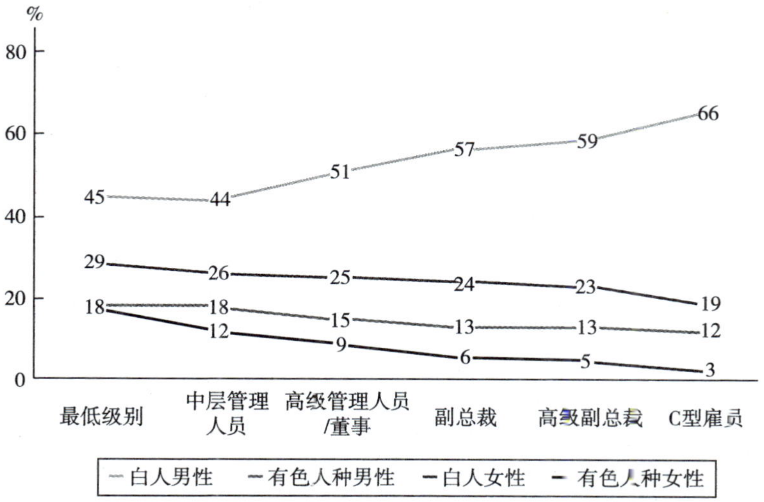

图 7 不同群体在公司内部的不同职级中的代表性占比

最终,随着在企业内部的职级不断提升,白人男性与几乎所有其他群体的脱钩越来越严重。最初,在入门级招聘中,白人男性与女性和少数族裔之间的比例差距并不大,但现在,这种差距随着企业内部职级的提高而不断扩大。这种人口结构的脱钩最终导致高级管理人员的人口结构与美国的人口结构相去甚远。[44] 相反,随着白人男性(大部分拥

〔42〕 Amber Burton, Women of Color: Invisible, Excluded, and Constantly "On Guard," WALL ST. J. (Oct. 15,2019,12:01 AM),https://www.wsj.com/articles/women-of-color-invisible-excludedand-constantly-on-guard-11571112050? mod=article_inline [https://perma.cc/8MYR-9PEF].

〔43〕 MCKINSEY & CO. & LEANIN. ORG, WOMEN IN THE WORKPLACE 8 (2020), https://wiw-report.s3.amazonaws.com/Women_in_the_Workplace_2020.pdf [https://perma.cc/EPE3-EF6K].

〔44〕 Id. at 8-9 ("2020 年报告特别关注新冠疫情如何影响工作中的女性,包括其对不同种族和族裔女性的特殊影响").

有相对富裕的背景)[45]在企业领导职位中占据越来越大的份额,少数族裔和女性则失去了应有的地位。

(三)公司法的后乔治·弗洛伊德时代和新冠疫情时代

几十年来,美国企业的人口结构困境一直吸引着人们的关注,尽管自乔治·弗洛伊德死于明尼阿波利斯警方之手以来,对这个问题的审查有所加强。这场悲剧不仅加剧了当时刚刚兴起的"黑人的命也是命"运动,还凸显了从警察暴行到种族财富和收入差距的一系列社会不平等现象。随着社会活动人士深入研究这一活动的法律意义及其所涉及的权利和民主问题,一个自然而然的重点始终是社会上资源和机会在种族间的分配不均。[46] 新冠疫情对有色人种[47]的不平等影响只会使人们更加聚焦于此,并导致美国人民认知上的转变——或者说"大

---

〔45〕 Richard L. Zweigenhaft, Diversity Among CEOs and Corporate Directors: Has the Heyday Come and Gone?, WHORULESAMERICA. NET (Dec. 2013), https://whorulesamerica. ucsc. edu/power/diversity_among_ceos. html [https://perma. cc/ZER5 - S4MC](研究了精英公司的董事,包括女性或非黑人少数群体的董事,发现他们绝大多数来自上层阶级或拥有中上层阶级背景).

〔46〕 See Veronica Root Martinez & Gina - Gail S. Fletcher, Equity Metrics, 130 YALE L. J. F. 869, 872 (2021)("观察到在'黑人的命也是命'运动中,最初关注警察在美国社会中的适当角色的对话,变成了关于一切的辩论"). 根据对数百份关于乔治·弗洛伊德生活的文件和采访的广泛审查,一幅画面跃然纸上,它凸显了系统性种族主义是如何在美国许多机构中僵化的,在住房、教育、经济、执法和医疗保健方面造成了截然不同的结果。Toluse Olorunnipa & Griff Witte, Born with Two Strikes: How Systemic Racism Shaped Floyd's Life and Hobbled His Ambition, WASH. POST, https://www. washingtonpost. com/graphics/2020/national/george - floydamerica/systemic - racism/ (last updated Oct. 8, 2020, 7:47 AM) [https://perma. cc/3H4N - AVQ8].

〔47〕 关于新冠疫情对黑人工人的经济和健康影响的重要总结, see Elise Gould & Valerie Wilson, Black Workers Face Two of the Most Lethal Preexisting Conditions for Coronavirus - Racism and Inequality, ECON. POL'Y INST. (June 1, 2020), https://www. epi. org/publication/black - workers - covid/ [https://perma. cc/ZDC3 - KRDW]. 女性,特别是黑人、非西班牙裔妇女和拉丁裔女性,也受到疫情的沉重打击,因为她们在酒店和零售等行业的比例过高,这些行业遭受了与疫情有关的失业的冲击。Jasmine Tucker & Claire Ewing - Nelson, COVID - 19 Is Making Women's Economic Situation Even Worse, NAT'L WOMEN'S L. CTR. (Sept. 2020), https://nwlc. org/wp - content/uploads/2020/09/PulsedataFS - 1. pdf [https://perma. cc/7ABK - UJJQ].

觉醒”(great awakening)。[48]

因此,2020年的残酷事件使大多数美国人,特别是著名商界领袖,不可能忽视种族不平等问题。[49] 眼下的事实导致公司被问及一个新的问题,即它们在助长持续的不平等这一不可否认的问题上发挥了什么作用,以及它们可能和应该采取什么行动来解决这个问题。这是主流舆论在关注多样性的相对缺乏对于黑人的意义这个问题之外,第一次讨论多样性的相对缺乏对于社会的意义,以及公司治理是否可能在促进更具建设性的公司行为方面发挥作用。

这并不是说没有学者关注企业多样性的缺失会产生什么样的社会外部效应。例如,研究发现,多样性程度较低、女性较少的公司不太可能参与慈善捐赠。[50] 同样,最近的事件也突出表明,董事会和员工队伍中缺乏有实力的非裔和拉美裔美国人的公司不太可能支持与多元化

〔48〕 Van Jones, Opinion, Welcome to the "Great Awakening", CNN, https://www.cnn.com/2020/06/12/opinions/great - awakening - empathy - solidarity - george - floydjones/index.html (last updated June 14, 2020, 11:21 PM) [https://perma.cc/V6T7 - SSP8]. (观察乔治·弗洛伊德被杀事件和“黑人的命也是命”运动如何催生了一种“远超事件本身的现象”,最好将其描述为“同情心和团结的大觉醒”,这是一种没有历史先例的“大觉醒”); see also Jose A. Del Real, Robert Samuels & Tim Craig, How the Black Lives Matter Movement Went Mainstream, WASH. POST (June 9, 2020), https://www.washingtonpost.com/national/how - the - black - lives - matter - movement - went - mainstream/2020/06/09/201bd6e6 - a9c6 - 11ea - 9063 - e69bd6520940.story.html [https://perma.cc/8ANX - NPE5] (注意到“黑人的命也是命”的主流化是在新冠疫情的背景下发生的,在美国,这种疫情不平等地伤害了少数群体).

〔49〕 See Natalie Sherman, George Floyd: Why Are Companies Speaking Up this Time?, BBC (June 7, 2020), https://www.bbc.com/news/business - 52896265 [https://perma.cc/L8X4 - X2EV] (“多年来,黑人死于警察之手在美国企业界一直没有引起注意。但这一次,随着抗议者因乔治·弗洛伊德被杀而涌上全国各地的街道,企业开始发声。”).

〔50〕 See Robert J. Williams, Women on Corporate Boards of Directors and Their Influence on Corporate Philanthropy, 42 J. BUS. ETHICS 1 (2003) (支持了女性董事比例较高的公司比女性董事比例较低的公司更大限度地参与慈善捐赠的观点).

社区有关的事业或采取反映多元化少数族裔社区价值观的社会正义立场。[51] 如果公司董事会和管理层缺乏多样性以及认识问题和优化解决方案的视角,公司对平等的环境政策等问题的关注也会减少。[52]

不过,这些数据最直接、最令人担忧的影响可能是对美国不同种族之间财富和收入差距的宏观经济影响。在民权运动高潮之后的几十年里,美国企业未能持续雇佣和提拔女性和历史上代表性不足的少数族

---

〔51〕 最近一个最明显也最值得研究的例子是,美国职业篮球联赛(NBA)和国家橄榄球联盟(NFL)对科林·卡佩尼克(Colin Kaepernick)抗议美国国旗的反应截然不同。黑人球员拥有经济权力的 NBA 接受了社会抗议,而白人老板拥有经济权力的 NFL 在很大程度上拒绝了这些抗议,并因为卡佩尼克的示威而排斥他。See, e. g., Michael Conklin & Christine Noel, Unsportsmanlike Conduct? The NFL's Response to the Kneeling Controversy, 12 J. ETHICAL & LEGAL ISSUES 1, 3 (2019) (注意到 NBA 黑人运动员的比例更高,黑人发出的声音也更多); see also John Branch, Why the N. F. L. and the N. B. A. Are So Far Apart on Social Justice Stances, N. Y. TIMES (June 22, 2018), https://www. nytimes. com/2018/06/22/sports/nfl - nba - social - justice - protests. html.

〔52〕 同样的问题在非营利部门也受到密切的关注,那里也有相同的情况。See Ambika Chawla, A Look at Why Environmentalism Is So Homogeneous – And How Organizations Might Cultivate Genuine Diversity, ENSIA (July 28, 2020), https:// ensia. comlfeatures/environmental - workforce - diversity - systemic - racism/ [https://perma. cc/B6PU - WT3L] ("有色人种可以提供独特的视角,说明环保部门为什么缺乏多样性,以及这些组织可以做些什么来使环境保护方面的劳动力更加多样化。"); see also Victoria Bortfeld, This "Green" Space Shouldn't Be So White, COLUM. CLIMATE SCH.: STATE OF THE PLANET BLOG (Aug. 21, 2020), https:/Iblogs. ei. columbia. edu/2020/08/21/environmental - sciences - anti - racism/ [https://perma. cc/7U9P - 8DXC] ("在某种程度上,支持和推动环保工作的制度环境和专业工作场所反映了我们社会中出现的环保不公正现象。"); Ihab Mikati, Adam F. Benson, Thomas J. Luben, Jason D. Sacks & Jennifer Richmond - Bryant, Disparities in Distribution of Particulate Matter Emission Sources by Race and Poverty Status, 108 AM. J. PUB. HEALTH 480 (2018) (研究发现,有色人种不仅更有可能生活在污染者源附近,呼吸被污染的空气,而且种族对受污染可能性的影响比贫困更大,这表明,除了黑人和棕色人种社区中的贫困程度之外,还有其他因素在起作用).

裔,他们中的很多人难以从中层管理岗位里脱颖而出。[53] 在组织心理学文献中,企业高层缺乏多样性被广泛认为可能是阻碍企业基层多样性的一个关键因素,大部分员工在企业基层工作,企业、客户和社区之间最多的互动也发生在基层。[54] 缺乏多样性的原因多种多样,但通常从员工招聘开始就存在了。所有个体,无论他们是什么种族,都倾向于喜欢与自己相似的人,并会对他们作出与自己不同的人相比更积极的评价。由于这种"亲和力偏见"(affinity bias),管理者可能始终青睐与自己相似的人,认为他们更值得信任、更聪明或更称职。[55] 与此同时,女性,特别是黑人和棕色人种候选人,可能会受到"局外人偏见"(outsider bias)的影响,即认为那些不属于现有朋友和同事圈子的人,

---

〔53〕 在2020年7月15日,美国50个最大企业的279名高级管理人员中只有不到2%是黑人。Guynn & Schrotenboer, supra note 32. 最近的一个关于种族财富差距的调查分析,参见Neil Bhutta, Andrew C. Chang, Lisa J. Dettling & Joanne W. Hsu, Disparities in Wealth by Race and Ethnicity in the 2019 Survey of Consumer Finances, BD. OF GOVERNORS OF THE FED. RSRV. SYS. (Sept. 28, 2020), https://www.federalreserve.gov/econres/notes/feds - notes/disparities - in - wealth - by - race - andethnicity - in - the - 2019 - survey - of - consumer - finances - 20200928.htm [https://perma.cc/JR79 - UNCJ]。

〔54〕 See Jill A. Gould, Carol T. Kulik & Shruti R. Sardeshmukh, Trickle - Down Effect: The Impact of Female Board Members on Executive Gender Diversity, 57 HUM. RES. MGMT. 931 (2018)(发现董事会和高级管理人员之间对女性代表性的涓滴效应). See generally Rachel W. Flam, Jeremiah Green, Joshua A. Lee & Nathan Y. Sharp, A Level Playing Field? Empirical Evidence That Minority Analysts Face Unequal Access to Corporate Managers (rev. Dec. 2020)(未出版的手稿), https://papers.ssrn.com/sol3/papers.cfm? abstract_id = 3622417 [https://perma.cc/T37D - QWDC](发现少数族裔分析师在进入管理层的机会方面面临独特的障碍).

〔55〕 Adwoa Bagalini, 3 Cognitive Biases Perpetuating Systemic Racism at Work - And How to Overcome Them, WORLD ECON. F. (Aug. 19, 2020), https://www.weforum.org/agenda/2020/08/cognitive - bias - unconscious - racism - moral - licensing/ [https://perma.cc/ZNQ2 - RBX7](强调道德许可、亲和偏见和确认偏见是三种认知偏见,它们会导致有色人种的不平等结果).

必然拥有与自己截然不同的价值观与利益。[56] 在商业活动中,这种偏见和其他基于亲和力的偏见一样,都可能在招聘过程中产生重要的影响,在招聘过程中,它表现为缺乏“文化契合度”(culture fit),这是一种用于剥夺求职者资格的模糊评估。[57] 不足为奇的是,美国国家科学院(the National Academy of Sciences)的数据显示,黑人候选人的回召率(the rate of callbacks)普遍低于白人候选人,而且自20世纪70年代以来,这一比率几乎没有变化。[58]

类似的因素使那些被雇用的黑人和棕色人种的晋升复杂化。“确认偏见”(confirmation bias),即人类有选择性地寻找、青睐和使用确认自己已经相信的信息的倾向,可能会在多样性不足的环境中阻碍黑人和棕色人种员工的晋升。[59] 如果一家公司的白人领导者[60]认为黑人员工不太合格,他们可能更倾向于忽视证明黑人员工合格的新信息,即

〔56〕 Cf. William Samuelson & Richard Zeckhauser, Status Quo Bias in Decision Making, 1 J. RISK & UNCERTAINTY 7, 47 (1988)(通过一系列决策实验表明,个人不成比例地坚持现状); see also Amy Kristof - Brown, Murray R. Barrick & Melinda Franke, Applicant Impression Management: Dispositional Influences and Consequences For Recruiter Perceptions of Fit and Similarity, 28 J. MGMT. 27, 33 - 40 (2002)(有证据表明,在作出招聘决定时,面试官会无意识地青睐那些他们认为与自己相似的候选人).

〔57〕 Bagalini, supra note 55.

〔58〕 Lincoln Quillian, Devah Pager, Arnfinn H. Midtboen & Ole Hexel, Hiring Discrimination Against Black Americans Hasn't Declined in 25 Years, HARV. BUS. REV. (Oct. 11, 2017), https://hbr.org/2017/10/hiring - discrimination - against - black - americans - hasnt - declined - in - 25 - years [http://perma.cc/P6QJ - X9TV](没有证据表明有意识和无意识的偏见会自行减少).

〔59〕 Bagalini, supra note 55; see, e. g., Amos Tversky & Daniel Kahneman, Judgment Under Uncertainty: Heuristics and Biases, 185 SCIENCE 1124, 1128 (1974)(讨论“锚定”作为几个关键的判断启发式之一及其产生的偏见).

〔60〕 甚至是少数族裔领袖,因为有证据表明,隐性偏见会影响每个人,包括黑人对其他黑人的看法。Theodore R. Johnson, Black - on - Black Racism: The Hazards of Implicit Bias, ATLANTIC (Dec. 26, 2014), https://www.theatlantic.com/politics/archive/2014/12/black - on - black - racism - the - hazards - of - implicit - bias/384028/ [https://perma.cc/E9JB - 7ZQ2] [“当黑人被问及他们的偏好时,他们表达了对自己群体的坚定偏好,而不是白人,但总的来说,在IAT(内隐联想测试,内隐项目使用的内隐偏见测试)中的表现表明,他们潜意识中对白人的偏好略高于黑人”].

使在他们业绩很好的情况下也是如此。[61] 因此，来自代表性不足群体的员工更有可能受到负面评价。此外，公司中的导师和推动者可能会将初级和中级管理人员提升到领导岗位，但他们可能不愿意这样做。[62] 对于代表性不足的群体来说，这意味着他们在晋升方面与白人同行相比可能面临竞争劣势。

另一个重要因素也阻碍了种族和性别平等推进。从 20 世纪 80 年代开始，机构投资者越来越重视短期股东回报，与前几代人相比，企业利润中用于提升员工工资的份额大幅下降。[63] 这种公平收益分配的下降对美国黑人的打击尤其严重，因为他们在 20 世纪 60 年代才获得

〔61〕 Bagalini, supra note 55.

〔62〕 Id.

〔63〕 See Anna Stansbury & Lawrence H. Summers, The Declining Worker Power Hypothesis: An Explanation for the Recent Evolution of the American Economy (Nat'l Bureau of Econ. Rsch., Working Paper No. 27193, 2020), nber. org/system/files/working - papers/w27193/w27193. pdf [https://perma. cc/48B3 - 5PXV]; Lawrence Mishel, The Decline in Unions Has Hurt Nonunion Workers Too, ECON. POL'Y INST. (Sept. 1, 2016), https://www. epi. org/publication/the - decline - inunions - has - hurt - nonunion - workers - too/ [http://perma. cc/7CX3 - 45BX]; LAWRENCE MISHEL & JORI KANDRA, ECON. POL'Y INST., CEO COMPENSATION SURGED 14% IN 2019 TO $21. 3 MILLION (Aug. 2020), https://www. epi. org/publication/ceo - compensation - surged - 14 - in - 2019 - to - 21 - 3 - million - ceosnow - earn - 320 - times - as - much - as - a - typical - worker/ [https://perma. cc/S4Q9 - BTVE] (注意到股东将 CEO 薪酬与股票回报挂钩，CEO 薪酬增加，而员工工资停滞不前); LAWRENCE MISHEL, LYNN RHINEHART & LANE WINDHAM, ECON. POL'Y INST., EXPLAINING THE EROSION OF PRIVATE - SECTOR UNIONS (Oct. 2020), https://files. epi. org/pdf/211305. pdf [https://perma. cc/MLL7 - EQDF]; JOSH BIVENS, LAWRENCE MISHEL & JOHN SCHMITT, ECON. POL'Y INST., ITS NOT JUST MONOPOLY AND MONOPSONY: HOW MARKET POWER HAS AFFECTED AMERICAN WAGES (Apr. 2018), https://files. epi. org/pdf/145564. pdf [https://perma. cc/6G6E - GMC7].

劳工权利,他们在生活中更有可能是工人和中下层阶级。[64] 日益严重的不平等给所有美国人带来了后果,而在"罗斯福新政"/"伟大社会共识"(great society consensus)确立的时期,美国黑人所取得的成就开始逆转。[65] 弗里德曼/里根方向的公共政策运动也使企业摆脱了更果断地解决 DEI 问题的压力,董事会和高级管理人员的多元化缺乏进展证明了这一现实。[66]

总的来说,这些障碍都被广泛理解为经济成果和机会方面的巨大差异,这是民权活动人士主要关切之所在。美国平等就业机会委员会(Equal Employment Opportunity Commission)2018 年汇编的统计数据显

〔64〕 See David Leonhardt, Opinion, The Black – White Wage Gap Is as Big as It Was in the 1950s, N. Y. TIMES (June 25, 2020), https://www.nytimes.com/2020/06/25/opinion/sunday/racewage – gap.html [https://perma.ccUN3T – GLZG](记录了"二战"后种族财富和收入差距的缩小,原因是强大的工会导致工资上涨,1966 年的"伟大社会立法"纳入了许多黑人工人以最低工资持有的以前被排除的工作,以及其他惠及所有蓝领工人的政策,但这些增长从 20 世纪 80 年代开始逆转); G. William Domhoff, Wealth, Income, and Power, WHORULESAMERICA. NET, https://whorulesamerica.ucsc.edu/power/wealth.html (last updated Apr. 2017) [https://perma.cc/2V9B – JXBG](这表明黑人在收入上远远落后于白人,而且差距还在扩大); Kristin McIntosh, Emily Moss, Ryan Nunn & Jay Shambaugh, Examining the Black – White Wealth Gap, BROOKINGS (Feb. 27, 2020), https://www.brookings.edu/up – front/2020/02/27/examining – the – black – white – wealth – gap/ [https://perma.cc/6558 – Q4JP](表明了相同的观点); see also Facts: Racial Economic Inequality, INEQUALITY. ORG, https://inequality.org/facts/racial – inequality/ (last visited Sept. 11, 2021) [https://perma.cc/U2C7 – JH9N](记录了黑人家庭净财富中位数仅为 3500 美元,而白人家庭财富中位数为 147,000 美元,并进一步指出,自 20 世纪 80 年代初以来,这一差距显著扩大); PHILIP MATTERA, GOOD JOBS FIRST & JOBS WITH JUST. EDUC. FUND, GRAND THEFT PAYCHECK: THE LARGE CORPORATIONS SHORTCHANGING THEIR WORKERS' WAGES 1, 14 – 15 (June 2018), https://goodjobsfirst.org/sites/default/files/docs/pdfs/wagetheft_report_revised.pdf [https://perma.c/QV8Y – 8DF8](记录表明,工资盗窃对黑人和拉美裔工人的影响不成比例,因为他们在因工资盗窃而受到法院处罚的部门中的人数过多).

〔65〕 在里根政府推翻"新政"/"伟大社会共识"之前,美国包括黑人在内的平等程度一直在上升。See The Productivity – Pay Gap, ECON. POL'Y INST., https://www.epi.org/productivity – pay – gap (last updated Aug. 2021) [https://perma.cc/355 – NJ7S]("自 20 世纪 70 年代末以来,美国的政策选择直接导致了生产率和典型工人工资之间的明显差异。").

〔66〕 See, for example, William A. Wines, Title Ⅶ Interpretation and Enforcement in the Reagan Years (1980 – 89): The Winding Road to the Civil Rights Act of 1991, 77 MARQ. L. REV. 645 (1994). 详细介绍了里根政府在降低《1964 年民权法案》第七章关于禁止就业中种族和性别歧视的执法效率方面的影响。

示，在白人中，工资较低的服务工人和劳动者与工资较高的高级管理层的比例约为7∶1。但对于黑人来说，这一比例飙升至105∶1。[67]

这些事实对种族间财富和收入的不平等有直接影响。2016年，典型白人家庭的净资产（171,000美元）几乎是黑人家庭（17,150美元）的10倍。与此同时，在里根时代之后，白人和黑人美国人之间的家庭收入中位数差距有所扩大，20世纪60年代和70年代的改善发生了逆转，因此1970年的23,800美元的差距现在已经扩大到2018年约3.3万美元左右（以2018年美元的价值计算）。[68] 部分原因可以归结于所谓的“黑色天花板（black ceiling）”，它在黑人职业生涯发展的早期便为其设置了阻碍。根据最近的行业分析，黑人男性比白人男性更快达到收入峰值，且收入水平较低（45～49岁的黑人男性为43,859美元，50～54岁的白人男性为66,250美元）。[69]

鉴于上述原因，越来越多的倡导者和企业利益相关者呼吁企业通过采取更坚定、更全面的DEI政策来解决不平等问题，这些政策涉及企业影响其工人、消费者、商业伙伴、经营社区和整个社会的所有重要方式。这些要求不是象征性的行动，而是自上而下和自下而上的方法，即在企

---

〔67〕 Guynn & Schrotenboer, supra note 32.

〔68〕 Katherine Schaeffer, 6 Facts About Economic Inequality in the U. S., PEW RSCH. CTR (Feb. 7, 2020), https://www.pewresearch.org/fact-tank/2020/02/07/6-facts-about-economic-inequality-in-the-u-s/ [https://perma.cc/355K-NJ7S].

〔69〕 DANA M. PETERSON & CATHERINE L. MANN, CITIGROUP, CLOSING THE RACIAL INEQUALITY GAPS: THE ECONOMIC COST OF BLACK INEQUALITY IN THE U. S. 5 (Sept. 2020), https://ir.citi.com/%2FPRxPvgNWu319AU1ajGf%2BsKbjJjBJSaTOSdw2DF4xynPwFB8a2jV1FaA3Idy7vY59bOtN21xVQM%3D [https://perma.cc/DZ2R-VA8W].

业行为的所有方面嵌入对平等性的承诺。[70]

---

[70] 了解企业行动的一些具体要求及其所需要的内容, see Jennifer Liu, Companies Are Speaking Out Against Racism, but Here's What it Really Looks Like to Lead an Anti – racist Organization, CNBC: MAKE IT, https://www.cnbc.com/2020/06/15/what – it – means – to – be – an – anti – racist – company.html (last updated June 15, 2020, 1:27 PM) [https://perma.cc/5EDB – R798] (敦促各组织承认工作场所的系统性种族主义,并在各个层面实施变革); HARRY BAKER, CHLOE SPETALNICK, JONATHAN WILLMOT, KAJOL GUPTA & KEN MERRITT, DAYBLINK CONSULTING, CORPORATE DIVERSITY AND RESPONSES TO THE BLACK LIVES MAT'ER MOVEMENT 4 (Aug. 2020), https://www.dayblink.com/corporate – diversity – and – responses – to – the – black – lives – matter – movement/ [https://perma.cc/G7UD – KRB2] (分析 George Floyd 死后 60 天内,美国企业对"黑人的命也是命"运动的反应); Peter Eavis, Want More Diversity? Some Experts Say Reward C. E. O. s for It, N. Y. TIMES (July 14, 2020), https://www.nytimes.com/2020/07/14/business/economy/corporate – diversity – pay – compensation.html [https://perma.cc/A3W8 – 2B5P] (报告称,"在大约 3000 家公司中,只有 78 家公司表示,实现多样性目标决定了首席执行官薪酬的一部分"); Nikhil Bumb, Corporate Silence and Anti – Racism, FSG: BLOG (July 2, 2020), https://www.fsg.org/blog/corporate – silence – anti – racism [https://perma.cc/2Z2J – 6YRD] (倡导将会议作为一种方式,积极创造倾听有色人种员工、有色人种客户和其他有色人种利益相关者声音的空间,而不是让有色人种承担发出声音的负担); Business Roundtable Redefines the Purpose of a Corporation to Promote "An Economy That Serves All Americans", BUS. ROUNDTABLE (Aug. 19, 2019), https://www.businessroundtable.org/business – roundtable – redefines – the – purpose – of – a – corporationto – promote – an – economy – that – serves – all – americans [https://perma.cc/X9PF – EU7W] (商业圆桌会议的声明,重新定义了公司的宗旨,从股东至上转向包括对所有利益相关者的承诺); Lauren Weber, Companies Have Promised $35 Billion Toward Racial Equity. Where Is the Money Going?, WALL ST. J. (Dec. 21, 2020, 12:14 PM), https://www.wsj.com/articles/companies – have – promised – billions – toward – racial – equity – where – is – the – money – going – 11608570864 [https://perma.cciWJB6 – SEJ8] (指出成功的企业计划需要首席执行官的承诺,以及其他事项); Judith Crown, Supplier Diversity Needs to Focus on Industries of Today and Tomorrow, CRAIN'S CHI. BUS. (Dec. 18, 2020, 7:26 AM), https://www.chicagobusiness.com/equity/supplier – diversity – needs – focusindustries – today – and – tomorrow [https://perma.cc/2FUF – 8ECK] (以前的供应商多样性计划"将黑人公司归类在低利润率的业务中,如清洁、景观美化、快递和建筑",并认为供应商多样性计划必须专注于让黑人公司从事利润率更高的业务). 关于社会将美国黑人和妇女排除在完全平等之外可能如何扭曲和缩小了美国历史上关于公司目的的辩论以及它在当前辩论中应该发挥的作用,参见 Veronica Root Martinez, A More Equitable Corporate Purpose, in RESEARCH HANDBOOK ON CORPORATE PURPOSE AND PERSONHOOD 47 (Elizabeth Pollman & Robert B. Thompson eds., 2021)。

二、多样性及其与公司可持续盈利能力和股东价值的联系

现在美国公司对 DEI 的关注——正如我们将看到的,立法和监管部门对公司董事会的多样性越来越关注——对多样性的讨论通常不是从它与存在已久的公司法原则的关系方面进行的。对于那些采用米尔顿·弗里德曼(Milton Friedman)观点的人来说,对 DEI 的追求通常被理解为与股东利润无关的公司外部事务,应该由外部监管法律而非公司内部的行动来解决。值得注意的是,这种对多样性的理解与大多数多样性支持者的理解并不完全一致,后者认为公司的多样性是社会公平正义的一部分,而不(一定)是与公司绩效相关的问题。[71] 事实上,对一些社会活动家来说,将多样性与利润等商业概念联系在一起,无疑从本质上降低了改革在道德层面的必要性。[72]

虽然我们对后一种说法很敏感,并完全同意多样性和公法改革背后的强烈道德要求,但多年来,支持多样性的理由也包含一个强有力的商业理由。在去年的良心觉醒之后,随着对平等性和包容性的关注以惊人的速度成为社会和政治方面的主流声音,这一理由只会变得更加有力。[73] 正如我们在下文所强调的那样,我们正处在一个人们发现自己能够在经济和法律层面对企业施加影响的时代,这也为受商业判断规则保护的道德行为划定了相应的范围,尤其是当这种行为也具有良好的商业意义时。

但首先,在这一部分中,我们将探讨多样性商业案例中被引用最多的

---

〔71〕 See Aaron A. Dhir, Towards a Race and Gender - Conscious Conception of the Firm: Canadian Corporate Governance, Law and Diversity, 35 QUEEN'S L. J. 569, 591 - 99 (2010)(该文注意到一些学者对多样性能够提高公司绩效的观点持反对意见); Lisa M. Fairfax, The Bottom Line on Board Diversity: A Cost - Benefit Analysis of the Business Rationales for Diversity on Corporate Boards, 2005 WIS. L. REV. 795, 798 - 99(该文指出,如果多样性的理由脱离了道德或社会理由,这些理由可能被错误地解释为承认道德和社会理由的非法性).

〔72〕 Dhir, supra note 71, at 601("通过参照财富总量来验证多样化举措,这意味着这些努力的价值取决于股票价值。").

〔73〕 See BAKER ET AL., supra note 70, at 2(该文解释了今天的现代民权运动如何被称为"伟大的白人觉醒",并给企业提供了为 DEI 作出实际努力的机会).

组成部分,以及它与公司成功和长期价值的关系。我们首先调查了探究多样性与财务业绩关系的实证研究,发现情况喜忧参半,尽管对于考虑是否以及在多大程度上关注 DEI 的公司决策者来说,这一点仍然很重要。然后,我们将分析转向相对更有力的定性和分析论点,这些论点来自组织心理学中长期存在的文献,将认知多样性(以及更广泛的多样性)视为认知"明智"(smart)企业的关键要素。然后,本文将以我们认为的最简单的方式来理解多样性的商业论点——它对公司在监管机构和主要利益相关者中的声誉的影响,进而对其资本成本、获取人才和商业伙伴的机会以及对客户的吸引力的影响。总而言之,本部分详细说明了公司法与 DEI 之间联系的最关键因素:商业领袖认为,关注良好的 DEI 实践在提高公司可持续盈利的可能性方面具有良好的商业意义。

(一)一场实证辩论

我们首先从数字开始谈起。尽管多样性并非公司法批判性研究的重点,但它已经引起了学者们就多样性对企业财务业绩影响的极大兴趣。这方面的文献浩如烟海,尽管略显粗糙,但大体可以被分为两类:(1)越来越多的研究表明,多样性对企业的财务业绩有积极影响;(2)时间已经有些久远的研究发现支持这一观点的证据比较模糊,甚至自相矛盾。我们先从第一类的例子开始谈起。

在找出多样性与投资之间的积极关系方面,被引用最多的研究来自顶级金融服务公司和咨询公司。例如,凯雷投资集团观察到,其投资组合中拥有两名或两名以上多样性董事的公司——定义为女性、黑人、西班牙裔或亚洲人——在过去3年里的平均盈利增长率为12.3%,而没有多样性董事的投资组合公司的平均盈利增长率为0.5%。[74] 麦肯锡公司也发现,在盈利能力方面,拥有多样性程度最高的高级管理人员团队的公司比种族多

〔74〕 Jason M. Thomas & Megan Starr, Global Insights: From Impact Investing to Investing for Impact, CARLYLE GRP. 5 fig. 5 (Feb. 24, 2020), https://www. carlyle. comlsites/default/files/2020 - 02/From% 20Impact% 20Investing% 20to% 20Investing% 20for% 20Impact_022420. pdf [https://perma. cc/4P4C - A7Z2](分析了凯雷投资的美国投资组合公司的数据).

样性程度最低的公司高出33%。[75] 同样,花旗集团的一份报告发现,在性别和种族多样性方面,排名前1/4的公司比排名较它低1/4的公司更有可能多获得12%的利润,与处于最后1/4的公司相比,这一差距增加到36%。[76] 除了多样性,德勤公司的研究还强调了包容性的重要性,它将包容性描述为被"平等和尊重"地对待的感觉,以及"感觉到有价值和归属感",[77]这有助于提升公司业绩。[78] 德勤公司的研究还发现,具有包容性文化的组织实现或超过财务目标的可能性是其他组织的2倍,表现良好的可能性是其他组织的3倍,创新的可能性是其他组织的6倍,实现更优业绩成果的可能性是其他组织的8倍。[79]

也许有最多的研究机构关注的是性别问题。[80] 例如,瑞信研究院(Credit Suisse's Research Institute)在一系列研究中发现,董事会中至少有一名女性的公司,其行业调整后的股本回报率平均为12.2%,而没有女性董事的公司为10.1%。[81] 它还发现在2013年,董事会中有女性代表的公司的市净率为2.4倍,而董事会中没有女性代表的公司的市净率仅为1.8倍;董事会中有女性董事的公司的9年平均市净率为2.3倍,而董事会中全是男性的公司仅为1.8倍。[82] 同样,摩根士丹利公司在对4个全球指数中的女性董事席位进行的5年分析中发现,一旦美国公司达到董事会

---

〔75〕 VIVIAN HUNT, SARA PRINCE, SUNDIATU DIXON - FYLE & LAREINA YEE, DELIVERING THROUGH DIVERSITY, MCKINSEY & CO. 1 (Jan. 2018), https://www.mckinsey.com/-/media/mckinsey/business%20functions/organization/our%20insights/delivering%20through%20diversity/delivering-through-diversity_full-report.ashx [https://perma.cc/9JR7-MT76].

〔76〕 PETERSON & MANN, supra note 69, at 36.

〔77〕 Juliet Bourke & Bernadette Dillon, The Diversity and Inclusion Revolution: Eight Powerful Truths, DELOITTE REV., Jan. 2018, at 82, 85.

〔78〕 Id. at 85.

〔79〕 Id.

〔80〕 我们怀疑,这在一定程度上是因为可以筛选的数据似乎无穷无尽,毕竟,女性无处不在,而且比非裔美国人的数量更多,后者可能集中在少数几个特定的国家。

〔81〕 JULIA DAWSON, RICHARD KERSLEY & STEFANO NATELLA, CREDIT SUISSE, THE CS GENDER 3000: WOMEN IN SENIOR MANAGEMENT 16 (Sept. 2014), https://www.calpers.ca.gov/docs/diversityforum-credit-suisse-report-2015.pdf [https://perma.cc/Y7BR-QJ9J].

〔82〕 Id.

中至少有3名女性的“临界点”(tipping point),它们的股本回报率的中位数就会增加10%,每股收益增加37%。[83] 与此同时,没有女性董事的公司在同一个5年内的股本回报率下降了1%,每股收益下降了8%。[84] 非营利性倡导组织Catalyst在一系列报告中同样发现,对公司董事会性别多样性不同的公司群体进行比较后,董事会中有3名或更多女性的公司在股本回报率方面比董事会中没有女性的公司要好46%。[85] 其他行业研究也提出了类似的说法。[86]

来自学术机构的一些研究也与这些发现相互印证。哈佛大学的一

---

〔83〕 MEGGIN THWING EASTMAN, DAMION RALLIS & GAIA MAZZUCCHELLI, MSCI, THE TIPPING POINT: WOMEN ON BOARDS AND FINANCIAL PERFORMANCE 6 (Dec. 2016), https://www.msci.com/documents/10199/fd1f8228 - cc07 - 4789 - acee - 3f9ed97ee8bb [https://perma.cc/A4GS - X5EU] (分析了2011年7月1日至2016年6月30日被纳入摩根士丹利世界指数的美国公司).

〔84〕 Id.

〔85〕 Nancy M. Carter & Harvey M. Wagner, The Bottom Line: Corporate Performance and Women's Representation on Boards (2004 - 2008), CATALYST 1 - 2 (2011), https://www.catalyst.org/wpcontent/uploads/2019/01/the_bottom_line_corporate_performance_and_womens_representation_on_boards_2004 - 2008.pdf [https://perma.cc/LNC2 - WTM2] (分析了catalyst公司2005年至2009年财富500强女性董事会年度调查报告系列中的性别多样性数据,以及标普公司Compustat数据库中2004年至2008年的相应财务数据).

〔86〕 2020年,麦肯锡发现“在性别和种族的维度上,公司财务表现优于(董事会)多样性之间存在积极的、统计上显著的相关性”,在董事会性别多样性方面排名前1/4的公司“更有可能在财务上表现优于同行”,董事会性别多样性与利息和税项前盈利表现优于公司之间存在统计上显著的相关性。VIVIAN HUNT, SUNDIATU DIXON - FYLE, SARA PRINCE & KEVIN DOLAN, MCKINSEY & CO., DIVERSITY WINS: HOW INCLUSION MATTERS 13, 48 (May 19, 2020), https://www.mckinsey.com/featuredinsights/diversity - and - inclusion/diversity - wins - how - inclusion - matters [https://perma.c/6Y4KW2RL] (2018年12月到2019年11月分析了15个国家的1039家公司). 2019年,穆迪发现,更显著的董事会性别多样性与更高的信用评级有关,在aaa级公司中,女性平均占董事会席位的28%,但在ca级公司中,女性占董事会席位的比例不到5%。Press Release, Moody's Invs. Serv., Corporate Board Gender Diversity Associated with Higher Credit Ratings (Sept. 11, 2019), https://www.moodys.com/research/Moodys - Corporate - board - gender - diversity - associated - with - higher - credit - ratins - PBC_1193768 [https://perma.cc/YQ3L - V97C] (分析穆迪评级的1109家北美上市公司).

项研究发现,风险投资公司的女性合伙人比例每增加10%,公司平均每年的整体基金回报率会提升1.5%,并伴随有9.7%的利润增加,考虑到只有28.8%的风险投资公司存在营利性退出,这一数字令人印象深刻。[87] 与此同时,俄克拉何马州立大学学者的其他研究发现,在对财富1000强公司的规模、行业和其他公司治理指标进行控制后,董事会中女性或少数族裔的比例与公司价值之间存在显著的正相关关系。[88] 另一项调查研究了127家美国大公司1993年和1998年的业绩数据和董事会中女性及少数族裔董事的百分比,发现董事会中白人女性和少数族裔董事的百分比与公司的股本回报率和资产回报率呈正相关关系。[89]

但是,正如我们所强调的那样,存在第二组研究,但它们没有发现同样积极的实证结果。例如,德国的一个国际学术研究团队在对涵盖3097家公司的20项研究的文献进行元分析(meta - analysis)时发现,公司董事会中的女性代表与公司财务绩效仅有"微不足道"的关系。[90] 此外,他们发现,尽管公司的财务绩效与董事会规模或收集数据的时间等因素并不直接相关,但是会受到董事会规模或数据收集时间等因素的影响。[91] 类似地,另一个团队(包括俄克拉何马州的一名研究人员,他之前曾观察到性别和公司价值之间的正关系)在对1998年至2002年541家标普500指数公司的分析中发现,当使用托宾Q系数(Tobin's Q)作为衡量财务绩效的指标时,公司的财务绩效与性别多样性或少数族裔多样

[87] Paul Gompers & Silpa Kovvali, The Other Diversity Dividend, HARV. BUS. REV., JulyAug. 2018, at 72, 75.

[88] See, e. g., David A. Carter, Frank D'Souza, Betty J. Simkins & W. Gary Simpson, The Diversity of Corporate Board Committees and Firm Financial Performance 26 (Mar. 15, 2007)(未出版的手稿), http://ssrn. comlabstract = 972763 [https://perma. cc/3AJU - 8QXH]; see also David A. Carter, Betty J. Simkins & W. Gary Simpson, Corporate Governance, Board Diversity, and Firm Value, 38 FIN. REV. 33, 50 - 51 (2003)(发现托宾Q系数与女性董事比例和少数族裔董事比例均呈正相关).

[89] Niclas L. Erhardt, James D. Werbel & Charles B. Shrader, Board of Director Diversity and Firm Financial Performance, 11 CORP. GOVERNANCE 102, 107 - 08 (2003).

[90] Jan Luca Pletzer, Romina Nikolova, Karina Karolina Kedzior & Sven Constantin Voelpel, Does Gender Matter? Female Representation on Corporate Boards and Firm Financial Performance - A Meta - Analysis, 10 PLOS ONE 1, 1, 13 (2015).

[91] Id.

性没有任何关系,无论是积极的还是消极的。[92]

其他研究提供了更加细致入微的评价,有的还对多样性倡导者所引用的研究方法提出了强烈批评。艾丽斯·伊格利(Alice Eagly)特别批评了Catalyst公司和瑞信研究院所作的研究,认为这些研究并未揭示女性参与度和公司财务成功之间的关系强度,也没有揭示女性在公司董事会中所占比例与公司产出之间的联系,或者没有将这种关系简单地用散点图表示出来。[93] 她还批评早期研究没有提出财务成功与女性融入之间的反向因果关系问题,且有可能将董事会中的女性比例与遗漏的变量混淆。[94] 因此,一些不为人知的相关因素可能会对数据产生影响,比如来自业绩的公司资源和多样性投资的能力。[95] 与此类似,蕾妮·B.亚当斯(Renee B. Adams)和丹尼尔·费雷拉(Daniel Ferreira)批评了之前的研究,指出这些研究在内生性问题上并不稳健,他们在对1996年至2003年近2000只标普中小盘股的分析中发现,性别多样性可以增加股东价值,但这种增加通常只存在于公司治理的薄弱环节。[96] 同样,科瑞恩·波斯

〔92〕 David A. Carter, Frank D'Souza, Betty J. Simkins & W. Gary Simpson, The Gender and Ethnic Diversity of US Boards and Board Committees and Firm Financial Performance, 18 CORP. GOVERNANCE 396, 410 (2010)(分析了541家标普500指数公司在1998~2002年的数据).

〔93〕 Alice H. Eagly, When Passionate Advocates Meet Research on Diversity, Does the Honest Broker Stand a Chance?, 72 J. SOC. ISSUES 199, 200-02 (2016)(注意到,研究多样性和公司绩效之间联系的研究人员很少以允许因果关系的方式来解决内生性问题).

〔94〕 Id. at 202.

〔95〕 关于概述和评论,see AARON DHIR, CHALLENGING BOARDROOM HOMOGENEITY: CORPORATE LAW, GOVERNANCE, AND DIVERSITY (2015); Lissa Lamkin Broome Kimberly D. Krawiec, Signaling Through Board Diversity: Is Anyone Listening?, 77 U. CIN. L. REV. 431, 432-33 nn. 2-6 (2008)(回顾研究); Dhir, supra note 71, at 591-99(同前); and Sabina Nielsen, Morten Huse, Alessandro Minichilli & Alessandro Zattoni, Board Diversity and Firm Performance: An Empirical Investigation of the Mediating Effects of Board Processes and Task Performance, ACAD. MGMT. PROC., no. 1, Aug. 2008.

〔96〕 Renée B. Adams & Daniel Ferreira, Women in the Boardroom and Their Impact on Governance and Performance, 94 J. FIN. ECON. 291, 291 (2009)(分析1996年至2003年期间的1939家标准普尔500指数、标准普尔中小盘股公司,通过托宾Q系数和资产回报率衡量公司业绩).

特(Corrine Post)和克里斯·拜伦(Kris Byron)发现性别多样性与公司的市场表现之间的关系“趋近于零”,反倒是与公司的会计回报有积极的关系。[97] 同时,美国政府问责署(the U. S. Government Accountability Office)认为,各种学术研究的混合性质可能是方法、数据样本和时间段的差异造成的。[98]

这种自相矛盾的评估会导致瘫痪和不确定性,因此很容易把文献的总体方向解读为集体地将关于多样性的对话带到了“虚空”(nowhere)之中,但我们认为这是错误的。处理不完整和不完善的数据是大多数企业(显然还有学术界)领导人的工作。[99] 首席执行官和董事会每天都在信息很少的情况下作出决定,而且往往无法借助图表或者回归分析的优势,无论其统计或科学的稳健性如何。在这样做的时候,他们利用任何可用的数据,对它们进行折算,并将这些信息应用于他们所管理的公司中的具体情况,然后采取行动。这就是在很大程度上存在商业判断规则的原因:确保商业领袖在一个充满不确定性的世界中满怀信心地进行决策,确保他们的诚信决策不会在诉讼中被以事后诸葛亮的角度进行揣

---

〔97〕 Corinne Post & Kris Byron, Women on Boards and Firm Financial Performance: A MetaAnalysis, 58 ACAD. MGMT. J. 1546, 1558 – 59 (2014). 2016年,同一组作者在回顾了87项研究的结果后发现,董事会性别多样性与企业社会责任之间存在微弱但显著的正相关关系。See Corinne Post & Kris Byron, Women on Boards of Directors and Corporate Social Performance: A Meta – Analysis, 24 CORP. GOVERNANCE 428 (2016). 然而,评论人士警告说“显著的相关关系并不能证明因果关系”。Research Review: Does Gender Diversity on Boards Really Boost Company Performance?, KNOWLEDGE@WHARTON (May 18, 2017), https://knowledge. wharton. upenn. edularticle/will – gender – diversity – boards – really – boost – company – performance/ [https://perma. cc/WB82 – N8N].

〔98〕 U. S. GOV'T ACCOUNTABILITY OFF., GAO – 16 – 30, CORPORATE BOARDS: STRATEGIES TO ADDRESS REPRESENTATION OF WOMEN INCLUDE FEDERAL DISCLOSURE REQUIREMENTS 5 (2015), https://www. gao. gov/assets/680/674008. pdf [https://perma. cc/4XTG – Z5HF](指出,关于性别多样性对公司影响的研究“好坏参半”,部分原因是“财务绩效的定义方式和使用的方法存在差异”).

〔99〕 See Jens Frankenreiter, Cathy Hwang, Yaron Nili & Eric Talley, Cleaning Corporate Governance, 170 U. PA. L. REV. (forthcoming 2021) (manuscript at 2), https://papers. ssrn. com/sol3/papers. cfm? abstractid = 3796628 [https://perma. cc/5CZ3 – DV8R](指出,“几个最依赖的治理数据集存在普遍的不准确之处,以至于对该领域的一些里程碑式的见解产生了疑问”).

测,从而产生适得其反的效果,阻止他们以有效的方式管理自己的业务。[100]

从这个角度看,值得注意的是,有几项研究表明,至少多样性可能对公司的财务运作产生积极影响。在一个信息不完整的世界里,首席执行官和董事会也有权考虑公司的研究——这些研究是为了帮助他们让公司变得更有利可图——它们的明确立场是,有效的DEI政策与保护和提高公司价值有积极关系。这对学术界来说可能意义不大,学者们会认为商业顾问和投资银行的观点缺乏实证的严谨性,特别是在可能存在相反的证据时。但是,这对决策者和公司法的运作而言至关重要——这一点我们将在下文对商业判断规则的详细讨论中再次提到。现在,我们只需说,当面对迄今为止所做的大量经验性工作时,首席执行官和董事会可以合理地得出结论,不管这些文献存在何种缺点,它们至少表明多样性的商业案例是存在的。首席执行官和董事会能否理性地这样做,与他们在评估中采取行动的自由裁量权和所受到的法律保护有莫大的关系。

当然,公司政策不能在只由经过统计验证和重复的研究组成的真空中制定,尽管这些研究确定了公司政策的面向。在一个日新月异的世界中,企业领导人不能坐等学术界对一个复杂问题达成共识,因为他们必须在当下采取行动。人们希望他们根据现有的信息作出最佳判断,无论这些信息是多么不精确和不完美。在这个计算过程中,他们也可以考虑自己作为公民和商业专家的生活经验,以及合理地促进DEI的商业案例。

(二)公司治理与风险管理

在一个定量证据有限的世界里,受组织理论和案例研究支持的分析性论点已经成为证实多样性商业案例的重要基石。几十年来,组织心理学家一直认为,认知多样性倘若构建得当,可以为团体和公司带来卓越

---

〔100〕 E. g., Corwin v. KKR Fin. Holdings LLC, 125 A. 3d 304, 313 – 14 (Del. 2015) ["法官没有能力评估商业决策的智慧,让他们对拥有更多信息(在董事的情况下)或在结果中拥有实际经济利益(在知情、无利害关系的股东的情况下)的公正决策者的决定进行猜测毫无裨益。"].

的问题解决能力和执行力。[101] 认知多样性可以被理解为人们在看待问题的视角和信息处理方式上的差异——无论是在决策、冲突解决、分析问题还是解决问题方面。[102] 性别、种族或年龄等因素不一定能预测它，尽管与群体外的其他人相比，这些因素中的每一个都可以，而且往往确实塑造了该群体中的成员处理信息的方式。[103]

在商业文献中，认知多样性最流行的案例应用之一是在公司治理方面。公司治理旨在处理股东、董事会和经理之间的冲突。在这样做的过程中，它能在保持信息严谨性的情况下使它们在决策者之间有效流

---

[101] Lynne L. Dallas, The New Managerialism and Diversity on Corporate Boards of Directors, 76 TUL. L. REV. 1363, 1391 (2002). 长期以来，组织文献认为，当复杂决策需要创造力和判断力时，异质化群体倾向于提高思维质量。See Taylor H. Cox, Sharon A. Lobel & Poppy Lauretta McLeod, Effects of Ethnic Group Cultural Differences on Cooperative and Competitive Behavior on a Group Task, 34 ACAD. MGMT. J. 827, 839 (1991)（发现具有更多种族多样性的群体具有更高的合作水平）; Janet A. Sniezek & Rebecca A. Henry, Accuracy and Confidence in Group Judgment, 43 ORGANIZATIONAL BEHAV. & HUM. DECISION PROCESSES 1, 20 (1989)（发现"群体成员报告的分歧越多，他们的群体判断就越准确"）; David Rock & Heidi Grant, Why Diverse Teams Are Smarter, HARV. BUS. REV. (Nov. 4, 2016), https://hbr.org/2016/11/why-diverse-teams-are-smarter [https://perma.cc/DUY7-XRY5]（"简而言之，让不同性别、种族和国籍的代表丰富你的员工池，是提高公司联合智力潜力的关键。"）. See generally Susan E. Jackson, Consequences of Group Composition for the Interpersonal Dynamics of Strategic Issue Processing, 8 ADVANCES STRATEGIC MGMT. 345, 354-56 (1992)（讨论小组组成及其与议题处理的关系）; ALAN C. FILLEY & ROBERT J. HOUSE, MANAGERIAL PROCESS AND ORGANIZATIONAL BEHAV. 115-16 (1969)（解释"决策是如何在决策者的独特参考框架或'心理集'内作出的"）.

[102] Alison Reynolds & David Lewis, Teams Solve Problems Faster When They're More Cognitively Diverse, HARV. BUS. REV. (Mar. 30, 2017), https://hbr.org/2017/03/teams-solve-problems-faster-when-theyre-more-cognitively-diverse [https://perma.cc/JBJ4-4SBW].

[103] Rachel D. Godsil, Why Race Matters in Physics Class, 64 UCLA L. REV. DISCOURSE 40, 47-49 (2016).

动,[104]并增加透明度和可问责性,从而使业绩良好者能够得到奖励,不良的业绩能够得到解决,[105]确保公司业务与公司使命相一致。公司治理也许最常与公司管理者和公司所有者之间的权力划分相联系,但是,它不仅仅是公司运营的一个结构性特征,还包括公司处理所有复杂问题的方法中所蕴含的保障措施,这些问题在人类合作时出现,在一些人有可能以牺牲大企业的利益为代价时出现,有些人把这个问题称为人力资源管理。[106] 例如,公司董事会在很大程度上需要有最低数量的独立董事与内部董事一起工作,与身兼高级管理人员和董事双重身份的公司内部人士相比,独立董事更有可能在监督高级管理人员的行动方面保持公正和警惕。[107] 他们不仅能够发挥自己的专长,而且从逻辑上说,他们在职业和生计方面对首席执行官的直接依赖性更低。

同样,认知的多样性——在这个问题上,多样性通常被理解为一种基于人力资本的治理机制,其前提是"局外人"的观点和利益的有用性。最常见的是,它与减少团体迷思的社会病态有关。[108] 当随波逐流或认为不同意见本身有害或无益时,就会有一群善意的人作出非理性或非最

---

[104] Maria Aluchna & Tomasz Kuszewski, Does Corporate Governance Compliance Increase Company Value? Evidence from the Best Practice of the Board, 13 J. RISK & FIN. MGMT., Oct. 2020, at 14 (显示"遵守董事会惯例守则规定与公司价值之间存在负相关关系……这表明投资者认为,在所有权集中的环境下,采用董事会惯例并不是解决主体冲突的可行方案"。).

[105] Id.

[106] 我们自己更喜欢把为公司工作的人称为工人或雇员,但我们理解这个词所蕴含的商业因素。

[107] Gregorio Sánchez - Marín, J. Samuel Baixauli - Soler & M. Encarnación Lucas - Pérez, When Much Is Not Better? Top Management Compensation, Board Structure and Performance in Spanish Firms, 21 INT'L J. HUM. RES. MGMT. 2778, 2792 - 93 (2010) (研究发现,通常情况下,"当外部董事的比例较高时,高管的收入较低,这表明,通过纳入外部董事、限制高管团队的自由裁量权和调节其收入,允许董事会获得更大的独立性是积极的").

[108] 欧文·贾尼斯(Irving Janis)在1972年首次将"团体迷思"定义为"当人们深深融入一个有凝聚力的内群体时,当成员争取一致的努力压倒了他们现实地评估其他行动方案的动机时,他们所参与的一种思维模式"。IRVING L. JANIS, VICTIMS OF GROUPTHINK: A PSYCHOLOGICAL STUDY OF FOREIGN - POLICY DECISIONS AND FIASCOES 9 (1972). 这反过来可能会导致"对他们的决定的实际和道德后果的严重误判"。Id. at iv.

佳决策,此时团体迷思现象就会出现。[109] 在这种情况下,当个人对他们的真实意见或想法进行自我审查时,可能会过早达成共识或作出决策,因此团体内部很少或几乎没有不同意见。[110]

团体迷思经常被放在公司董事会的背景下探讨,董事会成员可能会感到压力,从而不得不同意彼此或首席执行官的观点。[111] 在其经典版本中,董事会成员可能不会为董事会提供实现公司战略利益或股东价值最大化所需的观点。[112] 相反,他们会屈从于专制的首席执行官/主席的影响,或者发现自己被团体内部的同行压力影响。[113] 其结果就是,董事会成员要么对决策漠不关心,草草走个过场;要么就是自负地定义了他们的集体决策,以至于成员们认为他们作为一个团体所作的每一个决定

---

〔109〕 Groupthink, PSYCH. TODAY, https://www.psychologytoday.com/us/basics/groupthink (last visited Sept. 12, 2021) [https://perma.cc/33XC-6WNT].

〔110〕 Daniel P. Forbes & Frances J. Milliken, Cognition and Corporate Governance: Understanding Boards of Directors as Strategic Decision-Making Groups, 24 ACAD. MGMT. REV. 489, 497-500 (1999) (开发了一个将董事会人口结构与公司业绩联系起来的模型); see also Letter from Anne Simpson et al., Dir. of Glob. Governance, Cal. Pub. Emps. Ret. Sys., to Elizabeth M. Murphy, Sec'y, SEC (Mar. 31, 2015), https://www.sec.gov/rules/petitions/2015/petn4-682.pdf [https://perma.cc/7RRV-W4BR] (几个国家投资和养老金计划给美国证券监督管理委员会的信中说,多样性董事会是有益的,因为他们"提出不同的想法,鼓励充分表达不同的观点").

〔111〕 但是,正如下文所讨论的,心理学家在更多不同的情况下研究群体思维,即使在企业环境中,这个问题也被广泛理解为一个可以破坏从高层管理人员到基层员工的决策的问题。See, e.g., Marleen A. O'Connor, The Enron Board: The Perils of Groupthink, 71 U. CIN. L. REV. 1233, 1257-93 (2003) (分析董事在安然丑闻中的角色,以说明聪明的个人如何屈服于企业文化中盛行的认知偏见); Melanie B. Leslie, Helping Nonprofits Police Themselves: What Trust Law Can Teach Us About Conflicts of Interest, 85 CHI.-KENT L. REV. 551, 564 (2010) (讨论在非营利组织中团体迷思的独特危险); Melissa L. Breger, Making Waves or Keeping the Calm?: Analyzing the Institutional Culture of Family Courts Through the Lens of Social Psychology Groupthink Theory, 34 LAW & PSYCH. REV. 55, 67-82 (2010) (从团体迷思的视角分析家事法院的制度文化).

〔112〕 Antoine Canet, Groupthink in the Boardroom: The Good, the Bad and the Ugly 3 (June 10, 2016) (未出版的手稿), https://papers.ssrn.com/sol3/papers.cfm?abstract-id=2839855 [https://perma.cc/WX4D-6MWF] (研究企业环境中的团体迷思现象).

〔113〕 Id.

都必然会促进产生积极的结果。[114]

在这种背景下,研究人员发现,在适当的情况下,认知多样性是团体迷思病症的一种预防措施。在文化同质化的空间里,多样性可以将相互竞争的利益、想法、价值观和观点引入一个更具创造力和更高质量的决策过程。当面临复杂的战略问题,需要发散性思维时,与同质化的群体相比,认知多样性的群体能够将更广泛的信息和可能的解决方案纳入考虑因素。[115] 一个被团体迷思束缚的董事会可能会切断早期的对话和质疑,而一个由不同的个人、专业和社会背景组成的多样性董事会可能会检验管理者提出的假设和政策,并对小组中产生的所有想法进行更严格的审查。[116] 这反过来又可能导致对数据点的截然不同的解释,以及对替代战略和行动方针的更多辩论和思考。[117] 研究人员因此发现,多样

---

[114] PSYCH. TODAY, supra note 109.

[115] Jackson, supra note 101, at 361.

[116] 这一观点在更广泛的金融文献中也得到了证实,在这些文献中,选股有时被视为涉及复杂考虑的高度复杂的艺术。在得克萨斯州和新加坡进行的一系列被广泛引用的实验中,科学家们让有金融知识的人进入模拟市场,让他们为股票定价。参与者被安排在种族多元化或同质化的团队中。研究人员发现,属于多元化团队的个人正确定价股票的可能性高出58%。Sheen S. Levine, Evan P. Apfelbaum, Mark Bernard, Valerie L. Bartelt, Edward J. Zajac & David Stark, Ethnic Diversity Deflates Price Bubbles, 111 PNAS 18524, 18528 (2014).

[117] "由于成员的词汇、范式和可能的目标不同,异质化群体通常会投入更多的时间来解决需要创造力和建立共识的问题。" Dallas, supra note 101, at 1396; see also Donald C. Hambrick, Theresa Seung Cho & Ming - Jer Chen, The Influence of Top Management Team Heterogeneity on Firms' Competitive Moves, 41 ADMIN. SCI. Q. 659, 660 - 82 (1996) (争论异质性增强了各种竞争行为). 这一主题的变体在心理学文献中得到了呼应,表明这种富有成效的认知严谨性可以在会议室之外的环境中产生。例如,在《个性与社会心理学杂志》上发表的一项研究中,科学家们将200人分配到6人模拟陪审团,陪审团成员要么全是白人,要么包括4名白人和两名黑人。这些人观看了一段黑人被告和白人受害者的审判视频。然后,他们必须决定被告是否有罪。在不同的小组中,白人与会者提出了比同质化小组更多的与案件有关的事实,在讨论现有证据时犯的事实错误较少。如果确实发生了错误,在审议过程中更正的可能性更大。造成这种差异的一个可能原因是,不同小组的白人陪审员回忆证据时更准确。Samuel R. Sommers, On Racial Diversity and Group Decision Making: Identifying Multiple Effects of Racial Composition on Jury Deliberations, 90 J. PERSONALITY & SOC. PSYCH. 597, 600 - 01, 606 - 07 (2006).

性可以在董事会中带来更多的沟通,[118] 甚至可以让管理层承担更多的责任。[119] 同样,在组织内部,不同的意见和观点可以在执行公司政策的一线促进反思和批判性思考。

经验证据也表明,多样性可以作为一种有效的风险缓释工具(risk mitigation tool)。[120] 研究表明,具备多样性的公司,尤其是在董事会中具有性别多样性的公司所采取的财务政策所蕴含的风险较董事会性别同质化的公司而言更低。[121] 研究人员还汇编了数据,表明性别多样性与发生非法和欺诈行为的可能性较低、违规行为较少以及公开申报和披露的不透明性和模糊性较低相关。[122] 在此,多样性可能通过其他解释发挥作用。有资源在性别多样性方面进行投资的公司可能也有资源(和倾向)在合规方面进行投资,[123] 或者女性作为代表性不足群体的成员,

---

[118] Dallas, supra note 101, at 1391 (这表明"异质化群体分享相互冲突的观点、知识和观点,从而对政策进行更彻底的考虑").

[119] 例如,研究发现,性别多样性的存在可能会导致人们更加关注管理层是否正在提高公司的盈利能力和股价。See, e. g., Maria Encarnación Lucas – Pérez, Antonio Mínguez – Vera, Juan Samuel Baixauli – Soler, Juan Francisco Martín – Ugedo & Gregorio Sánchez – Marín, Women on the Board and Managers' Pay: Evidence from Spain, 129 J. BUS. ETHICS 265, 278 (2014) (注意到董事会中的性别多样性与高级管理人员薪酬与公司业绩有关); see also Adams Ferreira, supra note 96, at 292 (发现"董事会越多元化,越有可能让首席执行官对股价表现不佳负责").

[120] Gennaro Bernile, Vineet Bhagwat & Scott Yonker, Board Diversity, Firm Risk, and Corporate Policies, 127 J. FIN. ECON. 588, 602 – 03, 608 (2018) (说明董事会成员之间的偏好和观点的同质性可能会导致特殊的、在董事会内部不受审查的决定). 本文的研究结果表明,董事会多样性对经营业绩和资产估值都有促进作用,且董事多样性带来的收益大于潜在成本。

[121] Id.

[122] 卡明、梁和睿伊(Cumming, Leung and Rui)在 2015 年进行的一项研究发现,在中国资本市场,女性董事的存在与较低的证券欺诈可能性和较低的证券欺诈严重程度有关。Douglas Cumming, T. Y. Leung & Oliver Rui, Gender Diversity and Securities Fraud, 58 ACAD. MGMT. J. 1572, 1585 – 87 (2015). 在另一项研究中,性别多样性与公开披露方面的更多透明度有关。Ferdinand A. Gul, Bin Srinidhi & Anthony C. Ng, Does Board Gender Diversity Improve the Informativeness of Stock Prices?, 51 J. ACCT. & ECON. 314, 336 (2011). 与此类似,研究人员发现,有女性董事的公司在财务报告方面的错误较少,"不规范类型(财务)重述较少,这往往表明财务操纵"。Aida Sijamic Wahid, The Effects and the Mechanisms of Board Gender Diversity: Evidence from Financial Manipulation, 159 J. BUS. ETHICS 705, 721 (2019).

[123] Wahid, supra note 122, at 722.

更有可能与首席执行官和管理层保持密切关系,从而导致对财务报告和政策进行更严格的审查。[124]

认知多样性一个更直接的作用可能是在就业领域,在这一领域,致力于良好的DEI实践也有助于降低在就业歧视情形下的潜在风险。仅在2019年,平等就业机会委员会就报告了23,976起基于种族歧视的诉讼和23,532起基于性别歧视的诉讼。[125] 平均每起就业诉讼会给公司造成20万美元的损失,其中8万美元为雇主的律师费,8万美元为雇员的律师费,4万美元为雇员的和解费。[126] 此外,就业歧视可能会引起公众关注和社区行动,从而通过负面声誉反馈循环对公司价值产生负面影响,德士古、可口可乐等商业巨头都曾有过这样的教训,最近的特斯拉也是如此。[127]

在包容文化浓厚、劳动力具有高度多样性的地方,出现就业歧视的

---

[124] 例如,管理学文献发现,性别多元化的董事会"能更好地进行讨论,因为女性更愿意讨论那些对全是男性的董事会来说似乎难以接受的问题"。Yu Chen, John D. Eshleman & Jared S. Soileau, Board Gender Diversity and Internal Control Weaknesses, 33 ADVANCES ACCT. 11, 13 (2016). 因此,多元化的董事会可以减少信息不对称,从而为公司内部人士在重大信息公开披露之前从事机会主义行为提供更少的途径。See Notice of Filing of Proposed Rule Change to Adopt Listing Rules Related to Board Diversity, 85 Fed. Reg. 80,472, 80,498 – 99 (Dec. 11, 2020).

[125] Press Release, U. S. Equal Emp. Opportunity Comm'n, EEOC Releases Fiscal Year 2019 Enforcement and Litigation Data (Jan. 24, 2020), https://www. eeoc. gov/newsroom/eeoc – releases – fiscal – year – 2019 – enforcement – and – litigation – data [https://perma. cc/LG7F – W7Y4]. 查阅由平等就业机会委员会提交的有关种族和肤色歧视的重要案件的全面摘要清单, see Significant EEOC Race/Color Cases (Covering Private and FederalSectors), U. S. EQUAL EMP. OPPORTUNITY COMM'N, https://www. eeoc. gov/initiatives/erace/significant – eeoc – racecolor – casescovering – private – and – federal – sectors (last visited Dec. 30, 2021) [https://perma. ccYPK6 – 6A9U]。

[126] What is the Average Employee Lawsuit Cost to a Company Business?, NAKASE L. FIRM, https://nakaselawfirm. com/employer – lawyer – employer – defense – attorney – near – me/what – is – the – average – employee – lawsuit – cost – to – a – company – business/ (last visited Dec. 30, 2021) [https://perma. cc/K47P – 2FLT].

[127] Cheryl L. Wade, Racial Discrimination and the Relationship Between the Directorial Duty of Care and Corporate Disclosure, 63 U. PITT. L. REV. 389, 395 – 97 (2002); see also Joe Hernandez, Tesla Must Pay $137 Million to a Black Employee Who Sued for Racial Discrimination, https://www. npr. org/2021/10/05/1043336212/tesla – racial – discrimination – lawsuit (last updated Oct. 5, 2021, 1:56 PM) [https://perma. cc/C9XC – VWX8].

可能性较小。有学者指出,对种族歧视指控的最初反应可能是百般辩解,从而排除了对有害行为或更广泛的种族公平问题进行有意义的讨论。具有处理此类挫折经验的多样性企业的员工可以最大限度地降低此类风险。[128] 如果DEI政策是由具有不同个人背景和多样性专业知识的人员撰写、审查和实施的,那么从公司文化和责任减轻机制的角度来看,这些政策可能更为有效。

类似的逻辑很容易适用于许多其他涉及种族不敏感和非法行为的情况。举例来说,一些大公司因非法的环境行为而招致批评和诉讼,因为它们将产生对人类健康危害最大的污染物的作业地点设在黑人社区和其他人口较贫困的社区。[129] 同样,主要金融机构也因选择性贷款和银行业务而受到批评,这些做法不利于黑人消费者,也可能使他们承担

[128] Wade, supra note 127, at 395 – 97; see also Jennifer S. Lerner & Philip E. Tetlock, Accounting for the Effects of Accountability, 125 PSYCH. BULL. 255, 257 (1999) (注意到问责制导致人们过度合理化他们所承诺的行动的正确性); Donald C. Langevoort, Cultures of Compliance, 54 AM. CRIM. L. REV. 933, 969 (2017) (注意到,指责往往会导致强烈的否认和辩解,让接受批评的人觉得不公平).

[129] 最近,新泽西州对包括联合利华在内的公司提起了12起诉讼,指称,联合利华的行为不成比例地损害了少数族裔和低收入社区的健康和安全。Press Release, Dep't of L. & Pub. Safety, N.J. Off. of the Att'y Gen., Attorney General, DEP File 12 New "Environmental Justice" Lawsuits Targeting Polluters in New Jersey's Lower – Income and Minority Communities (Aug. 27, 2020), https://www.nj.gov/oag/newsreleases20/pr20200827b.html [https://perma.cc/TEP2 – MPHY]. 在旧金山,三个环保组织对科迪华(Corteva)公司(陶氏化学的前身)提起诉讼,指控该公司的工厂违反了危险废物法,导致工厂附近黑人和拉丁裔社区居民哮喘和心血管疾病高发。Press Release, Env't Integrity Project, Groups File Federal Lawsuit Against Chemical Plant for Violating Hazardous Waste Laws (Dec. 19, 2019), https://environmentalintegrity.org/news/groups – file – federal – lawsuit – against – chemical – plant – for – violating – hazardous – waste – laws/ [https://perma.cc/4CQX – B4BG]. 底特律一家马拉松炼油厂附近的居民起诉马拉松石油公司,指控炼油厂造成空气、噪音和气味污染。Virginia Gordan, Residents Sue Marathon Refinery over Pollution, MICH. RADIO (Feb. 23, 2016, 4:55 PM), https://www.michiganradio.org/post/residents – sue – marathon – refinery – over – pollution [https://perma.cc/QL54 – QYRD]. 居住在炼油厂附近地区的社区是一个低收入的少数族裔社区,是该国污染最严重的地区之一。Id.

联邦和州法规规定的责任,如《公平住房法》和《平等信贷机会法》。[130] 即使是公众基本认可的行业,如杂货连锁店,也因未能为城市有色人种社区和农村贫困社区提供服务而剥夺了这些社区获得健康、优质食品选择的机会而面临负面报道。[131] 零售业也因对顾客的种族歧视和以貌取

[130] See infra notes 181 – 175 and accompanying text. 美国银行同意支付 3.35 亿美元,以解决司法部提出的指控,即美国银行的子公司全美金融公司向 20 多万黑人和西班牙裔借款人收取比白人借款人更高的费用和利率。Press Release, U. S. Dep't of Just. , Justice Department Reaches $335 Million Settlement to Resolve Allegations of Lending Discrimination by Countrywide Financial Corporation (Dec. 21, 2011), https://www. justice. gov/opa/pr/justice – department – reaches – 335 – million – settlement – resolve – allegations – lending – discrimination [https://perma. cc/KY4E – UJE6]. 最近,富国银行同意向费城支付 1000 万美元,以解决 2017 年该市对该银行提起的诉讼,指控该银行违反了联邦住房法案,向黑人和西班牙裔借款人提供比白人借款人更昂贵和风险更高的抵押贷款,这导致止赎,并降低了城市财产税。Caitlin McCabe, Wells Fargo to Pay Philly $10 Million to Resolve Lawsuit Alleging Lending Discrimination Against Minorities, PHILA. INQUIRER, https://www. inquirer. com/real – estate/housing/philadelphia – settles – lawsuit – wells – fargoallegations – discriminatory – mortgage – lending – minorities – 20191216. html (last updated Dec. 16, 2019) [https://perma. cc/846E – 63M7].

[131] 对美国 50 个最大的都会区进行的一项研究发现,17.7% 的以黑人为主的社区进入超市的机会有限,而只有 7.6% 的以白人为主的社区进入超市的机会有限。Nathaniel Meyersohn, How the Rise of Supermarkets Left Out Black America, CNN, https://www. cnn. com/2020/06/16fbusiness/grocery – stores – access – race – inequality/index. html (last updated June 16, 2020, 3:15 PM) [https://perma. cc/5LUQ – 4QDW]. 批评人士将这种差异描述为连锁杂货店"超市红线"的结果。Id. 克罗格公司在关闭其在某些以黑人为主的社区的门店时遭到了抵制,随后这些社区面临着成为食品荒漠的风险。Alexander Coolidge & Sharon Coolidge, Jesse Jackson Calls to Expand Kroger Boycott over Its Shuttering of Stores in Minority Neighborhoods, USA TODAY, https://www. usatoday. comstory/money/nation – now/2018/04/10/jesse – jackson – kroger – protest/502688002/ (last updated Apr. 10, 2018, 7:24 PM) [https://perma. cc/L99S – BT6L].

人的做法而备受指责。[132]

在上述每种情况下,我们都有理由认为,如果公司员工具备种族或族裔多样性,辅之以平等的政策与包容的企业文化,结果可能有所不同。个人经历会影响个人看到的事实与问题。来自不同种族和地域的人可以分享其他人可能不知道的观点。如果他们生活在城市或食品供应匮乏的农村中,抑或他们有朋友或家人生活在那里,他们就可以对为受影响社区提供服务的人力成本以及潜在的经济效益进行说明。举例来说,有环境种族主义或更广泛意义上的种族主义经历的人,可能会更快地对将工厂和污染物设在黑人和棕色人种社区这一做法提出反对意见,或者认识到他们的机构采用的贷款或行政管理做法不公平地将少数族裔社区置于不利地位或者残忍地对待他们可能会对机构的声誉造成影响,并给股东价值带来风险。

但是,性别和种族多样性并不总是足以在所有情况下大放异彩。如果一个小组内少数族裔和女性的年龄、社会经济、教育和地理背景与小组内的其他同事相同,那么这个小组的认知多样性不一定足以为某些问题提供出色的解决方案。[133] 正是出于这个原因,我们需要从最全面的意义上拥抱多样性,即充分吸纳社会中的各类人才,包括来自工薪阶层和中产阶级的白人,以及来自城市、郊区和农村的美国人。简而言之,从社会经济地位到所受的专业培训和教育,各种类型的多样性都很重要。

---

〔132〕 Aimee Green, "Shopping While Black" Lawsuits Accuse Portland Area Retailers of Discrimination, OREGONIAN, https://www.oregonlive.com/portland/2018/06/shoppingwhileblack_lawsuits.html (last updatedJan. 30, 2019, 12:35 AM) [https://perma.cc/C5MH-CYZM] (报道称,一名黑人男子对沃尔玛公司提起种族歧视诉讼,指控沃尔玛店员指控他偷窃); Neil Vigdor & Elisha Brown, Walmart Says It Will No Longer Lock Up African-American Beauty Products, N. Y. TIMES, https://www.nytimes.com/2020/06/10/business/walmart-black-hair-beauty-products.html (last updated Sept. 1, 2020) [https://perma.cc/BV5B-8SZP] (沃尔玛还因将黑人女性的美容护理产品锁在玻璃柜中而受到联邦反歧视诉讼,随后该公司表示将结束这一做法); Nadra Nittle, Moschino Has Been Accused of Using the Code Word "Serena" to Refer to Black Shoppers, Vox (Jan. 16, 2019, 5:00 PM), https://www.vox.com/the-goods/2019/1/16/18185696/moschino-code-word-serena-black-shoppers-racism [https://perma.cc/BAX2-YA7E] (描述了一名前员工对莫斯奇诺公司的种族歧视诉讼,指控该员工对黑人客户使用暗语).

〔133〕 See Adams & Ferreira, supra note 96, at 306.

此外,只有在平等、包容的文化氛围下,多样性才能作为一种组织特征发挥作用。只有当人们感觉自己的观点受到尊重和欢迎时,他们才会畅所欲言。如果缺乏支持思想自由交流的领导和企业结构,代表性不足的群体成员就很容易被边缘化,尤其是当他们在一个大群体中的存在感不强时。在这种情况下,他们的存在或许只有象征意义,刻板印象可能导致他们无法对公司决策施加影响,并产生自我怀疑。[134] 在缺乏包容性文化的情况下,企业可能会承担多样性的认知资本,却无法最大限度地成功运用这些资本。[135]

(三)企业声誉

强调多样性和股东价值的实证文献有时很有用,但证据参差不齐,而且认知多样性与DEI之间的关系可能取决于具体情况。在此背景下,多样性的第三个商业案例——在日益多元化的世界中提升声誉——对于企业董事和经理而言是最具说服力的。根据这一观点,许多投资者、客户和员工都非常重视多样性,以至于多样性影响了他们的行为。因此,企业应努力在多样性方面获得良好声誉,以降低资本成本、获得顶尖人才并增加收入。[136]

对股东价值的考虑往往从公司的声誉开始,这是有充分理由的。一项重要的研究表明,“声誉过去、现在和将来都对商业、政府或非营利组织至关重要”。[137] 声誉是利益相关者解读企业品牌的手段,同时意味着

---

[134] ROSABETH Moss KANTER, MEN AND WOMEN OF THE CORPORATION 238 – 40 (1977).

[135] See John G. Oetzel, Self – Construals, Communication Processes, and Group Outcomes in Homogeneous and Heterogeneous Groups, 32 SMALL GRP. RSCH. 19, 42, 44 (2001).

[136] Damion Waymer & Sarah VanSlette, Corporate Reputation Management and Issues ofDiversity, in THE HANDBOOK OF COMMUNICATION AND CORPORATE REPUTATION 471, 473 (Craig E. Carroll ed., 2013)(指出,良好声誉的好处包括公司能够“收取更高的价格,吸引更好的申请人,增加他们进入资本市场的机会,并吸引投资者”).

[137] Tom Watson, Reputation Models, Drivers, and Measurement, in THE SAGE HANDBOOK OF PUBLIC RELATIONS 339, 339 (Robert L. Heath ed., 2010)(假定声誉为组织获得利益相关者的接受和认可铺平了道路).

企业的商品和服务对客户和顾客的吸引力。[138] 企业声誉影响个人对投资机会的调查。[139] 此外,声誉还影响潜在雇员对雇主的评价、[140] 客户的消费意愿以及其他企业与之结成重要联盟的意愿。简而言之,良好的声誉可以帮助企业制定溢价、吸引更好的求职者、提高进入资本市场的机会以及吸引投资者。因此,声誉对企业的盈利能力影响巨大。[141]

多样性是影响公司声誉的要素之一。[142] 公司追求"多样性、平等性、包容性"声誉的原因多种多样,但许多研究人员通常关注其可能提供的信号功能,尤其是对未来员工的信号功能。拥有多样性董事会或管理层可能会向公众传递一些无法观察到的信息,如公司对多样性员工的接

---

〔138〕 "声誉是(至关重要的)多维的,可以植根于各种不同的绩效标准。" Mary – Hunter McDonnell & Brayden G. King, Order in the Court: How Firm Status and Reputation Shape the Outcomes of Employment Discrimination Suits, 83 AM. SOCIO. REV. 61, 64 (2018) [citing Hayagreeva Rao, The Social Construction of Reputation: Certification Contests, Legitimation, and the Survival of Organizations in the American Automobile Industry: 1895 – 1912, 15 STRATEGIC MGMT. J. (SPECIAL ISSUE: COMPETITIVE ORGANIZATIONAL BEHAVIOR) 29, 30 (1994)]. "同一个组织可能在一个领域有积极的声誉,例如产品质量,但在另一个领域有薄弱或消极的声誉,例如员工待遇。" Id.; see also Michael L. Barnett, John Jermier & Barbara A. Lafferty, Corporate Reputation: The Definitional Landscape, 9 CORP. REPUTATION REV. 26, 34 (2006) (综合已有的关于企业声誉的权威陈述,明确而狭义地界定企业声誉,区别于企业身份、企业形象和企业声誉资本).

〔139〕 Scott Shane & Daniel Cable, Network Ties, Reputation and the Financing of New Ventures, 48 MGMT. SCI. 364, 370 – 71 (2002) (认为企业家声誉在社会关系对风险融资决策的影响中起中介作用); Randolph P. Beatty & Jay R. Ritter, Investment Banking, Reputation, and the Underpricing of Initial Public Offerings, 15 J. FIN. ECON. 213, 217 (1986) (这表明,声誉资本受到威胁的投资银行家会执行定价过低的均衡).

〔140〕 See, e.g., Daniel B. Turban & Daniel W. Greening, Corporate Social Performance and Organizational Attractiveness to Prospective Employees, 40 ACAD. MGMT. J. 658, 660 (1997) (注意到一个组织的形象会影响潜在求职者最初的工作决定).

〔141〕 See Waymer & VanSlette, supra note 136, at 479 (通过对德勤、劳氏和阿贝克隆比 & 费奇进行案例研究,发现卷入多样性丑闻的公司的声誉受到了重大损害). 这一点在文献中没有遗漏。See John C. Coffee, Jr., Racing Towards the Top?: The Impact of Cross – Listing and Stock Market Competition on International Corporate Governance, 102 COLUM. L. REV. 1757 (2002) (讨论公司如何通过在美国上市来发出更健全的公司治理信号,以实现更高的估值).

〔142〕 See Waymer & VanSlette, supra note 136, at 472.

受程度,或公司文化的开放性和包容性。[143]

这些信号对于确保顶尖人才来说十分重要。行业调查一致表明,工作场所的多样性在求职者找工作时的优先考虑事项中占有重要位置,近一半的美国人表示工作场所的多样性对他们很重要。然而,多样性对千禧一代(millennials)和 X 一代(generation Xers)的吸引力最大,他们共占当今劳动力的 2/3 以上。[144] 在 ZipRecruiter 公司最近进行的一项调查中,86% 的受访者将工作场所的多样性视为首要考虑因素,并将其与薪资、日程的灵活性并列为三大求职标准。[145] 千禧一代甚至有可能在一家促进 DEI 的公司工作近两倍的时间,平均任期为 2.8 年。[146] 这在一定程度上反映出美国年轻人更具多样性,但并非完全如此。尽管女性比男性更倾向于工作场所的多样性,黑人、拉丁裔和亚裔员工比白人更倾向于工作场所的多样性,但研究发现,男性和白人中的大多数将 DEI 视

---

〔143〕 关于信号理论的总体概述,see Brian L. Connelly, S. Trevis Certo, R. Duane Ireland & Christopher R. Reutzel Signaling Theory: A Review and Assessment, 37 J. MGMT. 39, 40 (2011). But see Broome & Krawiec, supra note 95, at 448 (结论是,董事会多样性的信号在特定条件下最强烈,而这可能不是在所有公司都存在的)。

〔144〕 MANPOWERGROUP, MILLENNIAL CAREERS: 2020 VISION 3 (2016), https://www.manpowergroup.com/wps/wcmlconnect/660ebf65 - 144c - 489e - 975c - 9f838294c237/MillennialsPaperl_2020Vision_lo.pdf? MOD = AJPERES [https://perma.cc/E6ALT4S7] (2016 年 2 月至 4 月,研究了来自 25 个国家的 19,000 名在职千禧一代和 1500 名招聘经理).

〔145〕 Over 86% of Job Seekers Say Workplace Diversity Is an Important Factor When Looking for Job, CISION PR NEWSWIRE (Nov. 25, 2019, 11:00), https://www.prnewswire.com/newsreleases/over - 86 - of - job - seekers - say - workplace - diversity - is - an - important - factor - when - looking - fora - job - 300964115.html [https://perma.cc/6CB4 - 6ETN]; see also Michal Barzuza, Quinn Curtis David H. Webber, Shareholder Value(s): Index Fund ESG Activism and the New Millennial Corporate Governance, 93 S. CAL. L. REV. 1243, 1295 - 98 (2020) (他认为,千禧一代还希望为与自己价值观相同的公司工作,并作为员工呼吁公司提高对社会责任的承诺).

〔146〕 CISION PR NEWSWIRE, supra note 145.

为重要的工作场所考虑因素。[147]

强大的多样性声誉也有助于维护并留住客户与顾客。许多消费者的购买决策至少有一部分来自他们对产品或服务提供商是否符合其价值观的看法。[148] 在当今社会，这一点变得更加重要，因为年轻消费者更倾向于“价值观驱动，而非价格驱动”。[149] 例如，在德勤公司最近对千禧一代和Z一代的调查中，近1/3的千禧一代消费者表示，他们已经加深或开始与兼顾“行善”与盈利的零售商建立关系。[150]

相反，不良声誉会损害公司和股东价值。这通常反映在诉讼中，关于反歧视的文献长期以来始终在强调这一点。违反多样性价值观引发的诉讼可能导致公司声誉受损，从而削弱其提高可持续盈利水平的能力。对过失和责任的判决会影响公众就公司对平等性承诺的看法。监管调查和诉讼过程本身所产生的宣传效应会产生关于公司以及争议各方行为的信息。[151] 这些信息会传播至第三方，并影响外界对公司和

---

〔147〕 例如，在Glassdoor的一项调查中，72%的女性认为劳动力多样性很重要，而男性的这一比例为62%。它还发现，89%的黑人受访者、80%的亚裔受访者和70%的拉美裔受访者表示，这对他们很重要。此外，绝大多数白人受访者表示，劳动力多样性很重要。Press Release, Glassdoor, Two - Thirds of People Consider Diversity Important When Deciding Where to Work (Nov. 17, 2014), https://www.glassdoor.com/about - us/twothirds - people - diversity - important - deciding - work - glassdoor - survey - 2/ [https://perma.cc/4F3V - 7SWJ].

〔148〕 Olivia Valentine, The Growing Importance of Brand Responses to Equality and Diversity, WE ARE SOC.: BLOG (July 30, 2020), https://wearesocial.comlblog/2020/07/the - growing - importanceof - brand - responses - to - equality - and - diversity [https://perma.cc/853W - HZEP]（这表明，消费者的购买决策至少有一部分来自对品牌是否与他们的价值观一致的考虑）

〔149〕 Barzuza et al., supra note 145, at 1284（认为“千禧一代”的三维效应——投资者、客户和员工——是一个重要的发展，有可能为公司治理的财富最大化模式提供一种制衡，并特别指出，机构投资者认识到，关注多样性等问题对他们吸引新一代人的资本具有吸引力）.

〔150〕 The Deloitte Global Millennial Survey 2020, DELOITTE 21 (2020) https://www2.deloitte.comcontent/dam/Deloitte/global/Documents/About - Deloitte/deloitte - 2020 - millennial - survey.pdf [https://perma.cc/3DZ6 - AX76]（探索超过27,500名千禧一代和Z一代的观点，以了解他们对商业、政府、气候和新冠疫情等问题的看法）.

〔151〕 Roy Shapira, A Reputational Theory of Corporate Law, 26 STAN. L & POL'Y REV. 1, 12 (2015).

相关行为人的看法,无论它们是否对法律结果有直接影响。换言之,这些信息会推动市场形成对所指控的不当行为的反应,即使最终的结果对公司有利。[152] 精明的求职者在应聘前会对公司进行调查,而面临多起歧视诉讼的工作场所往往会观察到招聘方面的"寒蝉效应"(chilling effect),因为优秀的求职者会将目光投向争议较少或更宽容的雇主。[153] 投资者出于原则可能决定不购买公司股票。潜在客户可能决定将业务转移至别处。其他公司可能会避开与之开办合资企业。

当然,坏名声不仅来自监管行动和诉讼。德勤公司的调查还表明,年轻消费者会"毫不犹豫地惩罚那些所宣称和实践的价值观与其相冲突的公司"。[154] 在当今的社交媒体时代,这绝非空穴来风,任何人都可以聚集在一起,组织起来反对企业,这有时甚至会产生毁灭性的影响。2018 年,棒约翰的创始人在一次电话会议上使用了种族蔑称,并批评 Colin Kaepernick 和其他运动员抗议警察暴行,这或许是可能造成危害的最明显例子之一。[155] 迪吉奥诺和必胜客等竞争对手在"推特大战"中攻击棒约翰,一个白人至上主义网站将棒约翰封为"极右翼的官方披萨",为棒约翰日益恶化的声誉带来了更多负面关注。[156] 棒约翰的全年销售额下降了 7.1%,第四季度收入从上一年的 2280 万美元降至 460 万美元。[157] 这并不是星巴克在这一年第一次因声誉问题让大公司付出代价:就在 3 个月前,两名黑人男子在费城因想使用洗手间而被捕,星巴克不得不推迟市场推广活动,这一事件在推特上被观看了 800 多万次。随之涌来的批评促使星巴克关闭门店,并在许多分店开展敏感性培训,因

---

[152] Id.

[153] Tia Benjamin, The Ways Discrimination Negatively Affects Businesses, SMALL BUS CHRON. https://smalibusiness.chron.com/ways-discrimination-negatively-affects-businesses-36925.html (last visited Sept. 4, 2021) [https://perma.cc/6LMB-WR6P].

[154] DELOITTE, supra note 150, at 3.

[155] Barzuza et al., supra note 145, at 1298.

[156] Id.

[157] Id. at 1299.

而损害了同店的销售,导致其利润下降超过9%。[158]

国内人口结构的变化与全球化和信息自由流动共同作用,增加了声誉和商业风险。预计到2055年,[159]美国人口——美国国内的消费群体和劳动力——将在种族和民族方面变得更具多样性,没有哪个单一种族或民族能占到多数,千禧一代和Z一代将成为美国历史上最具多样性的一代。[160] 此外,在未来20年,北美劳动力占全球劳动力的比例预计将从5%下降到4%,而撒哈拉以南非洲和拉丁美洲的人口将呈爆炸式增长。[161] 因此,专家们不仅将追求多样性与培养新的国内消费者、工人和投资者联系起来,还将其与吸引具有不同文化价值观、经验和兴趣的新的外国利益相关者联系起来。

越来越多的人认识到,商业部门采取旨在让更多的美国人从经济中收益的集体行动,可以促进经济的整体增长,并以增加企业利润的方式拉动需求。花旗银行的报告发现,如果种族差距在20年前就得以消除,美国经济本可以从多达16万亿美元的额外GDP中获益。[162] 根据这一计算,报

---

〔158〕 Tonya Garcia, Starbucks Says Racial Bias Incident Delayed Its Marketing Push, Hurt Same - Store Sales, MKT. WATCH (June 21, 2018, 8:20 AM), https://www.marketwatch.com/story/starbucks - says - racial - bias - incident - delayed - its - marketing - push - hurt - same - store - sales - 2018 - 05 - 20 [https://perma.cc/E2Z3 - G9MG]; see also Jason Del Rey, Amazon Employees Are Outraged by Their Company's Opposition to a Plan to Add More Diversity to its Board, Vox (May 8, 2018, 12:09 PM), https://www.vox.com/2018/5/8/17328466/amazon - jeffbezos - board - diversity - proposal - shareholder - vote [https://perma.cc/6TS4 - DX6Z] (报道称,亚马逊公司最近受到了批评,该公司董事会建议投票反对实施"鲁尼规则"的提案,该规则要求新董事提名人的最初名单包括合格的女性和少数族裔候选人,理由是提名董事的过程中有复杂的考虑).

〔159〕 D'Vera Cohn & Andrea Caumont, 10 Demographic Trends Shaping the U.S. and the World in 2016, PEW RSCH CTR. (Mar. 31, 2016), https://www.pewresearch.org/facttank/2016/03/31/10 - demographic - trends - that - are - shaping - the - u - s - and - the - world/ [https://perma.cc/ME5B - Z2YN].

〔160〕 Kasey Lobaugh, Bobby Stephens & Jeff Simpson, The Consumer Is Changing ... but Perhaps Not How You Think, DELOITTE REV., July 2019, at 102.

〔161〕 Patricia Buckley & Daniel Bachman, Meet the US Workforce of the Future, DELOITTE REV., July 2017, at 47, 57.

〔162〕 PETERSON & MANN, supra note 69.

告估计,到 2025 年,消除种族差距可使美国 GDP 增加约 5 万亿美元。[163] 从全球角度来看,埃森哲同样估计,如果雇主和雇员之间的性别平等观念差距缩小一半,全球利润将增加 33%,其中美国公司的利润将增加超过 1 万亿美元。[164] 率先推动这一积极变化的企业最有可能改善其声誉,并从由此带来的收益中获得更大份额。多样性作为一种声誉资产已得到广泛认可。从《多元企业》(*DiversityInc*)到《职业母亲》(*Working Mother*)等杂志都会向领先企业发布调查报告,并据此对企业的招聘和留任、特定种族群体、LGBTQ + 社区、工作与生活的平衡等问题进行年度排名。[165] 各大公司递交材料,接受这些独立评定者的评估,并在得分较高时自吹自擂。[166]

随着机构投资者对 DEI 等社会问题的关注度不断提高,独立评级机构和高多样性声誉的重要性与日俱增。随着社会意识的增强,新的投资基金应运而生,EESG 运动就是其中的一个缩影,该运动试图识别出那些在盈利的同时拥有积极社会价值观的企业,如 DEI 和邻近领域,包括平等对待工人、具有环境责任感和健全的公司治理。在高净值客户和养老基金的推动下,基金管理公司已经推出了一些产品,旨在将资产分配给那些有所作为的投资基金,并通常将多样性作为给投

---

〔163〕 Id. at 7.

〔164〕 Julie Sweet & Ellyn Shook, The Hidden Value of Culture Makers, ACCENTURE (2020), https://www.accenture.com/us-en/about/inclusion-diversity/_acnmedia/Thought-LeadershipAssets/PDF-2/Accenture-Getting-To-Equal-2020-Research-Report.pdf [https://perma.cc/8AVF-QHM3].

〔165〕 Waymer & VanSlette, supra note 136, at 473(注意到可口可乐公司过去在其网页上的"关于我们"标签上展示了其多样性排名).

〔166〕 Id. at 474.

资组合公司打分的指标之一。[167] 未来，多样性的权重可能还会继续增加。[168]

EESG 行业增长背后的部分推动力来自财务方面：迄今为止，EESG 基金的回报一直是积极的，在很大程度上跑赢了市场。[169] 但这一增长也反映了一种意识，即由于投资者的偏好本身是多元化的，道德驱动的选择可以推动市场活动和股东回报。曾经被认为无关紧要的事情，

---

〔167〕 George Sarafeim, Investors As Stewards of the Commons?, 30 J. APPLIED CORP. FIN. 8, 10 (2017)（注意到，当投资者的压力不能通过私人机制得到满足时，投资者往往会通过提交股东提案公开参与：2015 年，34% 的股东提案与 EESG 有关，由社会责任投资基金和公共养老基金领导，其次是积极的对冲基金和指数基金）；JENNA WEINBERG & SIMON GREER, DIVERSE ASSET MANAGERS INITIATIVE, FIDUCIARY GUIDE TO INVESTING WITH DIVERSE ASSET MANAGERS AND FIRMS (Apr. 2017), https://www.sec.gov/files/amac-background-dami-fiduciary-guide.pdf [https://perma.cc/2BWL-NSQH]. But see Max M. Schanzenbach & Robert H. Sitkoff, Reconciling Fiduciary Duty and Social Conscience: The Law and Economics of ESG Investing by a Trustee, 72 STAN. L. REV. 381, 386 (2020)（认为受托人只有在"(1)受托人合理得出 ESG 投资计划将通过提高风险调整后的回报直接惠及受益人的结论时，才能从事 ESG 投资；(2)受托人采用 ESG 投资计划的唯一动机是获得这一直接利益"）.

〔168〕 See Lizzy Gurdus, Diversity, Inequality Metrics Will See "A Lot of Scrutiny" Next Year as ESG Investing Grows, MSCI Says, CNBC (Dec. 19, 2020, 10:26 AM), https://www.cnbc.com/2020/12/18/diversity-under-scrutiny-as-esg-investing-grows.html [https://perma.cc/M9PB-CZUG]（注意到公司将如何在如何更好地提高其在投资者中的社会信誉方面变得更具创造性）.

〔169〕 Emiliano Rabinovich, ESG Equity Index Performance in the US: Outperformance vs The Benchmark During Market Volatility, ETF TRENDS (Oct. 15, 2020), https://www.etftrends.com/esg-channel/esg-equity-index-performance-in-the-us [https://perma.cc/VW7C-HCVP]（注意到，尽管不同的 ESG 指数提供商的表现不同，但值得注意的是，随着时间的推移，每个指数提供商的表现都超过了基准，并一直持续下去，无论是哪种 ESG 方法或 ESG 数据提供商都是如此）.

如市场上出现的有关公司多样性表现的新信息,都会推高公司股价。[170]

随着市场对具有社会意识的产品的需求不断增长,EESG 评级也随之激增,企业面临越来越大的压力,以实现并保持较高的排名或"分数"。[171] 如果一家公司的股票因未能采取符合 EESG 资质或多样性等优先事项的措施而被认定为"不可持续资产",公司高级管理人员和董事将面临其公司股票被排除在投资组合之外的前景。[172] 对许多公司而言,后果可能是严重的。如果有足够数量的投资者被排除在基金之外,或者有足够数量的基金根据某项评分或一系列评分采取一致行动,公司股票的价格就会随着需求下降而下跌,或者其他投资者甚至会做空该公

〔170〕 斯坦福大学的一项研究调查了股东对 2014 年至 2018 年科技和金融行业上市公司发布的近 60 份性别多样性公告的反应。该研究衡量了每家公司在多样性公告发布当天的股票回报,并控制了美国市场的总回报:在这两个行业,当公告显示多样性水平更高时,股价上涨更多。在科技公司中,当多样性数字超过研究人员认为是行业领导者的谷歌时,投资者的反应甚至更加积极。"这一结果为许多人曾怀疑但没有数据支持的事情提供了确凿的证据……" Katia Savchuk, Do Investors Really Care About Gender Diversity?, STAN. BUS. (Sept. 17, 2019) https://www. gsb. stanford. edulinsights/do – investors – really – care – about – gender – diversity [https://perma. cc/M6ZX – VAT8]; see also David Daniels, Jennifer Dannals, Thomas Lys & Margaret Neale, Do Investors Value Gender Diversity In Firms?: Evidence from the Field and Lab, SOC'Y FOR JUDGMENT & DECISION MAKING (2019), https://www. sjdm. org/presentations/2019 – Talk – Dannals – Jennifer – diversity – event – study. pdf [https://perma. cc/NE73 – DCAP]. 这也往往与长期以来的观点相矛盾,即社会披露只是"治疗",对投资者没有用处。See Stephen M. Bainbridge, Dodd – Frank: Quack Federal Corporate Governance Round Ⅱ, 95 MINN. L. REV. 1779, 1797 (2011).

〔171〕 Richa Joshi, Board Diversity: No Longer Optional, HARV. L. SCH. F. ON CORP. GOVERNANCE (Oct. 11, 2020), https://corpgov. law. harvard. edu/2020/10/11/board – diversity – no – longer – optional/ [https://perma. cc/3XWP – BW97] (通过最近的法律和机构投资者讨论改善董事会多样性压力的结果).

〔172〕 See Robert Eccles & Svetlana Klimenko, The Investor Revolution, HARV. B. REV., MayJune 2019, at 106 (观察到,随着"决定是否买入或出售一家公司股票的人已经将 ESG 内化到他们的计算中,商业领袖将被迫在他们的公司内这样做").

司股票，从而对其股价造成下行压力。[173]

基于上述原因，我们认为，企业有充分的商业理由来建立不同思想间的合作；唯才是举，而非拘泥于出身；乐于接受与来自社会各阶层和全球的客户、社区和伙伴开展合作。这些企业将更有能力在日益多元化的世界经济中茁壮成长。

三、鼓励企业多样性、平等性和包容性的现行改革概述

私营部门对多样性之商业优势的认识不断提高，企业领导者的道德价值观以及对美国即将发生的人口结构变化的预期已经促使一些企业采取自愿性的 DEI 政策。但最重要的是，George Floyd 之死和新冠疫情的不平等影响引起了全国范围内的反思，联邦政府在全国范围内宣布了具体的施政举措，旨在提高企业内部的 DEI。广泛的道德愤怒和文化觉醒催化了新的政府行动和企业行动以改善美国企业的 DEI。

在这一部分，我们将对美国公司内部为启动 DEI 政策所作的最引人注目的努力进行调查。我们首先分析了以促进种族和经济平等为目的的传统反歧视法律的局限性。然后，我们对日益增多的企业多样性举措进行了梳理：加利福尼亚州的多样性改革、纳斯达克的董事会多样性倡议以及由养老金和投资基金牵头的资本市场倡议。正如下文所述，大多数改革的目的要么是改革公司法中存在的不足之处，以反映多样性的潜在价值；要么是利用证券法提高董事会层面多样性的透明度。然而，尽管这些举措代表了对公司所面临的人口困境的新的、急需的思考，但它们实际上只是为公司不平等的深刻挑战提供了有限且不完整的答案，未能解决公司对所有利益相关者的行为中所涉及的全部 DEI 问题。

---

[173] See Chris Sloley, How Ethical Is It to Short the Bad Boys of ESG?, CITYWIRE SELECTOR (Oct. 22, 2019), https://citywireselector.com/news/how-ethical-is-it-to-short-the-bad-boys-of-esg/a1283784 [https://perma.cc/Z5KE-E395]（研究投资者是否应该积极做空这些股票，以进一步惩罚有社会问题的参与者）.

(一)联邦反歧视法

对公司实体进行改革的呼声并非凭空出现的,重要的是要了解其运作的现有法律背景。很大程度上,一系列联邦法律要求公司将关注 DEI 的政策与实践作为一个基本的合规事项加以实施,并由可参照的州法律加以补充。[174] 例如,《1963 年公平薪资法案》(the Equal Pay Act of 1963)对《1938 年公平劳动标准法》(the Fair Labor Standards Act of 1938)进行了修订,禁止雇主在实质上处于同等职位的男女之间实施基于性别的工资歧视。[175] 一年后,国会通过了《1964 年民权法案》(the Civil Rights Act of 1964),进一步扩大了联邦反歧视法的作用范围,禁止对受保护群体造成不同影响,除非有合法的商业理由。《1964 年民权法案》第七章不仅禁止基于性别的歧视,还禁止基于种族、肤色、宗教或民族血统的歧视,这一规定适用于拥有 15 名或以上员工的任何雇主。[176] 此外,《1964 年民权法案》第二章禁止基于种族、肤色、宗教或民族血统的歧视,因为这种歧视剥夺了个人"充分平等地享有任何公共场所的商品、服务、设施、特权、利益和便利"的权利。[177] 公共场所的定义较为宽泛,包括酒店、餐馆和剧院等。[178]

《1991 年民权法案》(the Civil Rights Act of 1991)在几项有争议的判决之后强化了反歧视法,[179] 赋予原告由陪审团进行审判的权利,并根据《1964 年民权法案》第七章的规定对故意歧视行为施加补偿性和惩罚

---

[174] 大多数州和一些城市有自己的反歧视法,这些法律将禁止歧视行为的范围扩大到更多类别的受保护者。例如,纽约州人权法禁止基于性取向、军人身份、家庭状况、婚姻状况、家庭暴力受害者身份以及逮捕和定罪状况的歧视。See, e. g., N. Y. EXEC. LAw § 296 (McKinney 2021).

[175] Fair Labor Standards Act of 1938, 29 U. S. C. § 206(d). 基本平等的职位是指需要"同等技能、努力和责任,并在类似工作条件下履行"的职位。Id.

[176] Civil Rights Act of 1964 § 7, 42 U. S. C. § 2000e.

[177] Id. § 2000a(a).

[178] Id. § 2000a(b).

[179] 对最高法院案例的分析不在本文讨论范围之内,但可以简要介绍《1991 年民权法案》的起源, see Roger Clegg, Introduction: A Brief Legislative History of the Civil Rights Act of 1991, 54 LA. L. REV. 1459 (1994); and David A. Cathcart & Mark Snyderman, The Civil Rights Act of 1991, 8 LAB. LAW. 849 (1992)。

性赔偿措施。除联邦法律外，雇主还必须遵守大多数州通过的反歧视法。[180]

在马丁·路德·金（Martin Luther King）遇刺后，美国国会通过了《1968年联邦住房法案》（the FHA in 1968），禁止在住房交易中基于种族、肤色、宗教和民族血统的歧视，以及修订后的基于性别、残疾和家庭状况的歧视。[181] 美国司法部和美国住房和城市发展部（the U. S. Department of Housing and Urban Development）负责执行《1968年联邦住房法案》，个人也可根据《1968年联邦住房法案》提起诉讼。[182] 除《1968年联邦住房法案》外，美国国会还于1974年通过了《平等信贷机会法》，该法案经修订后禁止债权人基于种族、肤色、宗教、国籍、性别、家庭状况或年龄歧视申请人。[183] 尽管有《1968年联邦住房法案》和《平等信贷机会法》，但针对美国黑人的住房歧视仍在持续，因为金融机构利用从市中心收到的存款向其他社区放贷和投资。[184] 基于申请人所居住的社区而拒绝向符合条件的申请人提供信贷的做法被称为"拒绝贷款"（redlining），这导致了《1977年社区再投资法》（the Community Reinvestment Act in 1977）的颁布，以鼓励金融机构满足其所在社区的信

---

〔180〕 各州的反歧视法摘要，see State Employment – Related Discrimination Statutes, NAT'L CONF. OF STATE LEGISLATURES （July 2015），https://www.ncsl.org/documents/employ/Discrimination – Chart – 2015.pdf [https://perma.cc/MB3A – EWDQ]。

〔181〕 Fair Housing Act of 1968, 42 U. S. C. § 3604（又称《1968年民权法案》第八章）；History of Fair Housing, U. S. DEP'T OF HOUS. & URB. DEV., https://www.hud.gov/program_offices/fair – housing_equal_opp/aboutfheo/history （last visited Dec. 30, 2021）[https://perma.cc/S7FD – 8FTC]. 关于《1968年联邦住房法案》自颁布以来的有效性的讨论，see Paula A. Franzese & Stephanie J. Beach, Promises Still to Keep: The Fair Housing Act Fifty Years Later, 40 CARDOZO L. REV. 1207 （2019）。

〔182〕 Aleatra P. Williams, Lending Discrimination, the Foreclosure Crisis and the Perpetuation of Racial and Ethnic Disparities in Homeownership in the U. S., 6 WM. & MARY BUS. L. REV. 601, 612 （2015）.

〔183〕 15 U. S. C. § 1691.

〔184〕 See Griffith L. Garwood & Dolores S. Smith, The Community Reinvestment Act: Evolution and Current Issues, 79 FED. RSRV. BULL. 251, 251 （1993）（讨论导致《公司法》颁布的历史背景）.

贷需求。[185]

值得注意的是,违反这些法律可能会造成巨大损失。例如,根据《1964 年民权法案》第七章,大多数就业歧视案件可以根据《联邦诉讼法》(the Federal Procedure Act)第 23 条提起传统的集体诉讼。[186] 与此同时,可以对违反《1963 年公平薪资法案》的行为提起集体诉讼,虽然需要所有原告同意,但其所涉及的赔偿金额可能会更高,美国住房和城市发展部等机构为惩罚系统性歧视行为而采取的行政诉讼也是如此。[187]

然而,就公司多样性而言,联邦民权法的适用范围受到相当大的限制,尤其是当涉及公司董事会时。尽管《1964 年民权法案》将就业歧视定性为非法行为,但该法案并不适用于公司董事会成员,因为除公司内部人员外,[188] 董事会成员通常不是公司的雇员。[189] 事实上,法院通常认为该法不适用于公司董事。正如美国第七巡回上诉法院所指出的那样:"董事历来是雇主而非雇员的职位。"[190]

---

[185] See id.

[186] 平等就业机会委员会提起的指控招聘中系统性歧视的部分诉讼摘要, see Selected List of EEOC Systemic Hiring Resolutions and Filings Since 2005 (as of 4/18/12), U. S. EQUAL EMP. OPPORTUNITY COMM'N, https://www. eeoc. gov/selected - list - eeoc - systemic - hiring - resolutions - and - filings - 2005 - 41812 (last visited Dec. 30, 2021) [https://perma. cc/2A2W - ZMME]。

[187] 有关向平等就业机会委员会提出的 EPA 指控总数的数据, see Equal Pay Act Charges (Charges Filed with EEOC) (Includes Concurrent Charges with Title Ⅶ, ADEA, ADA, and GINA) FY 1997 - FY 2020, U. S. EQUAL EMP. OPPORTUNITY COMM'N, https://www. eeoc. gov/statistics/equal - pay - act - charges - charges - filed - eeoc - includes - concurrent - charges - title - vii - adea - ada (last visited Dec. 30, 2021) [https://perma. cc/749H - 5C27]。

[188] James A. Fanto, Lawrence M. Solan & John M. Darley, Justifying Board Diversity, 89 N. C. L. REV. 901, 902 (2011).

[189] 正如丰托(Fanto)等人所指出的,最高法院已经制定了确定董事会成员何时应被视为雇员的准则。Id.; see also Clackamas Gastroenterology Assocs., P. C. v. Wells, 538 U. S. 440, 449 - 51 (2003). 典型的董事会成员不被视为雇员。See Stephanie Greene & Christine Neylon O'Brien, Who Counts?: The United States Supreme Court Cites "Control" as the Key to Distinguishing Employers from Employees Under Federal Employment Antidiscrimination Laws, 2003 COLUM. BUS. L. REV. 761, 787 ("平等就业机会委员会指南中的措辞表明,负责人必须克服他们是雇主的推定").

[190] Chavero v. Loc. 241, Div. of the Amalgamated Transit Union, 787 F. 2d 1154, 1157 (7th Cir. 1986).

其结果是,反歧视法律适用于公司、招聘和晋升 但随着公司走向高层治理,在某些情况下,董事会的多样性可能最为重要,因此反歧视法律的适用性就不再那么强了。然而,它确实适用于高级管理人员,尽管如上所述,包括社交网络和内部晋升障碍在内的其他问题已被发现阻碍了女性和少数族裔作为一个群体被公司聘用和晋升。

针对这些差距,美国国会已就提高董事会在 DEI 问题上的透明度的重要性发表了意见。2017 年,众议员卡洛琳·马洛尼(Carolyn Maloney)提出了《2017 年公司领导层性别多样性法案》(the Gender Diversity in Corporate Leadership Act of 2017),要求上市公司提供有关董事和被提名人性别多样性的代理披露。[191] 2019 年 11 月,美国众议院在两党支持下通过了《2019 年公司多样性治理法案》(the Corporate Governance Through Diversity Act of 2019),该法案要求某些注册人每年在委托书中披露其董事会和高级管理人员的种族、民族和性别构成,以及其中任何董事和高级管理人员的退伍军人身份。[192] 该法案还要求披露任何旨在促进这些群体的种族、民族和性别多样性的政策、计划或战略。立法者已在美国参议院提出一项配套法案。[193]

(二)美国证券监督管理委员会的董事会多样性披露规则

与国会一样,美国证券监督管理委员会(SEC)也试图解决公司治理中的 DEI 问题。2009 年,SEC 通过了一项规则,旨在评估各公司在建立和保持董事会多样性方面的承诺。[194] 根据该规则,上市公司必须披露董事会提名候选人时是否将多样性作为考虑因素,以及公司如何评估该

[191] Gender Diversity in Corporate Leadership Act of 2017, H. R. 1611, 115th Cong. § 2 (b) (2017).

[192] Improving Corporate Governance Through Diversity Act of 2019, H. R. 5084, 116th Cong. § 2 (2019).

[193] Improving Corporate Governance Through Diversity Act of 2019, S. 360, 116th Cong. (2019).

[194] 有关 2009 年规则的精彩概述, see Laurence Trautman, Corporate Boardroom Diversity: Why Are We Still Talking About This?, 17 SCHOLAR: ST. MARY'S L. REV. ON RACE & SOC. JUST. 219 (2015)。

政策的有效性。[195] 但是,正如劳伦斯·特劳特曼(Laurence Trautman)所解释的那样,公司和SEC对该规则的解释存在分歧,大多数公司将对多样性的"考虑"和"政策"进行了区分。[196]

10年后,SEC通过制定新的《合规与披露解释》(Compliance and Disclosure Interpretations)重新审视了这些规则。[197] 然而,本次修订并未提供"多样性"的定义,这使发行人可以不披露其董事或被提名人的种族、民族或性别。[198] 该修订版并未明确构成多样性的标准,而是提供了一份非穷举式的多样性特征示例清单,包括"种族、性别、民族、宗教、国籍、残疾、性取向或文化背景"。[199] 同时,发行人对公司多样性政策的描述将作为一种解释工具,提供"关于公司如何考虑被提名人自我认定的多样性属性以及多样性政策考虑的任何其他资格的讨论,例如工作经历、兵役或社会经济或人口特征的多样性"。[200]

目前,《S-K规则》(Regulation S-K)第401(e)(1)条要求公司"简要讨论导致得出该人士应担任董事的结论的具体经验、资格、属性或技能"。[201] 《合规与披露解释》阐明,如果董事会在提名过程中考虑了董事自我认定的多样性特征(如种族、性别、民族、宗教、国籍、残疾、性取向或文化背景),且个人同意披露这些多样性特征,则委员会"期望公司在根据第401项要求进行的讨论中将如何确定这些特征以及如何考虑这

---

[195] Id.; see also Luis A. Aguilar, Comm'r, Sec. & Exch. Comm'n, Keynote Speech at the Hispanic Association of Corporate Responsibility - Corporate Directors Summit: An Update on Diversity and Financial Literacy (Apr. 30, 2011), https://www.see.gov/news/speech/2011/spch043011laa.htm [https://perma.cc/Q2DU-6GX5] (对2009年规则进行了讨论).

[196] Thomas Lee Hazen & Lissa Lamkin Broome, Board Diversity and Proxy Disclosure, 37 U. DAYTON L. REV. 39, 74 (2011).

[197] 本讨论部分基于对《合规与披露解释》的概述, see Notice of Filing of Proposed Rule Change to Adopt Listing Rules Related to Board Diversity, Exchange Act Release No. 90547, 2020 WL 7226158 (Dec. 4, 2020)。

[198] Id.

[199] Regulation S-K: Compliance & Disclosure Interpretations, U.S. SEC. & EXCH. COMM'N, https://www.sec.gov/divisions/corpfin/guidance/regs-kinterp.htm (last updated Sept. 21, 2020) [https://perma.cc/8AVH-QDNJ].

[200] Id.

[201] 17 C.F.R. § 229.401(e)(1) (2019).

些特征包含在内,但不一定限于这些内容”[202]。

《S－K规则》第407(c)(2)(vi)条除了要求公司说明在确定董事被提名人时是否考虑了多样性(如果考虑了,如何考虑),还要求公司说明董事会或提名委员会是否采用了多样性政策,以及描述该政策是如何实施的,并评估其有效性。[203] 鉴于以下事实,委员会的逻辑是为公司寻求最大的灵活性:

公司可能以不同的方式定义多样性,反映出不同的观点。例如,一些公司可能会将多样性的概念扩展到包括观点、专业经验、教育、技能和其他有助于体现董事会异质性的个人素质和属性的差异,而其他公司可能侧重于种族、性别和民族血统等多样性概念。[204]

委员会认为,鉴于多样性具有多种表现形式,应允许公司以其认为适当的方式对多样性进行定义。

然而,批评人士断言,该规则所提供的灵活性聊胜于无。首先,信息披露的自我执行性质,加上接受多样性政策的实质自愿性,意味着公司报告的数据并不可靠,对投资者的作用微乎其微。不仅上市公司未能披露其董事会的大量信息,而且各公司报告的内容或多样性特征的定义五花八门。因此,一些政策制定者敦促对《S－K规则》进行改革,要求提供有关公司董事会性别和种族多样性的数据和报告。[205]

(三)州法律的倡议

除联邦层面的法律外,各州也开始关注反歧视以外的法律。密歇根

---

[202] U. S. SEC. & EXCH. COMM’N, supra note 199.

[203] Id.

[204] Proxy Disclosure Enhancements, 74 Fed. Reg. 68,334, 68,344 (Dec. 23, 2009) (codified at 17 C. F. R. § § 229.401, .402, .407).

[205] See Allison Herren Lee, Comm’r, U. S. Sec. & Exch. Comm’n, Remarks at the Council of Institutional Investors Fall 2020 Conference: Diversity Matters, Disclosure Works, and the SEC Can Do More (Sept. 22, 2020), https://www.sec.gov/news/speech/lee－cii－2020－conference－20200922 [https://perma.cc/T8DR56UA](认为以重要性为基础的披露制度“不规范、期间不一致、公司间不具有可比性,也不一定可靠”).

州、[206]宾夕法尼亚州、夏威夷州和马萨诸塞州的立法机构正在制定法案,这些法案一旦获得通过,就将敦促(在某些情况下要求)雇主增加领导岗位上的多样性,尤其是公共公司的董事会。但只有加利福尼亚州和纽约州这两个州通过了规定此类责任的立法。下面,我们将对这两个州立法的主要特点进行分析。

1. 加利福尼亚州的董事会多样性法规

加利福尼亚州通过了两项独立的董事会多样性法规,一项针对性别多样性,另一项侧重于种族、民族和性取向的多样性。首先,2018 年 9 月 30 日,时任加利福尼亚州州长的杰里·布朗(Jerry Brown)批准了参议院第 826 号法案(SB 826),对"加利福尼亚州公司董事会中的女性代表"进行了规定。[207] 两年后,加利福尼亚州州长加文·纽森(Gavin Newsom)批准了众议院第 979 号法案(AB 979),规定了类似的要求,即总部位于加利福尼亚州的上市公司必须"使其董事会成员具备多样性,董事必须来自'代表人数不足的社区'"。[208] 参议院第 826 号法案和众议院第 979 号法案均适用于总部位于加利福尼亚州的上市公司,且均施加了强制性多样性要求,而不仅仅是披露董事会的组成。

参议院第 826 号法案要求,到 2021 年年底,每个:

> 主要执行办公室……位于加利福尼亚州的国内或国外上市公司……遵守以下计划表:六名或六名以上的董事会有三名或三名以上女性董事;五名或五名以上的董事会有两名或两名以上女性董事;四名或四名以下的董事会有一名或一名以上女性董事。[209]

该立法授权加利福尼亚州州务卿通过以下两种方式对违法行为进

---

[206] S. 115, 2019 Leg., 100th Sess. (Mich. 2019) ("根据该公司的 SEC 10 – K 表格,其主要执行办公室位于该州的上市国内公司或外国公司的董事会必须至少有一名女性董事。").

[207] Christopher J. Riley, An Equal Protection Defense of SB 826, CALIF. L. REV.: BLOG (July 2020), https://www.californialawreview.org/equal – protection – defense – sb826/ [https://perma.cc/7L38 – VCF2].

[208] Amy Frenzen & Michael Thomas, AB 979 Requires California – Based Publicly Held Corporations To Diversify Their Boards of Directors, JD SUPRA (Oct. 1, 2020), https://www.jdsupra.com/legalnews/ab – 979 – requires – california – based – 17002/ [https://perma.cc/LT97 – BDA4].

[209] Riley, supra note 207. (脚注省略)(内部引文标记省略)

行强制执行:(1)公布合规或不合规的公司名单;(2)对未披露董事会构成的公司处以罚款。在罚款方面,首次违规的罚款金额为10万美元,以后每次违规的罚款金额为30万美元。[210]

众议院第979号法案是一部具有类似条款的平行法律,但其覆盖面更广。具体而言,众议院第979号法案将"代表性不足社区的董事"定义为"自我认同为黑人、非裔美国人、西班牙裔-拉丁裔、亚裔、太平洋岛民、美国原住民、夏威夷原住民或阿拉斯加原住民的个人,或自我认同为男同性恋、女同性恋、双性恋或变性人的个人"。[211] 其强制性配额规定:

到2021年12月31日,(在加利福尼亚州设有执行办公室的公开持股公司)董事会中必须至少有一名董事来自代表人数不足的社区。到2022年12月31日,董事会有九名或九名以上董事的公司必须至少有三名董事来自代表人数不足的社区,董事会有四名以上但不足九名董事的公司必须至少有两名董事来自代表人数不足的社区。[212]

众议院第979号法案的两个执行机制与参议院第826号法案相同。

2. 纽约州的董事会多样性研究和授权披露

2019年12月,时任纽约州州长的安德鲁·库默(Andrew Cuomo)签署了参议院第4278号法案(SB 4278),该法案公布了"公司董事会中的女性研究"。[213] 与加利福尼亚州的法案类似,参议院第4278号法案规定"获准在纽约州开展业务的国内和外国公司"必须遵守董事会组成报告规定。根据该法,私营和公营公司——无论其总部是否位于纽约州——都必须披露其任命的董事会董事人数以及其中女性董事的人数。"这些信息将作为《商业公司法》(the Business Corporation Law)规定的

[210] Id.

[211] Frenzen & Thomas, supra note 208.

[212] Id.

[213] Teri Wilford Wood & Anna Broccolo, New York Enacts Legislation Related to Board Diversity, NATL L. REV. (Jan. 17, 2020), https://www.natlawreview.com/article/new-york-enacts-legislation-related-to-board-diversity [https://perma.cc/A75Q-5REP].

公司申报声明的一部分进行收集。"[214] 纽约州国务部、税务部和财政部随后将负责研究在纽约州获得营业执照的国内公司和外国公司的董事会中任职的女性董事人数。

研究的初步结果将于2022年2月1日公布,届时可能会采取更具体的行动。目前,该法案并未规定任何配额,也未强制要求在纽约州开展业务的公司董事会中必须有特定数量的女性成员。

(四)市场的EESG倡议

私人市场参与者也在推动关于企业多样性的讨论。正如本文所展示的,人们对以消费者或投资者的身份参与符合其价值观的市场表现出越来越大的兴趣。[215] 这种兴趣反过来又推动不同的市场参与者采取能够反映这些不断变化和加强的偏好的做法和立场,特别是考虑到如多样性指数和更广泛的EESG基金等投资产品的数据驱动性质。[216]

1. 投资公司的倡议

21世纪以来,养老基金和投资公司对"多样性"主题的兴趣日益浓

[214] John Whittaker, Act Requires Report Stating No. of Women on Boards, POST – J. (July 15, 2019), https://www.post – journal.com/news/page – one/2019/07/act – requires – report – stating – no – of – women – on – boards/ [https://perma.cc/B7QQ – 26K6].

[215] Barzuza et al., supra note 145, at 1249 – 50:在投资偏好方面,"千禧一代"与他们的前辈有明显的不同。文献和市场研究一致得出结论,与上一代人相比,千禧一代对投资回报的兴趣较低,而对反映其社会价值的投资更感兴趣; id. at 1289 – 94(引用的研究支持了这一结论)。

[216] Dave Michaels, SEC Urged to Help Diversify Asset – Management Industry, WALL ST. J., https://www.wsj.com/articles/sec – criticized – for – inaction – in – diversifying – asset – management – industry – 11594945813 (last updated July 16, 2020, 8:37 PM) [https://perma.cc/Y7F2 – D5EC]. 然而,值得注意的是,其他一些令人信服的理论也在不断涌现,以说明基金为何应将多样性作为投资组合理论的一个事项。See Jeffrey N. Gordon, Systemic Stewardship 34 (Eur. Corp. Governance Inst., Working Paper No. 566/2021, 2021), https://papers.ssrn.com/sol3/papers.cfm? abstractid = 3782814 [https://perma.cc/ML5U – 8GEU](认为"高端人才宝贵而稀缺;消除发现和利用高端人才的障碍将为整个投资组合创造价值").

厚,尤其是在性别方面。[217] 早在2009年,SEC就是否修订《S－K规则》第407(c)(2)(vi)条征求意见,要求披露提名委员会在选择董事担任董事会职位时是否考虑了多样性。[218] 在130多封关于该提案的评论信中,大多数是由对多样性有特殊兴趣的团体或机构投资者提交的,包括共同基金、养老基金和社会责任投资基金。[219] 2015年,当时合计监管1.12万亿美元资产的9家大型公共养老基金向SEC提出申请,要求注册人披露注册人董事会提名人的性别、种族和民族多样性等相关信息。[220] 2017年,人力资本管理联盟(Human Capital Management Coalition)向SEC提出了类似的请愿,该联盟自称是当时拥有2.8万亿美元资产的机构投资者团体。[221]

---

〔217〕 现实是,直到2020年的悲惨事件,主要机构投资者才把种族多样性作为优先事项。See, e. g., Larry Fink & Rob Kapito, Our Actions to Advance Racial Equity and Inclusion, BLACKROGCK (June 22, 2020), https://www.blackrock.com/corporate/about－us/social－impact/advancing－racial－equity [https://perma.cc/GQA9－ZWJA]; Letter from Richard F. Lacaille, Glob. Chief Inv. Officer, State St. Glob. Advisors, to Ronald P. O'Hanley, Bd. Chairman, State St. Glob. Advisors (Aug. 27, 2020), https://www.ssga.com/library－content/pdfs/global/letterhead_racial_equity_guidance.pdf [https://perma.cc/EQ7W－P77Z]; Vanguard Investment Stewardship Insights: Diversity in the Workplace, VANGUARD (Dec. 2020), https://about.vanguard.com/investmentstewardship/perspectives－and－commentary/ISWORK_122020.pdf [https://perma.cc/4M6MH6KH]. 这种滞后的原因值得探索,但就目前而言,我们只是注意到种族多样性现在已经成为机构投资者的明确优先事项且得到了积极发展。然而,我们也注意到,机构投资者还应该做更多的工作来打击种族不平等,例如让他们的代理人参与要求公司披露政治支出的提案,因为这些支出往往支持与少数群体利益相反的候选人和政治问题。See Eleanor Bloxham & Bruce F. Freed, It's Time for Boards and Institutional Investors to Act on Racial Justice, BARRON'S (June 19, 2020: 7:00 AM), https://www.barrons.com/articles/its－time－for－boards－and－institutional－investors－to－act－on－racial－justice－51592527239 [https://perma.cc/9TRU－NZ4X].

〔218〕 See 17 C.F.R. § 229.407(c)(2)(vi) (2021).

〔219〕 See Hazen & Broome, supra note 196, at 51 & n.82 (引用意见书).

〔220〕 Letter from Anne Simpson et al. to Elizabeth M. Murphy, supra note 110.

〔221〕 See Letter from Meredith Miller, Chief Corp. Governance Officer, UAW Retiree Med. Benefits Trs., on behalf of the Hum. Cap. Mgmt. Coal., to William Hinman, Dir., Div. of Corp. Fin., Sec. & Exch. Comm'n (July 6, 2017), https://www.sec.gov/rules/petitions/2017/petn4－711.pdf [https://perma.cc/62VY－928Y] (制定规则的请愿书"要求发行人披露其人力资本管理政策、做法和表现的信息").

近50年后,不仅其成员面临投资者的压力和对EESG基金的更大兴趣,评级公司也在寻求设计公司分类系统,在此压力下,投资界再次呼吁公司提供更多有关多样性的信息。2020年10月,伊利诺伊州财政部长与其他20个投资者组织共同发起倡议,呼吁罗素3000指数中的所有公司披露其董事会的构成,包括每位董事会成员的性别、种族和民族。[222] 同月,贝莱德集团(管理着超过7.8万亿美元资产的基金管理公司)要求美国公司披露其员工的种族、民族和性别构成(EEO-1数据),以及他们为促进多样性和包容性所采取的措施。[223] 它还将在选定的法域明确推动多样性。[224] 与此同时,管理着超过7.2万亿美元资产的先锋领航集团表示,它计划投票反对那些未能推动董事会种族和性别多样性的公司董事。[225] 为客户管理着约3万亿美元资产的道富环球投资管理公司已承诺将询问各公司有关促进其内部种族多样性的指标和目标。

---

〔222〕 See Press Release, Off. of the Illinois State Treasurer, Illinois State Treasurer Frerichs Calls on Russell 3000 Companies to Disclose Board Diversity Data (Oct. 28, 2020), https://illinoistreasurergovprod. blob. core. usgovcloudapi. net/twocms/media/doc/october2020_russell3000. pdf [https://perma. cc/VLS6 - BCNB].

〔223〕 Saijel Kishan, BlackRock to Push Companies on Racial Diversity in 2021, BLOOMBERG, https://www. bloomberg. com/news/articles/2020 - 12 - 10/blackrock - plans - to - push - companies - onracial - diversity - in - 2021? sref = rBZIhbhK (last updated Dec. 10, 2020, 9:06 AM) [https://pe - ma. cc/DJ95 - YU9V]; see also Fiona Hathorn, Cultural Diversity on Boards Is a Global Issue, WOMEN ON BDS. (Oct. 26, 2020), https://www. womenonboards. net/en - au/impactmedia/news/cultural - diversity - on - boards - is - a - global - issue [https://perma. cc/WS6F - TDV8].

〔224〕 例如,贝莱德英国公司将对英国的女性董事采用Hampton - Alexander审查目标,这一目标的最低门槛是女性董事会组成比例达到或超过33%。Tessa Hastie & Ariel White - Tsimikalis, Findings of the Final Hampton - Alexander Review, JD SUPRA (Feb. 25, 2021), https://www. jdsupra. com/legalnews/findings - of - the - final - hampton - alexander - 1380319/ [https://perma. cc/USS6 - A69F].

〔225〕 Saijel Kishan, Vanguard to Push Companies on Racial Diversity Next Year, BLOOMBERG (Dec. 15, 2020, 10:47 AM), https://www. bloomberg. com/news/articles/2020 - 12 - 15/vanguard - to - push - companies - on - racial - diversity - next - year [https://perma. cc/8HVW - G6M5]; see also John Galloway, A Continued Call for Boardroom Diversity, HARV. L. SCH. F. ON CORP. GOVERNANCE (Dec. 19, 2020), https://corpgov. law. harvard. edu/2020/12/19/a - continued - call - for - boardroom - diversity [https://perma. cc/47FC - AQCJ].

在这种背景下，美国投资公司协会（美国和国际投资公司的行业协会），如共同基金、封闭式基金、交易所交易基金和单位投资信托基金，同样宣布了推动更具多样性的计划。最初的优先事项包括通过对成员的强制性调查来衡量董事会和员工层面的行业人口统计数据。[226] 然后，这些信息将用于制定基准，以在未来提高多样性。一旦这些基准最终付诸实施，预计将有更明确的报告准则，甚至可能是要求，与其他证券行业参与者提出的类似。

2. 纳斯达克的上市要求

纳斯达克的新规则对在其交易所上市的上市公司的董事会多样性提出了一定的要求。[227] 该规则于2020年12月1日提交SEC批准，SEC于2021年8月4日批准了该规则。[228] 根据该规则，每家在纳斯达克上市的公司面临两套要求。首先，每家上市公司必须每年以统一的格式在公司的年度代理声明或公司网站上披露其董事自我认定的性别、种族和自我认定为LGBTQ+的统计信息。此外，在纳斯达克全球精选市场或全球市场上市的公司必须在SEC批准后2年内至少有1名多样性董事（或解释为何没有），并在SEC批准后4年内至少有2名多样性董事。在纳斯达克资本市场上市的小市值公司必须在SEC批准后2年内至少拥有1名多样性董事（或解释未拥有的原因），并在SEC批准后5年内至少拥有2名多样性董事。

纳斯达克的规则可能会产生广泛的影响，鼓励在其上市的数千家公司将女性、少数种族和LGBTQ+个人纳入董事会，这是迄今为止为提高美国公司多样性而采取的最有力的举措之一。值得注意的是，超过3/4

---

[226] See Hathorn, supra note 223（呼吁进行“新的政府主导的审查”，以“确保在族裔和性别方面继续取得进展的新动力”）.

[227] Ron S. Berenblat & Elizabeth Gonzalez - Sussman, Nasdaq Proposes New Listing Rules Relating to Board Diversity, HARV. L. SCH. F. ON CORP. GOVERNANCE (Dec. 13, 2020), https://corpgov.law.harvard.edu/2020/12/13/nasdaq - proposes - new - listing - rules - related - to - board - diversity/ [https://perma.cc/7Y6Q - JNNQ].

[228] Alexander Osipovic, Nasdaq's Board - Diversity Proposal Wins SEC Approval, WALL ST. J., https://www.wsj.com/articles/nasdaqs - board - diversity - proposal - faces - sec - decision - 11628242202 (last updated Aug. 5, 2021, 3:48 PM) [https://perma.cc/XL5W - YNGV].

的上市公司在董事会未发生变化的情况下,将达不到提议的要求。[229] 尽管80% ~90%的公司至少有1名女性董事,但在该规则最初提出时,只有约1/4的公司有第二名符合多样性要求的董事。[230] 总体而言,规模较小的公司的董事会多样性程度往往较低,因此需要采取更多措施来应对该规则。[231]

3. 高盛集团的IPO承诺

2020年2月,高盛集团宣布仅承销至少有1名多样性董事会成员的美国和欧洲私营公司的首次公开募股(IPO)。[232] 该规定于2020年7月1日生效,从2021年开始,高盛集团将把目标提高到"为(它的)每家IPO客户提供两名多样性候选人"。[233] 多样性要求是强制性的,但也暗示,对于什么是"多样性",高盛集团可以自由裁量。承诺声明引用了高盛集团自己的董事会,其中首席董事是一名尼日利亚男子,11个董事会席位中有4个由女性担任。

(五)外部监管的局限性和相应的公司行动需求

总体而言,美国当前旨在提高公司多样性的提案基本上都是以前所未有的方式提出的,公司董事会尤其是其重点。这些建议包括两个基本方面:(1)州法律改革;(2)利用资本市场基础设施和服务提供商的改革。

[229] Alexander Osipovich & Akane Otani, Nasdaq Seeks Board – Diversity Rule That Most Listed Firms Don't Meet, WALL ST. J., https://www.wsj.com/articles/nasdaq–proposes–board–diversity–rule–for–listed–companies–11606829244 (last updated Dec. 1, 2020, 5:26 PM) [https://perma.cc/3QGK–5QNT].

[230] 据报道,即使在这种情况下,由于公司报告此类数据的方式不一致,数据也很难衡量。纳斯达克将代表性不足的少数群体定义为自我认同为黑人、西班牙裔、亚裔、美国土著或属于两个或两个以上种族或民族的个人。Id.

[231] Id.

[232] Goldman Sachs' Commitment to Board Diversity, GOLDMAN SACHS (Feb. 4, 2020), https://www.goldmansachs.com/what–we–do/investing–and–lending/launch–with–gs/pages/commitment–to–diversity.html [https://perma.c/6CZK–2Z7M].

[233] Id.

然而,目前的改革存在一些重大的局限性。首先是潜在的宪法挑战。[234] 加利福尼亚州的参议院第 826 号法案已经在多起诉讼中因平等保护的理由受到挑战。[235] 在 Meland v. Padilla 案中,一个保守派法律组织代表一位上市公司股东声称,由于要求董事会成员为女性,该法律阻止了该股东按照自己的意愿投票(但未获成功)。[236] 在 Crest v. Padilla 案中,原告试图阻止加利福尼亚州州务卿亚历克斯·帕迪拉(Alex Padilla)花费纳税人的钱来执行该法律,理由是该法律违反了加利福尼亚州宪法,强加了违反宪法的性别配额。在 2020 年 6 月,加利福尼亚州高等法院法官驳回了帕迪拉关于原告缺乏诉讼资格的论点。[237] 此案目前正在诉讼中,加利福尼亚州州务卿办公室将被要求对申诉作出答复。

众议院第 979 号法案也可能因类似的理由而受到挑战。[238] 其反对者可能会辩驳说,由于强制性的多样性配额,男性候选人或非多样性候选人被剥夺了平等保护条款下的基本权利。值得注意的是,这些挑战可能会引发对这些基于种族和性别的法律的严格审查,因此,尽管这些法律具有补救性质,旨在解决长期存在的歧视问题,但正如我们在下文中

---

〔234〕 对此类法规可能提出的宪法挑战的概述, see generally Joseph A. Grundfest, Mandating Gender Diversity in the Corporate Boardroom: The Inevitable Failure of California's SB 826 (Rock Ctr. for Corp. Governance at Stan. Univ., Working Paper No. 232, 2018), https://ssrn.comlabstract = 3248791 [https //perma.cc/K4MC – NRWT](分析参议院第 826 号法案的合宪性)。See also Stephen M. Bainbridge, California Corporate – Board Quota Law Unlikely to Survive a Constitutional Challenge, WASH. LEGAL FOUND. (Oct. 2, 2018), https://www.wlf.org/2018/10/02/wlf – legal – pulse/california – corporate – board – quota – law – unlikely – to – survive – a – constitutional – challenge/ [https://perma.cc/MT8J – PWMW](根据内部事务原则,参议院第 826 号法案违宪).

〔235〕 David A. Bell, Dawn Belt & Jennifer J. Hitchcock, New Law Requires Diversity on Boards of California – Based Companies, HARV. L. SCH. F. ON CORP. GOVERNANCE (Oct. 10, 2020), https://corpgov.law.harvard.edu/2020/10/10/new – law – requires – diversity – on – boards – of – california – based – companies/ [https://perma.cc/L8HN – XA9P].

〔236〕 Id.

〔237〕 Id.

〔238〕 Id.

讨论的那样,这些法律将在美国最高法院的右翼多数派面前面临不确定的未来,而这一现实将为企业决策带来困境。如果法律对总部位于加利福尼亚州但在其他地方注册成立的公司施加了实质性的董事会要求,那么该法律还可能受到基于内部事务原则的挑战,该原则规定注册成立地所在州应有权管理公司的内部事务(如公司治理、董事会的组成和选举)。

纳斯达克的改革所带来的不确定性要小得多,因为这些改革虽然表达了明确的目标,但并没有对董事会进行强制性改革,相反,仅要求上市公司遵守上市标准或解释为何未达到上市标准。然而,从理论上讲,如果一名寻求上市公司董事会职位的合格候选人认为他被剥夺了财产性利益,主要是因为不符合该规则规定的"多样性"标准而被拒绝担任董事会职位,那么仍有可能出现疑问。或者,可以根据内部事务原则对该规则提出疑问。根据这一逻辑,纳斯达克不应该在州公司法应该管辖董事会构成的情况下,对董事会构成强加联邦准则。

尽管如此,纳斯达克新上市规则以及美国投资公司协会新上市规则的最明显的局限性在于它们最终并非强制性的。相反,公司可以选择其想要的任何行动方案,除非在其他方面出现其他法律限制。

此外,纳斯达克的规则以及美国投资公司协会和高盛集团的参与只适用于上市公司,没有一项适用于私营公司。从公共政策和种族平等的角度来看,这种有限的范围是有问题的。如今美国的上市公司数量只有20世纪90年代末的一半左右。[239] 而有前途的初创企业往往会在私营企业这一形态上停留更长时间,精英投资者甚至会攫取更多的最大收益。[240] 基于资本市场的改革只适用于上市公司,因而错失了创造最大价值的公司。在引入多样性董事会可能被证明最具变革性的时刻,这些改革也未能对公司产生影响。多样性专家一致认为,确保公司多样性的

---

[239] Tara Siegel Bernard, Opening the Door to Unicorns Invites Risk for Average Investors, N. Y. TIMES (Jan. 4, 2020), https://www.nytimes.com/2020/01/04/your-money/investing-private-market-startups.html [https://perma.cc/MP4K-UBQA].

[240] Id.

最简单方法是确保公司尽早采取多样性招聘措施。[241] 简而言之，通过尽早聘用黑人和棕色人种来确保多样性，要比通过扩大规模，然后聘用多样性的董事会成员，希望他们能够追溯性地改变公司的人口统计和文化来实现多样性要容易得多。[242]

至关重要的是，纳斯达克的改革与迄今为止推出的几乎所有重大改革一样，只关注董事会，没有一项改革是针对中高层管理人员或整个更广泛的员工队伍的多样性。对改革范围最宽泛的解读是，这些改革针对的是联邦就业歧视法中的漏洞。但是，企业为美国人提供的改善生活、从事有成就感的工作以及与客户和社区互动的机会，大部分是在公司的其他层面，即一线工人、中层管理人员和合同工合作为公司客户提供服务的层面。单靠董事会层面的改革根本无法有效改变公司的人口结构，充其量也只能是缓慢的、渐进的，而非变革性的变化——即使要实现这一点，董事会的持续监督和参与也必须推动所需的更深入、更全面的行动，以确保公司对所有利益相关者的政策都包含对 DEI 的尊重。

许多改革依靠配额来推动。尽管我们赞扬为组织建立明确目标的果断行动，并迫使公司董事会打开长期被剥夺的机会之门，但宪法挑战的威胁是显而易见的。[243] 从美国最高法院最近的判例来看，结果并不

[241] See Brian Nordli, How to Make Diversity A Hiring Priority at the Startup Stage, BUILT IN, https://builtin. com/diversity - inclusion/small - business - diversity - and - inclusion - hiring - strategy (last updated July 8, 2021) [https://perma. cc/XW48 - 2R7E] ("一旦从 50 人增加到 150 ~ 300 人，就很难纠正方向……").

[242] Id.

[243] 一位博学的同事提出了这样一个假设：设想一家总部位于加利福尼亚州的公司必须满足"至少三名女性"的要求，而该公司的董事会中只有两名女性，出现了一个空缺。董事会是否可以或必须将其搜索范围限定为女性候选人？即使假定董事会这样做不会触犯反歧视法规，因为董事很可能不是这些法规所涵盖的雇员，但如果董事会是根据州法律的授权这样做的，董事会这样做是否符合联邦宪法？在遵守法律的问题上，董事会不仅要考虑其在州法律项下的义务，还要考虑其在联邦宪法项下的义务，并且要进行艰难的计算，以确定这些法规是否可以有效地适用于这种情况，因为在这种情况下，遵守法律实际上要求只考虑女性候选人，而排除所有男性候选人。当然，如果法规要求一定比例的少数群体代表或特定少数群体代表（如黑人），也会出现类似的情况。

明朗。[244] 配额也是可以博弈的。在许多情况下,数字门槛极低——有时仅有一名多样性董事——而符合多样性条件的因素之多、数量之大,为雇主提供了机会,使其可以有选择性地针对来自社会或个人方面更容易被雇佣者接受的群体,而不是来自历史上或人口统计上代表性最不足的群体。因此,配额制在一定程度上是一种"复选框"式的做法,它允许公司达到最低的数字门槛,并在这样做时无意中鼓励公司放松或脱离进一步的董事会改革。[245] 至少从目前的考虑来看,配额制有可能成为"不彻底的折中方案"。

最后,没有一项改革涉及密切相关但又截然不同的平等性和包容性概念,即 DEI 中的"E"和"I"。[246] 因此,改革没有提供工具来解决董事

---

〔244〕 在最近的宪法判例中,美国最高法院对联邦和州法律为纠正过去的歧视所做的努力表现出了极低的容忍度。突出的例子包括最高法院在"Shelby County 诉 Holder 案"[Shelby County v. Holder, 570 U.S. 529 (2013)]中的判决,该判决推翻了以两党压倒性多数通过的《投票权法》的关键条款;以及在"Parents Involved in Community Schools 诉 Seattle School District No. 1 案"[Parents Involved in Community Schools v. Seattle School District No. 1, 551 U.S. 701 (2007)]中的判决,该判决推翻了一个学区在解除联邦法院监督后继续努力促进学校废除种族隔离和种族平衡的计划。Shelby, 570 U.S. at 556 - 57 (认为《投票权法》的覆盖公式和预先批准要求,即要求被覆盖的司法管辖区证明拟议的投票法修改不具有歧视性,是违宪的); Parents Involved, 551 U.S. at 729 - 32 (多数意见) (认为使用种族分类创造种族多样化环境是种族平衡,因此是违宪的).

〔245〕 然而,我们强调,如何以及在何种情况下应用配额非常重要。抛开宪法问题不谈,配额制可以合理地推进多样性目标的实现,因为如果没有一个合理的目标来衡量努力的成效,通常很难在解决长期存在的不公平问题方面取得进展。然而,迄今为止,严格的数字目标的应用留下了一些悬而未决的问题,即配额等表面上有力的措施是否会随着时间的推移对历史上代表性不足或受迫害最严重的群体的代表性产生可衡量的影响。

〔246〕 正如南希·梁(Nancy Leong)在类似的背景下所认识到的,"只追求数量上的多样性,而不追求更多",可能会导致对多样性的认识"仅停留在最薄弱的形式上——差异的赤裸裸标记和存在的信号"。Nancy Leong, Racial Capitalism, 126 HARV. L. REV. 2151, 2155 (2013). 多样性可能只是一个有用的词,非多样性公司可以用它来"获取"上市或注册的"社会和经济利益",同时"回避更困难的种族(和性别)平等问题"。Id.; see also Derrick Bell, Diversity's Distractions, 103 COLUM. L. REV. 1622, 1622 (2003) (认为多样性可以被用来回避种族和阶级问题); Stephen M. Rich, What Diversity Contributes to Equal Opportunity, 89 S. CAL. L. REV. 1011, 1098 (2016)[认为 Grutter v. Bollinger, 539 U.S. 306 (2003)一案的基本原理"通过服从机构对多样性益处的解释",天真地将数量多样性的实现与这些益处的实现等同起来,从而忽视了机会均等].

会人员以外的问题，如确保包容性的规则环境，以支持来自不同员工群体的沟通和创新想法。高盛集团采取了值得称赞的措施，即通过自愿采用的配额制度对公司自身进行有效约束，只有达到基本的董事会多样性门槛的公司，高盛集团才会为其 IPO 提供帮助。[247] 但是，这一新的积极标准并没有解决企业文化中可量化程度较低的 DEI 问题。例如，高盛集团为非常成功的加密货币交易所 Coinbase 的上市提供了建议，尽管 Coinbase 采取了限制“黑人的命也是命”抗议活动和其他有关其工作场所种族平等问题的沟通的举措，[248] 而且有证据表明 Coinbase 的黑人和女性员工称普遍遭受薪酬方面的不平等。[249]

我们的观点是，提高企业董事会和高级管理人员的多样性当然是有益的，也是重要的，但这些问题只是对话的开始而非结束。不幸的是，很难通过立法对整个员工队伍的包容性、公平和公正、尊重员工和客户（无论其身份如何）以及为所有社区提供平等服务作出明确的事前承诺。也许正因为如此，待定的改革方案甚至都不打算解决此类问题。它们对其他重要问题也保持缄默，例如公司是否愿意向所有能够从中受益的社区提供服务和产品，无论是拥有大量少数族裔人口的城市社区，还是处于困境中以白人为主的农村社区。[250] 他们回避了对企业招聘政策等问题的质询，也回避了企业是否以及如何将招聘范围不仅扩大到历史悠久的黑人大学，还扩大到社区学院的问题。他们也没有开始考虑企业应该期望或要求与其签订合同的企业作出的 DEI 承诺。

---

[247] See GOLDMAN SAcHS, supra note 232.

[248] Eric Volkman, Goldman Sachs Reportedly Picked to Lead Coinbase IPO, NASDAQ (Dec. 19, 2020, 1:23 AM), https://www.nasdaq.com/articles/goldman-sachs-reportedly-picked-to-lead-coinbase-ipo-2020-12-19 [https://perma.cc/3MFz-G5DY]; Gregory Barber, The Turmoil Over Black Lives Matter and Political Speech at Coinbase, WIRED (Oct. 5, 2020, 7:00 AM), https://www.wired.com/story/turmoil-black-lives-matter-political-speech-coinbase [https://perma.cc/39RY-PCV5].

[249] Nathaniel Popper, Cryptocurrency Start-Up Underpaid Women and Black Employees, Data Shows, N. Y. TIMES (Apr. 15, 2021), https://www.nytimes.com/2020/12/29/technology/coinbase-pay-employees.html [https://perma.cc/2455-BC4A] (“Coinbase 公司女性员工的平均工资为 13,000 美元，比公司内同等职位和级别的男性员工低 8%”，“黑人员工的平均工资为 11,500 美元，比同等职位的所有其他员工低 7%。”).

[250] See supra Part Ⅲ.

基于上述原因,我们认为仅靠外部法律来引导企业采取全面的必要行动是不可能的。至少从目前的构想来看,外部法律并不能将平等、包容和宽容的深刻承诺或重视所有员工、客户、商业伙伴和社区(无论种族、性别、宗教或性取向)的精神融入企业的骨子里。[251] 充其量,它们仅仅是鼓励董事会本身变得更具代表性,这一做法虽然值得肯定,但不应过分夸大其重要性。

四、公司董事和高级管理人员受托责任的基本原则

正如阿道夫·伯利(Adolf Berle)等标志性学者和伊丽莎白·安德森(Elizabeth Anderson)等前沿思想家所指明的那样,企业在大多数美国人的生活中占据核心地位。[252] 我们生活的大部分时间在雇主的支配下度过。[253]

---

〔251〕 尽管本文的目的并不是要阐述企业在这些重要方面可以采取的积极行动,但我们注意到,企业领导者可以利用的建议越来越多。See, e. g., Greg Hills, Lakshmi Iyer, Michael McAfee, Josh Kirschenbaum & Martin Whittaker, A CEO Blueprint for Racial Equity, FSG, POLICYLINK & JUST CAP. (July 2020), https://www. policylink. org/sites/default/files/CEOBlueprint. pdf [https://perma. cc/9EJ6 – N2KY]; SUNDIATU DIXON – FYLE, KEVIN DOLAN, VIVIAN HUNT & SARA PRINCE, MCKINSEY & Co., DIVERSITY WINS: HOW INCLUSION MATTERS (May 2020), https://www. mckinsey. com/featuredinsights/diversity – and – inclusion/diversity – wins – how – inclusion – matters [https://perma. cc/CX9R – 623H]; PETERSON & MANN, supra note 69; Leo E. Strine, Jr., Toward Racial Equality: The Most Important Things the Business Community Can Do, (U. Pa. Inst. for L. & Econ., Rsch. Paper No. 20 – 56, Colum. L. & Econ. Working Paper, Paper No. 635, 2020), https:/ssrn. com/abstract = 3723950 [https://perma. cc/66TR – XZX4].

〔252〕 See infra note 254 and accompanying text.

〔253〕 2019 年,美国人平均每天在工作场所工作 7.7 小时,每年共工作 1779 小时,因此企业在营造宽容和包容的环境方面发挥的作用尤为重要。BUREAU OF LAB. STAT., U. S. DEP'T OF LAB., USDL – 21 – 1359, AMERICAN TIME USE SURVEY – MAY TO DECEMBER 2019 AND 2020 RESULTS 1 (July 2021), https://www. bls. gov/news. release/pdf/atus. pdf [https://perma. cc/YE76 – GETZ]; Average Annual Hours Actually Worked Per Worker, ORG. FOR ECON. CO – OPERATION & DEV., https://stats. oecd. org/Index. aspx? DataSetCode = ANHRS (last visited Oct. 18, 2021) [https://perma. cc/M4EQ – YWAU].

在工作期间,我们是否受到尊重,是否被视为值得彼此平等尊重的人,对于我们是否拥有充实的生活至关重要。同样,无论好坏,美国都是一个商业国家,我们所依赖的商品和服务企业是否尊重我们,这不仅关乎我们对自己和社会的感受,也关系到企业自身。因此,像伯利和安德森这样的思想家在不同的世纪,从不同的角度得出了强有力的结论:除非强大的企业自己在经营方式中就平等和尊重作出承诺,否则美国梦就不可能实现。[254]

上一部分所述的各州公司法改革和上市公司信息披露要求的不断增加,正在引发一场我们亟须的关于多样性、商业和公司在社会中的适当角色的对话。但是,正如我们所讨论的那样,这些措施无法孤立地实现对更广泛的企业文化的全面变革,尽管这是确保正面的企业声誉、保护所有企业利益相关者免受歧视和不公正待遇,以及利用 DEI 为投资者带来的商业优势所必需的。

公司法规定的公司受托人的权力,实际上也是其动力,为变革的推动工作提供了重要的附加工具。在这一部分中,我们将通过提供如何将公司法中的受托责任适用于公司 DEI 政策的基础理论,开始将这些点串联起来。具体而言,我们将受托人的义务定位为一系列强制性和自由裁量性行为,这些行为涉及受托人追求股东和公司最佳利益的核心义务。

首先,我们将公司忠实义务中蕴含的基本指示解释为——虽然它是由一整套实质性的法律义务、规范、决定和传统组成的——但它并不是一个与其他法律全然不可分离的法律领域。相反,它规定了采取积极措施遵守对公司和社会至关重要的法律的义务,它既是对外的,也是对内的。

其次,本文将概述公司法中对任何与公司相关的社会问题而言都至

---

[254] 随着美国的生产向企业集中,伯利发现,企业在美国经济中的主导地位改变了企业与现代国家之间的关系。Adolf A. Berle, Jr., Constitutional Limitations on Corporate Activity – Protection of Personal Rights from Invasion Through Economic Power, 100 U. PA. L. REV. 933, 942 –43 (1952). 大公司积累了足够的经济实力来实质性地侵犯个人的宪法权利,因此,作为国家的创造物,公司必须履行一些职能,如适用《权利法案》以及第十四和第十五修正案,"在现代生活中,根据社区的要求,政府对这些职能负有最终责任"。Id. at 943. 伯利认为,这一理论将公司"宪法化"。Id.

关重要的另一个关键要素:商业判断规则赋予受托人的广泛自由裁量权,使其无须受限于对法律的完全遵从。本文表明,这种自由裁量权为公司领导者提供了一个安全港,使其能够实施有效的、雄心勃勃的 DEI 战略。在这个安全港内,受托人拥有广泛的自由裁量权以采取他们认为能够确保公司尊重所有利益相关者的行动,改善公司决策、生产力和声誉,并提高公司的持续盈利能力和长期价值。

(一)对利润的合法追求

1. 忠实义务的积极方面与消极方面

尽管公司法从业人员、法官和学者经常喜欢将公司董事和经理的信义义务复杂化,但其基本原则实际上是非常集中的。事实上,可以公平地说,真正的受托责任只有一个——忠实义务。而且,正如我们将要解释的那样,倘若对忠实义务理解得当,甚至注意义务本身也可以被解释为基本忠实义务的附属要求。在任何情况下,忠实义务和注意义务都对公司处理 DEI 问题具有重要意义,因为这两种义务都规定了受托人在处理 DEI 问题时必须承担的某些强制性义务,如果受托人认为这符合公司的最佳利益,这两种义务都允许他们采取自由裁量的行动,以实施有效的 DEI 政策。

要了解个中缘由,就有必要对忠实义务进行简单回顾。忠实义务禁止董事和高级管理人员以牺牲公司利益为代价进行的自我交易(self - dealing)、恶意(bad faith)与欺诈(fraud)——这是对董事不忠实行为的负面约束。但更重要的是,忠实义务具有积极方面或肯定性的成分,即要求董事和高级管理人员诚信且努力地(make a good faith effort)促进公司的持续盈利能力和股东的福利。[255] 故而,一个忠实的受托人必须诚信且努力、认真地处理公司事务并作出正确的决定。正因如此,由这一义务衍生的注意义务本身已成为公司法学中另一项最突出的义务。

注意义务对公司受托人的影响是有意义的,即使执行该义务的损害赔偿俱乐部(the damages club)相对薄弱。根据普通公司法的规定,规范

〔255〕 Ivanhoe Partners v. Newmont Mining Corp., 535 A.2d 1334, 1345 (Del. 1987)(忠实义务“不仅包含保护公司利益的积极义务,而且包含避免损害公司及其股东或剥夺其利润或利益的行为的义务”).

性注意义务(the normative duty of care)要求董事和高级管理人员对公司及其股东行使“通常小心谨慎的(人)在类似情况下会使用的注意程度”。[256] 在公司法历史长河中的绝大部分时期,这种规范性义务基本上仅止于此,因为没有任何判例要求董事对违反注意义务的行为承担财产损害赔偿责任。[257] 但注意义务始终是重要的,因为规范性义务即使没有潜在的赔偿责任,也会对行为产生重要影响,对于像公司董事这样以声誉和使命为导向的人来说尤其如此。[258]

但在 20 世纪,Francis v. United Jersey Bank 案和 Smith v. Van Gorkom 案中采用的“胡萝卜加大棒法”(stick approach)强化了注意义务的“软法”运作,对缺乏应有注意的董事施加了财产责任。[259] 尽管 Van Gorkom 案将责任门槛设定为重大过失,目的是避免董事因责任风险而过于规避风险,但 Van Gorkom 案的判决仍然引发了对独立董事因过失

---

[256] Graham v. Allis – Chalmers Mfg. Co. , 188 A. 2d 125, 130 (Del. 1963).

[257] See, e. g. , William T. Allen, The Corporate Director's Fiduciary Duty of Care and the Business Judgment Rule Under U. S. Corporate Law, in COMPARATIVE CORPORATE GOVERNANCE 307, 324 (Klaus J. Hopt et al. eds. , 1998) (“特拉华州最高法院在 Smith 诉 Van Gorkom 一案中的判决打断了法院直接要求公司董事对违反客观谨慎标准承担责任的长期不一致的历史。”); Joseph W. Bishop, Jr. , Sitting Ducks and Decoy Ducks: New Trends in the Indemnification of Corporate Directors and Officers, 77 YALE L. J. 1078, 1099 (1968) (“寻找工业公司董事在派生诉讼中因疏忽而不涉及自我交易而承担责任的案例,可谓大海捞针。”).

[258] 公司法的长期技术之一,即我们将要讨论的 Caremark 案的例子,是利用规范性义务来驱动行为,即使受托人不履行这些义务,也不会带来个人层面的金钱后果。关于规范在公司治理中的重要性的有趣讨论, see Edward B. Rock & Michael L. Wachter, Islands of Conscious Power: Law, Norms, and the Self – Governing Corporation, 149 U. PA. L. REV. 1619 (2001).

[259] See Francis v. United Jersey Bank, 432 A. 2d 814, 826 – 29 (N. J. 1981) [认定一家保险公司董事的遗产应对她在监督公司高级职员(包括她的丈夫和儿子)方面未尽到应有的注意义务,以及未发现她的儿子从事损害公司客户利益的不当行为负责]; Smith v. Van Gorkom, 488 A. 2d 858, 893 (Del. 1985) (裁定外部董事对财产损失负责,因为据称他们在审批产生溢价的兼并过程中存在重大过失).

行为而承担责任的公平性和明智性的巨大争议。[260] 因此,特拉华州对普通公司法进行了修订,规定公司可以通过章程条款免除董事的责任,即使是因重大过失而产生的责任。[261] 其他大多数州也采取了类似的行动,机构投资者亦支持公司采纳这些条款,所以此类条款现在已经无处不在,针对董事适当注意义务的损害赔偿补救措施变得罕见甚至不复存在。[262]

但是,作为一个关乎董事声誉和公众监督的问题,董事以应有的谨慎行事的规范性义务仍然非常重要。在涉及管理层利益冲突、[263] 争议并购企图[264] 或出售公司控制权的交易中,[265] 当独立董事的审议过程和努力对所适用的审查标准具有重要意义时,该义务至关重要。此外,正如我们将要讨论的,董事在谨慎行事时的行为——他们所参与的审议过程——会影响他们的心态以及他们是否诚信地履行其忠实义务。由于这些原因,遵守忠实义务和注意义务一直是公司董事会、高级管理人员及其顾问关注的焦点。

在判例法中,忠实义务的消极方面通常最引人注目,因为它涉及受

---

[260] Van Gorkom 案因缩小商业判断规则的范围及由此产生的后果而受到强烈批评。See, e. g. , Daniel R. Fischel, The Business Judgment Rule and the Trans Union Case, 40 BUS LAW. 1437 (1985)(解释说,在 Van Gorkom 案之后,董事们将更不可能承担风险,也更不愿意在公司董事会中任职); Lynn A. Howell, Post Smith v. Van Gorkom Director Liability Legislation with a Proactive Perspective, 36 CLEV. ST. L. REV. 559, 560 (1988)(观察到 Van Gorkom 案被认为"引发了股东诉讼数量的急剧增加、董事和高管保险单的取消、保费的暴涨以及外部董事的逃离").

[261] DEL. CODE ANN. tit. 8, § 102(b)(7) (2021).

[262] Cory A. McKenna, FDIC v. Rippy: Due Care and the Business Judgment Rule in the Fourth Circuit and the Potential Implications for the Banking Industry, 20 N. C. BANKING INST. 189, 215 (2016); see also MODEL BUS. CORP. ACT ANN. § 2.02, Statutory Comparison, n.6 (2017).

[263] See Kahn v. M & F Worldwide Corp. , 88 A.3d 635, 644 (Del. 2014)(对控股股东与其子公司之间的合并适用商业判断规则的审查标准,该合并从一开始就获得了独立董事委员会的批准,并获得了大多数少数股东的知情投票通过).

[264] E. g. , Unocal Corp. v. Mesa Petroleum Co. , 493 A.2d 946, 955 (Del. 1985)(认定由多数独立董事组成的董事会的批准加强了董事的诚信和合理调查的表现).

[265] E. g. , Paramount Commc'ns, Inc. v. QVC Network, Inc. , 637 A.2d 34, 44 (Del. 1994)(注意到"外部独立董事的作用变得尤为重要,因为出售控制权交易规模庞大,而且在某些情况下,管理层不一定公正").

托人的一项重要义务,即避免通过不公平的自我交易[266]或侵夺公司机会等行为对公司造成损害。[267] 其目的是防止任何潜在的自身利益对受托人产生影响,从而妨碍其履行维护公司和股东最佳利益的义务。事实上,正是在这些涉及忠实义务之消极方面的案件中,独立董事的注意义务往往是最受关注的主题。[268]

然而,忠实义务的消极方面在解决利益冲突与自我交易方面的重要作用使其积极方面经常被忽视。尽管人们普遍认为受托人应避免损害公司的行为,如不公平的自我交易或自我延续,但受托人的忠实义务要求他们做得更多:董事和高级管理人员应诚信且努力地促进公司及其股东的最佳利益。[269] 这一肯定性部分并非新内容,其长期以来一直被认为是公司法中忠实义务的核心。[270]

这种肯定性义务的核心是要求董事和高级管理人员在其法律裁量权和道德感所允许的范围内采取行动,促进公司的最佳利益和持续盈利

---

[266] Gareth Jones, Unjust Enrichment and the Fiduciary's Duty of Loyalty, 84 LAW Q. REV. 472 (1968). 特拉华州在冲突兼并背景下涉及该原则的典型案例, see Weinberger v. UOP, Inc., 457 A.2d 701 (Del. 1983)。

[267] Eric Talley & Mira Hashmall, The Corporate Opportunity Doctrine, U.S.C. INST. FOR CORP. COUNS. 1 (Feb. 2001), https://weblaw.usc.edu/why/academics/cle/icc/assets/docs/articles/icefinal.pdf [https://perma.cc/E5BM-ACTQ]. 特拉华州的典型案例, see Guth v. Loft, 5 A.2d 503 (Del. 1939)。

[268] 在最近的案件中,特别委员会的勤勉与针对冲突方的忠实义务索赔有关, see In re Rural Metro Corp., 88 A.3d 54 (Del. Ch. 2014); and In re S. Peru Copper Corp., 52 A.3d 761 (Del. Ch. 2011)。

[269] In re Walt Disney Co. Derivative Litig. (Disney Ⅲ), No. Civ. A. 15452, 2004 WL 2050138, at *5 n.49 (Del. Ch. Sept. 10, 2004) [quoting BelCom, Inc. v. Robb, No. CIV. A. 14663, 1998 WL 229527, at *3 (Del. Ch. Apr. 28, 1998)] ("忠实义务……规定了保护和促进公司利益的积极义务").

[270] E.g., 1 THOMAS W. WATERMAN, A TREATISE ON THE LAW OF CORPORATIONS OTHER THAN MUNICIPAL 420, 613 (N.Y., Baker, Voorhis & Co. 1888) ("一个法人团体只能通过代理人行事,而这些代理人的职责当然是以最佳方式促进其所管理事务的法人团体的利益"). See generally Leo E. Strine, Jr., Lawrence A. Hamermesh, R. Franklin Balotti & Jeffrey M. Gorris, Loyalty's Core Demand: The Defining Role of Good Faith in Corporation Law, 98 GEO. L.J. 629, 633 n.9, 635 n.10 (2010) (收集证明这一积极义务的来源).

能力。[271] 事实上,这种忠实义务并未将追求利润置于至高无上的地位。相反,其最基本的要求是董事和高级管理人员必须忠于公司从社会获得的基本许可,即允许公司追求利润,但只能通过合法手段开展合法业务。[272] “作为公司的使命,守法……优先于逐利,董事对这一等级体系负有忠实义务”。[273] 因此,“作为公司董事,不能通过导致公司违反其有义务遵守的实在法来忠于职守”[274]。

这种尊重社会法律的肯定性义务是允许有原则地使用美国现行普通公司法的授权形式的基础。即使是在特拉华州《普通公司法》(最重要的授权法律范例)宽泛的灵活性下,法律也不仅是授权性的,还是规范性的,只允许公司“从事或促进任何合法业务或目的”。[275] 同样,公司注册证书可以使公司从事任何业务或活动,但必须恪守一个重要的底线:遵守法律。因此,公司注册证书可以规定,公司可以从事任何“可以组织公司的合法行为或活动”,[276] 并且“所有合法行为和活动均应在公司宗旨范围之内”。[277] 同时,当出现滥用公司特权的情况时,公司章程可被

---

〔271〕 See, e.g., TW Servs., Inc. v. SWT Acquisition Corp. (In re TW Servs., Inc.), Nos. 10427, 10298, 1989 WL 20290, at *7 (Del. Ch. Mar. 2, 1989)(受托人的忠实义务要求“在法律允许的范围内,以应有的谨慎和旨在最大化股东长期利益的方式管理公司”).

〔272〕 See, e.g., Strine et al., supra note 270, at 651.

〔273〕 Id. 这一见解在性骚扰法中的重要应用, see Daniel Hemel & Dorothy S. Lund, Sexual Harassment and Corporate Law, 118 COLUM. L. REV. 1583, 1630 (2018), 解释了法院如何认识到非法公司行为并非忠实的公司行为,通常只能在必要情况下证明其合理性尽管如此,正如作者所指出的,包括斯蒂芬·班布里奇(Stephen Bainbridge)在内的学者认为,“最小”原则可能适用。See id. at 1630.

〔274〕 Guttman v. Huang, 823 A. 2d 492, 506 n. 34 (Del. Ch. 2003); see also Metro Commc'n Corp. BVI v. Advanced Mobilecomm Techs. Inc., 854 A. 2d 121, 131, 163-64 (Del. Ch. 2004)(麦德龙公司声称,某些被告违反了其忠实义务,执行了一项贿赂巴西市政官员的计划,以便为富达·巴西公司获得许可……这些指控足以构成对违反忠实的受托责任的索赔……); Roth v. Robertson, 118 N. Y. S. 351, 353 (Sup. Ct. 1909)(解释说,如果董事实施非法行为并造成公司损失,他们应承担责任).

〔275〕 DEL. CODE ANN. tit. 8, § 101(b) (2021)(着重号后加).

〔276〕 Id. § 102(a)(3) (2021).

〔277〕 Id.

撤销。[278]

2. Caremark 案中公司的法律合规、规范及其与公司价值和声誉的关系

公司法对守法的强调不仅仅是对越权理论(ultra vires doctrine)的重述,还要求董事和高级管理人员不得有意识地使公司为追求利润而违法。忠实义务要求董事诚信且努力地——真正"尝试"——确保公司制定合规和道德政策,促进公司遵守约束其行为的法律。[279]

这一职责与艾伦大法官在 Caremark 案[280]中的判决密切相关,如今已成为任何董事会和管理团队有效运作的核心。[281] 尽管该案已成为经典,但其基本案情仍值得复述。一家医疗保健公司因违反重罪规定而被起诉。[282] 起诉后,Caremark 公司的股东发起了几起派生集体诉讼,声称 Caremark 公司的董事未能充分监督或纠正 Caremark 公司员工的行为,而是放任自流,使 Caremark 公司面临巨额罚款和严重的法律责任。[283]

---

〔278〕 See Craven v. Fifth Ward Republican Club, Inc., 146 A. 2d 400, 402 (Del. Ch. 1958)("公司代理人在履行其职责的过程中持续发生严重的违法犯罪行为,很可能构成滥用章程").

〔279〕 关于法律合规对正确受托行为重要性的精辟论述, see Elizabeth Pollman, Corporate Oversight and Disobedience, 72 VAND. L. REV. 2013 (2019); and Elizabeth Pollman, Corporate Disobedience, 68 DUKE L. J. 709 (2019).

〔280〕 See In re Caremark Int'l Inc. Derivative Litig., 698 A. 2d 959 (Del. Ch. 1996).

〔281〕 有关 Caremark 案重要性的文献, see generally Miriam Hechler Baer, Governing Corporate Compliance, 50 B. C. L. REV. 949, 967 (2009):尽管特拉华州最高法院直到十多年后才正式采纳艾伦大法官的方法,但律师和合规服务提供商对 Caremark 案作出了回应,扩大了可提供的服务水平,以帮助董事确保建立适当的制度来预防和发现违法犯罪行为; Claire A. Hill, Caremark as Soft Law, 90 TEMP. L. REV. 681 (2018)(将 Caremark 案判决理解为促进社会利益和企业社会责任的"软法"); Pollman, Corporate Oversight and Disobedience, supra note 279, at 2023(注意到 Caremark 案及其随后的判例法导致了忠实义务范围内监督和服从原则的演变); Leo E. Strine, Jr., Kirby M. Smith & Reilly S. Steel, Caremark and ESG, Perfect Together: A Practical Approach to Implementing an Integrated, Efficient, and Effective Caremark and EESG Strategy, 106 IOWA L. REV. 1885 (2021)(解释 EESG 与 Caremark 框架下实施和监控合规计划的职责之间的密切联系,以及整合这些努力的效用); and Hemel & Lund, supra note 273, at 1630(讨论 Caremark 框架下的职责如何在性骚扰索赔中证明其重要性)。

〔282〕 In re Caremark Int'l Inc. Derivative Litig., 698 A. 2d 959, 960 (Del. Ch. 1996).

〔283〕 Id. at 963 – 65.

为了给其考虑各方提出的和解意见提供背景,艾伦大法官首先对股东的索赔请求进行了评估,列举了符合该标准的行为类型的各种示例,然后注意到 Caremark 公司设置了一个监控系统(a monitoring system)——发布了旨在确保遵守适用法律的最新指南,并实施了一项政策,要求高级管理人员直接批准某些合同关系,以确保遵守联邦法规。[284]

艾伦大法官在处理这一重要的受托责任时采取了新办法。他有意回避了基于过失的方法来追究董事会未能监督公司遵守法律的责任,而是将其置于 Van Gorkom 案中的重大过失标准之外,并要求原告证明更多事实以获得救济。[285] 为此,他制定了一个标准,该标准基于董事努力为公司的最佳利益行事的肯定性义务。[286] 他认为,未能监督的责任将取决于董事是否没有诚信且努力地建立并关注合理的监督体系。[287] 如果他们没有这样做,董事就违反了他们对公司的诚信义务,[288] 进而违反了他们的忠实义务。[289]

然而,对于法院来说,满足这样的要求需要推进"公司法中最困难的理论之一,原告可能希望根据这一理论赢得判决"[290]。在将这些标准应用于手头的事实时,法院认为,记录显示没有证据表明作为被告的董事未能持续履行其监督职能。[291] 相反,法院认为,公司的信息系统代表了一种诚信的、试图了解相关事实的行为。因此,艾伦大法官得出结论,如果董事们不知道导致起诉的活动的具体细节,他们就没有过错。[292]

---

[284] Id. at 963.

[285] See id. at 971.

[286] See id. ("[我]认为,只有董事会持续或系统性地未能行使监督权——例如完全未能试图确保存在合理的信息和报告系统——才能确定缺乏诚信,而这是承担责任的必要条件").

[287] Id.

[288] Id. at 968.

[289] See Strine et al., supra note 281, at 1897 ("事实上,尽管 Caremark 式案件很少导致法律责任,但主要的公司法律顾问经常提醒董事注意这一义务。最近驳回被告撤诉动议的 Caremark 式案件的判决使董事的监督义务再次受到关注。").

[290] Caremark, 698 A. 2d at 967.

[291] Id. at 972.

[292] Id.

尽管最终判决被告胜诉，但 Caremark 案的判决在理论上具有重要意义。根据在 Graham 诉 Allis－Chalmers Manufacturing Co. 案中确立的原有标准，董事的职责是“不说恶，不见恶”：只要董事没有发现任何问题，他们就可以认为一切正常，不会受到法律责任的威胁。[293] Caremark 案规定了明确的肯定性义务，恢复了在合规工作中积极主动的基本忠实义务原则。[294] 此外，Caremark 案明确指出，公司法由一系列实质性的法律义务、规范、决定和传统组成，并不是一个与其他法律全然不可分割的法律领域。相反，公司法最基本的义务——忠实义务——其基因是外向型的，旨在与社会的法律约束和规定共生，以限制公司的行为，不使其危害社会。忠实源于公司的法定使命，其前提是公司只能通过合法手段从事合法业务的法定要求。[295] 忠于该法规要求受托人诚信且努力地识别和理解与公司有重大关系的法律，以及公司的经营活动如何影响其利益相关者、经营社区和社会的受法律保护的利益。因此，忠实义务使得独立董事作为监督者有可能承担因违反这些义务而产生的责任。尽管外部的社会福利法并没有以参照的方式纳入公司法本身，但公司成立行为所规定的合规义务不容忽视，尤其是当这些义务涉及公司的关键职能、业务或活动，可能对他人产生重大影响时。

自 Caremark 案判决以来的 20 多年间，特拉华州法院基本上都要求，为了符合对董事未能履行监督职责的索赔要求，原告股东必须证明董事会在履行其守法责任方面存在两种形式的缺陷。一种是原告证明董事会“完全没有设置任何信息收集与报告系统抑或控制措施”。[296] 另一种是原告必须证明董事会在实施了控制措施后，“有意识地不监控或监督其运作，从而使自己无法获知需要其注意的风险或问题”。[297] 这两种方式都可以证明恶意不忠（bad faith disloyalty）：第一种方式是证明董

---

〔293〕 188 A. 2d 125 (Del. 1963).

〔294〕 Roy Shapira, A New Caremark Era: Causes and Consequences, 98 WASH. U. L. REV. 1857 (2021).

〔295〕 DEL. CODE ANN. tit. 8, § 102(a)(3) (2021); see also MODEL BUS. CORP. ACT ANN. § 3.01(a) (AM. BAR ASS'N 2016) (“根据本法成立的每家公司的目的是从事任何合法业务，但公司章程中规定的目的更为有限。”).

〔296〕 Stone v. Ritter, 911 A. 2d 362, 370 (Del. 2006).

〔297〕 Id.

事会根本没有努力地解决公司合规问题,第二种方式是证明董事会有意识地不监督公司活动。

特拉华州法院通常承认这些标准难以满足——这与艾伦大法官在 Caremark 案中的表述如出一辙。然而,这些标准并非不可能达到,最近的几例诉讼案件就达到了基本的抗辩门槛。[298] 例如,在 2019 年的 Marchand v. Barnhill 一案中,特拉华州最高法院认为,在 2015 年暴发致命的李斯特菌疫情后,蓝铃乳品公司(Blue Bell Creameries)(美国最大的冰淇淋生产商之一)被处以罚款,其首席执行官也因多项刑事指控被起诉,根据 Caremark 案判决中的第一项原则提起的派生诉讼可以针对蓝铃乳品公司的董事提出。[299] 法院在 Marchand 案中裁定,根据股东投诉所指控的事实可以推断出,蓝铃乳品公司的董事未能建立任何董事会层面的食品安全监督体系——这对这家产品单一的公司而言是“关键任务”——因此,蓝铃乳品公司数年来一直未收到有关食品安全问题的官方通知。[300] 在开庭前 10 天,Marchand 公司和蓝铃乳品公司双方最终达成了 6000 万美元的和解协议。自 Marchand 案以来,特拉华州法院至少还允许了另外 3 起 Caremark 式的案件,案件范围从未能监督一家公司旗舰肺癌药物[301]的临床试验,到另一家公司被指控未能监督财务报表

---

[298] E. g., Marchand v. Barnhill, 212 A. 3d. 805 (Del. 2019).

[299] Id. at 824; see also Meredith Kotler, Pamela Marcogliese & Marques Tracy, Recent Delaware Court of Chancery Decision Sustains Another Caremark Claim at the Pleading Stage, HARV. L. SCH. F. ON CORP. GOVERNANCE (May 25, 2020), https://corpgov. law. harvard. edu/2020/05/25/recent – delaware – court – of – chancery – decision – sustains – another – caremark – claim – at – the – pleading – stage/ [https://perma. cc/K65V – DD2X]. 该公司后来认罪并支付了巨额罚款。Press Release, U. S. Dep't of Just., Blue Bell Creameries Agrees to Plead Guilty and Pay $19. 35 Million for Ice Cream Listeria Contamination – Former Company President Charged (May 1, 2020), https://www. justice. gov/opa/pr/blue – bell – creameries – agrees – plead – guilty – and – pay – 1935 – million – ice – cream – listeria [https://perma. cc/54HBWW69].

[300] Kotler et al., supra note 299.

[301] In re Clovis Oncology, Inc. Derivative Litig., C. A. No. 2017 – 0222, 2019 WL 4850188 (Del. Ch. Oct. 1, 2019).

和关联方交易。[302] 在每起案件中,被告公司的管理层都可能面临免职或其他处罚。此外,被告公司还可能面临数百万美元的额外罚款,以及有害的消费者和公众反弹。同样重要的是,法律合规方面的失误使公司面临巨额罚款、管理层免职和声誉受损。[303]

然而,我们并不想过高估计 Caremark 案的责任俱乐部(the liability club),我们也不认为这是 Caremark 案的唯一或必然最重要的功能。相反,与艾伦大法官本人一样,我们认为 Caremark 案的主要价值在于它激励公司受托人采取积极的预防措施,以确保公司符合社会的基本期望。[304] 当公司董事会面临 Caremark 式的诉讼时,公司几乎总是已经承受了严重的声誉、利益相关者和监管成本。例如,在董事会成功驳回 Caremark 式诉讼的案例中,记录显示该公司已经历了管理层更换、对其在客户等关键支持者中的诚信声誉造成损害的负面宣传,以及监管罚款

[302] Hughes v. Xiaoming Hu, C. A. No. 2019 - 0112, 2020 WL 1987029 (Del. Ch. Apr. 27, 2020).

[303] See, e. g. , Dean Seal, McKesson Settles Derivative Suit Over DOJ Fine For $175M, LAW360 (Apr. 22, 2020, 2:21 PM), https://www. law360. com/articles/1266395/mckesson - settles - derivative - suit - over - doj - fine - for - 175m [https://perma. cc/2NFE - 3U6S](美国司法部以涉嫌违反《管制物质法》为由对 McKesson 公司处以 1.5 亿美元的罚款,随后股东提起派生诉讼,并以 1.75 亿美元的价格达成和解); Nandita Bose, Walmart to Pay $282 Million to Settle Seven - Year Global Corruption Probe, REUTERS (June 20, 2019, 11:47 AM), https://www. reuters. com/article/us - walmart - fcpa - idUSKCN1TL27J [https://perma. cc/X6VA - 99AL](沃尔玛同意支付 2.82 亿美元——向 SEC 支付 1.44 亿美元,向美国司法部支付 1.38 亿美元——以了结与《反海外腐败法》相关的调查及其被指控未能维持足够的反腐败合规计划).

[304] 艾伦大法官认为,规范性注意义务在影响行为方面可能很重要,他认为,通过财产损害赔偿诉讼来强制执行注意义务的做法太过分了,这一点在这篇文章中得到了详细反映, William T. Allen, Jack B. Jacobs & Leo E. Strine, Jr. , Realigning the Standard of Review of Director Due Care with Delaware Public Policy: A Critique of Van Gorkom and its Progeny as a Standard of Review Problem, 96 NW. U. L. REV. 449 (2002)。

和禁令。[305]

这些成本通常只会随着诉讼的进行而增加,随着时间的推移,这种情况可能变得更加严重。学者和从业人员已经注意到成功逃脱驳回动议的案件数量在上升,并试图寻找其原因。造成上述趋势的因素之一是特拉华州《普通公司法》第220条的更广泛应用,该条款赋予了股东检查公司账簿和记录的特权。[306] 长期以来,特拉华州法院一直主张派生诉讼的原告应在提起诉讼前使用这一工具,以便根据Caremark案判决等理论履行其抗辩责任。

鉴于董事会经营方式的嬗变,这一工具有助于原告律师获取有价值的信息,以寻求对Caremark式索赔的支持,特别是考虑到在根据特拉华

---

[305] See, e. g., In re MetLife Inc. Derivative Litig., C. A. No. 2019 - 0452, 2020 WL 4746635, at *10, 19 (Del. Ch. Aug. 17, 2020)(驳回对MetLife提出的Caremark式索赔,理由是MetLife未能监督其履行及时、完整地向年金领取人支付年金的义务,尽管该公司未能及时向13,500名退休人员支付退休福利,并因此大幅虚报盈利,不得不重报,支付监管罚款,并更换首席执行官); Mike Leonard, MetLife Board Dodges Lawsuit Over $500 Million Annuity Error, BLOOMBERG L. (Aug. 18, 2020, 10:00 AM), https://news.bloomberglaw.com/corporategovernance/metlife-board-dodges-lawsuit-over-500-million-annuity-error [https://perma.cc/TY48-Z3GS](MetLife支付了1000万美元的罚款,以解决SEC的相关指控); Lananh Nguyen & Katherine Chiglinsky, MetLife Names Khalaf CEO, Replacing Kandarian After Stock Slump, BLOOMBERG (Jan. 8, 2019), https://www.bnnbloomberg.ca/metlife-names-khalaf-ceo-replacingkandarian-after-stock-slump-1.1194913 [https://perma.cc/VK7U-8WGQ](MetLife首席执行官辞职,原因是公司公开承认其内部控制存在重大缺陷,相关调查导致公司股价暴跌); In re Gen. Motors Co. Derivative Litig., C. A. No. 9627, 2015 WL 3958724, at *9 (Del. Ch. June 26, 2015)(驳回Caremark式诉讼请求,其未能对汽车点火开关不安全的地方进行监控导致汽车召回,造成多人死亡,公司蒙受了超过10亿美元的经济损失和3500万美元的罚款,这是美国国家公路交通安全管理局对召回进行调查后支付的最高罚款); see also In re Citigroup Inc. S'holder Derivative Litig., 964 A.2d 106, 113, 139 (Del. Ch. 2009)(驳回Caremark式诉讼请求,因未能监督公司参与次贷市场而提出的索赔,该公司因水下贷款而遭受数十亿美元的损失是不争的事实); Dan Wilchins & Jonathan Stempel, Citigroup CEO Prince to Resign: Reports, REUTERS(Nov. 2, 2007, 6:05 PM), https://www.reuters.com/article/us-citigroup-boardmeeting/citigroup-ceo-prince-to-resign-reportsidUSN0233640620071103 [https://perma.cc/7BT8-W2J3](花旗集团首席执行官因次贷危机损失持续扩大而辞职).

[306] 关于第220条与Caremark式诉讼相关性的精辟讨论, see Shapira, supra note 294。

州《普通公司法》第220条提起的诉讼中，申请人只需证明有可信的依据来推断受托人的不当行为，其申请即可获得通过。[307] 随着董事会的行事方式变得更加非正式，以及电子手段带来的信息流动的便利，与调查潜在的Caremark式索赔相关的账簿和记录在形式上和效用上都有所扩大。因此，当申请人证明相关董事会依靠电子邮件、短信和其他更非正式的通信方式开展业务时，申请人的申请就能够被通过。[308] 鉴于Caremark框架要求诚信的努力，缺乏努力的公司账簿和记录本身就可以帮助原告履行其责任，即提供支持推论的事实，证明被告未能在第一时间作出识别和解决关键合规风险所需的诚信、努力的监督，或者意识到重大的合规问题但未能作出诚信的努力来解决该问题。[309] 值得注意的是另一个现实是，即使投诉不足以支持恶意推断，也无法存续，但公开披露公司监控实践未达到最佳实践，可能会置被告于尴尬境地，并损害公司声誉。

事实上，人们早已认识到，公司法的裁决，即使最终没有对责任作出认定，也会对公司受托人造成难以摆脱的负面影响。[310] 鉴于投资者越来越关注EESG和其他社会责任问题——这些问题通常出现在公司对他人影响最大的领域，因此与法律合规问题密切相关——董事会很可能面临持续的压力，需要制定有效的监督政策，并积极应对可能危及公司

---

〔307〕 AmerisourceBergen Corp. v. Lebanon Cnty. Emps.' Ret. Fund, 243 A.3d 417, 428 (Del. 2020)（“但是，如果股东满足了这一较低的举证责任，从中可以推断出可能的不当行为或管理不善，那么根据特拉华州法律，股东的目的将被视为适当的。”）．一些学者认为特拉华州法院在实践中更加放松了这一标准。Shapira, supra note 294, at 18.

〔308〕 KT4 Partners LLC v. Palantir Techs. Inc., 203 A.3d 738, 758 (Del. 2019)（认为鉴于公司通过非正式的电子通信方式开展正式的公司业务，原审法院将电子邮件通信排除在股东要求的公司账簿和记录之外，滥用了其自由裁量权）.

〔309〕 例如，在Marchand案中，没有记录显示董事会有任何报告或其他政策来确保公司遵守食品安全法，这帮助原告说服特拉华州最高法院，他们已经提出了索赔。Marchand v. Barnhill, 212 A.3d. 805, 822 - 23 (Del. 2019).

〔310〕 一位杰出的学者在一代人的时间里对此进行了深入探讨。See Edward B. Rock, Saints and Sinners: How Does Delaware Corporate Law Work?, 44 UCLA L. REV. 1009 (1997). 夏皮拉（Shapira）教授在其近期的重要著作中阐述了这一现实及其在Caremark式案件背景下的作用。Shapira, supra note 294.

价值和声誉的重大法律风险。[311] 不仅如此,如果监管机构在拜登政府期间采取比特朗普政府更强硬的执法姿态,董事和经理对预防性合规的重视程度可能会进一步提升。

(二)信托法为合理的商业判断提供安全港

公司法不仅要求公司受托人确保认真遵守法律。商业判断规则为他们提供了很大的空间,使他们能够创造一种诚信、公平和道德标准高于法律要求的企业文化,如果他们认为这样做能够增加公司价值,提高公司声誉或以其他方式合理地促进公司及其股东的最佳利益。[312] 只要董事善意地认为这些标准符合公司的最佳利益,商业判断规则就会保护他们免受投诉股东的司法质疑。

例如,根据特拉华州法律,商业判断规则的检验标准是宽松的基本理性标准。[313] 这种宽松的检验标准意味着董事会拥有广泛的自由裁量权,以促进尊重员工和消费者,而且能够带来诚信和公平的声誉的公司规范,从而实现长期、可持续的盈利。因此,根据特拉华州法律,如果董事会认为有利于工人或债权人等利益相关者的行为与股东的最佳利益有合理的关系,[314] 商业判断规则将保护董事会免受股东在诉讼中推翻其判断的影响。

---

[311] Strine et al. , supra note 281, at 1902 (“各种国内和国际来源向公司施加压力,要求其采取可持续治理的公司政策和计划。”).

[312] See PRINCIPLES OF THE L. OF CORP. GOVERNANCE: ANALYSIS AND RECOMMENDATIONS § 2.01 (AM. L. INST. 1994) (认为基于道德考虑的商业决策“不仅适当,而且可取”); see also Christine A. Hemingway & Patrick W. Maclagan, Managers' Personal Values as Drivers of Corporate Social Responsibility, 50 J. BUS. ETHICS 33 (2004) (考虑到个人价值观对采纳和实施企业社会责任倡议的影响). 最近的一项调查发现,大多数美国人的价值观与支持可持续发展教育相一致,他们认为企业应在工作场所推广可持续发展教育政策。Jill Mizell, The American Public Wants Companies to Take Action on Advancing Racial Equity – Especially Black Americans, JUST CAP. (July 9, 2020), https://justcapital. com/news/the – american – public – wants – companies – to – take – action – on – advancing – racial – equity – especialy – black – americans/ [https://perma. cc/S6LE – XYP4]. 因此,具有类似信念的企业领导者将采用美国公众所认同的道德观点。

[313] Brehm v. Eisner, 746 A. 2d 244, 264 (Del. 2000).

[314] Revlon, Inc. v. MacAndrews & Forbes Holdings, Inc. , 506 A. 2d 173, 180 (Del. 1986).

这一自由裁量权值得强调。在某一问题上的经验证据参差不齐,或者在某一决定上向另一方向倾斜,并不会使该决定失去商业判断规则的保护。相反,只要董事会的决定有合理的依据,就必须得到尊重。时代公司决定坚持溢价收购华纳传播公司,而不是接受派拉蒙公司每股200美元的巨额出价,这一出价涉及每股时代公司的股票溢价超过75美元。艾伦大法官在其驳回派拉蒙公司禁令申请的裁决(被称为"时代—华纳案")中说了以下名言:

可能在一个发达的股票市场上,除了货币时间价值的折现之外,长期利润最大化行为并没有折现。在宣布合并之后,市场对时代公司股票的估价约为每股125美元,如果观察者具有完美的远见卓识,就会同意现在对未来所有收益的估价。也许明智的社会政策和合理的商业决策应该以这种观点所依据的假设为前提。但是,正如宪法没有载入赫伯特·斯宾塞(Herbert Spencer)先生的社会静力学(social statics)一样,关于董事职责的普通法也没有将单一、有效的资本市场理论提升到金科玉律的高度。

董事可以根据股市估值在某种意义上"错误"的理论进行运作,而不会违背对股东的忠诚。毕竟,没有人能够获得更多有关公司当前和未来状况的信息。董事们认为时代—华纳合并的近期市场估值可能会低估股票价值,这绝不是非理性之举,当然也不值得怀疑。[315]

艾伦大法官承认,由于董事会决定不放弃与华纳传播公司的合并而接受派拉蒙公司提出的200美元的丰厚报价,时代公司的股东很有可能处于不利地位,但他认为,即使根据Unocal案的更高合理性标准,也必须尊重董事作为受托人的判断,他指出,时代公司的董事们的判断是合理的:

随着时间的推移,股东投资价值的涨跌主要取决于企业管理层和董事的技能、判断力,或许还有运气——运气存在于一切人类事务中。当他们作出正确或卓越的判断时,股东很可能获利;当他们未能作出正确或卓越的判断时,股票价值很可能无法提升。无论在哪种情况下,公司

---

[315] Paramount Commc'ns Inc. v. Time Inc., Nos. 10866, 10670, & 10936, 1989 WL 79880, at *19 (Del. Ch. July 14, 1989), aff'd, 571 A.2d 1140 (Del. 1989)

的财务活力和公司股票的价值都掌握在公司董事和经理手中。公司法的理论基础并不是董事在行使管理公司的权力时有义务遵从多数股份的意愿。事实上,负责管理公司的是董事,而非股东。[316]

在上诉中,艾伦大法官的判决得到了支持,该判决进一步强调了法院必须尊重董事会就争议问题作出的决定,即使是在审查董事会抵御收购的行动时也是如此。[317]

“时代—华纳案”强调了我们的核心结论,即商业判断规则为董事提供了一个公司法领域内的安全港,只要他们的行动方针有理有据,他们就可以追求在自己看来对公司有利的愿景。与涉及高度审查的案件相比,商业判断规则要求法院不得干涉有关公司经营理念和战略的决策。因此,斯蒂芬·班布里奇正确地将商业判断规则称为一种“弃权原则”(abstention doctrine),[318]这使对董事会不满的股东可以诉诸公司投票箱,而不是法院。

根据特拉华州法律,这些原则支持对忠实义务的简明概括。

忠实义务要求忠于公司的最佳利益,这就要求诚信且努力地:

i) 首先要确保公司遵守其章程,只在合法途径下开展合法业务;

ii) 在其法律裁量权和道德判断力的范围内,为股东的最佳利益寻求促进公司的可持续盈利能力。

应正确理解努力以技能和谨慎行事的义务——行使应有的谨慎——本身就是忠实义务的基本要求。“忠实的受托人有义务尽力谨慎行事。”[319]

如果他们的诚信行为(good faith action)无意中导致公司被认定超越了其法律界限,特拉华州法律还为董事和高级管理人员提供保护。首先,任何因违反注意义务而提起的损害赔偿诉讼都适用宽松的重大过失标准,该标准专门用于使公司领导者不必担心他们的善意行为会被猜疑

---

〔316〕 Id. at *30.

〔317〕 571 A.2d at 1154 (“董事没有义务为了短期的股东利益而放弃深思熟虑的公司计划,除非该公司战略显然没有持续的基础。”).

〔318〕 See generally Stephen M. Bainbridge, The Business Judgment Rule as Abstention Doctrine, 57 VAND. L. REV. 83 (2004).

〔319〕 Strine et al., supra note 270, at 636 (着重号后加).

的诉讼当事人和法院追究责任。[320] 而且，正如我们所讨论的，原告可能无法根据该标准来让董事承担责任，因为普遍存在的免责条款禁止对董事提起适当注意损害赔偿诉讼。

在许多其他州，受托人享有更大的灵活性和保护。现有法规允许董事以多方利益相关者参与的方式治理公司，在这种方式下，工人、社区和客户等利益相关者可以被同等地视为公司治理的目的。[321] 在这些法域，即使是特拉华州法律中将有利于利益相关者的行为与股东福利联系起来的弱理性关系测试也无须满足。同样，还有一种新兴的实体营利形式——公共利益公司（PBC），要求董事会以对社会负责和尊重所有利益相关者的方式进行治理。根据这些法规，董事对社会和利益相关者负有"应为"（shall）的义务，并可提起诉讼以促使其强制履行该义务。[322] 此外，根据特拉华州的公共利益公司法规及类似法规，公共利益公司的董事可获得商业判断规则的全面保护，如果其选择"既知情又无利害关系，且为具有正常、健全判断力的人所赞同"，则被视为已履行董事的受托责任。[323] 这一法定标准赋予了公共利益公司的董事在决策时很大的自由裁量权，并被广泛理解为使他们能够在促进公共利益、公平对待利益相

[320] 在 Gagliardi v. TriFoods International, Inc., 683 A.2d 1049 (Del. Ch. 1996) 一案中，艾伦大法官对限制适当注意责任和商业判断规则的政策基础的讨论是最连贯和最有说服力的。类似的推理见 In re Lear Corp. S'holder Litig., 967 A.2d 640, 651–52 (Del. Ch. 2008)。

[321] Lucian Bebchuk, Kobi Kastiel & Roberto Tallarita, For Whom Corporate Leaders Bargain, 93 S. CAL. L. REV. (forthcoming 2021)（找到了在 2000 年至 2019 年期间生效的 33 个州的选区章程）; see also, e.g., N.Y. BUS. CORP. LAW § 717 (b) (McKinney 2021); 805 ILL. COMP. STAT. 5/8.85 (2021); FLA. STAT. § 607.0830(6) (2021); GA. CODE ANN. § 14–2–202(b)(5) (2021).

[322] DEL. CODE ANN. tit. 8 § 365(a) (2021); see also Why Pass Benefit Corporation Legislation, BENEFIT CORP., https://benefitcorp.net/policymakers/why–pass–benefit–corporation–legislation (last visited Dec. 30, 2021) [https://perma.cc/JK9S–WQFF]（注意到包括华盛顿哥伦比亚特区在内的 38 个州已经通过了 PBC 立法）.

[323] DEL. CODE ANN. tit. 8 § 365(b) (2021); see also MODEL BUS. CORP. ACT § 8.30 (AM. BAR ASS'N 2017); N.Y. BUS. CORP. LAW § 1707 (McKinney 2021); CAL. CORP. CODE § 5231 (West 2021).

关者和股东价值之间诚信地取得平衡,而不必担心司法干预。[324] 因此,在特拉华州和其他地方的公共利益公司立法中,受托责任法更多而不是更少地支持其他方面的公司政策,如那些呼吁更多 DEI 的政策。

五、企业促进 DEI 的公司法价值

支持公司忠实义务的肯定性义务,以及在履行其职责和追求股东及公司最佳利益时赋予董事和经理的自由裁量权,对公司多样性政策具有重要影响。首先,公司被赋予合法行为的期望——特拉华州公司法明确将遵守法律作为忠实义务的核心特征。因此,它要求受托人确保公司合规战略的存在,以确保公司遵守关键的民权立法和反歧视立法,这些都是公司运营的核心。此外,受托人也不能忽视表明歧视现象普遍存在的信号;如果受托人这样做,不仅公司有可能承担此类违法行为的责任,董事也可能面临派生诉讼和责任。

其次,商业判断规则为将 DEI 视为重要价值观的董事提供了巨大的灵活性,使其能够推进这些目标,并作为公司法事项在坚实的法律基础上实现这些目标。简而言之,除了纠正过去错误的道德要求,或确保公司政策不违反反歧视法和民权法的法定利益和 Caremark 框架下的利益之外,还有合理的证据和逻辑论据,让人相信认真对待 DEI 的公司可以赚钱和省钱。这与特拉华州法律规定的股东的最佳利益息息相关。这种有效的 DEI 政策的商业理由援引了商业判断规则的保护,并促成了广泛的政策改革,超越了长期存在的民权法律中体现的法定最低保护——或最近宣布的有针对性的改革——以解决公司影响其利益相关者和社会的全部平等性问题。

(一)公司法中的反歧视义务

鉴于民权法对社会的重大意义,以及无视民权法所造成的声誉和经

---

[324] Jesse Finfrock & Alfredo Silva, COVID's Impact on PBC Fiduciary Duties: Understanding Director Obligations in an Economic Downturn, JD SUPRA (June 23, 2020), https://www.jdsupra.com/legalnews/covid-s-impact-on-pbc-fiduciary-duties-83482 [https://perma.cc/8NGD-JVPS].

济损失，没有理由认为 Caremark 框架下的义务不要求义务人善意地遵守民权法。有些法律，如《1964 年民权法案》第七章，要求公司避免基于种族、性别、性取向及其他与雇用或服务消费者无关的原因的歧视。类似的法律也适用于美国公司运营的许多全球市场，并限制公司的歧视行为。[325]

因此，这些法律是基础性法律，影响公司的雇佣行为及其与客户和承包商的关系。《平等信贷机会法》或《公平住房法》等法律也要求公司提供平等的重要服务，如银行和信贷，并在提供这些服务时不得进行歧视。[326] 因此，这些法律处于资本准入的核心位置，在这样做时，它们针对的是处于受监管市场或公司所处行业核心位置的业务运营、实践和战略。几乎所有的法规都会对被忽视的企业进行处罚和罚款，或构成集体诉讼的基础。如前所述，它们还可能造成严重的声誉损害，尤其是在客户、顾客和员工比以往任何时候都更愿意追究企业行为者在平等待遇方面的失误的情况下。伴随此类违法行为而来的负面宣传和监管审查可能会对公司及其股东价值造成明显损害。[327]

为履行其 Caremark 式职责，公司董事会必须作出诚信的努力，确

---

[325] E. g. , 2013 OECD Recommendation of the Council on Gender Equality in Education, Employment and Entrepreneurship, ORG. FOR ECON. CO – OPERATION & DEV. (2017), https://doi.org/10.1787/9789264279391 – en [https://perma.cc/MQ9N – 5SA4]. 2013 年性别建议还呼吁各成员与相关利益攸关方合作，包括公共和私营部门，制定并实施促进性别平等的准则和做法。同上。最近，经合组织理事会通过了《关于公共生活中性别平等的建议》，其重点是加强对公共部门就业中性别平等的问责和监督。2015 OECD Recommendation of the Council on Gender Equality in Public Life, ORG. FOR ECON. CO – OPERATION & DEV. (2016), https://doi.org/10.1787/9789264252820 – en [https://perma.cc/XZG7 – 378C].

[326] See supra notes 170 – 173 and accompanying text.

[327] See Elizabeth Pollman, Corporate Social Responsibility, ESG, and Compliance, in CAMBRIDGE HANDBOOK OF COMPLIANCE (Benjamin van Rooij & D. Daniel Sokol eds. , 2021) (汇编商业文献，说明高质量的 EESG 实践在降低诉讼和监管机构风险、消费者和员工反弹以及降低资本成本方面的潜在效用). 事实上，雅米拉·威廉姆斯(Jamillah Williams)提出的证据表明，民权法具有更深厚的历史、政治和道德基础，似乎比更大的"商业案例"支持的多样性论点更具规范性影响。Jamillah Bowman Williams, Breaking Down Bias: Legal Mandates vs. Corporate Interests, 92 WASH. L. REV. 1473, 1473 – 1513 (2017).

保公司制定监督公司是否遵守法律要求的政策,为求职者、员工、承包商和客户提供平等机会,无论其种族、性别或性取向如何。[328] 对于所有大公司而言,举例来说,《1964 年民权法案》第七章不仅禁止基于种族、肤色和性别(包括怀孕、性取向或性别认同)的歧视,还禁止基于国籍、残疾和遗传信息(包括家族病史)的歧视。[329] 雇主还必须制作海报告知员工他们的权利,并对歧视投诉作出及时、一致的回应。[330] 此外,雇主还可能被要求根据求职者或员工的宗教信仰[331]或残疾[332]而提供合理的便利(改变通常的工作方式)。Caremark 式职责要求董事们诚信地努力确保他们的公司拥有旨在促进遵守这些法律要求的政策。

在其他情况下,Caremark 式合规可能需要与特定行业的 DEI 法律责任相联系的监控系统。[333] 例如,对于金融机构而言,《平等信贷机会法》禁止基于种族、肤色、宗教、国籍、性别、家庭状况或年龄歧视借款人,其禁止性构成了银行业务的核心特征。该法还规定了一系列信息披露要求,包括向消费者和企业信贷申请人发出通知,以确保他们了解《平等信贷机会法》中的禁令,并告知他们被拒绝信贷的原因。对于从事零售贷款的公司(从存款机构到市场贷款平台)而言,《经济合作法》对债权人的实质性要求和披露义务是其业务的一部分;如果未能将其纳入并遵守该法,公司将面临严厉的惩罚性制裁,在集体诉讼中,制裁金额可高达债权人净资产的 1%。[334] 因此,遵守这些重要义务是保护任何贷款人长期价值的一个重要方面。Caremark 框架要求公司建立制度,以确保遵守适当的信息披露惯例,并确保董事会能够实实在在地监督从这些制度中收集的信息或向其报告的信息。

---

[328] See generally Cheryl L. Wade, Racial Discrimination and the Relationship Between the Directorial Duty of Care and Corporate Disclosure, 63 U. PITT. L. REV. 389, 403 - 04 (2002).

[329] Civil Rights Act of 1964 § 7, 42 U. S. C. § 2000e.

[330] 许多劳动法要求雇主在工作场所张贴有关雇员权利的通知。关于各种张贴要求,see Workplace Posters, U. S. DEP'T OF LAB., https://www.dol.gov/general/topics/posters (last visited Sept. 4, 2021) [https://perma.cc/8F48 - XYJX]。

[331] 42 U. S. C. § 2000e.

[332] Americans with Disabilities Act of 1990, 42 U. S. C. § § 12101 - 12213.

[333] See Marchand v. Barnhill, 212 A. 3d 805, 821 (Del. 2019).

[334] CHRIS BRUMMER, FINTECH LAW IN A NUTSHELL 336 (2020).

按照类似的操作思路，Caremark 框架要求金融机构的董事会建立监督制度，以履行《1977 年社区再投资法》所规定的义务，该联邦法律要求联邦监管机构评估银行履行服务中低收入社区这一义务的情况。与《平等信贷机会法》一样，遵守《1977 年社区再投资法》也是银行有效运营的一个核心特征，这在很大程度上是因为联邦监管机构制定了评分标准，以评估未来批准银行兼并、特许、收购、开设分行和存款设施的申请。[335] 当客户要求银行提供相关信息时，银行必须告知客户其得分情况，客户的得分也会在美联储的数据库中在线公开，因此，在公共关系压力下，银行面临巨大的合规压力。[336] 此外，不履行《1977 年社区再投资法》义务会使银行面临一系列处罚，包括禁止开设新分行或以其他方式发展业务。因此，银行遵守《1977 年社区再投资法》的程度会直接影响银行的声誉、利润和整体股东价值。推而广之，受托人必须确保《1977 年社区再投资法》合规体系的存在，确保其与受托人分享并向受托人通报重大进展以及由此产生的信息。

公司日益认识到，有效的 DEI 合规工作不仅是 Caremark 框架的要求，也是所有公司利益相关者不断增长的期待。公司原告律师在这种情况下提出了新的法律理论，认为受托人不仅没有在其可持续发展投资政策中遵守 Caremark 框架的要求，还通过夸大其对自己所宣称的可持续发展投资目标的遵守情况来误导投资者。

因此，在一系列新的投诉中，原告股东指控公司在其公开披露的信

[335] See Jorge Sun, Is CRA Compliance Enough for Community Banks?, BANKING EXCH. (Dec. 1, 2020, 12: 37 PM), https://www. bankingexchange. com/community - banking/item/8493 - is - cra - compliance - enough - for - community - banks [https://perma. cc/UB82 - 6HBR].

[336] See FFIEC Interagency CRA Rating Search, FED FIN. INSTS. EXAMINATION COUNCI., https://www. ffiec. gov/craratings/ (last updated Nov. 10, 2020, 3 02 PM) [https://perma. cc/ER56 - AFFH].

息中就其对DEI的承诺作出不实陈述,因而违反了证券法。[337] 在其中一些投诉中,原告还指控董事未能确保其公司制定有效的合规计划并努力应对关键的非歧视法律,从而违反了其受托责任。[338] 除金钱赔偿外,这些诉讼通常还要求公司采取各种补救措施,包括在被告公司董事会中增加非裔美国人董事、设立基金以促进被告公司员工队伍的多样性和包容性、将高级管理人员的薪酬与具体招聘目标挂钩,以及定期开展董事会多样性培训。[339] 因此,在公司法和证券法案件中,不仅是索赔要求,其所寻求的救济形式也是新颖的。[340]

---

[337] 2020年共提起8起董事会多样性诉讼。大多数诉讼针对的是总部位于加利福尼亚州的科技公司(如甲骨文、高通和脸书),但也有涉及非科技公司和位于加利福尼亚州以外的公司(如丹纳赫公司)的诉讼。See, e. g., Complaint, Falat v. Sacks, No. 20 - cv - 01782 (C. D. Cal. Sept. 18, 2020); Complaint, City of Pontiac Gen. Emps.' Ret. Sys. v. Joyce Jr., No. 20 - cv - 02445 (D. D. C. Sept. 1, 2020); Complaint, Lee v. Fisher, No. 20 - cv - 06163 (N. D. Cal. Sept. 1, 2020); Complaint, Esa v. Pilette, No. 20 - cv - 05410 (N. D. Cal. Aug. 5, 2020); Complaint, Kiger v. Mollenkopf, No. 20 - cv - 01355 (S. D. Cal. July 17, 2020); Complaint, Ocegueda v. Zuckerberg, No. 20 - cv - 04444 (N. D. Cal. July 2, 2020); Complaint, Klein v. Ellison, No. 20 - cv - 04439 (N. D. Cal. July 2, 2020). 2020年9月23日,就在加利福尼亚州州长加文·纽森(Gavin Newsom)将众议院第979号法案签署成为法律的前几天,思科系统公司被提起了最后一项诉讼。See Complaint, City of Pontiac Gen. Emps.' Ret. Sys. v. Bush, No. 20 - cv - 06651 (N. D. Cal. Sept. 30, 2020). 一位评论家推测,加利福尼亚州立法的颁布似乎中断了诉讼的提起,也许是因为新法规至少要求索赔人在提起诉讼时寻求部分救济。See Kevin LaCroix, The Top Ten D&O Stories of 2020, D&O DIARY (Jan. 4, 2021), https://www.dandodiary.com/2021/01/articles/director - and - officer - liability/the - top - ten - do - stories - of - 2020/ [https://perma.cc/U42A - HPU4].

[338] 例如,在Ocegueda v. Zuckerberg案中,原告起诉Mark Zuckerberg和脸书公司董事会,指控该公司董事在多样性和包容性问题上的不作为违反了他们的信托责任。Complaint at 79, No. 20 - cv - 04444 (N. D. Cal. July 2, 2020). 该投诉指控脸书违反了《公平住房法》,允许在其平台上发布基于种族、民族、性别和其他受保护类别的歧视性广告。Id. at 5, 16, 30, 50.

[339] See LaCroix, supra note 337.

[340] 大多数诉讼中的原告提出了一项新颖且相当激进的违反受托人义务的索赔,其依据最终是未能实现多样性,并认为这构成了"有意识地未能履行其受托人义务"。然而,原告似乎否认这些索赔是根据Caremark框架提出的。原告认为,被告知道他们应该采取更积极的行动来促进多样性,却有意识地没有这样做。See, e. g., Complaint at 50 - 55, Ocegueda v. Zuckerberg, No. 20 - cv - 04444 (N. D. Cal. July 2, 2020). 这一理论与商业判断规则形成了鲜明的冲突。代理披露索赔有其自身的困难,需要根据联邦证券法的先例证明意图、损失、因果关系和损害赔偿才能胜诉。

我们想再次强调的是,指控仅仅是指控而已——大多数在加利福尼亚州提起但涉及特拉华州公司法的诉讼将无法通过驳回动议,正如大多数由原告提起的诉讼一样。[341] 在不少情况下,甚至可以说是大多数情况下,原告面临重大的抗辩挑战,不仅是基于监督义务缺失的派生诉讼,还有以被告作出不真实的重大事实陈述为前提的索赔,进而要求原告对表明被告心态的事实进行具体抗辩。

但这些指控重申了我们之前提出的值得强调的意见。原告指出,遵守民权法对公司的重要性不仅体现在道义上或公司的公法义务上,还体现在公司法上。民权法包括实质性的、系统性的重要基石性规则,这些规则是公司必须遵守的,这是公司受托责任的体现,也是公司从社会获得的只以合法手段从事合法业务的章程的体现。

不合规的后果与可能加剧不合规的事实(和损害)一样多种多样。但可以肯定的是,新闻媒体通常会对民权合规失败的指控进行密集报道,辩护费用高昂,而且有可能出现更多的不利信息,从而加剧因之前引起负面关注的根本问题而已经遭受的损害。

但就我们的目的而言,此类诉讼强调了这样一点,即对于风险规避型受托人而言,如果其只是试图避免对公司和自身造成负面影响,那么受托责任法要求其关注一系列 DEI 问题。如果不努力确保公司遵守核心的反歧视法律,不仅会使公司在出现违法行为时面临罚款和其他监管伤害,还会使受托人在特拉华州面临 Caremark 式诉讼或在其他法域面临类似的忠诚义务索赔。仅仅关注原告是否胜诉忽略了我们和 Caremark 案判决本身的基本观点。当此类案件被提起诉讼时,公司已经因不利的监管行动、内部动荡和声誉受损而蒙受损失。

出于这些原因,谨慎、风险规避型的董事在寻求促进公司最佳利益的同时,将参与董事会层面的工作,以确保董事会和管理层勠力同心,一起遵守 DEI 相关法律,并要求公司为其员工、客户和经营社区提供平等的待遇。

---

〔341〕 例如,奥斯古达最近因错误陈述基本事实而被解雇——最重要的原因可能是他忽略了脸书公司 9 名董事中有 2 名是黑人这一事实。Ocegueda v. Zuckerberg, No. 20 – cv – 04444, 2021 U. S. Dist. LEXIS 52465, at ∗26 (N. D. Cal. Mar. 19, 2021).

(二)公司法的保护和变革潜力

我们现在讨论公司法原则的另一个重要作用:支持公司的 DEI 政策,这些政策超越了单纯的善意守法努力,采用一种全面的方法,使 DEI 成为公司业务战略、文化和利益相关者关系的组成部分。也就是说,我们针对的是那些真正支持多样性并认为其公司应全面拥抱多样性的企业领导者,但他们可能会担心对 DEI 的关注在某种程度上是不恰当的,因为这关系到受托责任的问题。对于学术界来说,这种担忧似乎远在天边,但对于实践者来说,这可能近在眼前。几代人以来,一些人一直认为,董事会应狭隘地专注于公司利润最大化,他们可能最多勉强接受公司董事会必须对法律合规投入一些关注,但仅此而已。与其花时间在 DEI 上,董事会不如一门心思增加利润,做好法律规定的最低要求,让外部监管成为社会进步的唯一动力。[342] 公司受托人不应担心其公司是否拥有高于要求的道德标准,而应努力以尊重员工、客户和所在社区的方式获取利润。也就是说,我们不能避免与那些坚持米尔顿·弗里德曼狭

〔342〕 评论家和学者继续坚持米尔顿·弗里德曼(Milton Friedman)的观点,即公司应狭隘地关注利润,而不是自身的环境或更广泛的社会影响等问题。See, e.g., Bradford Cornell & Aswath Damorodan, Valuing ESG: Doing Good or Sounding Good? 20 (March 10, 2020)(unpublished manuscript), https://ssrn.com//abstract = 3557432 [https://perma.cc/BM7J - ZQW8]. 他们通常认为,解决气候变化或可持续发展投资等问题应属于外部法律的范畴,而非企业自愿行为。Id. 但他们通常忽视了公司权力在侵蚀对包括工人在内的利益相关者的外部保护方面所起的作用,也忽略了这样一个现实:如果没有公司内部的变革,就不会有确保为社会提供强有力的全面保护的政治动力。事实上,弗里德曼本人反对新政和 20 世纪 60 年代的民权法,这使得他对外部法律的认可与他对 19 世纪经济和社会政策的支持变得微不足道。See MILTON FRIEDMAN, CAPITALISM AND FREEDOM 111, 115 (1962)(反对民权法与劳工保护法). 关于弗里德曼反对民权和劳工权利立法及其学说缺陷的更多讨论, see Leo E. Strine, Jr. & Joey Zwillinger, What Milton Friedman Missed About Social Inequality, N.Y. TIMES (Sept. 10, 2020), https://www.nytimes.com/2020/09/10/business/dealbook/milton - friedman - inequality.html [https://perma.cc/JRT8 - 72NU](“不仅如此,弗里德曼先生还试图削弱游戏规则,反对基本的民权立法、工会、最低工资以及其他保护工人、黑人和环境的措施”);Colin Mayer, Leo E. Strine, Jr. & Jaap Winter, The Purpose of Business Is to Solve Problems of Society, Not to Cause Them, PROMARKET (Oct. 9, 2020), https://promarket.org/2020/10/09/purpose - business - solve - problems - society - not - cause - them - friedman/ [https:/perma.cc/9EBT - E9VU]。

隘的利润至上观点的人打交道。

但是,即使根据特拉华州的公司法,这种盲目的观点甚至都没有说服力,而特拉华州的公司法在很大程度上被认为是最注重股东利益的。正如本文已经解释过的,特拉华州法律不仅要求董事将遵守法律置于利润之上,而且赋予董事广泛的自由裁量权来决定什么符合股东的长期最佳利益。[343] 董事有权基于以下观点进行管理,即一家公司如果在招聘和晋升方面力求充分挖掘现有劳动力的潜力,并将具有不同背景、观点和才能的人员纳入其中,那么该公司的员工基础将更具创造性、更有能力与不同的客户建立联系,更有内涵,因此更有可能有效提高公司的效益。董事有权认为,客户、战略盟友和机构投资者更愿意与他们认为致力于高标准包容和非歧视、更能代表社会整体多样性的公司保持持续合作关系。董事们有权认为,不良的 DEI 行为可能造成的伤害远远大于公司承诺以正确的方式行事并为此支出必要成本的代价。

根据特拉华州的商业判断规则,此类判断受到保护,因为它们与股东利益有合理的关系。在允许董事会以多方利益相关者为中心进行治理的州,更没有理由认为促进良好的发展投资实践是不恰当的,因为在这些州,董事不必将利润置于客户和工人之上。[344] 而且,根据新兴的公益公司模式及其尊重所有利益相关者的"应为"义务,未能制定健全的 DEI 政策本身就会使董事会面临可能的禁令救济诉讼。[345]

DEI 的逻辑和原理不仅是一个避免成本的问题,相反,正如本文所展示的,至少有一个合理的基础让企业领导者得出结论,即有效的 DEI 政策将帮助他们创建和维持明智、周到、富有弹性、受人尊重,从而可持续盈利的企业。信息基础表明,关注可持续发展投资问题与适当尊重股东对长期稳健回报的利益并不冲突;事实上,鉴于确凿的证据,我们有理由推断,对影响企业与员工、客户和商业伙伴关系的重要可持续发展投

---

[343] Paramount Commc'ns., Inc. v. Time Inc., 571 A.2d 1140, 1150 (Del. 1989); Air Prods. Chems., Inc. v. Airgas, Inc., 16 A.3d 48, 93 (Del. Ch. 2011).

[344] See, e.g., N.Y. BUS. CORP. LAW § 717(b) (McKinney 2021); 805 ILL. COMP. STAT. 5/8.85 (2021); FLA. STAT. § 607.0830(6) (2021); GA. CODE ANN. § 14-2-202(b)(5) (2021).

[345] See DEL. CODE ANN. tit. 8, § 365 (2021).

资问题的不关注、不敏感,正是21世纪经济中企业价值的风险所在。[346]

市场行为也支持这些经验和逻辑论点。正如本文所指出的,代表多样性投资者的机构投资者认识到,在国内和国际经济中,可用劳动力、消费者和战略合作伙伴的多样性在不断增长而非降低,企业的DEI实践关系到他们创造可持续利润的能力。投资者不仅希望企业能够全面接纳人才、消费者和可能的合作伙伴,以最大限度地创造价值,还希望企业能够避免因被视为不利于包容性而造成的损害。[347] 没有消费者,企业就难以盈利,而我们业已证明,消费者,尤其是将决定当今企业长期命运的年轻消费者,越来越希望从与他们拥有相同价值观的公司购买产品。[348]

公司法支持公司领导人根据这些信息采取行动。即使在对股东友好的特拉华州,商业判断规则也为董事提供了很大的空间,以决定创造价值的最佳方式,并建立一种诚信、公平和道德标准高于法律要求的企业文化。如果受托人认为,避免违法行为和对公司声誉造成负面损害并实现长期价值的最佳方式是公司采取超越法律最低要求的政策和目标,并努力成为典范,即使以牺牲短期股东价值为代价,公司法也会为受托人提供保护。受托人可以合理地得出结论,为了对违法行为建立一个谨慎的安全边际,有必要制定一个强有力的DEI计划,以向监管机构和公众灌输信任,从而在出现合规失误的情况下提供帮助,并增强员工和客户群的信心,从而激发他们的忠诚度和更高的生产力。

其他保护措施也值得关注。重要的是,特拉华州对未善意努力遵守《1964年民权法案》第七章等主要反歧视法律而提出的Caremark式索赔,与公司善意努力实现DEI而导致无意中违反法律的情况区别对待。如果董事会未能作出任何善意的努力来确保公司遵守民权法,从而使公司面临诉讼,导致公司瘫痪,这将使它们承担Caremark式的责任,并且不能获得免责或赔偿,因为该行为涉及不受法定豁免的恶意和不忠行为。相反,当公司采取善意行动纠正长期存在的不平等时,公司法原则为董事和高级管理人员提供个人责任保护;事实上,如果董事和高级管

〔346〕 因此,美国商品期货交易委员会前委员莎朗·鲍文(Sharon Bowen)主张在公开和定期披露中将缺乏多样性作为公司的一个风险因素。

〔347〕 See supra Section III. D.

〔348〕 See supra Section II. A.

理人员采取善意行动导致公司被认定超越其法律界限,特拉华州法律为其提供保护。这一点当然是相关的,因为可以想象,如果一家公司采取了全面的 DEI 战略,旨在促进公司员工队伍中更多地吸纳女性和少数族裔,那么如果没有被录用或晋升的人声称特定的计划或政策导致了非法的"反向"歧视做法,该公司可能会面临诉讼。根据特拉华州法律,只要董事和高级管理人员的行为是为了公司的利益,即使是在刑事案件中,只要没有合理的理由相信他们的行为是非法的,他们就可以获得赔偿。在诉讼中为自己辩护和寻求赔偿时,公司董事有权依赖管理层专家顾问和外部顾问(如律师事务所和人力资源问题专业公司)提供的建议,作为其诚信的证据。[349] 有鉴于此,公司领导人如果在主要管理人员和合格顾问的建议下以深思熟虑的方式解决 DEI 问题,就没有理由担心承担责任。

因此,在现实意义上,公司法授权受托人采取雄心勃勃的政策,以实现他们认为符合公司最佳利益的更大多元化、公平和包容。这种授权不仅适用于工作场所的问题,而且适用于采取行动,在公司与其利益相关者的所有关系中嵌入对 DEI 的承诺。[350] 企业领导者可以——有些已经行动起来——在公司的所有关系中嵌入 DEI 承诺。[351]

值得注意的是,这种行为是自愿的。但是,不作为也不会没有市场后果,因为商业理性事实上可能会迫使一个寻求促进公司可持续盈利能力的忠实受托人关注良好的 DEI 政策和实践。正如我们所表明的那样,

---

〔349〕 DEL. CODE ANN. tit. 28, § 141(e) (2021).

〔350〕 本文的目的不是倡导如何做到这一点的最佳实践。但其他人已经这样做了,并主张在高级管理人员薪酬中嵌入 DEI 和其他 EESG 目标,特别努力使跨种族小组会议成为公司决策的组成部分,在为更多少数民族和不太富裕的学生提供服务的教育机构中进行招聘,以及努力确保公司以平等的尊重为所有社区提供服务。See, e. g., Eavis, supra note 70; Strine et al., supra note 270. 在一篇新文章中,学者们认为,机构投资者应要求公司承担责任,向高质量的可持续发展投资实践和成果迈进,并提出了有用的衡量标准,以便更成功地实现这一目标。See Martinez & Fletcher, supra note 46.

〔351〕 一个成功公司的例子是,该公司认为对 DEI 的承诺完全符合其对股东的责任,参见摩根大通公司的政策。Racial Equity Commitment, JPMoRGAN CHASE & CO., https://www.jpmorganchase.com/impact/racialequity (last visited Oct. 18, 2021) [https://perma.ceWNJ4 – ZS7J].

我们有理由得出这样的结论:拥有更多样化的员工队伍和董事会的公司业绩更好,至少与那些没有多样化员工队伍和董事会的公司业绩一样好。[352] 本文还表明,劳动力和客户群的种族和民族多样性正在不断扩大,因此我们有理由得出这样的结论:那些能够通过各种渠道获得人才并能够与更广泛的利益相关者和合作伙伴建立联系的公司将更加成功。[353] 作为一个纯粹的商业问题,董事不能对动态世界中的变化视而不见,忠于其肯定性忠实义务的董事必须牢记国际和国内的多样性趋势这一经济现实。

直截了当地说,如果企业认真对待"促进平等的企业行为",扩大招聘和晋升范围,以平等和包容的方式扩大客户基础,从而最大限度地发挥员工的作用,在可行的情况下将服务和产品销售范围扩大到尽可能多的客户和社区,并从中获利,那么这些企业就能赚到钱。此外,有证据表明,企业促进平等的行动将通过创造更多的消费者和消费来提高整体经济增长,并为长期财富创造更良性的环境,从而使企业利润受益。因此,一个忠诚的受托人可能会得出这样的结论,即其有责任作出真诚的努力,促进良好的 DEI 政策和实践,作为促进公司可持续盈利的合理战略的组成部分。

结 论

本文对公司法的澄清本身并不能解决美国公司董事会和管理团队缺乏代表性的问题。如果公司部门要满足人们对平等对待所有利益相关者的日益增长的期望,就必须应对更广泛的公平挑战。然而,它是更大难题的一环,是帮助我们国家在对人类自由和尊严至关重要的经济活动中实现其理想的重要法律和政策工具。公司内部行动可以解决目前的外部改革所忽视的,或者不与公司内部行动协同就无法解决的关键问题。我们原则上赞成新出现的促进美国公司行为更具 DEI 的外部法律

[352] See supra Section II. A.

[353] See supra Section II. C.

努力。但是，正如我们已经解释过的那样，这些外部努力有很大的局限性，因为它们只适用于上市公司，无法解决对企业对待利益相关者而言非常重要的所有问题，而且任何外部法规都很难将价值观和规范植入一个复杂的组织，除非该组织的领导者自己支持这样做。只有当企业自身在影响其利益相关者和社会的所有重要方面接受这些价值观时，才能实现可持续发展投资的全部承诺，这不仅能创造一个更公平的国家，还能创造更强大、更有韧性和具有可持续盈利能力的美国企业。因此，我们在本文中的目标是聚焦式的，但也是重要的。我们希望表明，公司法本身可以发挥积极作用，以支持公司采取雄心勃勃的行动来促进可持续发展倡议，并为一个更加包容和平等的经济和国家做出贡献。

长期以来，公司法在涉及具有商业意义的重要社会事务时一直被误解，多样性是一个需要纠正的领域，目前，企业自身正慢慢认识到这一点。但是，历史表明，我们关注不平等问题的能力并不稳定，而且社会上仍然存在对多元化发展的巨大阻力。我们所展示的是这样一个重要的现实：公司法本身并不是一座孤岛，公司法中的信托责任并不限制董事和经理们促进 DEI。如果有，信托责任在法律上、财务上和声誉上推动公司管理者关注这些重要问题，作为他们促进公司最佳利益的责任的一部分，为股东的利益增加公司的可持续盈利能力，并确保公司遵守特许公司的社会法律。[354]

总之，公司法允许并事实上鼓励公司领导人做正确的事。至于他们是否会这样做，则取决于他们和他们所服务的机构投资者——信托责任法让他们没有任何借口不这样做。因此，最终的问题不是企业领导者能否实施有效的 DEI 政策，而是他们是否会这样做。

（编辑：严　琦　宋　澜）

〔354〕 See DELOITTE, supra note 150, at 24. 领导者……应该认识到，组织所采取的以目标为导向的行动可以产生三重影响：这些行动不仅可以帮助社会，还可以帮助企业，并对员工的关注产生积极影响。一些潜在的活动可以确保整个组织的多样性和包容性，促进减少收入不平等和创造财富公平分配的薪酬结构。

《证券法苑》(2024)
第四十卷,第354~453页

证券零售行业市场最终分析报告*

国际证券委员会组织董事会2023年4月发布

薛前强** 李 璐*** 宋子璇****译

报告概要:影响散户投资者的不当行为和有害做法仍然是持续存在的全球性问题。有害做法涉及一系列行为。一方面,无意的甚至是合法的行为都可能对散户投资者造成伤害;另一方面,蓄意和有针对性的不当行为也存在大量范例。金融领域的不良行为者使用一系列日益复杂的策略来建立起与散户投资者之间的信任,并利用当前经济环境

---

* 本文翻译自国际证监会组织2023年5月发布的报告"RETAIL MARKET CONDUCT TASK FORCE FINAL REPORT",载https://www.iosco.org/library/pubdocs/pdf/IOSCOPD730.pdf。本报告翻译工作得到中央民族大学2024年度"青年教师铸牢中华民族共同体意识研究专项"项目"铸牢背景下民族地区共同富裕民商事法律制度完善研究"(20245ZLQN25)、司法部2021年度法治建设与法学理论研究部级科研项目"后疫情时代公司法应急治理法律问题研究"(21SFB4050)、2024年度中国青少年研究会研究课题立项课题"算法时代青少年数字权益的保障与发展研究"(2024A03)的经费支持。

** 中央民族大学法学院讲师,法学博士。

*** 中央民族大学法律(非法学)硕士研究生。

**** 天津市静海区人民法院法官助理,中央民族大学法律(法学)硕士研究生。

和市场条件压力的漏洞和机会，加之全球通货膨胀的压力，其更频繁地通过技术手段向零售部门提供高风险和不当的产品，从而导致了散户投资者的重大损失。国际证监会组织（International Organization of Securities Commissions，IOSCO）的核心目标是加强投资者保护和促进市场诚信。在过去两年半的时间里，主要受这两个目标及其与金融稳定联系的推动，国际证监会组织零售市场行为特别工作组（Retail Market Conduct Task Force，RMCTF）一直致力于收集和审查全球范围内对新兴零售市场行为问题的看法。RMCTF 的主要目的是强调 IOSCO 在投资者保护和促进市场诚信方面的作用，并促进对散户投资者不断变化的前景以及一系列潜在措施的讨论，以减少由此产生的不当行为。

RMCTF 的最终报告是大量工作和广泛征求利益相关者意见的成果，旨在向一个具有广泛影响的不断发展的领域提供"全球性视角"。它对市场环境、散户投资者投资趋势以及相关行为影响进行了实质性分析，并为监管机构在制定各自的策略时提供了一个适应性工具箱。在研究这些问题的情况下，监管机构需要广泛获取资源，进行有效的实践，具备一定的工具和技术，以便更好地履行各自的职责。这个董事会级别的高级小组成立于新冠疫情暴发之前。在编写报告的过程中，其研究了由危机引发的"实时"问题，吸取了经验教训，并听取了 IOSCO 成员以外的利益相关者的广泛意见。一些重要的里程碑包括：

1. RMCTF 于 2020 年 12 月[1]发布的中期报告中，初步调研了新冠疫情对公司和散户投资者行为的影响、共同的监管挑战，以及成员应对这些挑战的方法。

2. 2021 年对其成员进行了全面调查，重点关注中期报告中提出的具体问题。

3. 2022 年 3 月发布的咨询报告[2]，就 RMCTF 关于零售行为问题的更深入的调查结果和可能的监管回应征求意见。公众咨询征求了投

[1] IOSCO Retail Market Conduct Task Force – Initial Findings and Observations about the impact of COVID – 19 on Retail Market Conduct (December 2020).

[2] IOSCO Retail Market Conduct Task Force – Consultation Report (March 2022).

资者、监管机构、市场参与者、受监管实体、金融消费者、学术界和其他国际机构的意见。

4. 两次消费者圆桌会议,一次与 IOSCO 附属会员咨询委员会(Affiliate Members Consultative Committee,AMCC)的联合会议,作为直接与行业、监管机构和消费者团体接触并从中获得见解的额外机制。

本最终报告(第 2 ~6 章)就近期散户投资者趋势及相关行为挑战的主要专题调查结果集中于以下几方面:

1. 技术进步、社交媒体和不断变化的市场条件对零售交易活动的影响——自主在线交易量的激增,更频繁地提供高风险产品——通常是高杠杆、高零售参与度(特别是在年轻投资者群体中),以及在正常和紧张的市场状况中期和后期,加密资产的出现、投资工具的游戏化,以及公司和无牌方无处不在的营销。

2. 数字化崛起带来的机遇和挑战——机遇包括零售投资渠道扩大、竞争加剧和成本降低;挑战则包括有效监控、识别和破坏隐藏在数字面纱背后的不当行为,以及社交媒体对零售投资决策的影响日益扩大。

3. 常见的金融消费者问题——例如风险承担加剧、对复杂产品理解不足、信息过载或不对称、不确定时期(如新冠疫情期间)产生的行为问题和社会/心理/财务压力,以及情境脆弱性。

4. 未经许可的活动、骗局、欺诈等有害行为数量增多、所报道的投资者损失升级——从针对散户投资者的恶劣、蓄意行为,到无意中触犯法律的行为,都大量存在由技术支持带来的形式伪装[克隆投资公司、加密资产骗局,如 rug - pulls 和首次代币发行(ICO)“拉高出货”计划、不受监管或非法的“社交媒体影响者”(Finfluencers)行为、不当销售、错误标签、误导性披露]。

5.“漂绿”行为风险增加[3]——随着资产管理总额(Asset Under Management, AUM)的快速增长,全球对环境社会和治理(Environmental Social and Governance, ESG)投资和可持续金融产品的兴趣加深,可以察觉到“漂绿”行为风险已经凸显。“漂绿”行为可能会以不同形式出现,并侵蚀对此类投资(包括零售领域在内)披露所必需的信任。

监管工具箱

考虑到快速发展的零售业态,并且主要受技术发展的影响,监管工具箱(在本文第7章中详细概述)提供了一套措施,供监管机构在制定各自的策略以解决新兴零售市场行为问题时使用,措施中新旧方法兼备。有些措施可能不适用于某个特定的法域,而是被精心设计后具有极强的适应性和广泛性,以应对散户投资者风险连续性的各种情况。

1.加强监管机构的数字呈现和在线战略,以积极快速地减少对散户投资者的伤害

考虑到信息的传播速度和数量、持续变化的环境以及在线产品中可能缺乏的可视性(匿名性)和可靠性,因此第一项措施旨在帮助监管机构对数字环境中的不当行为保持积极、敏捷和警惕。

(1)在发生不当行为时直接锁定欺诈者。

(2)监测和评估在线营销和分销趋势,以中断有害的营销渠道,例如有害的社交媒体影响者活动。

(3)发布公共警报和警告,并监测消费者情绪。

(4)尽可能加强与在线服务提供商的接触,以便及早预防和破坏不当行为。

---

[3] 在本报告中,“漂绿”一词是指对主要投资产品的相关可持续性实践或可持续性特征进行虚假陈述的做法。在“竞相鼓吹其绿色资质”的过程中,一些资产管理公司可能会误导性地将产品贴上可持续的标签,而没有对基本投资策略或股东行为进行任何实质性改变。我们注意到,此种做法的范围和严重程度可能各不相同,从在发行文件中不当使用特定的与可持续发展相关的术语,到对实本的可持续发展作出相关承诺的虚假陈述,再到故意歪曲产品可持续性影响的欺骗性营销行为。https://www.iosco.org/library/pubdocs/pdf/IOSCOPD688.pdf.

(5)针对不同网站和社交媒体论坛,为散户投资者量身定制信息。

2. 完善方法以更好地识别和减少不当行为

第二项措施描述了有助于早期发现和减少不当行为的预防性手段,以及识别不当行为背后的行为者。由于散户投资者的行为可能受到各种心理因素和外部因素的严重影响(如第2章所强调的),所以就零售市场不正当行为的监管而言,使用行为层面实用性、技术性的方法可能会起到更好的效果。

(1)提高内部能力和雇用第三方供应商以简化监管监督工作。

(2)开发技术工具并使用先进的数据分析手段,以更好地加强早期干预和识别不良行为者。

(3)运用行为学分析零售行为并制定消费者保护举措。

(4)开设一个更加便捷的举报通道,建立一个可对举报、转介以及投诉进行分流的受理体系。

3. 加强双边和多边跨境合作、健全国内外监督执法框架

第三项措施重申了合作的基本概念——有效的国内和国际监管的基石——以及需要强有力的持续性合作框架,以保障监督执法的有效开展,并在不断变化的环境中减少新出现的威胁和危害。例如,IOSCO的《关于磋商、合作与信息交换的多边谅解备忘录》(Multilateral Memorandum of Understanding,MMoU)和《增强版关于磋商、合作与信息交换的多边谅解备忘录》(the Enhanced Multilateral Memorandum of Understanding,EMMoU)代表了多边跨境执法合作的全球黄金标准,前者至2022年为止已使用了20年。监管信息和最佳实践的交流在应对全球金融生态系统不断变化和复杂的性质方面也发挥了至关重要的作用——加密资产就是本报告所展示的例子。

(1)促使达成更多的合作和协作,尽可能地减少监管套利。

(2)酌情与其他国内和国际机构合作,解决不当行为的共同问题,识别涉及不当行为的个人和团体,并促进对不当行为的早期干预和破坏。

4. 解决散户投资者因加密资产而受到的伤害

第四项措施为监管机构提供了工具,特别是考虑到投资者对加密资产的兴趣显著增长,加密资产相关骗局也大幅增加,此工具旨在抵消

加密资产带来的相关危害。

(1)在现有监管框架尚未涵盖的范围内,确定是否存在可用于为加密资产交易提供了解你的客户(Know Your Customer,KYC)和交易报告数据库的监管权力。

(2)运用适当的监管干预权力,以解决散户投资者的跨境加密资产欺诈与盗窃问题。

5. 实施针对零售市场不当行为的新监管措施

第五项措施提供了各种工具,在当今瞬息万变的零售环境下,可以将其一并考虑以应对不当行为问题。

(1)与高风险产品销售相关的规则。

(2)消费者服务热线和反欺诈活动。

(3)派出神秘顾客监督销售网点。

(4)"监管沙盒"方式。

(5)使用侵入式监管和执法技术。

(6)借助工具以更好地查明企业对气候信息披露标准的遵守情况,并更好地监测"漂绿"行为。

虽然本报告主要是作为监管机构的指南,但鉴于零售行为问题同时存在于新兴市场和发达市场中,具有跨行业性的特点,因此本报告中所有以利益相关者为对象得出的调查结论与观察结果在提高对零售行为问题的认识度和参与度方面都具有可用性。本报告还旨在对 IOSCO 和 RMCTF 开展的各种工作进行补充,例如数字化、加密资产、"去中心化金融"(decentralized finance,DeFi)、可持续金融和投资者教育,这些工作可能会提供更具体的有针对性的工具,以应对特定零售市场的相关情况。IOSCO 最近发布的《关于零售分销数字化和去中心化金融报告》就是一个例子。IOSCO 将继续致力于加强投资者保护,提高市场诚信,在这一领域加强全球监管合作与协调,同时期待在实现这一目标的过程中,能够与其他国际机构和利益相关者进一步合作。

一、引言

(一)RMCTF

IOSCO 开展这项工作是为了更好地了解不断变化的零售交易环境,并为监管机构制定措施,作为它们在应对零售市场行为风险和新兴趋势时的工具箱的一部分。RMCTF 是一个董事会级别的小组,由澳大利亚证券和投资委员会(the Australian Securities and Investment Commission, ASIC)和爱尔兰中央银行(the Central Bank of Ireland, CBoI)担任联合主席。[4]

(二)RMCTF 的先前报告

RMCTF 于 2020 年 12 月发布了一份中期报告,特别关注新冠疫情对零售行为的影响。[5] 该报告得出了初步观察结果,重点关注市场环境、压力时期企业和投资者行为的关键驱动因素,这些因素为零售不当行为提供了更多机会,以及用于降低零售损失和不当行为风险的监管措施和工具。RMCTF 的后续工作是分析近期零售市场趋势以及相关监管行为产生的广泛影响以及具体的监管对策。考虑的问题包括社交媒体对零售交易决策、激进零售活动和游戏化等产生的影响。RMCTF 的咨询报告已于 2022 年 3 月发布,它广泛征求了利益相关者的意见,包括投资者、监管机构、市场参与者、受监管实体、金融消费者、学术界和其他国际机构。反馈意见中提供的最相关关切集中在以下几个方面。

1. 新一代投资者出现的影响。

2. 技术趋势和零售参与。

---

〔4〕 RMCTF 的成员还包括比利时金融服务和市场管理局、巴西证券交易委员会、中国证监会、德国联邦金融监管局、香港证监会、印度证券交易委员会、意大利公司和交易委员会、日本金融服务管理局、马来西亚证券委员会、墨西哥国家银行和证券委员会、荷兰金融市场管理局、魁北克金融市场管理局、新加坡金融管理局、西班牙证券市场委员会、瑞士金融市场监督管理局、土耳其资本市场委员会、英国金融行为监管局和美国证券交易委员会。

〔5〕 See https://www.iosco.org/library/pubdocs/pdf/IOSCOPD669.pdf.

3. 社交媒体和社交媒体影响者。

4. 游戏化在零售市场中的作用和影响。

5. 新型加密资产交易趋势的出现。

6. 欺诈活动的演变和零售欺诈的新趋势。

7. 跨境问题和挑战引发的多元监管问题。

8. 产品干预方法。

(三)消费者圆桌会议和 AMCC 的反馈意见

除了咨询报告的反馈意见外,RMCTF 于 2022 年 3 月召开了两次利益相关者圆桌会议。此外,还与拥有自律监管组织(Self - Regulatory Organization,SRO)权力的成员组成的 AMCC 举行了一次联合信息会议,以了解其零售市场行为的相关工作情况以及对近期发展趋势和问题的看法。双方就零售市场的前景和积极的活动交换意见如下:

1. 由于零售参与者数量的增加、数字化和低成本的在线交易平台的大量涌现,预计未来零售参与度将有所提高。

2. 大规模的教育运动可能有局限性,因此必须辅以其他监管工具。

3. 在社交媒体的背景下,需有效利用行为经济学以及各项实践带来的各种好处。

4. 一些信息披露的监管方法可以且应当更加积极主动。

5. 加密资产产品和零售业态适应性是全球关注的问题。

6. 跨境问题可以通过国际警报系统和执法网络来解决。

7. 新冠疫情暴发后的欺诈行为有所增加。

8. 在欺诈者使用的平台上直接对其进行打击可能是一种有效的工具。

9. 可能需要对零售损失采取不同的补救办法和补救机制。

(四)最终报告

最终报告阐述了快速发展的零售交易环境,并提供了一套潜在应对措施,便于监管机构针对零售不当行为问题的监管方法进行制定或强化时予以考虑。本报告基于广泛的利益相关者咨询,包括咨询报告、早期调查反馈、产业延伸以及 IOSCO 成员提供的其他信息综合作出。本报告认为,潜在的"放大因素"会对散户投资者造成伤害——包括散户交易数量增加和散户行为方式改变,不断变化的诈骗活动、关键性行为问题,以及社交媒体、数字化等技术因素对零售交易的影响。虽然本报告的重点不是阐述新冠疫情对散户投资者趋势和行为方式的影响,但IOSCO已经观察到,针对新冠疫情的应对措施(如政府封锁、企业关闭和经济支持措施),以及针对散户投资者的欺诈活动增加等更广泛的趋势对零售消费者行为和零售交易模式的影响。IOSCO先前报告与零售交易和投资者保护问题密切相关,可能会与本最终报告一并审议,这些报告列于附件1。

二、不断变化的零售交易格局

1. 据报道,2020年和2021年1月的市场事件前后,资本市场的散户投资者参与度和零售交易量都有所增长。究其原因,与当前宏观环境("长期低利率"或"通货膨胀迅速加剧")、技术发展和人口趋势以及诸如新冠疫情和近期全球地缘政治紧张局势等意外中断相关的多种因素密切相关。

2. 散户投资者参与度的提高在一定程度上由人口趋势推动。散户投资者的脆弱性不止与年龄有关,所有年龄段的投资者都可能会遭受风险。因此,监管机构需要对外部环境和投资者行为的变化作出反应。

3. 技术的发展正在改变散户消费者与金融服务和产品互动的方式。越来越多的人使用在线交易平台、App以及社交媒体来推广证券和其他金融产品的发行。因此,技术的发展带来了各种各样的行为风险。

4. 不同资产类别在散户投资者中的受欢迎程度发生了变化,散户投资者对高风险产品(包括零售场外交易、交易所交易杠杆产品和加密资产)的总体投资趋势也在发生变化。投资者日渐表现出对可持续性发展的偏好,以及整个投资价值链中出现的"漂绿"现象加剧了散户投资者面临的风险。

5. 某些零售交易模式可能导致或放大零售风险和损失。市场剧烈波动可能会使散户投资者作出寻求更高回报的行为。快速上升的通货膨胀对散户投资者行为的影响值得IOSCO成员仔细考虑。

6. 散户投资者越来越多地使用杠杆是风险扩大的另一个影响因素。一些IOSCO成员正在采取措施遏制杠杆的过度使用。

7. 越来越多的散户投资者选择进行"自主交易",技术发展可能会支持散户投资日益"游戏化"。这些趋势可能会导致经验不足的投资者实施比原先更频繁的交易行为,并承担超出其承受能力和财务能力的风险。

本章阐述了当前复杂且快速发展的零售交易格局。不同的法域可能会在不同程度上呈现出本章所分析的趋势。IOSCO 根据其成员和利益相关者的反馈观察到的主要趋势如下。

(一)散户投资者的参与度不断提高

RMCTF 在 2020 年 12 月的报告中指出,零售交易量有所增加,在新冠疫情期间增量尤为显著。RMCTF 的调查试图对这一初步发现进行跟进,获取有关散户投资者的股票交易占整体股票交易的大约百分比和交易总量的信息。许多调查受访者观察到零售交易活动有所增加(其中一些增幅非常显著,尤其是 2020 年的股票交易),数据显示,在某些法域,开户数量和新零售交易商数量激增,超出了历史标准。一些法域的交易参与度也显著提高。[6] 例如,一些学术评论员观察到,在新冠疫情暴发之后,美国市场的散户投资者参与度大幅增加。历史上,零售交易量平均占美国股票交易总量的 10% 左右(在新冠疫情暴发之前)。[7] 而据报道,这一数字在 2020 年翻了一番,达到 20% 左右,并在 2021 年 1 月的市场活动中占比高达 26%。[8] 其他一些报告也显示,由于在美国股市和期权市场中,[9] 大部分的交易量来自散户投资者,所以零售交易量的

---

〔6〕 一些司法管辖区在 2021 年对这些数量进行了修正。See Larry Tabb and Jackson Gutenplan, "Retail Traders Alter Market Dynamics", Bloomberg Intelligence (July 13, 2021); Bloomberg Intelligence, Market Structure Dashboard Equity Volume Segmentation Estimates (accessed Sept. 24, 2021). This research attributed the increase primarily to commission – free trading. 这项研究将这一增长的主要原因归于免佣金交易。

〔7〕 See Brad M. Barber et al., Attention – Induced Trading and Returns: Evidence from Robinhood Users (Working Paper, Feb. 2, 2021), Ivo Welch, The Wisdom of the Robinhood Crowd, Journal of Finance (Forthcoming, last revised Aug. 23, 2021).

〔8〕 See Caitlin McCabe, It Isn't Just AMC. Retail Traders Increase Pull on the Stock Market, The Wall Street Journal (June 18, 2021).

〔9〕 根据芝加哥期权交易所全球市场(Cboe Global markets)的数据,在美国股市,2018 年的日平均交易量为 73 亿股,2019 年为 70 亿股。随着新冠疫情暴发,这一数字大幅扩大,2020 年 2 月的日交易量达到 93 亿股,2020 年 3 月达到 156 亿股,2020 年全年的平均日交易量为 109 亿股。截至 2021 年 6 月 30 日,美国股市日均成交量为 126 亿股。See, eg, U. S. Equities Market Volume Summary, Cboe Global Markets, (last visited June 30, 2021). 在美国股票期权市场,2018 年平均每天交易 201 亿份合约,2019 年平均每天交易 191 亿份合约,2020 年平均每天交易 290 亿份合约。See, eg, U. S. Options Market Volume Summary, Cboe Global Markets, (last visited June 30, 2021).

增加与美国股市和期权市场交易量的增加相吻合。[10]

此外,IOSCO 圆桌会议的调查结果显示,由于数字化程度的提高和低成本在线交易平台的普及,预计零售参与度仍将持续增长,尤其是更精通技术的年轻投资者,他们更容易受到社交媒体的影响,从而提高了该人群的零售参与度。对高回报的追求往往伴随对风险程度的误解,在这种情况下,数字化和游戏化是推动力,正是这两种渠道为散户投资者提供了便捷的投资途径。交易的快速发生也给监管机构带来了巨大挑战,要求其加快对不当行为的发生的反应速度。

(二)影响散户投资者参与的因素

影响散户投资者参与的因素也可能影响该行为的性质和类型。散户投资者参与度上升的原因是复杂且多元的,下面将进一步探讨其中的一些因素。

1. 人口趋势及社会和心理因素

某些人口趋势可能会推动散户投资者参与度的增长,[11] 当前的市场和政府对新冠疫情的反应则可能会加快这一增长趋势。各 IOSCO 成员报告称,散户投资者的平均购买年龄在逐年下降,年轻投资者的股票交易比例显著上升。为英国金融市场行为监管局(Financial Conduct Authority,

---

〔10〕 在一项基于2020年上半年交易数据的研究中,英国金融监管局发现,散户投资者在危机时期改变了他们的投资行为,他们的做法与机构投资者不同。散户投资者越来越多地被股票市场吸引,他们不受股市高波动性影响,选择了成熟的蓝筹股。英国市场数据显示,在2021年前四个月,四家交易公司新开了115万个账户,几乎是所有其他零售投资服务所开设账户总数(63.2万)的2倍。受 GameStop 和其他模因股波动期间投资激增的影响,其中一半是在2021年1月开设的。同样,香港市场数据显示,近期大专学生的交易参与率从2%上升到18%。

〔11〕 例如,美国金融监管局(FINRA)发起的一项调查显示,与经验丰富的投资者或现有账户持有人相比,2020年开立账户的投资者群体在种族和民族方面更加多样化。与年长和经验丰富的投资者相比,年轻和新投资者的账户余额较少。See FINRA Investor Education Foundation and NORC at the University of Chicago, Investing 2020: New Accounts and the People Who Opened Them (Feb. 2021). 在另一种情况下,Robinhood,一家经纪公司,提供的国会证词中表明,在其1300万个账户中,用户平均年龄为31岁,账户余额中值为240美元,平均账户规模为5000美元,约一半的用户自认为是首次投资者。Robinhood 在2021年7月1日提交的 S-1 文件中进一步指出,在其客户中,股票是最受欢迎的资产(截至2021年3月31日,托管资产约为650亿美元),其次是"加密货币"(约115亿美元)和期权(约20亿美元)。

FCA)进行的一项研究表明,有一批新兴的、独特的、更多样化的受众已经参与到自主投资中来了。[12]

关于投资者的性别,成员们报告了基于不同性别的交易分布的趋势。有趣的是,一位成员指出,在最近一段时间内,新晋女性投资者的比例急剧上升。[13]

在收入方面,很难得出一个普遍性结论。一些 IOSCO 成员报告称,新型投资者的收入更低(也更年轻),账户余额也比经验更丰富的同行要少。与这种年轻化的因素相吻合,促使二三十岁的人对投资产生兴趣的因素是“可以用少量资金进行投资”。

人口因素,主要是年龄和世代,可能不仅会影响散户投资者的参与度,还会影响散户投资者的行为,包括:

(1)年轻投资者可能倾向于减少对股票和债券等“传统”证券的投资,而是选择更多地投资于交易型开放式指数基金(exchange traded fund,ETFs)、杠杆证书和差价合约(contracts for differences,CFDs)。年轻投资者可能更倾向于投资海外公司(直接或通过 ETFs、共同基金和集体投资计划等)。

(2)数字交易平台的用户普遍较年轻,他们可能更倾向于高风险产品。此外,为 FCA 进行的一项关于了解自主投资者[14]的研究发现,一个更年轻、更多样化的投资者群体更有可能使用新出现的投资 App,并在社交媒体上寻求投资建议。这些新型受众往往被高风险投资吸引,但其对风险的理解水平与个人承受损失的财务能力较低。

这些例子还强调了一个事实,即可能需要针对不同群体的具体情况采取不同的保护措施。所有年龄段的投资者都可能遇到挑战,散户投资

---

〔12〕 See https://www.fca.org.uk/publication/research/understanding-self-directed-investors.pdf.

〔13〕 ASIC 强调,女性投资者往往持有较少的资产,多元化程度较低,更倾向于规避风险,对投资选择的认识也较少。女性投资者也更倾向于制定投资策略并坚持下去,甚少审查自己的投资组合,同时较少因市场波动(包括新冠疫情暴发)而作出改变。

〔14〕 同前注〔13〕。

者的脆弱性不仅与年龄有关,[15]还可能与以下几个方面密切相关:

(1)年轻人是否有足够的退休储蓄。

(2)拥有更多可投资资产的人是否可以获得合适的建议。

(3)特定群体是否更容易受骗。

监管机构还需要对外部条件或投资者行为的变化作出反应。[16] 尽管风险偏好有所增加,但 IOSCO 咨询的一些受访者不赞成根据人口统计数据加强或量身定制投资者保护措施。一般来说,散户投资者的高水平金融素养被认为是不同投资者保护措施的最重要特征。虽然公共当局对调查咨询的回应均倾向于赞成对所有散户投资者采取行动,但私营部门的回应更为多样化。大多数人支持针对金融知识水平和抵御金融财富下滑的能力进行一般性监管干预,而不是对年轻投资者等实施更严格的措施。这些受访者认为,监管应集中于更广泛的金融素养上,而不是采取更侧重于人口统计学的方法。

2. 当前宏观经济形势

不断变化的宏观经济条件可能会影响零售交易量,同时促进机会主义和掠夺性零售市场行为,这将在第 4 章中进一步探讨。最初,由于长

---

〔15〕 FCA 的财务调查报告称,在 18 ~74 岁的所有年龄组中,具有一种或多种脆弱性特征(包括健康状况不佳、经历负面事件、财务弹性较低或能力不足)的成年人比例相似(44% ~46%)。具有一种或多种脆弱性特征的成年人比例最高的年龄组是 75 岁以上(57%)。此外,英国一家研究咨询公司 Ignition House 为 FCA 进行的《零售分销与金融咨询市场评估》研究发现,在更有可能需要退休计划支持的成年人中,只有 53% 的人在过去 12 个月内(截至 2022 年中期)接受到了与退休计划相关的支持(https://www.fca.org.uk/publication/research/ignition – house – consumer – research – report.pdf)。

〔16〕 FCA 引用的两项政策是一个很好的例子,说明如何在影响两种不同类型消费者群体的问题上实现这一监管目标:(1)继 2015 年英国引入"养老金自由"以及雇主养老金计划从固定收益转向固定缴费之后,消费者不得不在养老金计划中承担更多的责任和更高的投资风险。FCA 正在采取各种措施来帮助这群投资者。(2)同样,受一系列因素的影响(包括长期的低利率环境、通过投资 App 增加投资的可能性、在社交媒体上分享信息,以及疫情期间储蓄水平的大幅提高),现在的年轻人也在进行投资。FCA 保护投资者的措施包括:制定更强有力的规则,帮助解决鼓励投资高风险产品的误导性广告问题,以及开展投资者教育活动,让年轻投资者更加了解投资风险。https://www.fca.org.uk/news/press – releases/fca – clamps – down – marketing – high – risk – investments – consumers.

期的低利率环境,零售业可以获得"廉价债务"的宏观环境,这可能促使散户投资者在面临日益加剧的通货膨胀环境时,寻找据称回报率更高的投资活动。在这种背景下,快速上升的通货膨胀对投资者行为的影响值得仔细考虑。[17]

作为一个重要的警告,FCA 提请注意当前环境中潜在的零售危害风险。许多消费者赞赏新投资渠道带来的投资便利;然而,由于缺乏摩擦,消费者更容易绕过现有的保障机制,作出错误的决定。这种便利性辅之目前较高的生活成本,可能是一个潜在的风险放大剂。较高的生活成本可能会增加投资者的风险偏好,因为他们在寻找能够战胜通货膨胀的投资活动。这可能会导致消费者被迫不合时宜地从他们的投资中抽取部分资金,并由此遭受损失(如果市场恶化),以填补他们家庭支出的增加。由此导致的一些问题如下:

(1)消费者可能会转向高风险或不受监管的投资,以寻求更高的回报,这会增加他们受骗的风险。

(2)未经指导的消费者可能会因投资高风险或不受监管的投资,而使自己遭受超出其承受能力的更高风险。

(3)投资者还可能因未经授权的养老金提取骗局而提前提取或收取惩罚性费用,从而遭受本可避免的损失。

(4)按管理资产的一定比例收费的公司收入下降,这可能是由于提款频率上升、储蓄率下降以及投资业绩不佳。这可能促使公司开发新的、潜在高风险的产品或服务来增加收入。

3. 新冠疫情的应对措施——背景和政府措施

在新冠疫情封锁期间,通过传统面对面接触渠道的支出减少,或者可能是官方部门的刺激措施提供了财政救济,从而导致更多的零售投资储蓄投资于资本市场。正如各 IOSCO 成员所强调的那样,屏幕使用时间(甚至如一位成员所强调的"无聊")和业余时间的增加,以及投机(或类似于赌博类)活动对某些投资者群体的吸引力的提高,可能是零售投

[17] FCA 对 1009 名 40 岁及以上有工作或私人养老金的英国成年人进行的消费者调查研究发现,1/4(25%)的人会考虑提前从养老金中取款,以支付生活费用。https://www.fca.org.uk/news/press-releases/fca-research-quarter-consumers-would-withdraw-pension-savings-earlier-cover-cost-living.

资总量上涨的其他因素。[18]

IOSCO 收到的咨询报告反馈还证实,新冠疫情的暴发和数字化程度的提高,增加了散户投资者市场中欺诈行为的现有驱动因素和产生条件。2020 年的总体诈骗峰值似乎有所减弱,但情况仍然相同,数字领域的风险仍然存在,整体诈骗数量呈上升趋势,给监管机构带来了挑战。有报道称,虚假筹款活动,特别是与俄乌冲突有关的筹款活动,在引诱人们进行捐款。这只是另一种利用散户消费者的策略,它与其他不当行为共同减损了金融市场中的信赖度。

(三)技术变革

零售市场中发生的技术变革不仅影响了散户投资者参与市场活动的方式(下文将讨论),还从根本上改变了零售市场结构和相关行为模式。从全球范围上看,由于各种原因,散户投资对数字交易平台的使用率较高。[19] 社交媒体对零售交易行为的影响越来越大,IOSCO 成员在调查回复中将其列为影响零售交易行为的最重要趋势之一。咨询反馈证实了 IOSCO 成员对社交媒体影响散户投资者行为的看法。社交媒体不仅鼓励零售市场投资者的参与,它对消费者沟通方式的影响还可能会进一步影响消费者投资的金融产品类型(如高风险产品),以及他们的投资方式(如通过数字平台)。

社交媒体可通过积极的方式使用,即减少信息不对称。然而,尽管有潜在的好处,但社交媒体可能会在跨境的基础上传播与各种产品和服务有关的信息,而且不一定会受到充分的监督。此外,社交媒体还可能通过互联网广告、社交媒体影响者传播误导性信息,从而导致有害行为和欺诈行为的发生率大幅度提高,如身份盗窃和“拉高出货”骗局。有关社交媒体影响的详细分析,请参见后文社交媒体对零售交易行为和决策的影响。

---

〔18〕 日本证券交易商协会的研究还显示,在所有以投资者身份接受采访的对象中,约 60% 的人在新冠疫情期间开始、扩大,以及继续投资。这种投资活动增加的趋势在较年轻的年龄组中尤为明显。

〔19〕 例如,日本金融厅报告称,网上交易证券账户的数量已经从 2020 年 3 月的 3000 万增加到 2021 年 3 月的 3300 万。此外,另一个例子是,在中国香港,82% 的投资者已经转向数字交易平台。

技术转型——以技术为基础的新型商业模式、竞争加剧以及交易成本降低

新型平台和产品可能促进了零售交易活动的增加。在所有因素中，IOSCO 成员和利益相关者都强调技术发展至关重要，是“改变游戏规则”的因素。

首先，技术进步可能会拓宽散户投资者获得金融产品和服务的渠道，并成为吸引更多散户投资者进入资本市场的催化剂。

(1)技术进步可能会改变散户投资者与金融公司的互动方式。智能手机中的交易平台以及移动和在线交易 App 的出现，使散户投资者更容易开展交易、进入股票市场。技术的进步提高了零售投资的可及性，交易 App 数量大幅增多。[20]

(2)散户投资者越来越多地参与自主交易，技术发展可能会促使散户投资日益“游戏化”。

(3)通过最少的实体接触点和方便用户使用的廉价经纪平台，增加了进入市场的机会。

(4)多年来有效利用数字技术简化网上开户流程和 KYC 在线注册流程。

(5)数字模式下信息的可得性。

其次，新的商业模式伴随着这种转变，包括基于移动 App 的“免佣金”平台的出现、有针对性的营销，以及低成本或无成本经纪人广告服务，使散户投资者交易难度大幅降低。互联网证券经纪商之间的竞争也导致了费用或佣金的大幅减少，网络券商(也被称为订单的交易商或自主投资商)的出现可能也促成了这一模式。一些成员还强调，小额股票交易的普及，是推动零售交易总量增加的一个潜在因素。这些因素都可能使零售交易活动增加。[21] (后文将在自主交易的趋势下进一步讨论)

再次，技术变革也改变了散户投资者沟通和交换信息的方式。一些

---

〔20〕 新闻报道称券商 App 下载量明显增加，包括 Robinhood(超过 300 万)和 Webull(超过 80 万)。See Maggie Fitzgerald, Robinhood Appears to be Benefiting from the TradingControversy, Seeing Record App Downloads.

〔21〕 例如，美国最近的研究将增长原因归纳为免佣金交易。参见 Tabb and Gutenplan, Retail Traders Alter Market Dynamics，见脚注引文 5。

IOSCO成员强调,社交媒体对散户投资者决策的影响越来越大。

最后,基于技术创新的某些新产品越来越受欢迎,从而使技术发展影响了金融产品本身的演变,正如围绕加密资产的宣传和炒作所经历的那样,这些资产已直接向客户营销。这一问题将在后文加密资产趋势及相关风险中进行详细分析。

(四)散户投资者在资产类别方面的投资趋势

调查结果突出了各资产类别受欢迎程度的不同趋势,这些趋势在不同法域可能大致相似(见表1)。

表1　散户投资者在资产类别方面的投资趋势

资产类别	散户投资者投资趋势
ETFs	ETFs在全球范围内越来越受欢迎,因为ETFs允许投资者进行灵活和简单的小额投资活动。[22](为不打乱原文脚注排序,本译文表注一律以页下注方式呈现。——译者注)在某些司法管辖区,散户投资者对ETFs的兴趣呈上升趋势,而在其他司法管辖区则明显高涨
可转让证券集体投资计划(Undertakings for Collective Investment in Transferable Securities, UCITS)/共同基金	与ETFs类似,UCITS/共同基金也提高了散户投资者的参与度
加密资产	近年来,持有加密资产的散户投资者数量一直在迅速增长。加密资产市场参与者可能在境外运营,或者不遵守大多数法域的监管制度。加密资产交易的数据不够完整,也可能不够准确[23]
普通股	由于股票是最受欢迎的资产类别之一,许多成员都注意到散户投资者的股票交易有所增加。与发达市场相比,新兴市场的散户投资者在股票交易中的份额仍然较高

〔22〕 例如,就美国上市的ETFs而言,尽管新冠疫情带来了一系列负面影响,但ETFs行业2020年的年现金流入量比2019年高出55%,打破了纪录。

〔23〕 比特币作为市场份额最大的加密资产,在全球范围内的受欢迎程度稳步上升。正如一位IOSCO成员所指出的,在监管机构和政府讨论如何最好地监管这一行业时,加密资产行业参与者仍可以从事跨境交易。

续表

资产类别	散户投资者投资趋势
零售场外杠杆产品	零售参与在 CFDs 等杠杆产品中占据主导地位,由于封锁和新冠疫情引发的波动,这些杠杆产品进一步受到欢迎,这使得更多投资者能够在投入更少资金的情况下进行短期交易
固定收益	公司债券等某些细分市场主要由机构投资,很少有散户投资者的参与。不过,某些固定收益产品,如政府债券,仍然受到散户投资者的欢迎
其他资产类型	一位成员回应称,散户投资者倾向于投资具有市场部门风险或其不太熟悉参考指数的风险产品,如石油 ETF[美国西得克萨斯中质原油(WestTexas Intermediate,WTI)],当石油价格在 2020 年 3 月出现负增长时,他们就会遭受损失。期货交易大幅增加,2020 年 3 ~4 月新冠疫情流行期间的美国尤甚

总的来说,从调查反馈中提取与不同资产类别零售交易细分相关的可比性结果是具有挑战性的,成员们提交的统计数据并不相同。例如,在调查反馈中不清楚的一个方面是散户投资者资金(例如,工作场所养老金计划,多元化退休投资组合或仅用于“赌博”或“娱乐”的资金)投资于风险较高产品的比例和来源。然而,调查结果清楚地显示了不同资产类别的零售投资趋势,凸显出零售投资量在总交易量中所占的份额越来越大,在某种程度上,对散户投资者而言,其更偏好于风险更高的陌生资产类别。此外,一些受访者认为,数字化、社交媒体的存在和联系更加紧密的金融世界,是提高散户投资者参与度的驱动力,尤其是年轻投资者。

总体而言,咨询反馈强调了技术的积极方面,同时指出了随之而来的各种风险。从资本增长和普惠金融的角度来看,投资的显著增加可能是积极的;然而,也可能带来消极影响,例如极端推动不合理的风险投资,与更传统的市场相比,市场行为的透明度明显降低。与此相关,受访者支持对某些产品(如杠杆或短期产品)的零售投资或交易行为进行限制。

(五)零售风险偏好增加

一些 IOSCO 成员注意到,散户投资者越来越被高风险投资机会吸引,加密资产、外汇(foreign exchange,FX)、CFDs、杠杆证书和小盘证券等高风险投资越来越受欢迎。一些 IOSCO 成员报告称,尤其是在零售市场上,加密资产使用频率有所增加,而大多数作出调查反馈的成员则发现高风险投资有所增加。根据一些 IOSCO 成员的反馈,总体而言,平均散户投资规模较小,但如前所述,积极投资的散户数量很多,而且在不断增加。[24] 在追求收益的过程中转向风险较高的产品,可能会使散户投资者面临设计不良、销售低价值产品、欺诈和市场滥用等风险。

(六)市场波动与散户投资者行为

相比于长期投资,散户投资者在波动的市场环境中有可能获得短期收益,因此波动的市场环境可能对散户投资者更具吸引力。新冠疫情带来的宏观经济影响和地缘政治紧张局势凸显了一个问题:市场波动性加剧且具有不可预测性。IOSCO 成员强调,市场波动加剧是放大散户投资者风险的一个重要潜在因素,如果散户投资者过度投资、跟随短期趋势入市或使用杠杆,“市场回调”的风险将使他们遭受严重损失。成员们强调的近期市场波动的具体事件包括以下几个方面:

1. 新冠疫情暴发(2020 年第一、二季度,特别是 2020 年 2 ~ 3 月)。

2. “GameStop”和“Meme Stock”市场波动(2021 年第一季度,特别是 1 月底至 2 月初)。[25]

3. 疫苗新闻(2020 年 11 月市场出现短暂波动)。

4. 商品衍生品和实物商品市场波动(2021 年 1 月、2022 年 3 月,受俄乌冲突影响)。[26]

---

[24] 根据 FCA 的研究——《消费者投资:战略和反馈声明》,英国近 70% 的消费者认为他们可以自己作出投资决策,只有 8% 的人在过去 12 个月里接受过财务咨询。

[25] “Gamestop”和“Meme Stock”市场在某些司法管辖区出现波动,主要是在美国股市,并受 Reddit 的 WallStreetBets 和其他社交媒体活动的影响。爱尔兰、英国、魁北克省和安大略省等其他司法管辖区在 2021 年第一季度也观察到类似的 Meme Stock 的波动和趋势。

[26] 美国全国期货协会(NFA)观察到,纽约商业交易所(COMEX)的白银期货创下了 8 年来的最高价格,并超过十多年来的单日最大涨幅。新闻来源将此归因于社交媒体平台推动的投机交易,包括 Reddit 的 WallStreetBets。美国商品期货委员会(Securities and Exchange Commission,CFTC)还观察到,越来越多的贵金属推广商和交易商鼓励投资者援引《冠状病毒援助、救济和经济安全法》(CARES Act)的分配规则(该法案规定了退休计划和个人退休账户的特殊分配选择权和累计规则,并扩大了特定退休计划的准许贷款范围),将他们的退休储蓄转化为金币或银币的投资,自主的黄金个人退休账户,或对实物金属进行杠杆式交易。

美国市场最近经历了一系列市场波动，比如在2021年1月发生的GameStop Corp（GME）事件和其他所谓的"模因股"现象。2021年10月，美国证券交易委员会（Securities and Exchange Commission，SEC）工作人员发布了一份工作报告，重点关注2021年1月GME和其他股票的交易活动，当时由于个人投资者看涨的情绪充斥在社交媒体之中，这些股票的股价大幅上涨。随着这些公司股价的暴涨，人们的关注度也逐渐提高，它们的股票被称为"模因股"。随着1月底的临近，几家零售经纪交易商暂时禁止了其中一些股票和期权的某些交易活动。GME汇集了影响模因股的所有因素：价格大幅波动、成交量大幅变化、大额空头利息、Reddit（一些年轻的自我投资者使用的社交媒体平台）的频繁提及，以及主流媒体的大量报道。由于模因股事件提出了几个关于市场结构的问题，工作报告还为个人投资者提供了股票和期权市场结构的概述。报告的最后，工作人员确定了市场结构和监管框架，供今后研究和深入思考，具体包括：可能导致经纪公司限制交易的因素，数字化参与营销实践、稀释每股收益（digital engagement practices，DEPs）和订单流支付（payment for order flow，PFOF），暗池交易和批发交易，卖空的市场动态。[27]

RMCTF在其成员的调查中提出了一个具体问题，即IOSCO成员是否观察到散户投资者的集体行为影响了市场定价，并在某些情况下操纵了市场。对这一问题的答复表明许多法域没有观察到任何此类集体行为。

根据调查反馈，除了少数市场外，绝大多数IOSCO成员没有观察到零售交易量的增加或减少与市场波动之间存在任何关联。各成员虽报告称，自新冠疫情暴发以来，市场波动性仍处于较高水平，但他们并不认为零售交易扭曲了市场。相反，调查结果显示，市场波动受到如宏观经济环境、市场表现、投资者情绪、资金流动、海外货币政策、增值税征收、石油或商品价格以及整体流动性状况等其他外部因素的影响。散户投

---

〔27〕 2022年12月，SEC宣布了与股票市场结构和最佳执行有关的新规和修正草案。See SEC Proposes Amendments to Enhance Disclosure of Order Execution SEC Proposes RegulationBest Execution，SEC Proposes Rule to Enhance Competition for Individual Order Execution，and SEC Proposes Rules toAmend Minimum Pricing Increments and Access Fee Caps and to Enhance the Transparency of Better Priced Orders.

资者是机会主义者,在价格下跌时入市获利。[28]

IOSCO 成员已经采取了各种措施来应对市场波动,例如熔断机制、价格上下限、卖空措施和更高的保证金要求,以减轻极端波动对股市产生的影响。[29]

(七)散户投资者对杠杆的利用日益增多

杠杆增加了投资者保证金对相关资产的价格变动的敏感性,并加剧了突然亏损的风险,这反过来又意味着止损等传统交易控制措施可能会失效。对散户投资者而言,杠杆的一个相关风险是它在一定程度上可能会增大遭受损失的概率,而不是更大收益的概率。这是一个关键的风险,尽管有信息披露或书面警告,但散户投资者可能无法完全理解。[30] 因此,杠杆是零售损失与零售风险的重要放大器。IOSCO 成员的反馈显示,在 IOSCO 成员管辖区内,散户投资者使用杠杆的趋势并不一致,而并非所有 IOSCO 成员都掌握相关数据,因此不能准确报告相关趋势。但报告中仍载明以下情况表明杠杆率有所上升:

1. 散户投资者的 CFDs 交易。

2. 杠杆式反向交易基金(ETPs)以及杠杆式 ETFs 等齿轮产品增加。

3. 投资者借贷投资、保证金交易和经纪商提供的融资、融券贷款的数量增多。

4. 零售空头头寸。

5. 使用期权。

6. 使用远期。

7. 杠杆证书。

---

〔28〕 在一项有趣的研究中,FINRA 发现,在 2020 年上半年,美国散户投资者(和非投资者)普遍意识到了股市波动情况,几乎没有进行相应的交易活动。交易并不普遍,大多数家庭并没有对市场恢复到疫情前水平的能力表现出强烈的负面情绪或高度悲观。受访者表示,普通投资者对金融市场的公平性信心较低。See FINRA Investor Education Foundation and NORC at the University of Chicago, The Impact of Pandemic – Related Volatility on Stock Market Expectations and Participation (Oct. 2020).

〔29〕 例如,在 2021 年 4 月,意大利公司和交易委员会发布了关于“股票交易中的异常波动案例以及社交论坛和网络交易平台的使用”的声明,提请市场、投资者和监管机构注意波动事件的潜在跨境影响和特定新颖性事态。

〔30〕 部分摘自欧洲证券和市场管理局(ESMA)2018 年 5 月 22 日关于暂时限制欧盟 CFDs 的第 2018/796 号决定。

不同的法域出台了各种措施,报告了散户投资者杠杆使用频率的上涨趋势。这些措施主要对可使用杠杆进行了限制,据报道这些措施是有效的。[31]

与此相关,考虑企业所使用的工具和营销实践也十分重要。在一些新型投资应用中,有高达10%的支付来自信用卡,有些企业甚至通过在广告中强调信用卡支付的能力来鼓励这种做法。[32]

(八)隐性收益和利益冲突的披露

在经纪商使用隐性创收机制的背景下,一位受访者提请注意投资公司中持续存在的利益冲突,投资公司设计并提供零售场外杠杆衍生品,如CFDs,这些衍生品通过公司自己的在线场外交易平台向散户投资者进行营销以及分销。人们担心,特别是在CFDs市场中,由于散户投资者无法对任意定价机制进行评估,在利益冲突尚未完全解决的背景下,这会给散户投资者带来潜在的不利影响。

此外,当在市场中默示或明示零成本时,散户投资者往往不清楚隐性成本这一概念。一些IOSCO成员指出,虽然费用和收费应当是明确透明的,但事实上并非如此。例如,这些成员已经注意到,应该有一个统一的方法来披露FX费用和即时结算的原因,这可能会收取更高的费

〔31〕 例如,2016年,比利时金融服务和市场管理局(FSMA)决定禁止向散户投资者分销通过电子交易系统交易的衍生工具,即二元期权,持续时间少于一小时,直接或间接涉及杠杆的使用(该规定不适用于获准在受监管市场或由市场运营商运营的多边交易设施进行交易的衍生工具)。2019年,ESMA采取了一些措施,旨在遏制CFDs和二元期权产品向散户投资者群体日益激进的营销行为。在这些措施失效后,各成员国采取了类似措施。在ESMA采取措施之前,欧洲监管机构发现,一些公司提供的利润率"令人发指",在某些情况下为1∶400~1∶500,最高可达1∶1000。欧洲各司法管辖区称,2019年采取的共同措施是有效的,散户投资者损失减少,盈利账户数量增加。ASIC也制定了类似于欧盟杠杆使用限制的措施。FCA完全禁止向散户投资者出售二元期权,并对散户投资者签订CFDs施加各种限制要件。其他成员国,如日本、新加坡和一些新兴市场,已经引入或实施了最低保证金制度,以限制散户投资者使用杠杆。

〔32〕 FCA发布的《研究报告:2021年加密资产消费者研究》显示,购买加密资产的消费者中,有14%的人使用了某种形式的借款。安大略省证券委员会(OSC)亦报告了类似的趋势。

用。这个问题很重要,因为许多经纪商收入的绝大部分来自 FX 费用。[33]

一些 IOSCO 成员同时强调,许多国家的利率不断上涨,由于散户投资者的收益因通货膨胀而减少,所以这可能会对散户投资者产生负面影响。当服务提供商不提供与交易账户挂钩的现金利息时,就会出现这种情况,这反过来又会使平台中实际交易成本高于在低利率背景下计算出的理论成本。

(九)自主交易的兴起

电子商务的迅速普及和在线支付技术的进步(如实时转账)使人们更容易使用在线交易平台,包括通过智能手机提供的交易平台,同时使自主交易量大幅增长[34]。以下是 IOSCO 汇总的散户投资者自主交易增加的核心原因:

1. 空头持股受益于盘内波动。
2. 快速或近乎即时开户。
3. 交易费用减少,以及零佣金。
4. 移动 App 和用户友好界面的可用性以及日益增加的使用频率。
5. 分析和执行工具的可用性。
6. 社交媒体的影响力。
7. 在某些法域出现的新经纪商。[35]

这些趋势可能导致缺乏经验的投资者进行更多的交易,承担超出其

---

[33] 新经纪商是一种投资服务提供商,主要提供在线服务(例如,通过移动 App)。通常,新经纪商会最大限度地利用数字技术来提高流程效率。新经纪商不一定是持牌股票经纪人或银行。

[34] 例如,FCA 注意到,已经有越来越多的人持有投资产品,如股份、股票以及不受监管的产品。他们指出,技术进步增加了零售投资的可及性。

[35] 最近,新经纪商的出现,主要是对老牌经纪商提供的服务的补充。他们宣传成本和费用较低,他们提供的服务与老牌在线经纪商提供的服务相比往往是有限的。他们专注于通过浏览器和智能手机中的交易 App 进行证券交易活动。与老牌在线经纪商相比,他们只提供少数交易场所来执行订单,有些甚至只提供一个。参见 BaFin "The promisesneo - brokers make - and the ones they keep"。

承受能力和财务能力的风险。[36] 监管方面的一个主要问题是,如何降低散户投资者投资证券的监管准入门槛,正如下文"数字化参与实践和客户体验的其他变化部门"所分析的那样,游戏化的影响力可能不会随着金融消费者理解程度的提高而相应提高。对散户投资者的金融教育在促进投资者保护方面发挥重要作用,特别是在监管不力或执法行动有限的情况下。因此,监管机构还应考虑相关监管是否与市场发展同步,以及企业的角色、行为和责任。

重要的是,广告和营销策略,特别是不受监管的在线平台的广告和营销策略,可能违反证券法规的要求,并引发投资者保护方面的担忧。这些广告或营销策略可能包括竞赛、促销、奖金和时间限制,以迫使投资者作出决定,从而可能导致散户投资者进行过度或轻率的交易。问题在于,根据金融消费者保护原则[37]和适用性标准(如 IOSCO 关于复杂金融产品分销的适用性要求的报告)或每个法域的监管要求,此类营销策略是否符合客户的最佳利益。IOSCO 成员正在密切关注游戏化趋势,以及广告和营销策略,特别是提供加密资产交易的平台。

(十)PFOF

PFOF 是经纪公司将客户的订单分派给做市商或交易所,通过电子通信网络予以执行时所获得的报酬,旨在促进交易的流动性,同时通过执行交易以获得少量利润。一位受访者提到,正如 GameStop 事件所表明的那样,PFOF 计划可能会损害投资者利益,需要监管部门予以关注。PFOF 仍然是一个有争议的话题,不同的法域对是否允许 PFOF 持有不同的看法。

---

[36] 参见 the US SEC Staff's Joint Public Statement Regarding Complex Financial Products and Retail Investors, October 2020。另参见 FINRA 2022 年 5 月发布的《监管通知》,提醒公司自觉承担起对复杂产品和期权销售的实践义务,并就有效实践和规则改进征求意见。此外,印度的一项市场研究表明,在市场运行期间开始交易的自主投资者倾向于将运气误认为技能,并扩大了其所承担的风险。

[37] 2011 年 11 月 3 日至 11 月 4 日,G20 巴黎峰会通过了经济合作与发展组织(OECD)牵头起草的《金融消费者保护高级原则》,并于 2012 年 7 月 17 日由 OECD 通过。《金融消费者保护高级原则》是为响应 G20 领导人关于加强金融消费者保护的呼吁而制定的,是应对国际金融危机战略举措的一部分,并规定了有效且全面的金融消费者保护框架的要素。

ESMA 担心,PFOF 的受领者很可能不遵守《金融市场工具指令修正草案》(the Markets in Financial Instruments Directive Ⅱ,MiFID Ⅱ),因为 PFOF 的做法会导致经纪公司与其客户之间的利益冲突。[38] 此外,荷兰金融市场管理局(Autoriteit Financiële Markten,AFM)调查了 PFOF 的交易场所,发现 68% ~83% 的 PFOF 场所的交易结果比其他场所差。[39] 因此在荷兰,PFOF 是被禁止的。同样,西班牙证券市场委员会(Comisión Nacional del Mercado de Valores,CNMV)在他们的研究中发现,在 86% 的 PFOF 交易中,提供给客户的价格比其他场所更低。[40] 德国联邦金融监管局(The Federal Financial Supervisory Authority,BaFin)发现,就小额订单而言,PFOF 场所是更优的。尽管其与 ESMA 有同样的担忧,但德国联邦金融监管局并不赞成在欧盟范围内实施禁令。[41] 在美国,SEC 工作人员强调了他们的担忧,即 PFOF 会推动经纪公司或交易商通过各种方式激励散户交易者进行更频繁的交易。此外,SEC 工作人员还强调了 PFOF 可能存在的潜在利益冲突。[42]

(十一)数字化参与实践和客户体验的其他变化

公司在通过数字平台与散户投资者互动时,已经开始采用各种"数字化参与实践"[43](或所谓的"游戏化")。这些实践包括行为提示、差异化营销、类似游戏的功能以及其他设计元素或功能。其中存在一些将

---

〔38〕 ESMA warns firms and investors about risks arising from payment for order flow, 13 July 2021.

〔39〕 Assessing the quality of executions on trading venues, March 2022.

〔40〕 Payment for order flow: an analysis of the quality of execution of a zero – commission broker on Spanish stocks, March 2022.

〔41〕 https://www.bafin.de/SharedDocs/Veroeffentlichungen/DE/Meldung/2022/meldung_2022_05_16_PFOF_Studie.html.

〔42〕 Staff Report on Equity and Options Market Structure Conditions in Early 2021, 14 October 2021.

〔43〕 "数字化参与实践"或"DEPs",包括行为提示、差异化营销、类似游戏的功能(通常称为"游戏化"),以及其他设计元素或功能,旨在与数字平台(如网站、门户网站和 app)上的散户投资者进行互动。See US SEC's relevant Request for Informationand Comments. https://www.sec.gov/rules/other/2021/34 –92766.pdf.

交易体验游戏化,以提高使用率并影响交易行为的方式。[44] 虽然"游戏化"App 的受欢迎程度、使用"游戏化"App 的散户投资者交易水平很难量化,但在 2020 年,IOSCO 成员发现,入市的年轻人数量显著增加,而他们往往是通过交易 App 购买股票的。与此相关,最近的一项研究[45]发现,推送通知会导致投资者承担更高的风险,这种由注意力引起的风险尤其会影响年轻和缺乏经验的投资者。此外,某些游戏化技术可能会激励散户投资者更频繁地进行交易活动,这可能与散户投资者的长期投资目标背道而驰。

SEC 就经纪交易商和投资顾问推行"数字化参与实践"等相关事项发布了一项公众意见征集请求。发布这一请求是为了更好地了解与公司"数字化参与"相关的市场实践情况,为市场参与者(包括投资者)和其他利益相关方提供一个论坛,使他们可以分享其以数字化方式参与交易活动以及运用相关技术手段的看法,还可以促进对现有法规的评估,同时考虑是否需要采取相应行动对其进行监管。[46]

此外,ESMA 于 2021 年 10 月 1 日发布了与散户投资者保护有关的证据征集公告。在证据征集的过程中,ESMA 希望有关人员能够提供相关资料以论证当前监管框架在数字化手段和渠道方面是否适当,并欢迎公众就社交媒体上分享的信息对散户投资者行为产生的影响提出宝贵意见。ESMA 表示,虽然使用游戏化技术可通过简单、便捷的方式传递复杂的信息,但错误使用这些技术可能会促使投资者根据感性而不是理性决策采取行动。[47] ESMA 于 2022 年 4 月 29 日发布了欧盟委员会《关于散户投资者保护的特定方面授权》的最终报告。[48]

---

[44] 例如,CFDs 行业的一个共同特点是提供交易便利(货币和非货币),如奖金、礼品、教程或降低成本,以吸引散户投资者的关注。这些行业的实践活动是游戏化的一个很好的例子。

[45] See Arnold M., Pelster M., Subrahmanyam M. G., 2021, Attention Triggers and Investors' Risk - Taking.

[46] See the U. S. SEC's Request for Information.

[47] 2021 年 2 月 17 日,ESMA 还发布了一份声明,敦促散户投资者仅根据社交媒体和其他不受监管的在线平台的信息作出投资决策,即无法验证这些信息真实性的情况下,应谨慎行事。

[48] See esma35 - 42 - 1227_final_report_on_technical_advice_on_ec_retail_investments_strategy. pdf (europa. eu).

虽然游戏化的实际效果及其可能产生的影响是目前的热点问题,但投资者对潜在风险的认识对于避免零售损失至关重要。游戏化带来的危害在心理层面上体现为对消费者决策行为的影响。此外,为了增强投资者的信心,有关部门应建立适当的监管、监督和执行框架,辅以投资者教育以培养投资者意识。

FCA 看到了自主交易以及能够提高投资者参与度的工具(如游戏化技术)的潜在风险和收益。[49] 一个潜在的风险是,这些工具可能会激励投资者实施类似赌博的行为,这种行为是不恰当的,可能会导致不良后果。游戏化还可能导致不利于有效投资策略的投资行为,例如交易过于频繁(如日内交易)以及"羊群投资"(正如在某些美国科技股上所观察到的那样)。

监管机构应该归纳被游戏化吸引的客户类型。作为 IOSCO 咨询的一个有趣发现,一个相关的行为主题是"投资中的后悔",即大多数投资者在某些时候会作出投资决定,但将来会后悔。[50]

(十二)自主交易

许多 IOSCO 成员注意到,自主交易的水平和数量都在增加。成员们普遍注意到从金融中介机构投资转向自主投资的变化趋势,这一趋势在通过移动 App 和在线平台进行交易的年轻投资者中尤为显著。虽然 FX 和加密资产交易仍被认为是最受欢迎的交易,但自主交易的受欢迎程度也在逐渐上升。SEC 的工作人员正在评估现有监管制度在投资者保护方面的有效性,尤其是对那些拥有自主账户、投资于复杂证券产品的投资者的保护。[51] 在此次审查之后,SEC 工作人员将向该委员会提出适当的建议,以确定是否应该开展新规的制定、指导或其他政策行动。

尽管自主交易可以降低投资成本,这对散户投资者而言是有益的,

---

〔49〕 https://www.fca.org.uk/publications/research/gaming - trading - how - trading - apps - could - be - engaging - consumers - worse.

〔50〕 例如,在之前的一项信托研究中,特许金融分析师(CFA)协会询问散户投资者是否对某项投资决定感到后悔,以及后悔之后他们又采取了怎样的行动。61% 的受访者表示对其过去的投资决定感到后悔。在这些人中,39% 的人决定聘请或更换财务顾问,27% 的人决定不再聘请财务顾问,或者对市场信任度降低,而 34% 的人什么都没做。

〔51〕 参见公开声明 https://www.sec.gov/news/public - statement/gensler - statement - complex - exchange - traded - products - 100421。

但IOSCO成员指出,缺乏对自主交易的具体监管可能会导致投资者保护问题。公司可能在现有的监管结构下豁免运营,以未曾设想过的方式或程度提供产品,举例如下:

1. 使用综合持有人识别码(HIN)结构(或联营协议)以降低交易成本的低成本经纪商。

2. 碎股交易(最初是美国股票,但存在其他例子)。

3. 美国证券的免佣金交易营销(在某些情况下,由PFOF进行补贴)。

4. 零经纪费的交易所交易基金交易(仅适用于买入证券时)——在证券出售时仍要收取经纪费。

5. 复制交易,一些供应商试图推广他们的服务,让没有经验的投资者模仿有经验的交易者对其可能缺乏了解的产品或者市场进行投资。这些产品在一系列论坛上的大量宣传广告支持了这一点。复制交易给散户投资者带来的主要风险包括但不限于:

(1)过度依赖无牌社交媒体影响者的交易策略而导致亏损,无论是由于有问题的策略还是欺诈性"拉高出货"计划。

(2)流动性风险,即在线交易平台中交易工具在市场波动期间流动性不足。

(3)由于较高的点差和隔夜费,与FX复制交易相关的交易费用结构不明确且不透明。[52]

6. 一些行为研究强调,某些投资风险可能源于散户投资者对产品缺乏理解。[53] 在这种情况下,"选择架构"[54]可能是决定散户投资者决策

---

[52] 隔夜费通常是由银行间同业拆借利率(银行向其他银行借款时收取的利率,如伦敦银行同业拆借利率)加上由复制交易平台决定的加价计算得出的。

[53] Lunn P., McGowan F., Howard N., 2018, Do some financial product features negatively affect consumer decisions? A review of evidence, ESRI Research Series 78.

[54] 选择以不同的方式呈现会影响决策结果。正如IOSCO对这个术语的定义,"选择架构是指向消费者展示选择的不同方式。呈现的选择方式不同,从而改变了消费者的选择结果"。See IOSCO Report on Retail Distribution and Digitalisation."选择架构"一词最早由因"助推理论"获得诺贝尔奖的行为经济学家理查德·塞勒(Richard Taller)提出,用来描述如何利用行为经济学的理论来影响选择结果,而不改变其客观价值。

过程的一个重要因素。[55] 因此,一个特定的架构可能会诱使散户投资者比原来更加频繁地进行交易,或者以超出其自身风险承受能力的方式进行交易。此外,追求利润最大化的经纪商可能有充分的动机制定复杂的定价结构,而散户对此很难理解。[56] 这是一个从根本上需要监管和监督的问题,辅之以有效的执法行为,并在一定程度上对投资者进行教育。

(十三)"漂绿"风险增大

"漂绿"可以发生在整个投资价值链中。"漂绿"摧毁了对可持续金融产品披露的必要信任,包括对零售部门的信任。2021 年 11 月,IOSCO 发布了两个旨在解决"漂绿"问题的建议,一个针对资产管理领域,另一个针对 ESG 评级和数据提供商,其中 IOSCO 呼吁对 ESG 评级和数据提供商进行监督。随后,IOSCO 于 2022 年 11 月发出行动呼吁,希望机构和行业协会提高自定规则的标准,促进其成员根据 IOSCO 的建议采取良好做法。[57]

IOSCO 关于《可持续金融市场和产品背景下的散户投资者教育(2022 年 8 月 31 日)》的报告指出,证券监管机构越来越关注可持续金融主张是否准确,以及投资者是否拥有评估可持续金融产品所需的信息。为了作出明智的决策,散户投资者需要了解此类产品的特征。因此,该报告明确了一些主要挑战和合理做法,以制定有关这些事项的教育内容,并开展教育活动,向投资者告知可持续金融投资的特点和风险。此外,该报告列举了监管机构应当考虑开展的教育活动的类型,同时将可持续金融和散户投资者在市场中的参与度考虑在内,举例如下:

1. 向散户投资者介绍如何获取与可持续发展相关的信息,以及如何搜索和理解其所提供的产品是否符合他们对可持续发展的相关偏好。

2. 支持市场参与者提出的倡议,帮助散户投资者了解 ESG 认证、标

---

[55] Thaler, R. H. & Sunstein, C. R. (2008). Nudge: Improving Decisions about Health, Wealth, and Happiness. Yale University Press.

[56] Carlin, B. I. (2009). Strategic price complexity in retail financial markets. Journal of Financial Economics, 91(3), 278 -287.

[57] IOSCO 可持续金融工作组于 2022 年 11 月发布了一份行动呼吁附带促进良好做法的工作流程,其中包含 IOSCO 在 2021 年 11 月发布的报告中提出的建议。See Callfor Action (IOSCO Good Sustainable Finance Practices for Financial Markets Voluntary Standard Setting Bodies andIndustry Associations).

签和评分，并鼓励和促进培训活动的开展，帮助金融顾问更好地理解"漂绿"行为，以及应采取怎样的措施保护投资者免受未经证实或误导性的可持续性主张的影响。

在此背景下，该报告强调了可持续金融教育的三个目标。

第一，提高认识。各调查报告均强调，并非所有散户投资者都能够意识到存在不同类型的可持续金融产品（在某些情况下，他们不知道ESG代表什么）。在其他情况下，散户投资者需要认识到与可持续投资相关的风险和机会。

第二，加强理解。目前情况的特点是缺乏共同的语言、定义、标签、衡量标准等，这是一个既定事实，不应妨碍监管机构采取行动。提高投资者对当前形势的认识是第一步，但监管机构还应帮助散户投资者了解什么是可持续投资、在哪里可以找到可持续金融产品的基本信息、对可持续金融产品的期望是什么、如何减轻"漂绿"行为的风险，以及其他可供散户投资者予以考虑的有价值的信息。

第三，将认识和理解转化为知情决策。金融教育可以帮助散户投资者识别机会和降低风险，以支持其作出更好的金融决策。

该报告补充了IOSCO在该领域作出的其他努力，包括可持续金融工作组的工作，该工作组建议"证券监管机构和政策制定者应考虑制定与可持续性相关的金融和投资者教育举措，或者在适用时加强现有的与可持续性相关的教育举措"（IOSCO《关于资产管理中与可持续性有关的做法、政策、程序和披露的建议报告》，2021年11月）。

三、数字化、社交媒体与零售交易

> 1. 社交媒体对零售交易决策的影响越来越大，欺诈风险显著增加。
>
> 2. 以散户投资者为目标对象，围绕加密资产投资进行炒作的行为不断增多，加剧了各种适用性问题，加大了欺诈平台和骗局的影响，这些情况都可能会造成散户投资者的损失。
>
> 3. 证券市场中出现的传统风险，如交易对手风险、结算风险、流动性风险、欺诈风险以及投资者资金损失风险等，可能与加密资产和所谓的DeFi市场有关。
>
> 4. 不当的在线营销和"社交媒体影响者"活动加剧了零售行为问题和漏洞。

背景

在海量信息来自社交媒体、投资者追求收益的环境下,散户投资者可能会越来越多地转向投资高风险产品,此类产品有时杠杆程度很高,而散户投资者没有接受财务建议。公司可以通过使用系统的目标定位和某些技术(如交易环境的游戏化)来操纵这些零售模式,这对毫不知情和缺乏经验的散户投资者十分不利,这表明监管机构需继续加强监管行动(包括落实投资者教育计划,以积极的态度、方法和行为扩大知情投资者基数)。这些风险不仅增加了产品销售不善的风险,而且加剧了通过社交媒体促进的"羊群行为"。某些现货市场(如非证券的加密资产现货市场)缺乏金融教育和监管监督,可能会进一步加剧潜在风险。这些风险的影响叠加在一起,可能会使散户投资者遭受超过其风险承受水平的损失。

值得注意的是,在 IOSCO 成员的调查报告中,社交媒体对散户投资者的影响成为一个共同的主题。虽然社交媒体可能为投资者提供某些便利,例如便于信息的获取和传播(包括金融知识),但它也带来了与错误信息、市场操纵和不当投资相关的潜在风险。许多接受调查的 IOSCO 成员都注意到,有越来越多的人使用社交媒体或在线平台,以散户投资者为目标,通过更为复杂的方式将其引入骗局之中。[58]

便于使用和访问的移动交易 App 和在线平台,以及过度依赖搜索引擎问题进行的研究构成了零售投资决策的基础,这些因素都可能会引导零售投资者进行自我交易,在某些情况下,这些决定是在不知情的情况下作出的。此外,除了社交媒体影响者活动之外,由非正式建议或信息产生的风险还存在于一系列非正式来源中,包括家人和朋友,以及尚无法给予正式建议的专业人士。

未经授权的公司经常以社会中的弱势群体为目标,因为其运用技术手段,可以更容易地接触到更广泛的群体,并快速消失以避免被发现。IOSCO 的成员还强调了投资加密资产的各种零售风险,包括自主交易。

---

〔58〕 例如,香港证监会(SFC)观察到,越来越多的散户投资者成为通过社交媒体平台进行的 pump & dump 骗局的受害者。这些骗局约占 SFC 目前正在调查的市场操纵案件的20%。2020 年,拨打 FCA 消费者服务热线,举报社交媒体诈骗的消费者数量增加了 1 倍以上。消费者对高回报的渴望和金融知识的匮乏可能导致消费者成为骗局的受害者,57%的成年人表示其自身金融能力低下。

虽然利益相关者提到了数字化和社交媒体的积极影响,但他们也对下文讨论的各种衍生问题表示担忧。社交媒体的发展趋势可能会对监管行为产生一系列负面影响,并提升欺诈风险。下文从技术的角度分析了一般性风险,更具体地说,是社交媒体以及技术是如何用来帮助实施欺诈行为的。

(一)加密资产趋势及相关风险

作为一种全球现象,加密资产在散户投资者中越来越受欢迎。[59]散户投资者对加密资产的兴趣呈指数级增长的主要原因如下:加密资产交易的便利性(允许小额投资)、24 小时在线交易、炒作现象、害怕错过(fear - of - missing - out,FOMO)[60]和传统资产类别的低回报率。

IOSCO 对交易平台、中介机构、散户投资者三者所发挥的作用进行了详细的分析。IOSCO 有专门的国际协调小组,如 IOSCO 的金融科技工作组(FTF),其所进行的加密货币和数字资产(crypto and digital asset,CDA)、DeFi 的工作,旨在分析和应对加密资产领域的市场诚信和消费者保护问题。

IOSCO 成员强调了加密资产对散户投资者的风险,包括:

1. 由于缺乏潜在价值和价格高波动性,不适合大多数散户投资者。[61]

2. 在没有基本投资者保护的条件下交易。

---

〔59〕 最近的研究显示,到 2022 年年初,投资加密资产的新兴趋势,使得全球范围内已有超过 2 亿投资者持有加密资产。FCA 报告称,拨打求助热线,询问潜在加密资产骗局的人数越来越多。See UK FCA's Consumer Investments Strategy and Feedback Statement. 彭博社报道称,自上年 11 月比特币达到约 69,000 美元的最高点以来,已经暴跌了 70%,至今仍有创伤。Coinbase 在第二季度财报中表示,"其核心零售客户不太活跃,正处于观望状态"。

〔60〕 FOMO 定期在社交媒体平台上发布广告,比如 Facebook、Reddit 论坛,并经常被社交媒体影响者引用,他们将加密资产作为一个"改变生活"的投资机会进行营销。

〔61〕 印度银行于 2021 年 4 月发布了《关于虚拟货币的消费者警告》,警告消费者购买或投资加密资产的风险,包括所谓的虚拟货币、虚拟资产和加密货币,同时提到了其具有的极端波动性和传统保护措施的缺乏。同样,在 2021 年 1 月,德国联邦金融监管局在其网站上更新了警告通知,再次提醒消费者注意直接或通过金融 CFDs 或加密资产价格的证书投资加密资产的风险。意大利金融市场监管局和意大利银行对加密资产的固有风险提出了警告,特别是针对小额储户。

3. 存在安全漏洞,可能导致投资者的加密资产损失。

4. 与加密资产相关的欺诈活动和骗局。[62]

本报告确定了加密资产市场中可能对散户投资者产生影响的某些重点领域。IOSCO 正在进行全面分析,其中包括投资者保护问题。在回答本报告提出的问题时,一些 IOSCO 成员指出,当下流行的无担保加密资产不具有内在价值,它们的定价是基于对其他各方准备将其作为交换媒介或货币等价物,或者这些加密资产可以作为投资工具进行交易的预期和信任。除一些稳定币[63]外,加密资产也具有很高的波动性。鉴于加密资产所具有的风险,它们可能不适合大多数散户投资者。加密资产、与加密资产有关的金融工具[64]的价格也是不透明的,以发行代币的方式促进各自交易的加密资产平台的透明度较差,其披露义务也不够明确。使用加密资产平台的散户投资者应该能够确定他们存储在平台热钱包中的加密资产是可以按需赎回的,并以一对一的方式呈现,最好由独立审计机构(如外部法定财务审计)进行核实。[65] 在加密资产平台

〔62〕 See March 2022 ESMA warning:https://www. esma. europa. eu/press – news/esma – news/eu – financial – regulators – warn – consumers – risks – crypto – assets.

〔63〕 与其他加密资产相比,稳定币的价格波动性较小,可以与特定资产挂钩或由特定资产予以支持,通过算法控制其价格或让其价格自由浮动。应该指出的是,目前交易的几个稳定币没有标的资产的财力支持,稳定币持有者无权按面值赎回。OR01/2020 Global Stablecoin Initiatives (iosco. org).

〔64〕 2022 年 8 月,ASIC 发布了 REP 第 735 号文件,该报告调查了新冠疫情暴发后的一段时间内散户投资者的动机、态度和行为。其中一个调查主题为散户投资者对加密资产的兴趣。在接受调查的 1053 名散户投资者中,44% 的人表示其持有加密资产,这一数据使加密资产成为仅次于澳大利亚股票(73%)的第二大常见的产品类型。在接受调查的持有加密资产的投资者中,有 1/4 的人表示,加密货币是他们投资的唯一产品。该项研究同时表明,除银行交易平台(31% 的受访投资者使用)之外,投资者最常用的三个平台都专门从事加密资产的投资活动。只有 20% 的加密资产投资者认为他们的投资方法是“冒险的”。2022 年 10 月 19 日,OSC 公布了对 2360 名加拿大人的在线调查结果,该结果详见 chrome – extension://efaidnbmnnnibpcajpcglclefindmkaj/https://www. osc. ca/sites/default/files/2022 – 10/inv_research_20220928_crypto – asset – survey_EN. pdf。调查发现,13% 的加拿大人目前拥有加密资产或加密基金。据报道,50% 的加密基金低于 10,000 美元,53% 的加密资产低于 5000 美元。调查还发现,加拿大人对加密资产或加密基金的了解和经验十分有限。

〔65〕 See CoinSpot – The First Australian Cryptocurrency Exchange to complete an External Statutory Financial Audit – CoinSpot(zendesk. com).

FTX交易所破产之后，确保加密资产平台向散户投资者发行的代币是可赎回的信息披露是至关重要的，如果加密资产平台面临流动性危机，投资者有权知道他们对此类代币享有怎样的权利以及这些权利的行使是否不受限制。[66]

目前，许多加密资产活动和市场运作不遵守相关法律规定或不受监管。在某些法域，加密资产可能因符合证券、衍生品或其他金融工具的标准而受到监管，而在其他法域，加密资产活动可能不在监管范围之内。即使加密资产活动在现有的监管范围内，市场参与者也可能在不遵守适用法规的情况下运作。因此，尽管一些国家已经建立了国家框架来规范风险，[67]但加密资产市场缺乏重要的消费者和市场保护制度，包括缺少向购买加密资产的投资者披露重大信息的制度[无论发行的产品的标签如何，如首次代币发行(initial coin offering, ICO)、首次交易所发行(initial exchange offering, IEO)、在去中心交易所上进行的首次代币发行(Initial Dex Offering, IDO)、非同质化代币(Non-Fungible Token, NFT)等]。

作为对公众咨询的回应，一位利益相关者告知IOSCO，他对持牌投资顾问这类专业人士进行了研究。持牌投资顾问称，55%的客户正在询问有关加密资产的投资建议，但只有9%的持牌专业人士提供了此类建议。当被问及不提供咨询建议的两大原因时，这些专业人士指出：(1)执牌持有者、公司或雇主不允许他们提供咨询建议(39%)；(2)这不是他们想提供建议的领域(35%)。拆分原因，他们提到的问题和担忧如下：

1. 加密资产是不受监管的金融产品，因此专业人士将在监管之外行事。

2. 没有专业赔偿保险来保护专业人员的建议。

3. 雇主公司不允许提供投资建议，这意味着专业人士也不受雇主保护。

这一反馈凸显了当前加密资产市场的另一个重要问题。由于某些

---

[66] See FTX and Binance's ongoing saga: Everything that's happened until now (cointelegraph. com).

[67] 例如，法国于2019年5月为在法国经营的ICO和加密资产服务提供者(CASP)引入了《企业发展与转型法》(PACTE)。

法域监管不合规或缺乏监管框架,散户投资者无法获得专业建议,只能借助其他渠道获取信息,购买加密资产,但是这些信息是由不具有正式资质、法定义务或者监管监督职责的各类主体提供的,因此无法给予散户投资者适当的投资建议,同样无法出于对产品购买者利益的考量而实施相应的行为。[68]

此外,由于某些法域的监管不合规或者缺乏监管监督框架,加密资产交易平台上的交易往往没有针对欺诈、操纵、内幕交易和抢先交易等现象的投资者和市场保护制度,这给惩治不法行为者以及保护被欺诈投资者带来了额外的挑战。交易透明度较差,缺乏统一的交易规则或标准,以及缺少受监管的中介机构的参与等问题都是 IOSCO 的研究重点(参见本文“IOSCO 加密资产路线图”)。

迄今为止,各法域已经采取行动以规范加密资产市场。在欧盟,欧洲当局起草了《加密资产市场监管法案》(MiCA)[69],该法案拟对上述各问题进行解决,包括许可标准、加密资产服务提供商和基础设施(如交易平台)的监管措施、所有加密资产发行人的披露义务,以及“稳定币”发行领域的投资者保护要求等。2022 年 10 月 5 日,欧洲议会经济和货币事务委员会(the European Parliament's Committee on Economic and Monetary Affairs,ECON)以 28 票赞成、1 票反对的结果通过了 MiCA 的大致框架[70]。随后,ECON 还以压倒性优势批准了一项关于《资金转移条例》(ToFR)的临时协议,这是一项反洗钱法案,要求在以加密资产方式进行的资金转移中包括付款人和收款人的数据。MiCA 和 ToFR 预计将于 2023 年 2 月[71]由欧洲议会全体会议投票表决。在此之后,将开始一个为期 12~18 个月的规则制定过程,新的法律实行指导方针将于 2024 年某个时间制定完毕。

---

〔68〕 事实上,这个行业机构的调查证明了这种担忧,62% 的投资咨询专业人士回应称,他们的客户因购买复杂的产品(如加密资产)而遭受了经济损失,而遭受经济损失的客户中,有 90% 的人是在没有获得专业建议的情况下实施了投资行为。换言之,这些客户要么是自主投资,要么是接受社交媒体影响者、朋友或家人的推荐进行投资。

〔69〕 EUR - Lex - 52020PC0593 - EN - EUR - Lex (europa. eu).

〔70〕 AG (europa. eu).

〔71〕 See Delays Vote on MiCA Crypto Legislation Until February (coindeskEU. com).

其他法域也采取了相应的执法行动,以解决加密资产市场的监管不合规问题。例如,SEC 迄今已处理 100 多起此类案件,涉及加密资产市场参与者各种违法行为。最近的案件包括 Trade Coin Club 事件,这是一个欺诈性加密资产庞氏骗局,其从全球 10 万多名投资者处筹集了超过 82,000 枚比特币,当时价值 2.95 亿美元;指控 Bloom Protocol 有限责任公司进行未经注册的加密资产证券额的 ICO;Coinbase 一位前产品经理以及他的朋友进行内幕交易,他们多次宣布某些加密资产将在 Coinbase 平台上进行交易;金・卡戴珊(Kim Kardashian)在社交媒体上宣传以太坊(EthereumMax)项目提供和销售的加密资产证券,但没有披露她收取的推广费用。SEC 在其网站上发布了一份与加密资产有关的持续执法行动计划[72]。

2022 年 10 月,金融稳定委员会(Financial Stability Board,FSB)发布了一份关于加密资产活动国际监管的拟议框架,该框架的核心部分如下:

1. 建议促进加密资产活动和市场监管监督标准的一致性和全面性,并加强国际合作、协调和信息共享。

2. 修订关于"全球稳定币"的监管、监督和监察措施的建议,以更有效地应对相关的金融稳定风险。

该拟议框架基于"相同活动,相同风险,相同监管"的原则:如果加密资产和中介机构与传统金融部门的工具和中介机构发挥的作用相当,它们就应受到相同的监管。监管还应考虑到加密资产具有的崭新特征和特定风险,并解决因加密资产体系与传统金融体系之间联系日渐密切而产生的影响金融稳定性的潜在风险。

加密资产(如稳定币)可以广泛用作支付方式或价值储存介质,由于它们可能给金融稳定带来巨大风险,所以对其应当适用高监管标准。关于"全球稳定币"的监管监督的修订建议草案加强了用户行使回赎权的保障措施,同时要求进一步健全稳定机制。

(二)IOSCO 加密资产路线图

IOSCO 的加密资产路线图包括两个重要的工作流。第一个涉及加

[72] See SEC. gov | Crypto Assets and Cyber Enforcement Actions.

密货币和 CDA,第二个涉及 DeFi。这两个工作流将主要侧重于分析和应对加密资产领域的市场诚信和投资者保护问题。IOSCO 的工作将通过与相关工作流程的持续密切衔接,纳入 FSB 的金融稳定议程。IOSCO 对其成员的咨询报告显示,鉴于市场对加密资产及其跨境性质的兴趣日益浓厚,有必要通过 IOSCO 的金融科技工作组等组织进行国际协调。

(三)包括 DeFi 的产生与发展的其他技术风险

除了加密资产本身,IOSCO 成员还强调了一系列与技术相关的零售风险。DeFi〔73〕是一个可能成为新型风险来源的新兴技术领域。DeFi 试图复制传统的金融(TradFi)的产品和服务,但目前,DeFi 市场参与者的行为不遵守相关监管,或不在监管范围之内。

DeFi 的革命性在于,通过消除对一些传统金融中介机构和中心化机构的需求,试图构建去中介化和去中心化的生态系统。DeFi 中的许多金融产品、服务、安排和活动反映了更传统的证券和衍生产品、服务、安排和活动,在某些情况下与之重叠。DeFi 中除了存在一定的新风险外,同样存在信用风险、流动性风险、操作风险等传统风险。因此,要想了解 CDA 带来的风险,就必须了解 DeFi 带来的监管影响,并需要分析 DeFi 的整体情况,以及其与集中式加密资产交易平台、服务提供商、传统市场和活动之间的相互关系。DeFi 可能会对传统的金融监管方法提出挑战,因为其所使用的技术会产生新的风险,例如对共识机制的操纵。然而,证券市场中出现的"传统"风险,如交易对手风险、结算风险、流动性风险、欺诈风险和投资者资金损失风险,也存在于 DeFi 市场中。如果 DeFi 市场和市场参与者(如中介机构)未能遵守适用的法律,投资者和其他市场参与者通常可能缺乏投资者保护和其他类型的保护(如防范网络风险),并且面临更大的欺诈风险,而通过私人手段或政府执法手段补救的能力有限。因此,与类似的受监管的传统产品相比,投资者可能无法享受到人们可能期望的那种监管保护。

公开报告显示,DeFi 也存在技术风险,包括恶意技术活动的风险,例如黑客攻击,以及智能合约或基础协议中的编码错误问题。DeFi 自

〔73〕 DeFi 通常是指使用智能合约提供的分布式账本技术产生的金融产品、服务、安排和活动。

动执行智能合约中使用的代码质量可能需要经过严格的技术审查,以确保它们可供散户投资者使用。由于 DeFi 产品和服务的结构,加之区块链技术固有的重大操作风险,投资者也可能受到额外的伤害。

(四)社交媒体对零售交易行为和决策的影响

1. 社交媒体的影响和风险

在过去 10 年中,社交媒体已经最大限度地融入零售投资领域。社交媒体可以为用户提供许多投资机会,无论其是否真的在找寻投资机会,这很可能使投资者极其容易地接触到不当的、具有误导性或欺诈性的投资机会。

各 IOSCO 成员的反馈表明,散户投资者,尤其是年轻投资者,正在密切关注社交媒体活动,并越来越倾向于通过包括社交媒体在内的各种信息来源渠道分享自身的投资建议、寻求投资信息。他们的投资决策更容易受到社交媒体以及朋友、家人投资的影响,而不是依靠拥有市场交易知识的专业投资顾问。[74]

随着散户参与度的提高,成员们发现,散户投资者用来交流投资技巧和交易策略的博客、社交媒体平台和即时通信 App 的受欢迎程度大幅提高。目前,注册经纪商和投资顾问现在经常使用照片墙(Instagram)和推特(Twitter)等社交渠道推销他们的产品和服务;散户投资者则使用这些平台和其他平台[包括脸书(Facebook)和抖音(TikTok)]来了解和研究他们认可的投资机会。注册实体如果负责任地使用社交媒体,很有可能为使用这些社交媒体的投资者群体提供重要信息。但不幸的是,现在人们往往使用社交媒体对商品和服务进行过度宣传,同时出现了信息不平

---

〔74〕 ASIC 发布的 REP 第 735 号报告显示,投资者正在使用数字渠道和社交媒体平台获取投资信息,而不是在作出投资决策之前进行彻底的尽职调查。ASIC 最近发布了关于散户投资者动机、态度和行为的 REP 第 735 号报告,该报告显示,散户投资者为获取信息访问最多的社交媒体是"油管"(YouTube)(20%)、"Facebook"(11%)、"播客"(10%)和"金融社交媒体影响者(如在社交媒体上)"(10%)。当投资者被问及在过去 6 个月里是否注意到各种渠道的投资广告时,69% 的人回忆说看到了一些广告,其中 YouTube(28%)、Facebook(23%)和谷歌(22%)是投资者提到最多的广告渠道。

衡的问题。社交媒体对散户投资者决策过程的影响是广泛而多样的。[75]

IOSCO 成员指出,社交媒体可能会以多种方式影响散户投资者的行为和决策,对此现象的普遍看法有以下几个方面:

(1)零售部门过分依赖社交媒体作为信息来源。[76]

(2)社交媒体可能与交易行为总量的增加有关(特别是在特定群体中)。也就是说,社交媒体可能会通过支持自主交易或增加市场参与度来影响散户投资者的行为。

(3)社交媒体可以用来传播虚假信息或"谣言",社交媒体也可以实施"羊群行为"。因此,散户投资者可能容易受到社交媒体上虚假信息的影响。

(4)特定个人如社交媒体影响者和名人,可能会利用社交媒体影响散户投资者的行为和决策。

(5)在社交媒体上提供的建议通常是未经许可的,这些建议可能使散户投资者暴露在风险之下。

(6)除了未经许可的行为,社交媒体也可能被故意用作欺诈工具,骗子经常利用社交网络散播欺诈性投资建议。

2. 社交媒体影响者和名人在社交媒体上的影响力越来越大

多个 IOSCO 成员指出,"名人"、"社交影响者"和"社交媒体影响者"[77]通过社交媒体影响零售产品销售的程度越来越高,其中包括以下方面:

(1)金融投资影响者的数量大幅增加。

---

〔75〕 例如,魁北克省金融市场管理局报告了最近一项关于 FOMO 的调查结果,该调查发现年轻人认为社交媒体是一个很好的获取投资信息的渠道。

〔76〕 例如,SFC 指出,2021 年的一项调查显示,49% 的股票投资者从社交媒体上获取股票投资信息。FINRA 指出,虽然使用社交网络并不是一个新趋势,但最近的一项调查显示,14% 的新散户投资者在作出投资决策时将社交媒体作为信息来源。See FINRA Investor Education Foundation and NORC at the University of Chicago, Investing 2020: New Accounts andthe People Who Opened Them(Feb. 2021).

〔77〕 社交媒体影响者通过社交媒体提供有关投资的信息和建议。它们通过各种渠道,如 YouTube、Instagram、Facebook、Twitter、Spotify 和网站等各种渠道来吸引受众。它们分享投资知识或讨论它们的投资组合,但也会提供从培训、课程、会议到订阅一个有人数限制的虚拟社区等各种服务。在某些情况下,社交媒体影响者会推荐其粉丝成为特定投资公司的客户。See The pitfalls of "finfluencing", Dutch AFM.

(2)名人代言在零售决策方面的影响力,[78]以及无牌金融顾问在社交媒体上提供激进性投资建议的可能性。

(3)投资者关注社交媒体上的"影响者",将其作为投资决策的信息来源,包括无牌的海外投资顾问。

(4)当地知名人士(运动员、企业家)在"变相广告"中谈论"成功"的投资经历,旨在说服投资者。

社交媒体的使用可能有助于公司以未经授权或以其他方式不合规地提供金融产品或进行融资,或者使公司不遵守法域内所适用的法律。这种使用也可能使不当行为在不受监管的领域内肆意发展。虽然投资者之间的积极讨论可能会提升市场活力,但散户投资者应该警惕那些自称为"投资大师"、提供可疑投资建议,以及可能利用社交媒体的匿名性传播虚假或误导性信息的无良人士。

AFM 对 150 多名社交媒体影响者进行了一项探索性研究,[79]得出了以下结论,并提醒社交媒体影响者和经纪人注意这些规则:

(1)社交媒体影响者让投资变得更容易,但其并不总是把投资者的利益放在首位。

(2)社交媒体影响者发布的信息不具备中立性,并且缺乏透明度。

(3)存在无牌情况下提供投资建议的风险。

(4)部分社交媒体影响者推广有风险的产品。

(五)社交媒体上的营销实践

据报道,社交媒体上的广告有时很激进,经常提供虚假性或误导性信息。在不受监管的人员或公司利用社交媒体发布广告的情况下,由此进行的信息交流往往不受金融监管机构的监督。自新冠疫情暴发以来,这一趋势一直在持续。经纪商、投资顾问以及诈骗犯越来越多地利用社交媒体招揽投资者,他们在 Facebook、Twitter 和 Instagram 上有很强的存在感。

---

〔78〕 例如,SEC 指控一位名人在社交媒体上宣传一种加密资产证券,但没有披露她收取的推广费用,以此提醒名人和其他有影响力的人,避免通过推广活动违反联邦证券法。这位名人最终同意和解,支付 126 万美元的罚款、追缴和利息,并配合 SEC 进行调查。SEC. gov | SEC Charges Kim Kardashian for Unlawfully Touting Crypto Security.

〔79〕 同前注〔75〕。

与IOSCO的早期调查的结果一致,[80]许多IOSCO成员回应说,他们观察到通过社交媒体和销售技巧进行的激进营销行为并不符合客户的最佳利益。成员们亦报告了误导营销的例子,例如通过赞助明星运动队或与之建立起联系,这可能会给人以误导性的印象,认为CFDs等复杂的投机性产品可以通过提高一般品牌的知名度从而更适合大众零售市场。[81]

同样,IOSCO圆桌会议的反馈强调了日益复杂的营销手段,其以暗补丁的形式出现,例如在加密资产领域,一方比另一方有更多的金融知识贮备,这是金融市场认知科学的整合。在散户投资者独特的投资宏观环境和新冠疫情流行的大背景下,已经有新的问题出现,从监管的角度来看,这些问题可能会加剧零售行为问题。

信息来源的激增以及散户投资者如何从不同平台获取信息是另一个重要问题。一些受访者指出,金融咨询的博客、无牌的名人和社交媒体影响者在社交媒体上的代言或推荐、消息群中的讨论,以及高风险产品的营销活动和销售技巧(如谷歌或Facebook广告),都可能让散户投资者不知所措。这一来源列表可以扩展到其他在线信息来源,如政府网站、银行或其他受监管的金融机构提供的金融信息以及比较网站。

例如,近年来,FCA已采取措施以减少以散户消费者为目标对象的高风险的营销活动。FCA对于许多高风险投资的发行人限制权力有限,因为这些公司在发行高风险产品时往往不在监管范围之内。然而,FCA可以就他们对投资产品的营销行为制定金融促进条例。被授权的公司实施金融促销活动或者传播与该活动有关的投资信息时,必须遵守这些条例的规定。为了保证金融促进条例更好地实施,同时有效保护消费者权益,FCA必须在线监控金融推广活动。[82] 这使FCA能够识别和打击

[80] See Report on Retail OTC Leveraged Productsand Report on Cross-Border Distribution and Digitalization.

[81] 爱尔兰中央银行在2015年的一项审查中发现,营销材料对于CFDs的风险以及产生收益的概述,并不总是以一种十分平衡的方式呈现。

[82] FCA与在线平台密切合作,以确保他们能够履行其作出阻止在线广告危害的公开承诺。例如,自从他们与谷歌合作并制定出新的金融服务广告政策以来,FCA观察到在谷歌平台上未经授权的实体所发布的不合规的付费广告数量大幅减少。

不合规的金融推广活动以及公司或个人未经授权提供的广告服务或投资骗局。FCA 试图通过发布消费者警报、删除网站等措施来阻止这些活动的发生。[83][84]

多位 IOSCO 成员指出，社交媒体可能会促进过度投机，并导致非基于基本面的投资。以下是在社交媒体中观察到的一些常见的欺诈模式：

1. 欺诈者使用社交媒体平台如 Instagram 和 Facebook 的广告或页面、谷歌广告来吸引消费者。它们宣传不适合绝大多数人的高风险投资活动，发布虚假性或误导性广告，在当地监管机构管辖范围内或超过其管辖范围实行欺诈活动。

2. 一些不良行为者可能会将社交媒体作为操纵市场或进行欺诈的工具，它们发布关于对某些股票的误导性意见或建议，并根据这些意见或建议进行交易以获取非法利润。

3. 一些不受监管的公司或数字平台也不遵守法域的法律规定，它们通过社交媒体宣传投资计划或向公众筹集资金的计划。这不仅使散户投资者暴露在不遵守监管信息要求的高风险产品中，还可能暴露在庞氏骗局或非正式活动中，从而受到欺诈或诈骗。[85]

（六）IOSCO 成员关于社交媒体对散户投资者总体影响的看法

总体而言，IOSCO 成员认为社交媒体对散户投资者行为和决策的影

---

〔83〕 2021 年，FCA 发布了 1410 份关于未经授权的公司和个人的消费者警报，比 2020 年增加了 18%。这些警报中仅有不到 30% 与“克隆骗局”有关，其中许多与违反在线金融促销限制有关。

〔84〕 FCA 在其《2020/2021 年度报告》中指出，未经授权的实体越来越依靠《金融促进条例》（英国在该领域的立法）中与“高净值”和“老练”投资者有关的豁免规定，以推销高风险投资。FCA 发现，有证据表明，增强《金融促进条例》的实施力度反而导致更多未经授权的发行人使用或声称使用豁免规定，针对普通消费者进行高风险投资和诈骗。此外，未经授权的公司通过指导普通消费者进行自我评估来滥用这些豁免规定。不适格的投资者往往是被不受监管的公司“推”过测试的。

〔85〕 例如，一个有趣的诈骗模式是，在“国际恋情骗局”中，诈骗者使用社会化网络服务或社交 App 接近受害者。犯罪者在多次聊天之后，受害者会认为行骗者是自己的朋友或爱人，此时，行骗者会向受害者推荐特定的海外场外衍生品服务商，这实际上是一种骗局。最初，交易似乎进展顺利，受害者被邀请进一步投资。然而，最终受害者无法取款，相关服务也突然终止。据观察，最近这种诈骗模式在某些司法管辖区普遍存在。参见 http://www.kokusen.go.jp/e-hello/news/data/n-20200213_2.html。

响是负面的,并表示出一系列的担忧。IOSCO 将进一步探讨在零售投资决策中过于频繁地使用社交媒体会对监管产生哪些影响,以及社交媒体可能以怎样的方式影响散户投资者的行为和决策。在第 7 章中,IOSCO 进一步探讨了监管机构在应对与社交媒体和其他新兴风险相关的欺诈行为和不当行为时,可以采用的监管工具类型。

许多受访者表示,与社交媒体平台进行直接且密切的合作可以发挥至关重要的作用,特别是在评估散户投资者不同参与方法的效率方面。一些成员进一步建议,应赋予互联网公司某些与投资者保护有关的义务。例如,FCA 参与了围绕英国《网络安全法案》的讨论。在《2021/2022 年度报告》中,FCA 对英国政府发布的法案表示支持,该法案将规定对最大的在线平台征税,以保护消费者免受欺诈性付费广告带来的损失,同时将与欺诈犯罪有关的内容列为“优先”非法内容。

四、不断演变的欺诈方式,关键行为问题

1. 零售欺诈行为的数量呈上升趋势。金融服务的日益数字化、投资者对在线分销方式的日渐熟悉都为欺诈者提供了更容易、更廉价的传播虚假信息的方式,帮助他们接触到更广泛的目标受众,使他们能够参与“监管套利”,试图逃避侦查和起诉。

2. 虽然欺诈者继续使用传统手段实施欺诈(互联网和技术的使用大幅增加),但基于加密资产或技术手段的新型欺诈方式正不断增多。这种欺诈行为主要是通过模仿,在零售领域使用行为技术,据此,欺诈活动伴随着海量的数字营销和促销活动。

3. 境外外部行为者欺诈行为的威胁仍然是一个持续存在的全球问题。IOSCO 有责任解决监管机构在跨境网络欺诈方面所面临的问题,并努力找出共同问题,寻求加强跨境合作的途径。

4. 当位于其他法域的公司跨境提供产品时,监管挂钩或监管套利、跨境活动带来的法律问题以及缺乏在线跨境交易数据,均使监管行动难以推进。这反过来又使对跨境案件的监督和执法具有挑战性。若各法域之间能够不断加强彼此间合作,可能有助于解决这些问题。

5. 针对在线和跨境欺诈行为,可能需要全面修订监管方法并保障其顺利实施。监管机构应考虑与国内外金融参与者合作,更重要的是,与服务提供商和在线平台合作,以打击零售欺诈行为。

6. 监管机构应考虑建立补救机制,以加快挽回零售业损失。

背景

本章建立在对第2章和第3章近期零售趋势的描述之上，它考虑了不断演变的欺诈方式以及新出现的行为问题。根据成员的反馈，本章介绍了一些新型欺诈模式，以及诈骗者如何使用新的技术手段以实现这一目的。

当前的市场环境可能为欺诈公司或不遵守辖区内法律规定的公司的欺诈活动提供了肥沃的土壤，其原因在第2章中予以介绍，尤其是在过去两年，欺诈行为的数量以及散户投资者损失均显著增加证明了这一情况。[86] 这与新冠疫情暴发产生的影响相吻合。

新冠疫情给投资者带来的压力、个人经济困难、近期波动事件、散户投资者对合成杠杆的使用频率增加，以及技术发展等相互作用的因素都可能导致欺诈程度加深，并为欺诈行为的发生创造了机会，特别是第2章和第3章中分析的一些技术发展似乎使一些新型诈骗技术得以出现与传播。[87]

（一）最常见的欺诈与骗局

咨询反馈强调了零售欺诈的新趋势和演变，重点是零售市场中欺诈行为的新发展。

受访者主要描述了持续存在的欺诈行为并将其分成两类，这两种欺诈都可能与在线网络有关：（1）传统类型的欺诈行为，如庞氏骗局和未经授权的支付；（2）通过技术渠道实施的新形式的加密资产或基于技术手段的欺诈行为（通过模仿、在零售领域使用行为技术）。

---

〔86〕 为了量化零售损失，FCA发布的数据显示，从2020年4月到2021年3月，英国有23,378名消费者报告称，投资欺诈造成的损失估计为5.69亿英镑，比2018年增长了近3倍。See UK FCA Report on Consumer Investments: Strategy and Feedback Statement.

〔87〕 例如，FCA注意到，向消费者热线咨询与不受监管的活动或产品有关的欺诈行为的人数有所增加。UK FCA Report on Consumer Investments: Strategy and Feedback Statement.

根据会员和利益相关者的反馈,本章介绍了最常见的欺诈类型和模式,〔88〕具体如下。

1. 传统类型的欺诈行为

误导性信息或宣传材料、拉高出货:这种欺诈模式在许多法域仍然是一个持续存在的问题,短期报告中也强调了这一点。以信息为基础的操纵案件(传播与金融工具价值相关的虚假或误导性信息)通常伴随“拉高出货”的发生。〔89〕在一个典型的“拉高出货”中,发起人首先试图通过对该公司进行虚假性或误导性陈述来提高股票价格。在股票价格被抬高之后,欺诈者进入第二环节,他们试图通过出售自己持有的股票和向市场抛售股票以谋取利益。

庞氏骗局/金字塔欺诈计划:欺诈者的目标是引诱几乎毫无经验的散户投资产品,此类骗局通常与FX或加密资产交易有关,欺诈者承诺投资者通过大量投资将获得高额利润。利用来自新投资者的现金流支付早期投资者的利息和短期回报。产品可以是在线课程或代币式产品,只有在受害者引诱更多受害者“跟进”投资的情况下,该骗局才能持续运作。

假冒/模仿交易平台,未经授权的支付和冒充:正如《零售场外杠杆产品报告》〔90〕所强调的那样,越来越多的未经授权的投资公司向投资者提供了进入虚假“交易平台”的机会,这些平台本质上是由欺诈者模拟显示具有盈利能力股票的“现场演示”。该公司代表投资者提供“投

---

〔88〕 法国金融市场监管局在2021年年度报告中指出,AMF Epargne信息服务平台所收集到的信息中,加密资产投资、FX投资和虚假投资是请求规制不受监管实体行为的主要原因。针对法国和欧洲投资服务提供商、金融投资顾问和资产管理公司的身份盗窃行为进行规制的请求占整体的27%,并成为一种更常见的诈骗形式。See https://www.amf-france.org/sites/default/files/private/2022-07/AMF_RA21_EN_0.pdf (p.55).FCA的消费者投资数据审查(2021年4月至9月)确定了向FCA消费者帮助热线报告的主要欺诈类型是锅炉室骗局、加密货币欺诈和FCA假冒欺诈。在此期间,约有25%的警报是针对与克隆公司相关的未经授权的公司或个人发出的。

〔89〕 例如,在欧盟,最常见的欺诈行为之一是通过电话销售违反招股说明书要求的股票。发售者通常位于非欧盟国家,因此,该问题具有很强的跨境性质。投资者往往被告知,这些股票是上市前发行的,但首次公开募股迫在眉睫。发售股票的公司要么是冒牌公司,要么是不具备发售能力的公司。发售者不拥有这些股票,只是利用知名公司的名义来引诱投资者。

〔90〕 Report on Retail OTC Leveraged Products, September 2018.

资组合管理”服务。投资者把钱投进账户，最初看起来是盈利的，但最终是亏损的。在大多数情况下，临时平台或网站会出现在私人论坛中，并在一段时间后消失，不留下明显的痕迹。欺诈者有时鼓励客户安装一个支持交易的程序。事实上，这种程序被用来从客户的个人账户中窃取资金。欺诈者还冒充监管机构等受信任的实体，向潜在的受害者传播有关产品的虚假信息。

克隆投资公司：作为一种常见的欺诈模式，这种类型的骗局是指声称以合法投资、信贷、贷款方式运营的公司，尽管实际上他们没有正式的授权。虽然金融领域的身份盗窃并不是一个新现象，但它已然更加普遍，更为复杂。欺诈者越来越多地利用合法公司的详细资料来提高欺诈行为的合法性。这些诈骗公司通常使用知名持牌公司的名称，并克隆其网站，以便给人一种可靠和稳健的印象。[91] 诈骗公司的网站通常包含一个跳转到虚假交易平台的链接，并且经常复制和引用合法公司的详细信息（名称、标识、地址、授权号码或公司注册号和电子邮件），通过电子邮件的方式与客户通信，以小字引导他们与这些公司建立联系。[92]

提供 FX 或零售场外杠杆产品的未经授权或具有欺诈性在线平台或骗局：这种欺诈模式主要发生在网上，在 Instagram 等社交媒体上盛行。不受监管或未经授权的中介机构大多位于海外，以外国投资者为目标，为他们提供交易复杂金融产品的机会，如 FX 衍生品。他们的引诱手段包括承诺非常高额、快速的回报和高利润保证。实际上，他们鼓励人们进行大量的投资行为，直至达到一个转折点，使其账户被查封，所有通信渠道都被关闭。

---

〔91〕 正如 FINRA 在报告中所指出的，有越来越多的克隆经纪人或投资顾问冒充当前正式的投资专业人士。几家公司已告知 FINRA，恶意行为者正在使用其法定代表人的姓名和其他信息建立冒牌网站，并可能利用这些网站收集潜在客户的个人信息，最终目的是实施金融欺诈行为。See FINRA Regulatory Notice 20－30, Fraudsters Using Registered Representatives Names to Establish Imposter Websites（August 20, 2020）; https://www. finra. org/rules－guidance/notices/20－30. FINRA Investor Insights, Beware of Broker Imposter Scams（July 27, 2021）https://www. finra. org/investors/insights/broker－imposterscams.

〔92〕 这些网站通常会声明没有隐藏费用或预付款项，以显得更加合法。然而，该骗局通常涉及“预付款诈骗”（在获得贷款之前预先支付费用）。

2. 基于加密资产和技术的新型欺诈活动

在全部欺诈活动中,造成最大伤害的欺诈模式仍然是“网络诈骗”。对于不法分子来说,它们风险低、基数大、伪装程度高。[93] 受访者认为,不受监管的实体和社交媒体影响者是此类欺诈行为背后的推动力量。

加密资产骗局:尽管最近经济低迷,但加密资产市值的大幅上涨,使这一市场领域成为骗子的首选对象。加密资产及相关产品具有高度投机性和波动性。此外,加密资产交易平台可能不受监管或不遵守监管制度,这反过来可能会引起各种散户投资者保护问题。例如,最近引人注目的一种加密资产骗局是“rug - pull 骗局”[94]。rug - pull 骗局通常涉及骗子推广或“注入”新的加密资产、DeFi 协议或 NFT 相关项目以获得资金,然后带着投资者的资金消失。恶意开发人员经常利用虚假身份以筹集资金,并在自动执行的智能合约协议的代码中故意制造“漏洞”或缺陷,从而创建“后门”,以窃取用户资金并退出骗局。

锅炉室骗局:这种类型的骗局涉及投资公司雇用所谓的“锅炉室”或单独的公司来接触新客户。“锅炉室”是一个场所或操作中心,通常是一个呼叫中心,销售人员在那里给潜在投资者打电话,向他们推销投机性的或欺诈性的证券。在“锅炉室”里,欺诈者直接实施诈骗行为,或者将投资者引导至他们进行欺诈的另一个网站。诈骗产品通常不包含广告所宣传的功能,或者是一个完全编造的产品。通常情况下,欺诈者利用各种通信渠道采取冷处理策略。此外,欺诈者随后可能会实施“恢复室”骗局,即犯罪者假装是一家可信的公司,帮助受害者以预付费的方式追回损失。

社交媒体诈骗:欺诈者自诩为金融影响者,利用社交媒体与受害者接触,牟取非法利益。犯罪者向受害者推荐 CFDs 等不合适的产品,或

---

〔93〕 从 FCA 对消费者投资数据的审查结果(4 月至 9 月 21 日)来看,向 FCA 消费者帮助热线报告的主要欺诈类型是锅炉室骗局、加密货币骗局、FCA 冒充骗局、恢复室骗局、FX 骗局和预付费欺诈。加密货币、养老金转账、债券和 FX 是 FCA 的 ScamSmart 网站上报告最多的投资产品或机会。在过去的 6 个月里,有关加密货币的报告增加了 49%。在此期间,FCA 发布了 735 次关于未经授权的公司或个人的警报,其中约 25%与克隆公司有关。

〔94〕 2022 年 Chain - analysis 的报告显示,rug - pull 骗局给受害者造成了 28 亿美元的损失,约占 2021 年所有加密资产骗局总损失的 37%。

引诱受害者将资金转入欺诈者的账户。[95]

其他常见的欺诈和诈骗类型如下(也与未经授权的活动有关):(1)未经授权的在线投资组合管理活动;(2)所谓的ICO。

(二)欺诈活动伴随着数字促销和网络营销

大多数时候,欺诈活动伴随着陌生电话、广告宣传、社交媒体上的虚假广告和虚假代言,以及将散户投资者培养为专业投资者的承诺,[96]在某些情况下,其目标对象更多的是弱势的老年投资者或特定的亲和力群体。欺诈案件的多样性表明,不良行为者、欺诈公司往往通过使用创造性或误导性的发行技术来利用散户投资者的弱点。

(三)网络欺诈行为的监管方法

网络平台上的诈骗案件越来越多,在可能的情况下,应通过立法明确义务以加强对投资者的保护,使其免受网络诈骗的非法侵害。[97]

欺诈者能够快速找到法律漏洞并加以利用。这就是为什么监管计划(如英国在线广告计划)应该考虑对监管框架进行全面审查,不仅包括网络在线平台,还包括整个广告供应链中所有的参与者,例如广告商、平台和出版商(提供广告位)以及中介(连接广告商和平台或出版商)。因此,如果监管机构能够与第三方(如网站托管商和社交媒体公司)合作,在某些情况下,这种合作有助于减少金融骗局的营销活动,同时可以成为威慑不当行为的有效工具。

受访者建议提高举报人举报欺诈行为的能力,同时监管机构应进一步加大对经纪服务的监管力度。IOSCO成员如果将监管套利作为一个执行问题,并对其进行深入讨论,考虑潜在合作的可能性,那么一定会大

---

〔95〕 Retail Market Conduct Task Force Consultation Report, March 2022. 另一个例子是,SEC宣布起诉8名涉嫌1亿美元证券欺诈的个人,他们利用社交媒体平台操纵交易所交易股票。See https://www.sec.gov/news/press-release/2022-221.

〔96〕 这些服务提供了获取、操纵证券的各种可能性方法(例如,股票交易,CFDs,FX,加密资产),用户不会拿自己的资金冒险,回报显然是获取一定比例的利润。此外,还有一种被称为"与培训课程相关的融资交易账户"的欺诈行为也在不断增多。

〔97〕 在这种情况下,英国政府即将出台的《网络安全法案》(OSB)有望解决网络欺诈问题。它将对"用户到用户"和搜索服务提供商赋予更广泛的义务,包括评估、减轻和管理网络平台上非法内容对用户造成伤害的风险。此外,最大的网络在线平台需要建立相应的系统和流程,以防止在其提供的服务上发布或托管欺诈性付费广告。

幅提高监管效果,从中受益。

监管套利仍然是危害整个社会的一个重要问题,并削弱了成员执法行动的有效性。这是一个与网络营销和数字化背景高度相关的问题,因为网络非法活动的实施者往往利用监管漏洞和监管差异,实施欺诈行为或故意在监管较为薄弱的法域开设空壳公司。在这种情况下,IOSCO 成员可能对实施不当行为的个人、实体或者在线销售的产品没有管辖权,无法获得回应外国监管机构请求协助所需的关键信息。《零售分销和数字化报告》建议采取更多的措施来解决监管套利问题,据此,IOSCO 成员应当作出更多努力来解决监管套利问题,以促进国际执法合作,加强全球范围内的投资者保护。[98]

(四)跨境欺诈——问题与挑战

欺诈,特别是来自境外行为者的欺诈行为的威胁,仍然是全球范围内一个持续存在的问题。IOSCO 在《零售场外杠杆产品报告》和《零售分销和数字化最终报告》中分析了该问题产生的各种影响。许多监管机构已经发布并将继续发布关于在跨境基础上进行或推广诈骗的个人或实体的警报。监管数据显示,这些警报的数量在过去 24 个月里飙升。[99]

由跨境活动产生的问题中的一个常见例子:未经注册或者以实施欺诈活动为主要业务的场外衍生品公司的活动被认为是有关散户投资者保护的最紧迫问题之一,因为这些公司会使用各种方法引诱受害者。一些欧盟成员国还提请注意,欧盟内部投资公司的子公司向位于欧盟的客户提供产品和投资服务,从而使散户投资者难以识别最终通过数字平台提供产品或投资服务的法律实体。开展零售经纪业务的离岸实体对有效监管和执法提出了挑战。当实体以一种相互依赖的业务分散到各个

---

〔98〕 Reporton Retail Distributionand Digitalisation, Recommendation 5, Enforcement Toolkit.

〔99〕 例如,仅在 2020 年,印度银行就发出了 24 份警告通知,披露了向爱尔兰的消费者提供金融服务或克隆爱尔兰授权实体的未经授权公司的详细信息。

法域的方式构建自身时，监管机构会遇到实践和法律理论上的困难。[100]

ESMA 在 2018 年注意到，第三国集团内部的公司使用在线营销平台，根据客户的 IP 地址，针对位于欧盟的潜在零售客户，宣传杠杆交易率高于欧洲产品干预措施规定交易率的 CFDs。

跨境产品交易仍然是一个问题，特别是在自主交易和游戏化的背景下。一些成员强调了零售业对赌博类产品和行为日益增长的兴趣。当这些产品由位于其他国家的公司跨境提供时，就产生了一个监管挂钩问题。提供产品的公司所在的法域的监管机构并不总是主管当局，[101]因此，在各个法域内，对提供交易 App 的公司缺乏监管仍然是一个有待解决的问题。例如，在欧洲，新型经纪商基于其他法域的服务自由（或以反向招揽为基础），运用游戏化技术向散户投资者提供服务。这些产品的跨境性质需要协调一致的监管规定。

（五）应对跨境欺诈的公司策略、行动和渠道

许多未经授权的投资服务提供商经常使用诱人的诱饵，例如对散户投资者收取较低费用或不收取费用，辅之以社交媒体与交易信号，以说服目标投资者通过国外在线交易平台与公司进行交易。提供最多的产品包括但不限于加密资产、FX 衍生品、CFDs 和非传统型的投资产品。

通过社交媒体（如 Instagram、Facebook、交友软件等）直接定位是非常普遍的。欺诈公司也会使用“锅炉室”骗局。在某些情况下，公司声称已获得授权（在他们的网站和信件中使用虚假的参考资料），并声称总部设在投资者“家乡”的法域内。未经授权的零售信贷公司和放债人通过网络电话（voice over internet protocol，VoIP）使用陌生电话来伪造

〔100〕 例如，SEC 的工作人员在调查答复中指出，执法方面的一个挑战是确定发生在美国境外的欺诈活动的违法所得。SEC 工作人员回应说，他们成功地解决了这一挑战，依据信息共享安排（如 IOSCO 的 MMoU 和 EMMoU）向相关的外国当局提出援助请求，获取相关信息以确定收益接受者和追踪收益之所在。See https://www.sec.gov/about/offices/oia/oia_crossborder.shtml#secintlcases.

〔101〕 在欧洲，国家主管当局是指具有法律授权、投资权力，或有权执行特定职能的组织，它们通常监督国家法律法规的遵守情况。National Competent Authority – EUPATI Toolbox.

正规供应商的号码。[102]

欺诈性经营者还可能使用IOSCO成员的标识或冒充持牌者,增加其业务的合法性,这将导致散户投资者认为他们正在与处于严格监管下的金融服务公司或持牌者打交道。此外,欺诈经营者还会为其他法域的散户投资者提供虚假保证。

报告中提到的一些欺诈行为将更传统的人为欺诈行为与包含跨境因素的在线欺诈行为相结合。报告中提到的一个例子解释了欺诈者如何通过虚假的友谊或爱情,试图在情感上引诱目标,在获取受害者的信任之后,向其推荐一个海外场外衍生品服务提供商,而这实际上是一个骗局。[103]

就散户投资者对在本国法域内提供投资服务的境外实体的投诉情况分类如下:

1. 境外交易平台的激进商业行为和高风险产品的营销。[104]
2. 无法关闭交易账户。
3. 订单执行问题。[105]
4. 将客户转给法域外的机构。[106]
5. 非法提供投资建议。
6. 投资于网上FX交易平台的资金提取困难。

---

〔102〕 该方法包括声称是从当地正规公司打来的电话,或声称与正规公司有联系。伪造的号码很难追踪。欺诈者还使用"Lycamobile"手机号码与潜在消费者进行联系。"Lycamobile"仅通过销售SIM卡运营,从不进行个人注册。

〔103〕 在观察到的许多案例中,有人通过在线研讨会向受害者推荐诈骗服务。在一些大学里,有人亲自找到学生,怂恿他们购买一个U盘,并说明U盘包含特殊的交易技术和程序,可以与特定的外国场外衍生品公司进行交易,但实际上这是恶意软件。

〔104〕 最常见的模式是不断拨打电话或发送短信,鼓励投资者投资,并向投资者作出快速获利的承诺。

〔105〕 例如,客户抱怨他们的买卖订单和各种头寸没有得到执行,或者相反,在他们不知情的情况下以其名义下达了交易指令。这些事件一方面导致了不必要的投资,另一方面导致了错误执行或根本没有执行订单造成的损失。

〔106〕 例如,在欧盟的大多数案件中,投资者表示,他们被转到与他们有首次合同关系的服务提供商的外国子公司中。因此,认为自己在对一家经授权的欧洲服务提供商进行投资的散户投资者,在不知情的情况下,被重新定向到他们不再享受欧盟法律保护的第三国实体。

7. 在一个或多个法域内筹集资金，用于第三个法域的投资。[107]

IOSCO 在努力找出共性问题，寻找加强跨境合作的方法，其或许可以发挥作用，解决当局与其管辖范围以外的实体面临的一些问题。联合或协调执法调查可成为打击跨境行为者的有效工具。展望未来，管辖权范围问题需要加强 IOSCO 成员国之间的合作，并确保合作基础设施（包括 IOSCO MMoU 和 EMMoU 下的执法合作和信息共享机制）的有效运行。[108] 这种执法合作可以采取对在国际上实施不良行为的主体进行协调调查，或者对不良行为者采取联合破坏的形式。

咨询报告向利益相关者询问了与跨境交易及相关监管合作和信息共享的有关问题。受访者普遍支持对跨境交易的规制政策，但他们还指出了一些尚未解决的问题，如零售交易的数据可用性和产品可识别性。受访者要求 IOSCO 加强监管机构之间的协调和沟通，并向国家当局分配更多的财政资源，以进行跨境监管和分析。此外，一些受访者表示，他们将支持对零售跨境贸易采取更严格的措施。

由于跨境问题的复杂性，以及不同法域和地区监管方法的差异，咨询报告的受访者强调，"一刀切"的监管方法是不可行的，各主管部门的数据共享可以显著加强跨法域的双边或多边协调。同样，在符合法律和监管要求的情况下，与网站域名注册商合作，识别恶意行为者，可能有助于监管机构应对面临的一些挑战。

（六）快速弥补零售业损失的补救机制

当零售损失产生时有各种补救和制裁机制，其中可能包括行政和刑事制裁。[109] 例如，根据不当行为的严重程度，可依法适用监禁、罚款（刑事和行政罚款）、暂停营业或吊销执照等。

虽然有力的威慑对于避免不当行为的发生和保障交易秩序很重

---

〔107〕 资金通常可以在一个或多个司法管辖区内筹集。在集资过程中可以利用虚假陈述来鼓励消费者进行投资。这些陈述可以包括在第三司法管辖区内以大额资产进行担保，而实际上该资产并没有被准确描述，或者该担保是有缺陷的，或者根本不存在。

〔108〕 各利益相关方建议，IOSCO 应作为信息源头，协助监管机构建立共享框架，以开展更广泛的合作。

〔109〕 Credible Deterrence In The Enforcement of Securities Regulation, IOSCO, June 2015.

要,但有效的事后补救机制也很重要,以便散户投资者弥补损失。当投资者被不受监管或不遵守法律规定的个人或公司欺骗时,这种追偿就变得极具挑战性。此外,在某些情况下,诉讼费用可能超过损失的金额,需要完善相关制度以追回因欺诈而进行的投资。例如,缩短和简化从加密资产投资公司或银行处追回被骗资金的流程,可能会减轻受害者因遭受损失而给日常生活带来的不利影响。[110] 值得注意的是,在研究如何运用技术手段快速弥补损失时,应采取技术中立的监管方式。

当受监管的个人从事不当行为时,散户投资者还有更多的选择。有一种以证券仲裁为主要形式的追偿机制,该制度要求经纪商和代表在投资者提出要求时进行仲裁。监管机构可以考虑将民事纠纷的解决作为监管工具箱的一部分。因此,投资者通过纠纷解决等手段,可以更容易获得民事赔偿。

证券仲裁可能比要求经纪人赔偿损失的法庭诉讼成本更低、速度更快。在可能的情况下,监管机构可以考虑建立类似的制度,提供监管制裁,投资者可以选择通过与受监管的公司和个人进行仲裁。

针对这一问题,IOSCO 于 2021 年 1 月发布的《散户投诉处理与申诉制度》报告明确指出,散户投资者是资本市场的重要参与者,对其权益的保护是资本市场健康稳定发展的根本。当投资者或金融消费者受到不当行为或非法行为的伤害时,有效的处理机制不仅对受侵害的个人很重要,还能产生积极的外部效应,例如完善市场规则以提高投资者对金融市场的信心。在这方面,该报告提出了一套含有 9 项具体措施的方案,其中包括:

1. 采取措施提高投资者对各种现有投诉处理系统的认识。

2. 采取措施健全投诉处理系统。

3. 鼓励金融服务提供商(financial service providers, FSP)为散户投资者的投诉提供广泛的解决方案。

---

〔110〕 关于加密资产零售分销、托管、交易、结算、执行以及滥用行为的问题将在 IOSCO 金融科技工作组的加密资产和数字化资产工作流程中进一步探讨,该工作组的目标是 2023 年上半年通过 DeFi 工作流程发布相关报告。OR03/22 Crypto – AssetRoadmap for 2022 – 2023 (iosco. org).

4. 使用投诉数据来制定或完善投资者教育计划。
5. 将投诉数据用于监管活动。
6. 征求散户投资者对投诉处理系统的意见。

五、信息披露、产品设计和产品干预

传统的公司信息披露方式[111]并不总能解决金融服务市场出现的复杂问题。因此,信息披露方式应该获得散户投资者的关注,它不应被视为投资者保护的一个独立的默认承诺选项(勾选框)。

由于过度使用技术性语言、冗长且不便于使用的格式以及披露的交付方式,大多数散户投资者对披露感到困惑。信息披露应根据目标投资者群体的需求进行调整。[112]

如果使用产品干预,则应在监管规则中明确此类权力的触发因素。

背景

本章的内容基于 IOSCO 对成员信息披露规则的全面收集,这表明产品治理规则和产品干预权的行使已经高度完善,2/3 的法域拥有这种权力。大多数 IOSCO 成员要求受监管实体在产品生命周期内情况发生变化时调整披露。一些 IOSCO 成员还使用了"量身定制的披露"技术,有些人可能认为这种技术更具创新性。

---

[111] 根据某些司法管辖区的定义,信息披露是证券法律法规要求公司必须向消费者提供有关金融产品和服务的特点、费用或相关风险的重要信息。金融公司可以通过硬盘拷贝或电子方式(如电子邮件或网站)进行信息披露。披露文件的一些例子是:(1)详细信息披露文件(如招股说明书和产品披露声明);(2)摘要工具(如主要情况说明书、商业智能仪表板、金融信息报表以及关键信息文件);(3)警告。要求公司在销售、预售,或在产品的整个生命周期内,向潜在客户提供这些信息。See ASIC - AFMJointReport"Disclosure:Whyitshouldn'tbethedefault".

[112] 虽然对"量身定制的信息披露"没有一致的定义,但 ASIC - AFM 的联合报告强调,信息披露虽然重要,但是:信息披露并不总能解决金融服务市场的复杂问题;信息披露必须获得消费者的关注;"一刀切"的统一标准并不适用于所有人——信息披露的效果因人而异、因情况而异;在实践中,信息披露所产生的影响可能会适得其反;公司对某些产品和服务的风险和特点所作出的警告,效果有限。

(一)重大信息披露

对投资者决策至关重要的财务业绩、风险、成本和其他信息的披露应全面、准确和及时,以保证一个理性的人能够对投资产品作出公平的评估或决策。重要信息可能以下列形式呈现,并视产品类型及其特点而定,如一种加密货币(unique fungible tokens,UTF)、ETF、基础设施领域不动产投资信托基金(real estate investment trusts,REIT)、封闭式基金(closed end fund,CEF)、共同基金(mutualfund,MF)。其内容可以包括以下信息:

1. 产品本身;
2. 持有该产品的风险;
3. 发行人/公司;
4. 外部因素;[113]
5. 费用、成本或收费;
6. 税收影响或与税收相关的费用;
7. 利益冲突;
8. 佣金;
9. 投诉,包括是否含有争议解决系统以及如何使用该系统。

信息披露在促进零售金融服务市场的透明度、诚信和效率方面发挥着关键作用;ASIC与AFM联合发布的一份报告指出,强制性的信息披露要求避免"一刀切"的模式,这种模式没有考虑到散户投资者在处理金融决策信息方面的个体差异和具体情况。消费者获取信息的环境会极大地影响他们对信息的理解程度,并且可能会受到物理环境(在不受干扰的办公环境中查看披露的信息,而不是在公共交通的"高峰期"查看)、分发渠道(在线环境可能会有所不同,如数字倒计时器等时间限制,可能会催促我们作出决定),以及我们的情绪、心态和身体状态的影响。

该报告还探讨了如何进行实践中的测试和监管,以评估"简化"和"强化"信息披露的有效性,在此基础上评价此类信息披露是否能达到最佳消费者保护的效果。此外,披露要求也会给金融知识贫乏的消费者

---

〔113〕 任何已经或可能对发行人的业务活动产生重大影响的政府、经济、财政、货币或政策或因素;劳工标准,环境、社会或道德水平等被考量的程度。

带来沉重的负担，消费者需要克服其复杂性，以至于适得其反，给消费者带来意想不到的风险。[114]

（二）信息披露时机

向投资者提供重要信息的时间周期因法域而异（如立即、每两周、每月、持续、每年、定期、适时、及时）。这也可能取决于产品的类型（如债务计划、基金）。公司还可以定制和完善其产品信息发布机制，通过积极主动地调整产品设计、分销和沟通方式以满足消费者的需求、能力和期望，向消费者提供"及时"的信息披露，从而更好地赢得客户信任，最大限度地降低监管成本。

（三）产品生命周期内调整信息披露的义务和开拓信息披露新途径

大多数法域要求受监管实体在产品生命周期内情况发生变化时调整披露要求。虽然一些法域表示，其对信息披露采用了新颖方法，但对于什么是"新颖"方法的解释可能存在差异。[115]

ASIC 出示了关于传统披露局限性的证据，并在联合出版物 REP 632"Disclosure：Why it shouldn't be the default."[116]中进行了分析。ASIC 还指出，传统信息披露方式的局限性是引入产品治理新规和干预法律的关键驱动力。

多位咨询受访者提到，大多数散户投资者难以接受信息披露。据称，一些常见的原因包括技术性语言的过度使用、冗长且不便于用户使用的格式以及披露的交付方式。

在收到的答复中，最常见的解决方案建议如下：

1. 信息简洁，语言清晰。

---

〔114〕 See LT Mullet, L Smart & N Stewart, Blackbird's alarm call or nightingale's lullaby: The effect of tweet risk warningson attractiveness, search, and understanding (PDF 4.02 MB), Occasional Paper 47, FCA, December 2018.

〔115〕 例如，9 个司法管辖区列举了更复杂的产品，为非专业客户的投资者提供额外信息要求的示例。两个司法管辖区还进行了投资者测试，旨在使消费者认识到风险并寻找到合适的产品。但没有司法管辖区提供任何关于新型披露方式有效性测试的例子或结果。

〔116〕 本报告通过对 ASIC、AFM 所提供的案例，以及其他相关来源的案例进行研究，探讨了传统信息披露方式的局限性。这些案例取材于不同金融市场为各种金融产品和服务，并包括所有形式的信息披露方式。

2. 加强信息披露的数字化程度。

3. 格式化披露内容,并突出产品的风险和重要信息。

一些受访者强调,精简企业的信息披露内容并不能完全提高投资者对披露内容的理解度,重点应放在修订和改变披露的格式上,从而使投资者能够以方便、简洁的方式找到最重要的信息。[117]

在紧张的市场环境中,如果将信息披露与其他工具(如更加个性化的信息支持)结合在一起,那么信息披露可能会成为一种有用的工具。例如,在认识到新冠疫情的特殊情况后,FCA 公布了在新冠疫情期间对企业的期望,包括指导公司在向客户提供影响投资决策的建议时,避免夹杂个人意志。FCA 还公布了针对消费者的信息,以帮助他们识别诈骗活动并更好地保护自己。

根据一家回应 IOSCO 咨询报告的资产管理公司的说法,为了使披露的信息对投资者有用,这些投资者必须参与信息披露的过程,这意味着投资者的参与程度是决定信息披露成功与否的第一要素。因此,该评论者表示,由于散户投资者的信息过载,信息披露可能并不总是有效的。此外,法国金融市场管理局 AMF 公布了一项研究,强调含有以下内容的

---

〔117〕 FCA 的行为研究发现,信息披露对消费者选择的影响好坏参半,而对提供给消费者的信息进行完善也仅仅产生了微小的积极影响。然而,“助推”测试结果为有效监管提供了更有价值的见解。例如,在一项对信用卡客户进行的大型实地试验中,FCA 的研究人员发现,在签署直接借记协议时,取消最低还款额这一特定选项,导致 20% 以上的客户同意偿还固定金额(高于最低金额)——这将有助于他们更快、负担更小地偿还债务。然而,每 20 个人中就会出现 1 个在没有明确默认最低还款额的情况下,放弃签署直接借记协议的客户。这项实验表明,在针对这些挑战提出解决方案时需要认识到,消费者行为是不一样的,帮助他们驾驭这个复杂市场的方法需要有细微差别。FCA research note: Helping credit card users repay their debt: a summary of experimental research. pdf. 另外,FCA 还发布了一份研究报告,介绍其为高风险的消费者改善投资结果的工作。https://www. fca. org. uk/publications/research/improving – outcomesconsumers – high – risk – investments.

信息披露往往效果更好：[118]

1. 在语言和文本方面尽量非常简单。

2. 可视化（最好）。

3. 向投资者详细说明发行方的意图、发行动机以及他们是如何营利的。

4. 经过测试。

（四）产品干预

各法域可能会采取广泛的监管措施，从增加对受监管公司的预期披露要求到扩大产品干预权的行使范围。需要注意的是，并不是每个IOSCO成员都可以行使此类产品干预权，权力行使情况可能因法域而异。对于有权决定是否可以提供和销售特定产品的法域而言，最常见的产品干预权的行使形式和内容由在欧盟适用的MiFID Ⅱ和《金融工具市场法规》（MiFIR）规定。根据MiFID Ⅱ的规定，主管当局可以禁止或限制产品的营销、分销或销售，包括某些金融工具、结构性存款、衍生品，以及某些类型的金融活动或业务。在其他法域，其有权决定是否可以提供和销售产品的权力还包括：

1. 金融产品的销售禁令和销售条件。

2. 宣传材料的要求。

3. 停牌。

4. 投资产品的强制性预授权。

5. 以其他方式（非现金）赎回股票的指令。

产品触发干预权行使的最主要因素包括：

1. 引发重大的投资者保护问题。

2. 损害或可能损害消费者或投资者的权益。

---

[118] 法国金融市场管理局于2018年设立了一个机构。该机构以一组散户投资者为测试对象，对监管文件的清晰度问题进行研究。并于2022年9月发表了一份综合报告，总结了对不同类型投资的研究结果，其中揭示了理解的困难，以及对减少使用技术性的语言的需求。为了使监管文件更具可读性，参加研究的投资者对以下原则持赞成态度：（1）具有吸引力的布局。（2）突出重要信息。（3）使用短句和主动语态。（4）删去多余的抽象词汇和不必要的细节。See https://www.amf - france.org/en/news - publications/publications/reports - research - and - analysis/findings - studies - conducted - readibility - information - documents.

在不同法域,触发产品干预权行使的其他因素还包括以下情况:

1. 对金融市场或商品市场的有序运作和市场完整性或整个或部分金融体系的稳定性构成威胁[《欧盟金融工具市场法规》(MiFID)规定]。

2. 违反法律、法规。

3. 基础市场价格形成机制下产生的不利影响(MiFID 规定)。

4. 价格操纵或市场操纵。

5. 阻碍良性竞争(英国)。[119]

6. 过失。

7. 不应超过一定数量或价格阈值的订单。

8. 极端波动或在不可抗力情况下的特殊清算。

例如,ASIC 在其监管指南 RG 272 中总结了其可用于改善消费者投资结果的监管工具,包括存在重大消费者损害风险时,禁止销售金融产品和信贷产品。ASIC 行使产品干预权,并于 2021 年 5 月 3 日禁止向散户发行和分销二元期权,原因是在此前审查中发现,大约 80% 的散户在交易二元期权时亏损,该产品特性会对散户投资者产生不利影响。ASIC 估计,2018 年散户交易二元期权的净损失约为 4.9 亿美元。

在参与 IOSCO 调查的法域中,超过 2/3 的法域表示其享有产品干预权,且约一半的法域已经行使了这项权力。例如,德国联邦金融监管局自 2015 年以来一直在行使产品干预权,迄今已发布了 5 项产品干预措施。[120] 此外,一些法域禁止二元期权的分销和销售,并对 CFDs 的销售施加了条件。其他与干预权相关的产品包括:短期信贷贷款模式、与保险资金相关的人寿保险合同,以及投机性非流动证券,这些都给散户投资者带来了风险。在一些法域,已经针对可赎回优先股的发行,发布了包括纠正披露、停止营销和筹资的命令,并已对某项 IP 发出停止令,直至相关主体采取某些行动。

FCA 在投机性非流动证券方面所开展的工作,是说明产品干预如何

---

〔119〕 See FCA's Product Intervention and Product Governance Sourcebook(PROD).

〔120〕 https://www. bafin. de/SharedDocs/Veroeffentlichungen/EN/Pressemitteilung/2022/pm_2022_09_30_AllgV_Futures_Beschraenkung_en. html; jsessionid = B1C0E7F5BA109D5B94BDF79E789D0CC9.2_cid502.

有效发挥作用的一个很好的例子。在 FCA 收集到有害证据时,就会行使干预权。

新修订的 MiCA 将赋予 ESMA 临时干预权(第 89a ~ c 条)。ESMA 可以暂时禁止或限制某些加密资产的营销、分销或销售,但资产参考代币或具有某些特定功能的电子货币代币除外;或在满足某些条件的情况下,暂时禁止或限制某种类型的加密资产活动或实践。

(五)产品管理

类似地,有权干涉特定产品结构的法域,其产品治理的要求旨在确保于产品生命周期内的所有阶段,产品在市场中销售,以其设计满足目标市场的正当性需求为基础。MiFID Ⅱ对产品治理有详细的要求,并适用于欧盟全部法域。根据 MiFID Ⅱ,产品治理和产品适用性是两个独立但密切相关的方面。澳大利亚[121]和英国也采用了大致类似的方法。这些方法要求以消费者为中心进行产品设计,以给消费者的投资带来积极效果。

发起人包括颁布且实施多部产品治理法律的法域,需要考虑的最常见因素可以被描述为"产品适用性"的因素。值得注意的是,在"适用性"的定义、描述方式以及与之相关的背景、产品和投资者类型或目标市场方面存在相当大的差异。

六、投资者教育

> 1. 金融教育是加强投资者保护的关键因素,它对证券监管机构可能采取的政策、法规、监督和执法行动起到了补充作用,以促进市场健康的发展。
> 2. 除了传统的教育模式外,监管机构应该探索新的教育途径。通过设置不同的参与模式来培养投资者的能力,技能的培养不能只靠授予知识,实践也是很有帮助的。
> 3. 围绕投资者行为进行实验研究,并利用数字化手段积极增大投资者的知识储备,例如通过游戏化的方式。

---

[121] See RG 274 Product design and distribution obligations | ASIC.

4. 教育活动不应将责任推给金融消费者,从而推卸服务提供商和监管机构的责任。事实上,金融教育并不能代替适当的监管和有效的监督,尽管前者是对后者的补充。监管机构应该注意并警告散户投资者,选择“自己动手”的投资路线可能存在的陷阱,监管机构可以借助一些工具,比如含有教育元素的更广泛的宣传活动,以帮助散户投资者作出更明智的投资决定。 5. 重要的是要设计专门针对进行自主交易的散户投资者的金融教育计划,包括投资者可能赖以找寻投资信息的场所和社交媒体。 6. 数据应用在识别新兴投资行为,分析散户投资者金融教育需求,以及为自主交易投资者量身定制最有效的金融教育工具方面发挥着关键作用。 7. IOSCO 正在考虑在制定、实施投资者教育措施方面进行经验分享与意见交流,以提升自身能力。

背景

本章讨论了与投资者教育相关的问题,这是一个完善和重要的监管工具,用于解决(和事前预防)散户投资者遭受损失的问题。IOSCO 的调查强调,投资者教育并不是一种静态的监管工具,其可以灵活地使用,以应对在第 2 章中概述的崭新趋势。

IOSCO 成员对其所进行的投资者教育实践的反馈显示,新冠疫情并未减缓世界各地的投资者教育工作。相反,许多法域继续、扩大和调整了他们的投资者教育举措。在新冠疫情暴发之前或流行期间,新投资者和自主投资者的增加促使许多法域作出回应,包括创建新的投资者教育工具和措施。此外,IOSCO 成员开展了各种研究活动和调查工作,以探索危机时期的投资者行为。监管机构经常利用此类调查结果,以明确他们为实现投资者保护目标而需要采取的行动的趋势。在某些情况下,这些结果被成员们用来更新他们的投资者教育工具组合。

重要的是,一些利益相关者,特别是 IOSCO 圆桌会议的发言人,他们是经济学、社会学和行为学研究方面的专家,他们承认投资者教育的局限性(特别是在监管薄弱、监督有限或执法不力的背景下),并强调在某些情况下,大规模的教育活动可能会产生边际影响。教育活动可能会将责任推给金融消费者,而不是服务提供商和监管机构。

(一)仅注重知识教育活动成效不佳

有学术证据表明,大型教育活动不一定总能达到预期效果。因此,虽然它们非常重要,但仍有必要重新评估投资者教育活动的有效性。监管机构应从“教育”模式转变为探索通过不同的参与形式来培养投资者能力的新模式，力图培养投资者能力而不仅是授予其知识。作为潜在解决方案的一部分，利益相关者和学者们引用了围绕投资者行为进行实验的研究成果，并利用数字化的积极作用，如游戏化，来提高投资者的知识水平。

我们所观察到的行为现象呈现多元性的原因可能非常复杂。监管机构以证据为基础，研究投资者教育和消费者保护方面的问题。在过去的几年里，行为科学必须发挥的作用之一是利用这些证据制定更优的消费者保护制度与更好的监管政策，以思考如何改善消费者教育的实践效果等。研究人员需要适应不同的范式，他们需要加强创新性分享，以期在研究、评估投资者教育实效领域取得更好的成果。

（二）在非常时期调整投资者教育举措的实施方式

重要的是，IOSCO 成员应考虑拓展新的渠道，以更好完善投资者教育举措，特别是在新冠疫情期间，许多 IOSCO 成员更多地采用了线上工作的方式，以取代线下活动。这包括通过传统渠道举办的公开活动、网络研讨会，在线会议，通过电话方式开展投资者推广活动，以及建立社交媒体平台。值得注意的是，少数成员还在 Reddit 和 TikTok 等较新的非传统平台上开展活动。关于成员们所实施的不同创新举措的一个例子是，OSC 使用 Reddit（一些年轻的自我投资者使用的社交媒体平台，将其作为信息来源），泰国证券交易委员会、魁北克省金融市场管理局和将 TikTok 纳入加密资产风险识别活动。

许多成员还在网上发布了与新冠疫情相关的信息，例如有关各种骗局和个人财务问题的信息。一些成员还创建了专门的资源中心。其他人则在之前所开展的工作的基础上，对其内容进行了微调，以反映新冠疫情所产生的影响。

（三）新投资者和自主投资者的增加

一些法域在认识到新投资者和自主投资者数量在不断增加后，迅速调整了他们的投资者教育方法，开发了新的教育工具，以帮助投资者作出更明智的决策。在某些情况下，IOSCO 成员警告新投资者，选择“自己动手”的投资路线可能存在陷阱，他们会借助工具，如基于模拟的网络研讨会，或含有教育元素的更具广泛性的宣传活动，帮助散户投资者作出更明智的决策。

(四)投资者教育的调查研究

一些 IOSCO 成员报告称,他们进行了研究和调查,以支持其开展的投资者教育工作。研究成果总体上反映了散户投资者人口结构的变化、对金融知识的需求、高风险产品的提供和交易以及欺诈行为的不断增加,包括零售领域内的各种新兴趋势和行为模式。

1. 人口结构的变化:一些成员正在关注年轻投资者和新投资者的增加趋势,以进一步调整其所利用的教育工具。他们进行研究的目的是了解谁是这些新投资者,以及他们与现有投资者相比是否具有不同的投资特征。

2. 新兴趋势和行为模式:许多 IOSCO 成员定期开展研究,分析散户投资者在股票市场的行为。这包括研究和使用关于散户投资者活动的其他信息,以了解其金融教育需求;研究公司为散户投资者提供服务的方式,以及其使用的可能影响散户决策的技术手段。

3. 金融知识:许多 IOSCO 成员使用调查来分析散户投资者的金融教育需求。

4. 高风险产品和欺诈:开展投资者调查有助于监管机构发现骗局,例如涉及加密资产和在线交易平台的骗局,以及它们针对不同投资者采取的不同的欺诈方式。成员们据此来开展针对散户投资者的反诈活动。[122]

(五)鉴于自主交易和数字化的增加,考虑完善投资者教育工具箱

在这种情况下,投资者教育工具箱的6个组成部分可能如下:

1. 有必要实施针对性方法。重要的是,要设计专门针对自主投资者的金融教育措施。这主要是因为他们对金融教育的需求以及风险承受水平,与经验丰富的散户投资者,或与持牌投资专业人士进行合作的投资者可能有所不同。一些利益相关者强调,由于社交媒体加快了信息传播的速度,以自主投资者为重点的金融教育措施应该不断更新,以防止

---

〔122〕 例如,法国金融市场管理局在开展反诈骗活动之前,于2021年进行了一项研究,以评估投资诈骗现象的规模和多样性。See https://www. amf - france. org/en/news - publications/publications/reports - research - and - analysis/french - and - investment - scams - december - 2021.

虚假信息的传播。

2. 数据是金融教育措施稳固和成功的关键。数据是了解自主投资者的心态、态度或行为的关键。数据还可以帮助监管机构设计有针对性的金融教育措施,以解决与投资者保护相关的具体问题或降低自主投资者的风险。此外,数据可以帮助建立衡量标准,以结果来评估这些措施的有效性,这可以帮助监管机构评估和改进其采取的措施。一些(但不是全部)参与成员已经设计(或正在计划设计)由数据支撑或关于自主投资者的具体研究支持的举措。

3. 合作和经验交流是监管机构的有用工具。许多受访者表示,他们利用了对其他金融当局、市场参与者和学校的了解。这适用于投资者教育措施的制定阶段,不仅针对自主投资者,同样针对潜在的新投资者或潜在的自主投资者。根据当地情况,监管机构可能会考虑与其他利益相关者联系或合作,以解决与自主投资者相关的问题和担忧。

4. 投资者保护/金融教育部门与监管部门和执法部门之间的对话与合作,是获取自主投资者的信息和增加对其了解的有效来源。有些成员与其从事监管或执法工作的同事进行公开对话,以收集关于自主投资者的投资趋势或相关问题的情报。这一发现强化了如下观点,即监管机构有不同的工具来解决具体问题,包括政策变化、监管和执法行动,以及金融教育措施。在某些情况下,教育措施可以与其他监管工具一起发挥作用,助力问题解决。类似合作案例值得进一步研究,以确定它是否比实施单独的教育措施更加有效。

5. 战略性地适应数字环境并通过数字环境进行沟通是关键。随着新的数字 App 的可用性和易用性的提高,自主投资者的数量也在增加。社交媒体对散户投资者的决策产生了更大的影响。新冠疫情加速了上述两种既有趋势,监管机构需要学会适应这种更加数字化的新环境,以吸引散户投资者。

6. 利用行为科学可能会帮助改善金融消费结果:说服技巧和行为偏见没有天生的好坏之分,它们可以被用来帮助消费者或对消费者产生积极影响。[123]

（六）加密资产产品与散户投资者教育

加密资产可能具有投资者无法完全理解的风险，并可能导致投资者损失。散户投资者需要意识到这些产品的复杂性及其附带的风险，例如市场流动性风险、波动性风险、运营风险和欺诈风险，特别是在缺乏监管或不遵守监管的情况下。

IOSCO 持续发布报告，以协助监管机构对散户投资者进行教育，例如《加密资产投资者教育报告》，该报告探讨了以下内容：

1. 向散户投资者和潜在投资者发出警告，告知其投资和持有加密资产的风险以及由此遭受损失的可能性。

2. 旨在加深投资者对加密资产领域欺诈危险信号了解程度的教育措施。

3. 通过文章、播客和视频向散户投资者介绍欺诈行为，以及教育其如何避免来自提供加密资产无牌公司的误导。

4. 监管机构正在探索新的方式，例如通过社交媒体和一些 App 以加强关于加密资产的投资者教育。

鉴于 IOSCO 世界投资者周（world investor week，WIW）活动的全球推广，FTF 加入了该活动，讨论与加密资产相关的投资者教育和投资者保护。[124] 这是对 WIW 关于加密资产以及预防诈骗关键信息的补充。[125]

---

〔123〕 在《2022 年行为经济学指南》中，ASIC 分享了监管机构和金融服务公司如何利用行为洞察力来为消费者带来更好的结果。ASIC 对 100 多份报告的审查揭示了一些公司如何利用或忽视消费者在产品选择架构中暴露出的行为漏洞，以及公司适当地进行产品设计与分销以满足消费者需求的重要性。该审查还确定了公司可以用来影响消费者的 5 种常见“行为杠杆”和 5 种“情境脆弱性”，无论散户投资者多么活跃、经验丰富和自信，它们都可以放大消费者某些行为的不良后果。了解这些因素不仅可以提高监管机构识别、描述、证明和预防伤害的能力，还可以确定公司的设计和分销义务，并且可以在监管机构行使产品干预权等方面发挥作用，从而使监管机构能够以各种方式进行临时干预，以防止对消费者造成重大损害并改善消费者的投资结果。

〔124〕 WIW webinar on“Crypto/Digital Assets and DeFi – Look Before You Leap”, 5 October 2022.

〔125〕 https://www.worldinvestorweek.org/? p = resources&id = key – messages.

IOSCO 还发布了一份题为《动荡时期的投资者行为和投资者教育：新冠疫情期间对监管机构的建议框架》(2022 年 11 月 30 日)的报告，其中提到许多监管机构在新冠疫情期间，针对散户投资者对风险投资产品的兴趣上涨这一趋势采取了行动。一些监管机构禁止向散户投资者出售加密资产衍生品；其他监管机构则提高了监管要求，比如对希望开设加密资产交易账户的散户投资者进行知识测试。还提高了对广告、宣传材料的内容标准和信息披露的要求。一家监管机构咨询了内部行为经济学设计部门，以加强其对包括加密资产在内的高风险投资的金融宣传规则。

(七)能力培养

不同的监管机构可能处于散户投资者市场发展的不同阶段。因此，他们在投资者教育方面可能有不同的经验。IOSCO 可能希望考虑与 IOSCO 各小组或委员会以及其他国际标准制定机构(如 FinCoNet)，在制定和实施投资者教育措施方面进行经验分享与意见交流，提升其自身能力。

七、监管措施工具箱

本报告中的工具箱，旨在通过向正在制定监管措施，或审查监管措施有效性的监管机构提供可能有助于解决某些问题的方法，以加强对投资者的保护。拟议的工具旨在允许在不同的法域进行广泛的应用和调整，监管机构可以选择在其管辖范围内部分实施、全部实施或不实施。监管机构可能会得出结论，根据具体监管框架的特点、发行实体的特征、所涉及产品的特性或其他因素，特定工具在其管辖范围内的实用性可能会有所不同。因此，监管机构可能希望在有更多选择的基础上，或以最适合其国情和国家法律框架的方式使用这些工具。该工具箱的来源具有多样性，如 2022 年 3 月咨询报告、消费者圆桌会议、AMCC 讨论结果，是监管机构在处理零售市场行为问题时可加以考虑的适应性措施的集合。这些措施是一般性的，以便更广泛地适用；有些是传统的，有些则更具新颖性。鼓励监管机构采取灵活、积极的方法，帮助他们根据其自身法律、监管框架以及形势背景，为待解决的问题定制正确的监管工具。

我们注意到，虽然加密资产被用作案例研究，但本报告并非旨在对加密资产市场中出现的问题进行全面分析，而是旨在关注散户投资者面临的特定问题。IOSCO 已经发布了加密资产领域内的相关报告（见附件一），并将继续对加密资产市场和市场参与者进行全面分析。这些分析预计将对加密资产市场和法域的问题进行更全面的讨论，同时考虑对加密资产采取适当的监管方法。

（一）加强监管机构的数字化转型和使用在线战略的能力，以主动弥补散户投资者伤害

1. 直接针对实施不当行为的欺诈者

监管机构可以直接针对不当行为的实施者，并在他们使用的社交媒体平台上与欺诈者联系。这种干预措施应强调行为的违法性，并说明监管机构已经意识到，并正在监控此类行为，同时重申行为者可能面临的潜在后果。一些 IOSCO 成员通过在社交媒体上发布警告信息以提醒投资者，公布对不当行为的罚款数额和处罚信息以对犯罪者起到震慑作用，从而遏制不当行为影响的进一步扩大。

例如，ASIC 一直在使用社交媒体平台直接与实施“拉高出货”骗局的不法分子接触，以解决市场中的不当行为。ASIC 在 Telegram 上设立账户，发布警告信息，并提醒投资者防范提供有关金融服务或产品的虚假性和误导性建议的违法行为。在这种有针对性的信息发布之后，“拉高出货”骗局不再出现在市场之中，这种方式成为解决不当行为问题和减少欺诈行为的一种经济有效的方法。ASIC 还与技术创新的利益相关者合作，例如与在线论坛的主持人进行沟通，了解他们如何监控帖子内容、处理不法行为；与互联网搜索平台讨论其搜索结构，从而使投资者不会被某些搜索结果误导。

在另一个例子中，鉴于明显的市场操纵活动不断增加，特别是通过流行社交媒体进行的“唱高散货”操纵骗局数量不断增加，SFC 于 2021 年 6 月发布了一份通告，通知所有中介机构，SFC 希望向中介机构获取信息时，中介机构能够充分且积极地配合。遏制“唱高散货”操纵骗局是 SFC 的首要执法工作，最近 SFC 与香港警方在 2022 年 9 月开展联合行动，打击一个“唱高散货”诈骗集团，其中 13 人被指控多项刑事犯罪。

2. 监测和评估在线营销和分销趋势，以中断有害的营销渠道，如有害的社交媒体影响者活动

投资产品和服务的非法或有害的在线营销和分销活动泛滥，这意味着监管机构需要不断监测和评估其发展趋势，以确定和管理监管重点。社交媒体影响者和有针对性的发布在社交媒体上的金融广告数量的激增促进了这样一种模式，即散户投资者不断受到金融产品信息的轰炸，这些信息可能被视为一种专业知识。在这样的环境下，监管机构必须承认，消费者很容易在网上接触到误导性和欺骗性的信息，尤其是来自未经认证来源渠道的信息。

关于在线营销活动，IOSCO 最近发布的关于零售分销和数字化的工作建议中，IOSCO 成员考虑要求金融服务公司实施以下行为：

（1）为在线营销和分销活动制定适当的内部规则、政策、流程和工具，并定期进行审查。[126]

（2）代表公司对提供给潜在投资者的信息的准确性负责。[127]

（3）评估数字营销人员的从业资质。

正如报告在前文所提到的，“社交媒体影响者”的出现本质上是指未经许可的个人利用社交媒体生成或推广金融产品和服务，这样一种趋势可能会导致有害的营销和分销。为了提高提供财务建议的社交媒体影响者行为的透明度并增加投资者获取公共信息的机会，一些 IOSCO 成员建议建立社交媒体影响者的公共登记册，内容包括：

（1）社交媒体影响者与推广的金融产品或服务的关系。

（2）与推广的金融产品或服务有关的任何潜在利益冲突。

（3）社交媒体影响者因推广金融产品或服务而获得的推广费和报酬结构。

（4）社交媒体影响者的资格认证与财务认证。

IOSCO 最近在零售分销和数字化方面的工作强调了一些 IOSCO 成员的评估结果，即与社交媒体影响者等关联方在线沟通的任何责任通常

---

[126] 这应该包括，无论公司如何利用目标定位、行为技术或者游戏化元素，都应确保公平对待金融消费者，并旨在避免对潜在的金融消费者造成损害。

[127] 包括通过各种社交媒体渠道（包括网络影响者）提供的信息，及时披露与潜在风险和利益冲突有关的必要信息，以避免对潜在的金融消费者造成伤害。

由与他们接触的公司承担,除非公司与社交媒体影响者之间没有既定的金钱利益联系。

监管机构还可以就社交媒体影响者可能需要的许可要求和义务承担提供进一步的指导。ASIC 的 INFO 269 规定了金融服务法如何适用于在线讨论金融产品和服务的社交媒体影响者,同时规定了聘请社交媒体影响者的澳大利亚金融服务持牌人应遵守的义务。

监管机构还应有权并愿意在社交媒体影响者推广误导性和欺骗性金融产品或信息时,及时实施执法行为或破坏行动,以便及时干预。虽然执法方面不是本报告的重点,但鉴于其在打击在线和跨境不当行为方面的极端重要性,IOSCO 强烈鼓励其成员使用《零售分销和数字化报告》中的措施,特别是执法工具措施二,在网站被用于进行非法证券和衍生品活动时,迅速采取行动,以及行使其他能够有效遏制网上不当行为的权力。[128]

3. 发布公共警报、警告和监测消费者情绪

为了补充传统媒体传播渠道(如报纸、电视、广播),监管机构可以利用其在线状态,发布实时警告或公共警报,以更好地接触受众,并通过直接在这些渠道上听取消费者的意见来发掘消费者可能面临的问题。由于消费者未必能够很好地理解许多高风险和复杂的金融产品,社交媒体或监管机构网站上关于不受监管、误导或欺诈活动的实时讨论或公告可能有助于减轻散户投资者损害。一些监管机构注意到这一领域的警报发布活动有所增加。例如,葡萄牙证监会注意到警报数量在 18 个月内增加了 200%,特别是在社交媒体流行的背景下,IOSCO 成员一直在使用一系列在线打击欺诈的措施,其中包括以下内容。

(1)主动性警报

①意大利证券交易委员会(Commissione Nazionale per le Società e la Bors,CONSOB)在其网站上发布了警告,提醒消费者注意与投资活动有关的广告宣传,这些广告通过网站、社交媒体上显示的横幅、广告、弹出式窗口,或者有时通过发送电子邮件或短信的方式宣传投资活动。

---

[128] 执法工具措施二鼓励 IOSCO 寻求更多权力,以便更有效地及时遏制非法网络行为,包括享有在适当情况下关闭或阻止访问非法网站的权力,或寻求法律命令的权力。

②另一个例子是,SEC 工作人员发布了各种投资者警报和推广警报,主题包括加密资产、社交媒体影响者和复杂性产品,提醒投资者注意可能通过社交媒体发布的欺诈性投资计划。

③德国联邦金融监管局于 2021 年 2 月 18 日发布了一份通知,警告有关主体不要在社交媒体上发表有关股票推荐的言论。

④ESMA 也发布了与德国联邦金融监管局的警告通知相对应的声明。

⑤FCA 试图通过发布关于此类不当行为的消费者警告,来破坏和打击社交媒体上不合规的金融促销活动。

⑥ASIC 警告经纪商,在向散户投资者提供如证券贷款、加密资产,以及提供“零成本”或“低成本”经纪服务等高风险产品和服务时要谨慎,这些服务往往掩盖了真实成本。

⑦SFC 在接受媒体采访时,以及在其 Facebook 官方页面上警告公众注意防范网络诈骗。此外,SFC 还与香港警方反诈骗协调中心开展了密切的合作,制作短片、举办社区外展宣传活动,以提高公众的反诈意识。

⑧一些 IOSCO 成员同时指出,他们已经直接向某些实体(而不是公众)发出警告,这些实体正在大力宣传诈骗活动,或者试图与业界进行更密切的接触以实施诈骗活动。

⑨香港的投资者及理财教育委员会(The Investor and Financial Education Council,IFEC)也就观察到的对散户投资者造成伤害的普遍问题提供信息并发出警告,例如网络诈骗、欺诈性虚拟资产交易平台,以及无牌人士提供的投资建议。

⑩IOSCO 对投资者警报门户进行维护。

(2)创新性事务

①一个非常有趣的做法,SEC 的工作人员建立了一个网站——HoweyCoins. com,该网站模拟虚假的代币发行,以教育投资者在识别投资骗局之前,其关注点是什么。任何点击“立即购买”的人都会被引导到 SEC 工作人员发布的提示,以及其他与加密资产有关的教育材料中

去。[129] SFC 通过多种渠道开展了各种宣传活动，提醒公众注意利用网上平台进行的诈骗活动。例如，2020 年 9 月，SFC 发布了一份执法报告，说明了这些骗局的运作方式以及如何避免这些骗局。

②2021 年，SFC 发起了一项在线活动，模拟被卷入投资骗局的经历。这项活动是 SFC 为提醒公众识别并防范利用网络平台进行的诈骗活动所作的努力。在为期 3 周的时间里，在香港本地论坛、移动投资 App 和财经新闻网站上张贴了网络横幅，这些横幅上的语言通常用于引诱潜在的受害者加入与骗局有关的群聊。点击这些横幅的公众会被引导到一个网页，该网页上有 SFC 对于未登记证券以及“唱高散货”骗局的警告。

（3）市场监测

①2021 年，法国金融市场管理局在其警告和“黑名单”中增加了 422 个欺诈网站和电子邮件地址，这些网站和电子邮件地址可从法国金融市场管理局网站的散户投资者区域进行访问。这一数字比 2020 年增长了 58%，比 2019 年多了 1 倍。泰国证监会对通过 Facebook 和网站等各种渠道实施的社交媒体诈骗进行监督。识别出的不当行为随后会在泰国证监会网站上的投资者警告列表中予以公布，以更好地提醒投资者注意防范潜在的欺诈行为，并防止散户投资者遭受损失。

②自 2017 年以来，SFC 一直密切关注香港的虚拟资产状况，并出版了多部刊物，提醒投资者注意与虚拟资产交易有关的风险，例如 SFC 发布了一份声明，警告投资者注意涉及 ICO 和在不受监管的平台上进行虚拟资产交易的潜在骗局。

4. 尽可能加强与在线服务提供商的互动，以便及早预防和破坏不当行为

监管机构可以考虑与在线服务提供商合作，以确保他们能更多地履行其所作出的公开承诺，减少散户投资者因使用该平台而遭受的损害。其形式可以是服务提供商对潜在客户进行更多的尽职调查或审查，以确保他们对其平台的使用是真实的，或者简化关闭宣传无牌投资交易活动、欺诈活动的网站或社交帖子的流程。

由于散户投资者在对金融产品信息进行搜索时，倾向于选择搜索结

[129] See SEC. gov | The SEC Hasan Opportunity You Won't Want to Miss: Act Now!

果排名靠前的信息，所以与谷歌等服务提供商的合作有助于减轻“个性化推荐”可能产生的有害影响，这样散户投资者就不会被恶意行为者利用。这些恶意行为者拥有足够的资源，可以确保在散户投资者对金融产品信息进行搜索时，将有害和误导性信息的搜索结果前置。监管机构还可以考虑与 Facebook 等社交媒体提供商合作，获取更多的细化数据（如推特分享频率和帖子点赞数），以更好地预测和防止散户投资者在投资高风险和误导性金融产品时表现出的“羊群行为”。

咨询反馈报告同时建议，IOSCO 可以为金融机构的网络托管机构制定行为指南，以保存客户的详细信息（如已关闭账户的前客户的详细信息、金融服务企业的 URL 授权），以及如何在网站因欺诈活动而被强制关闭时，与监管机构共享其他相关信息。这样的信息库可以使 IOSCO 成员轻松识别网络钓鱼骗局、克隆合法企业和欺诈性未注册企业。

在全球层面，除了加强个别成员努力与互联网服务提供商进行合作之外，作为一个国际组织，IOSCO 可以考虑与主要的互联网服务提供商或代表互联网服务提供商的国际组织开展合作、签署合作协议，以遏制在线跨境不当行为。

证券市场监管机构之间就未经授权的实体活动进行有效、一致、快速和准确的信息交换是十分必要的。为了有效利用数据以更好地保护投资者，并且提高 IOSCO 现有的“投资者警报门户”[130]的实效性，IOSCO 可以审查该门户，以确定是否需要对有关未经授权实体的信息交换方式进行更新，同时提高所交流信息的质量、提高这些信息的可用性，以及允许第三方使用和访问此类信息，以自动发出警告和协助执行各自的投资者保护措施。

5. 针对不同的网站和社交媒体论坛，为散户投资者量身定制信息

监管机构通过为不同网站和社交媒体论坛定制信息，提高散户投资者对金融产品和服务的参与度，这些网站和社交媒体论坛围绕信息披露、投资者财务能力计划和其他相关投资者教育信息采用简化的技术语

[130] IOSCO 接收并发布由每个国家主管机构成员自愿发布的警报和警告。每个 IOSCO 成员都有访问该网站的权限，并有权通过该网站上传警报信息（国家警告），下载其他成员发布的警报。投资者警报门户网站每周更新一次。

言。在此背景下,监管机构可以利用增加的数字化存在更直接和实时地收集投资者的反馈,从而更好地为散户投资者参与提供策略。

关于信息披露义务,许多受访者表示需要进行进一步调查,以确定与披露相关的冗长的和技术性语言的最佳格式,以提高散户投资者对信息披露的理解和参与。因为仅缩短披露内容或对披露内容予以概括,可能会对信息披露产生不利影响。

IOSCO 的散户投资者委员会(C8)发布了一份报告〔131〕,揭示了披露时间较短可能并不总是能为散户投资者带来更好的结果。即便是一两页的简短披露也可能让投资者感到复杂和困惑。虽然直接列举出不同产品的差异(如饼图或评级)可能对一些投资者来说更容易接受,但是个性化推荐可能导致投资者对这些差异产生误读。

为了在建立简短披露与不损害投资者绝对知晓信息之间取得最佳平衡,监管机构可以利用有针对性的社交媒体信息,确保对散户投资者的信息披露简单明了易懂。

RMCTF 的消费者圆桌会议讨论强调,信息披露可能并不总是如预期的那样有效,因为散户投资者经常被大量技术性的、冗长的,有时甚至是相互矛盾的金融产品和服务信息淹没。讨论中提出的一个建议是,在语言和文本方面尽可能保持披露的简洁(例如,ASIC 为发行人和财务顾问准备了 RG 228,解释了如何以"清晰、简洁和有效"的方式措辞提交招股说明书和其他文件)。

由于披露材料面临着吸引投资者注意力的激烈竞争,监管机构可以考虑修改信息披露要求,思考信息披露是否是改善投资者结果的最适当的工具,或者考虑是否应当开发其他监管工具。

(二)完善方法以更好地识别和减少不当行为

1. 提升内部能力或雇用第三方供应商,以简化监管监督工作

监管机构可以考虑开发或委托使用先进技术,例如"网页抓取",用于自动收集和分析网络数据,以主动识别通过欺诈性或误导性网站实施的骗局。监管机构擅长数据挖掘与更有效地确定资源优先顺序。因此,

---

〔131〕 FR05/2019 The Application of Behavioral Insights to Retail Investor Protection (iosco.org).

雇用第三方供应商来简化监管监督工作，可以帮助监管机构更好地开展工作。例如，FCA 指出，虽然监管机构能够大量收集网络数据，这是显著的进步，但随后对收集到的数据进行筛选，以获得最具关联性的信息，对于防止或破坏不当行为同样重要。

例如，ASIC 通过其复杂的实时监控系统，并通过整合交易数据与第三方数据，来监控澳大利亚许可市场中的交易活动。这使 ASIC 能够发觉潜在客户，识别关联方网络，以及分析交易模式。ASIC 还寻求第三方供应商所提供的工具，以加强其检测和识别不当行为的能力。

此外，纳斯达克（NASDAQ）在其咨询反馈[132]中强调，它利用第三方供应商来帮助评估社交媒体是否有助于发布有关潜在欺诈或操纵活动的监控警报。这些供应商提供的数据随后被纳入监控分析员使用的实时工具中，以提醒他们注意 buzz 指数（一种短期波动的指标）的上升。这些数据驱动的工具使证券交易所的监管团队能够更好地决定何时将可疑活动提交给相关执法机构。

加强内部或外部能力会产生成本问题。IOSCO 关于零售分销和数字化的报告指出，成员应该考虑他们是否拥有足够的监督能力和必要的权力来监督越来越多的在线营销和分销活动。监管机构需要额外的预算，通过使用包括外包在内的先进技术，以及拥有熟练技术的专业人员来提高其监督和监管能力。

2. 开发技术工具并使用先进的数据分析手段，以更好地促进早期干预和识别不良行为者

监管机构应考虑使用先进的技术，在早期阶段即发现消费者或诈骗犯的行为趋势。随着企业在数字产品和在线跨境欺诈策略中使用创新技术和科技，IOSCO 成员应考虑在其授权和监督权力的范围内，是否有足够的能力来监督越来越多的在线活动。IOSCO 成员还应该考虑如何制定适当的监管方案，以监测包括在社交媒体上的潜在欺诈活动。在国内法律框架内，加强监督监管能力的考虑因素可能包括：

（1）有权查看访问内容，以监测非法性或误导性促销活动。

---

[132] 纳斯达克公司于 2022 年 5 月 23 日给 CR 03 – 22（IOSCO 零售市场行为工作组咨询报告）的意见信。

(2)建立监管渠道,接受消费者对非法性或误导性促销活动的投诉。

(3)设立适当的证据追踪程序,以应对网络信息的快速发展和变化。

虽然监管机构可能会决定采用数据驱动策略和统计分析,通过监测公司的商业模式来防止零售消费市场风险的积累和瓦解,但监管机构也可能会运用创新的方式,使用一些既定的监管工具,以促进早期干预和识别恶意行为者。

多个 IOSCO 成员已经部署了先进的技术作为监管工具来监控社交媒体的内容,包括人工智能和机器学习(AI/ML)技术、网页抓取和社交媒体扫描工具,对数字平台和社交媒体进行全面检查,以识别潜在骗局、未经授权的实体,并监测不当行为。一些成员使用持续的数据流来监控股票,重点关注数据和人工智能分析支持的热门风险。这些工具还可以追踪社交媒体上的骗局,并可能检测到最有可能影响股价的信息。一些 IOSCO 成员已经使用的一些先进的监测监管工具和技术如下:

(1)金融诈骗猎人(FI. S. H)、垃圾邮件检测(SPA. DE)、WETREND(基于人工智能的特定工具)旨在预防金融诈骗和监测未经授权的产品。法国金融市场管理局利用 FI. S. H 来识别欺诈网站;利用 SPA. DE 在早期阶段检测未来可能出现的骗局,利用 WETREND 来检测欺诈性金融报价。

(2)印度证券交易委员会(Securities Exchange Board of India,SEBI)发起了一项倡议,提出利用 AI/ML 来加强监管流程。SEBI 监管的交易所已将社交媒体扫描纳入警报生成过程。除了在网站上公布交易详情外,交易所也会通过电子邮件或短信的方式,向投资者发送交易详情信息,从而直接与投资者沟通。此外,交易所开发了一个集成信息和警报仪表板,提供有关订单异常和交易异常的警报信息。交易所发布并监测与成交价格、交易量有关的警报信息,并监控市场滥用活动,例如,修改在证券合同或交易所合同中出现的欺诈性条款或者签订的超额订单条款。

(3)“动量点火”鼓励快速交易活动,这促使 ASIC 从整体上看待这种做法,以确定交易的规模和交易的普遍性。动量点火的检测工具重点关注看门人或者其他为动量点火活动提供便利的各个主体,以审查他们的筛选方式、控制方式与算法模式。

(4)对于市场监测,德国联邦金融监管局运用常规的信息来源渠道,其中包括投资者或消费者的投诉,举报人提供的信息,以及其他执法当局或消费者保护组织提供的信息。德国联邦金融监管局亦通过询问和媒体报道获取原始信息或额外信息。此外,德国联邦金融监管局还会观察投资公司在社交媒体上的营销活动。

(5)为了通过社交媒体上的推荐来对抗股价操纵,中国交易所建立了一套完整的监测分析和线索报告制度作为反操纵措施。这些建立在三类分析之下:①交易前的舆情预警;②交易中的实时监控;③盘后数据分析。为打击跨境操纵,各交易所之间开展协调合作,推动建立沪港通透明投资账户系统。

(6)SEC 考试部门(EXAMS)继续加强新技术和数据分析方式的使用,以确定审查对象的优先顺序,并进一步分析审查期间所收集的信息。SEC 考试部门还通过技术手段提高了工作效率,以加强对注册投资顾问提供的零售咨询服务的监督。具体而言,SEC 考试部门正在提高其使用数据分析监管文件和交易活动的能力。其已经开发了一个国家审查分析工具(NEAT),允许审查员收集和分析交易记录的大型数据集,以识别潜在问题,并使其能够在审查期间更好地了解目标公司的业务活动。NEAT 最初专注于分析投资顾问的交易记录,但随后将其分析范围扩大到经纪交易商的交易记录。目前,审查员正在利用 NEAT 分析经纪商的活动是否符合利益最大化原则。

(7)SFC 调查公司的不当行为,询问投资者目标公司的行为是否与其需求相匹配,它的监管和执法团队广泛使用网络分析来确定目标个人与上市公司之间的关系。

(8)SupTech 的一项主要举措是确定订单生命周期数据标准,即 DS - OL。

2019 年 7 月,SFC 发布了最新数据标准,规定了在监管范围内的经纪商向其提交的交易相关数据的必备内容和呈现格式。这有助于 SFC 使用分析工具审查大量且复杂的交易数据,以识别潜在的交易不当行为,以及在卖空、最佳执行和利益冲突等关键合规领域内的系统性控制缺陷。在SFC最近的试点测试中,该分析工具分析了客户和内部交易部门发出的类似订单的执行结果,以识别最佳执行的异常模式,以及客户享有的优惠政策或遭受的不公平待遇。

①使用实时技术工具:IOSCO成员可以考虑使用技术工具进行实时监听和消费者保护(如果该技术工具可用且适当),以抵御表层网、深网和暗网上的恶意活动,从而更好地检测触发事件。成员可考虑公布这些触发事件,以最大限度地减少对散户投资者的负面影响。

②使用监管工具来解决数据缺口问题:在金融产品状况存在不合规或缺乏监管的情况下,IOSCO成员就会不定期收集数据。加密资产市场是这种限制的一个例子。在要求尚未完备的情况下,监管机构可以考虑如何让市场参与者提供有关散户投资者加密资产交易量和KYC详细内容的信息,以便在需要时更好地检测和干预,以减少市场滥用活动(例如,更好地识别与推广针对散户投资者的加密资产代币活动相关的"拉高出货"计划)。

③RegTech和SupTech的使用:一些受访者认为,数字尽职调查框架可以使监管机构识别市场参与者和投资者,并打击欺诈行为。目前正在开发人工智能的生物识别工具以支持远程入职的RegTech公司正努力促进这种框架的建立。

关于RegTech的普遍使用,SEBI发起了一项倡议,利用AI/ML和RegTech将社交媒体扫描纳入警报生成过程。新加坡金融监管局(MAS)有一个项目,将从提供金融咨询服务的金融机构处收集全面且细化的数据(例如,客户资料、产品、交易、薪酬、投诉、不当行为报告、纪律处分等),运用到监管活动中。一些权威机构有专门的部门或团队来支持SupTech工具的开发。MAS的Suptech部门就是一个专门的部门,负责推动Suptech议程。

虽然SupTech和RegTech的应用可以改善金融监管效果,并协助监管机构识别恶意行为者,但一些受访者建议,监管机构应确保此类技术的使用不会侵犯个人隐私权和非歧视权利。受访者还建议,监管机构在使用SupTech和RegTech的AI/ML功能进行监管时,特别是在收集公共数据时,应确保遵守和考虑其指导意见如何解决隐私问题,或采用统一的全球隐私标准(如欧盟的《通用数据保护条例》)。

此外，这些受访者认为，监管机构还应尽可能考虑开发完备的数据加密功能，以期在使用 SupTech 工具时，提高在市场监管活动中收集数据的可操作弹性。

最后，受访者建议在开展市场监管活动时，监管机构还应考虑其 SupTech 能力是否受到编码偏见的影响，并希望其考虑以下因素：监管机构应该意识到 SupTech 行为中可能存在哪些主观特征？这些特征在多大程度上可能使一些公司的活动受到不公平的歧视？监管机构在运用 SupTech 进行编码以识别不良行为者时，应考虑哪些适当的指标、标准或指导？

④网页抓取：监管机构可以考虑使用网页抓取功能从网络上自动收集大量的数据，用于监管活动。随后筛选收集到的数据以获得最相关结果，这非常重要。社交媒体数据的覆盖范围、质量和及时性因平台而异，没有“放之四海而皆准的方法”。例如，网页抓取技术已经为 FSMA 提供了一个与 ICD 相关的有效视图，并且可以主动识别欺诈行为。

⑤应对识别不良行为者方面的挑战。

及时发现和起诉欺诈性网络内容，对于保护投资者免受投资诈骗至关重要。监管（尤其是执法）方面的一个重大挑战是难以识别不良行为者并追究其责任。这一挑战主要来自互联网和社交媒体的某些独特功能，包括以相对较低的成本与多个法域内的许多用户进行近乎即时的通信；易于创建看似合法的网站、账户、电子邮件、消息或网页；匿名的可能性；互联网上庞杂的内容以及飞速的变化使得在对不良行为者进行识别时非常具有挑战性。

欺诈者可以隐藏在网络和网络不当行为的跨境性质背后。网络环境还提供了通过使用复杂的广告定位技术、对私人信息进行加密以及虚假账户的方式来隐藏身份的机会。犯罪者试图利用管辖权差异或缺失，在网络环境下使用不同的互联网域名，在短时间内轻松快速隐藏或更改身份，这反过来又使投资者很难确定一个网站是否属于一家由国家法律授权的公司。IOSCO 成员也很难将责任归咎于该公司。

因此，监管机构迫切需要使用工具、采取战略来应对这一挑战。为此，IOSCO 鼓励其成员使用《零售分销和数字化报告》中能够进行主动防御和调查的技术性执法工具箱措施 1，并由此获益，以支持对非法数字行为进行检测和调查。

IOSCO 的 MMoU 也是从国际角度打击网络危害的一个重要工具。

3. 运用行为科学分析零售行为,制定消费者保护措施

正如消费者圆桌会议在讨论中提出的,在防止散户投资者投资不合适的产品方面,信息披露和投资者教育措施存在局限性,特别是在适用性和信息披露规则要求薄弱的情况下,这项结论得到了 IOSCO 先前研究结果的支持。资格测试、消费者警告和消费者教育可以作为工具,但不应被视为减轻对散户投资者造成伤害的灵丹妙药。事实上,由于在设计此类工具时,消费者和公司利益并不一致,监管机构与私营部门合作,以确定金融产品是否适合散户投资者的许多测试都失败了。

相反,监管机构可以考虑采取不同的方法来支持投资者教育计划,例如行为科学研究,以更好地识别和分析行为杠杆和推动因素,以及分析驱动散户投资者行为的在线营销趋势的潜在因素。此类评估可以补充一些监管机构正在采取的政策和法规,以更好地完善消费者保护政策、制定其他监管干预措施[例如,产品干预或设计和分销义务,如 ASIC 的网络动态驱动覆盖]。

金融教育举措还可以考虑更多元化的政策和监管议程。在此情形下,监管机构必须承认金融公司的能力,以确保它们的在线平台选择架构(包括它们如何设计和分销产品)能够有助于防止损害发生,而不是永久地伤害其客户。公司应确保在产品闭合生命周期和其他相关运营流程中保持完善的产品治理框架和强大的产品监控能力。为了防止消费者受到伤害,监管机构还可以考虑在金融产品方面实施有针对性的、基于监管原则的设计和分销义务(DDO)。此类义务将要求发行人和分销商拥有有效的产品治理框架,以确保金融产品适当地针对散户投资者。如果监管机构在发行产品之前对公司的目标市场确定(TMD)和产品披露声明(PDS)不满意,并且它们的存在有对消费者造成重大损害的风险,监管机构可以考虑通过发布“停止令”来行使产品干预权(如果存在)。

由于许多恶意行为者使用“黑暗模式”(例如,网站、应用程序或其他数字界面上精心设计的功能,这些功能会对消费者的行为产生影响,使他们作出违背自己的利益或意图的行为)来操纵人们的行为,监管机

构可以考虑利用行为科学识别此类行为杠杆，以识别和利用恶意行为者所具有的心理偏见，进而打击恶意行为者。

数字界面和在线交易能够为监管机构提供必要的基础设施，以便在受控环境中试验和测试有关散户投资者行为的监管工具。通过在数字界面上进行实验，监管机构可以更好地分析散户投资者的行为动机，并通过经证实的数据进行政策选择，这些数据将使监管机构能够在需要时设计必要的干预措施（例如，监管机构可以考虑实施其所享有的产品干预权力，在分析高风险杠杆产品可能给投资者造成重大损失的实验数据后，限制向散户投资者销售此类产品）。

4. 简化举报途径，建立一个可对举报、转介以及投诉进行分流的受理体系

举报制度可以提供另一种方式，在员工或第三方意识到潜在的不当行为问题时通知公司和监管机构，从而有助于降低零售不当行为的风险。由于某些市场的不透明性，诸如加密资产市场，这意味着在该类市场中不当行为可能更难被发现。如果有效的举报程序能增加不当行为被察觉的概率，就能够对不当行为起到威慑作用。举报政策的适用范围很广，其范围可能因管辖区而异，包括提交举报信息的程序、对举报人的保护以及对举报不当行为的奖励（如金钱奖励）政策等。

SEC 制定了长期计划，以促进对涉及新兴活动事项的有效调查工作。投资者、公众、受监管实体和其他机构可以通过 SEC 网站上的在线表格，向 SEC 提交有关任何类型的潜在证券违规行为的举报、投诉或者转介。SEC 工作人员将会审查在线表格中所有的举报、投诉和转介信息，并对其进行评估，以便进一步调查或作出其他回应。此外，《多德—弗兰克法案》（Dodd - Frank Act）第 922 条规定，如果 SEC 通过执法行动从违规者处获得超过 100 万美元货币补偿，举报人将获得 10% ~30% 的奖励。

OSC 于 2016 年制定了一个举报人计划，该计划提供金钱奖励以及强有力的保密和反报复保护措施，以鼓励人们提供与“难以被发现”的不当行为有关的信息。事实证明该计划，特别是针对网上欺诈计划，造就了一个有效的信息来源渠道，有助于相关组织采取执法行动。OSC 已收到来自公司内部人员和外部公众所提供的各类信息。

SFC有多种途径供市民投诉中介人及市场活动。《证监会行为准则》第12.5段亦规定,持牌及注册人须就一系列事宜向SFC报告,包括公司合理怀疑其客户可能实施的任何重大违反市场规定的不当行为。

(三)加强双边和多边的跨境合作,健全国内外监督执法框架

1.促使达成更多的合作和协作,尽可能地减少监管套利

建立和完善监督和执法框架并不是一个崭新的概念,然而,这些框架的有效性和效率在很大程度上取决于支持与遵守执法框架的主体。

IOSCO的MMoU和EMMoU是签署方成功使用的框架的例子,其被成功用作打击和减少不当行为的执法和信息共享机制,且越来越具有跨境性质。执法和调查的效果往往取决于收集到的信息质量和信息传播速度,包括通过外国同行的协助获得的信息。同样重要的是,签署国应继续寻求提高合作速度和质量的方法,包括投入充足的资源、开展有效且及时的国际合作,并考虑在对实施跨境不良行为的主体采取执法行动时与其他监管机构开展联合调查行动,或协商、探讨公开相关信息的可能性与适当性。[133] 签署国还应表明愿意在各自法律框架的范围内就涉及加密资产等新兴产品或服务的事项进行合作。

此外,《网络分销和数字化报告》执法工具箱中"加强有效的国际合作,并与刑事当局、其他当地和外国合作伙伴保持联络"的措施3,建议IOSCO成员在调查活动和执法行动中开展有效的跨境合作和协作,并加强与刑事当局和其他国内外合作伙伴的联络。

与此相关的是,国际监管范围之外的地区(例如,国际合作协议未涵盖的管辖范围或地区)越来越多,这使执法合作的成效大打折扣,并成为了不良行为者的安全区。因此,监管机构应采取行动以尽量减少不受监管地区的数量。

同样,在监管合作的背景下,任何伙伴关系的成功,无论是双边还是多边,都将依赖相关监管机构之间信息共享的总体一致性、可靠性和快速性。IOSCO董事会及其下属的政策委员会、专门工作组和团队定期召开会议,分享有关证券和衍生品问题(包括新出现的问题)的信息和情

〔133〕 联合执法工作应以不损害每个监管机构在其管辖范围内行使权力的独立性或自由裁量权的方式进行。

报,包括在解决问题的过程中得出的经验教训。IOSCO 还定期与 FSB 等其他组织举行会议,以实现类似的目标,并认识到在日益“无国界”的世界中,通过全球合作和多管齐下的方法来最大限度地减少监管套利和实现一定程度的监管趋同至关重要。这些努力在一定程度上有助于克服地缘政治问题,或者消除由不同法域内实施的不同政策、法律和法规所产生的障碍。

在监管机构强化其监管工具库的同时,还应将重点放在提升内部运营能力上,并确保监管机构在可能的情况下拥有充足的设备和资源,减少内部和跨组织共享数据和情报时可能产生的摩擦,使用更具灵活性和更明智的方法来处理监管问题。

超过 2/3 的 IOSCO 成员表示,提高成员之间的信息共享速度对于更有效、更及时地解决跨境欺诈问题至关重要。许多成员和利益相关者认为,IOSCO 可能需要努力找出共性问题,并寻求加强跨境合作的方法,以帮助监管机构、公司和其他利益相关者,如行业组织。这样的努力可以促进所有利益相关者在打击和破坏跨境欺诈或不当行为方面进行更有效的协调,并尽量减少对消费者的伤害。

IOSCO 还可考虑在 MMoU 和 EMMoU 下现有的执法合作和信息共享框架的基础上,探讨如何促进各主管当局之间更有效地共享关于跨境不当行为的高价值情报。获得更广泛的关于跨境不当行为的高质量情报将有利于各法域监管机构或负有监管职责的人更早地发现跨境不当行为,及时采取行动,最大限度地减少对投资者的伤害。

SFC 的努力是加强中国香港特区、中国内地和主要海外市场的监管机构间有效监管和执法合作的一个很好的例子。合作以 MMoU 为基础,明晰多方就从执法到市场发展等问题达成的共识。多年来,SFC 已与香港特区、中国内地和海外的监管机构签署了多个双边或多边协议。

就瞬息万变的加密资产生态系统而言,全球合作和协作的重要性显而易见。加密资产的发展曾经被认为是一个新兴领域,而现在已经成为市场的主流,成为国家和全球议程上的首要项目。监管机构是否具备能力以减少这一领域出现的跨境不当行为的数量,在很大程度上取决于对各监管机构以及市场参与者、消费者团体和其他利益相关者的理论知识与实践经验的借鉴程度。如前文所述,鉴于加密资产投资所具有的跨境性质,IOSCO 设有专门的国际协调小组,旨在分析和应对加密资产领域的市场诚信和消费者保护问题。

虽然本报告以加密资产为例,说明加强合作框架的重要性,但人们认识到,随着技术变革不断会对市场产生影响,监管机构之间的对话将继续发展,以涵盖其他新兴领域。

2. 酌情与其他国内外机构合作,解决不当行为的共同问题,识别涉及不当行为的个人和团体,并促进对不当行为的早期干预和破坏

IOSCO 希望通过强调与其他类型的监管机构合作的重要性,包括那些对银行或消费者行为、反洗钱规则进行监管的机构,以期在识别欺诈行为者或发觉欺诈渠道的过程中开展合作,并在直接中断或阻止诈骗活动或与诈骗有关的资金流动方面相互支持。IOSCO 应继续加强在这一重要问题上所作的努力。

监管机构应酌情与伙伴组织进行合作,包括其他执法机构和在线平台,因为这可以产生协同效应。例如,法国金融市场管理局已经与法国经济和财政部下属的数字监管专业中心进行合作,开发一种社交媒体扫描工具,该工具将有助于检测可能制造规模假象的机器人。在另一个例子中,ESMA 的适用性共同监管行动,旨在确保欧盟的公司在所有渠道(包括数字渠道)中,实施与传统投资服务提供的投资者保护制度和信息披露相同的标准。

通过在线平台交易的产品日益复杂,以及其高风险或高利润的特性,使无牌公司十分喜欢将其用作对散户投资者开展诈骗活动的工具。因此,无牌公司通过在线平台分销这些产品,给投资者保护带来了很大的挑战,投资者所遭受的损失程度有所增大,相关的投资者投诉与咨询数量有所上涨。

鉴于高风险产品和杠杆产品主要通过在线交易平台提供给散户投资者,提供这些产品的新公司进入市场相对容易,在其产品销售的法域几乎没有实体存在,它们通过购买现成的交易平台,并以最低的资本支出、极低的固定管理费用的方式进行营销。这可能使 IOSCO 成员难以在公司注销或重新注册登记开展营业活动之前,发现、识别并对其采取行动。

一些法域设置了监管范围边界,只有以该法域居民为对象的公司才

可以获得许可,开展营销活动、提供或销售相关产品。在这些法域内,向非居民提供相关产品的公司无须以获得许可为前置性要件开展各项活动。许多公司利用这一监管漏洞,将总部设在不需要获得许可的法域,将外国投资者作为主要诈骗对象。

IOSCO 成员已经使用了多种不同的执法措施来解决此类问题。这些措施包括:提起诉讼以维护监管机构的管辖权;在其管辖范围内阻止访问提供非法二元期权的网站;以法院的判决为基础,追缴违法所得、赔偿客户损失及对其进行罚款;公开法律活动;取缔非法经营企业;根据其他监管机构的行动获得相应的行为指令。

应当鼓励 IOSCO 成员考虑如何更好地利用现有机制来共享、传播信息,改善成员之间的沟通,并允许其在国内外的调查活动中加强合作,以采取实际行动的方式来应对这些挑战。例如,IOSCO 成员可以考虑就欺诈公司与相应的刑事当局加强接触。

关于欺诈性产品的情报数据库和正式的情报收集计划也可以帮助监管机构识别参与欺诈活动的个人和实体,并更好地了解它们与不同欺诈计划之间的关系。这些信息对于监管机构制定适当措施以破坏这些计划,打击这些计划的实施主体也颇有作用。例如,加拿大证券管理员(the Canadian Securities Administrators,CSA)特别工作组制定了一项国家数据收集计划,以更有效地收集有关欺诈性二元期权计划的信息。收集到的情报被用于更好地了解二元期权生态系统,为提高公众意识的宣传活动、调查活动提供了统计数据。

提高广告服务商、移动应用提供商、银行和支付平台等利益相关者的意识也非常重要。欺诈者通常使用互联网网站和移动 App 向公众大规模推销产品。广告服务商和移动应用提供商可能没有意识到欺诈者行为所具有的违法性质。提高支付服务商、服务提供商的意识,完善相应的基础设施,可能会使这些利益相关者不再为欺诈公司提供服务,以减轻其因欺诈活动招致的声誉受损风险。例如,一些 IOSCO 成员已经提高了对二元期权欺诈和无牌公司在移动应用商店中向散户投资者提供二元期权行为的敏感度。这种合作使某些应用商店阻止无牌公司通过其网站提供有关二元期权的 App 软件。

零售欺诈(无国界欺诈)日益增加的在线和跨境性质,需要不断加强国内外合作,以达到执法和监管的目的。在某些情况下,IOSCO 成员可能需要考虑设立由国内当局组成的国家工作组。

例如,2021 年 12 月,SFC、中国香港警方、MAS 和新加坡警方开展了一次联合行动,打击一个涉嫌在香港特区和新加坡实施“唱高散货”操纵计划的复杂集团。中国香港特区和新加坡的证券监管机构和执法机构同时参与的联合行动,是打击“唱高散货”操纵计划的首例。

(1)SFC、香港特区警方、MAS 和新加坡警方的 190 多名工作人员对香港特区和新加坡的 33 处场所进行搜查,共有 10 人被捕,其中包括该集团主要成员及其同伙,以及香港特区上市公司的一些高级管理人员。香港特区与新加坡联合行动之前,SFC 率先发现了该集团正在进行可疑的交易活动,该案件涉嫌洗钱和跨境交易,同时有关行为具备《证券及期货条例》(SFO)规定的特定市场不当行为的构成要件,因此 SFC 将该案件移交给 MAS 和香港特区警方。

(2)联合行动的行动依据如下:

①SFC 与香港警方签署的 MoU。

②IOSCO 关于协商与合作及信息交流的多边谅解备忘录和多边谅解备忘录,以及 SFC 与 MAS 的双边谅解备忘录。

(四)解决加密资产对散户投资者造成的伤害

1. 在现有监管框架尚未涵盖的范围内,确定是否存在可用于为加密资产交易提供 KYC 和交易报告数据库的监管权力

加密资产分析提供商 Chainalysis 最近发布的一份报告[134]显示,截至 2022 年 8 月,2022 年的骗局总收入为 16 亿美元。此外,Chainalysis 估计,到 2022 年从 DeFi 协议中被窃取的大部分资产与有朝鲜政府背景的恶意行为者密切相关(例如,Lazarus Group 等精英黑客组织)。

消费者圆桌会议的受访者指出,加密资产是监管机构应该关注的一个新兴领域。许多集中式加密资产交易平台和中介机构在不遵守现有法规的情况下运营,这导致加密资产零售交易的数据可用性和产品识别能力大幅度降低,这可能使跨境问题和挑战不断加剧。IOSCO 正在对加

---

〔134〕 Mid - year Crypto Crime Update: Illicit Activity Falls With Rest of Market, With Some Notable Exceptions - Chainalysis.

密资产市场进行全面分析，包括评估这些资产的监管影响。

在现有监管框架尚未涵盖的范围内，监管机构可以考虑是否有监管权力可用于获取 KYC 和交易报告数据库以提供相关信息，协助监管机构应对因使用加密资产（如洗钱和恐怖主义融资）而可能产生的跨境不当行为，同时酌情遵守“技术中立”原则。

由于信息共享是区块链的基本组成部分，监管机构可以使用第三方服务商提供的数据，这些数据提供商已经分析了有关加密资产市场发展趋势的信息。同样，监管机构可以使用加密资产的交易流程跟踪工具来评估几个市场的交易总量，不仅要将集中式加密资产交易平台的交易数据进行内部记录，还应将其记录在公共区块链上。

监管机构可以考虑如何能够从加密资产交易平台等虚拟资产服务提供商（VASP）那里获得信息以报告其所开展的活动。MiCA 谈判期间，拟议修正案可能要求在欧盟中设立 VASP，对其进行实质性管理，包括在申请授权的成员国内设立常驻董事和登记办事处。此外也将考虑对管理人员、在 VASP 中持有合格股份的人员或与 VASP 关系密切的人员进行严格规制。如果潜在的加密资产服务提供商不符合反洗钱监管与合规细则保障措施的规定，监管机构可以考虑对其颁布临时停止令。

在现有的监管要求下，客户的加密资产可用于在 DeFi 贷款协议中进行投资或借贷，那么此时加密资产服务提供商应向客户明确披露此类活动，并使适当的内部记录保存和治理机制有效运转，以减轻投资者资金作为抵押财产所涉及的潜在风险。如果此类风险能够化解在现有的监管制度中，监管机构应设法执行这些监管要求。

监管机构可能会考虑立即实施金融行动特别工作组（FATF）的“旅行规则”，该规则要求加密资产服务提供商或 VASP 在进行虚拟资产交易时共享发起人和受益人信息。这有助于推进反洗钱和反恐融资计划，并有助于提高加密资产与虚拟资产审计工作的透明度。在可能的情况下，IOSCO 成员和委员会应以开放的态度，考虑增加与其他国际标准制定机构进一步深入接触的机会，以更好地获取加密资产交易数据。除了分析和响应加密资产领域的市场诚信和投资者密切关注的问题，IOSCO 加密货币和数字资产及 DeFi 两个工作流还将考虑系统性风险问题，以补充FSB的加密资产和DeFi工作。[135]

最后,考虑到所涉及的风险和资金混合的突出特点,公司应向客户明确披露客户资产的持有方式和地点,包括入股或借款,并进行适当的内部记录保存和治理。

2. 行使适当的监管干预权力,以解决散户投资者面临的跨境加密资产欺诈和盗窃问题

加密资产交易平台和中介机构并非在不受监管的空间中自由经营,许多平台和中介机构的运营不符合现有法律规定。与互联网提供的投资一样,加密资产领域被认为是无国界的,并且由于技术的发展而变得更容易进入。散户投资者可以访问国际上无数的加密资产平台(如Coinbase等国际加密资产交易平台),并且可以轻松买卖任何数量的加密资产。鉴于在国际上很容易获得加密资产,散户投资者遭受到的与加密资产有关的不当行为的风险也在相应增加。因此,IOSCO成员监管机构可以考虑在适当情况下使用监管干预权力,以酌情减轻跨境加密资产给散户投资者造成的损害。

一些法域目前正在对加密资产交易平台和中介机构进行监管。例如,目前在加拿大,OSC和加拿大证券管理员的其他成员希望加密资产平台向其主要监管机构提供预注册[136]承诺。预注册承诺要求加密资产平台遵守与投资者保护有关的条款,并遵守目前适用于注册平台的某些要求。作为承诺的一部分,对加密资产平台施加的一些义务,应包括如下方面:

(1)要求加密资产平台通过从简短的交易问卷中获得散户投资者在加密资产投资方面的经验和知识、财务状况和风险承受能力的信息,评估是否适合为客户开设账户。

(2)非比特币、以太坊、莱特币、比特币现金加密资产[137]的12个月滚动净购买限额为30,000加元(平台只评估账户的适当性)。

---

[135] See OR03/22 Crypto - Asset Roadmap for 2022 - 2023 (iosco. org).

[136] Canadian securities regulators expect commitments from crypto trading platforms pursuing registration - Canadian Securities Administrators (securities - administrators. ca).

[137] What are these new regulatory changes? (August 2022) - Newton.

(3)投资组合损失通知。

(4)加密资产衍生品数据交易报告。

(5)市场诚信义务。

如果加密资产平台不准备提交承诺书,或不遵守此类承诺的条款,加拿大证券管理员成员可以采取进一步行动。

监管机构可以继续在早期采取果断措施,减少对消费者的伤害,并确保散户投资者了解与加密资产投资相关的风险。自 2022 年 1 月以来,MAS 限制加密资产市场参与者在公共场所推广加密资产服务,这导致了比特币自动提款机的拆除、地铁站内与加密资产相关广告的删除[138]。MAS 目前正在考虑进行客户适用性测试,并限制在加密资产交易中使用杠杆或信贷工具[139]。西班牙也采取了类似的措施来对加密资产广告的投放进行限制。自 2022 年 1 月起,CNMV[140]要求拥有超过 10 万粉丝的博主,在其有偿地对加密资产或者加密资产提供商进行推广时,必须向 CNMV 披露其即将开展的活动内容。加密资产提供商在出售加密资产时,必须明确告知散户投资者与该投资有关的任何风险。[141]

根据 MiCA 的条款,加密资产平台需要获得授权才能在欧盟运营,最大的加密资产平台将由 ESMA 监管。ESMA 和欧洲银行管理局(EBA)都将拥有干预权,在投资者保护和市场诚信可能受到损害的情况下,禁止或限制提供 VASP,以及营销、分销或出售加密资产。客户因运营弹性下降或者受到黑客组织的攻击而遭受到本可以避免的损失时,由 VASP 承担责任。此外还必须向投资者发出明确警告,说明与加密资产交易相关的波动性和遭受损失的风险性程度,并遵守内幕交易披露规则。SFC 还将根据《反洗钱修正案》引入干预权力,该修正案建议引入一种许可制度,以监管交易非证券型代币的集中式交易所。

---

[138] MAS 发布指导方针,阻止公众从事加密货币交易。

[139] "支持数字资产创新,反对加密货币投机",MAS 司长孟文能(Ravi Menon)先生在 2022 年 8 月 29 日的绿芽研讨会开幕式上的讲话。(mas. gov. sg)

[140] Circular 3_2021 (cnmv. es).

[141] 在另一个例子中,SEC 宣布指控金·卡戴珊(Kim Kardashian)在社交媒体上推广以太坊平台提供和出售的一种加密证券,但没有披露她收到的推广费用。SEC 指控金·卡戴珊非法兜售加密证券。

(五)实施针对零售市场不当行为的新监管措施

全球散户投资者行为的发展可能证明监管机构有理由进一步审查其目前的做法。根据利益相关者的意见,以下趋势十分重要:(1)消费者越来越多地面临有关其未来财务的复杂决策,包括是否投资及如何投资,这可能会加剧失败的风险。(2)消费者因投资欺诈,损失了大量资金。[142] (3)消费者正在寻求帮助,以避免遭受欺诈,或避免承受欺诈带来的不利后果。[143] (4)许多可能从投资中获益的消费者目前以现金形式持有他们的存款。[144] 随着时间的推移,因全球日益加剧的通货膨胀趋势,这些消费者的货币购买力将会面临不断下降的风险。(5)其他消费者正在进行高风险投资,许多人没有意识到其中的风险。[145] (6)投资者的特征以及投资方式正在发生变化。总体而言,年轻投资者进行高风险投资的可能性是老练投资者的2倍。[146] (7)金融建议并未实现市场的全覆盖,[147]这可能导致向消费者持续提供误导性信息,并因此产生额外的风险(如"漂绿")。

在这种环境下,IOSCO鼓励所有监管机构采取积极、灵活和快捷的方法,以降低因近期散户投资者投资趋势的变化而可能产生的潜在监管

---

[142] 例如,在英国,23,378名消费者报告称,从2020年4月到2021年3月,他们因投资欺诈损失了约5.69亿英镑,比2018年增长了近3倍。消费者平均每人损失超过24,000英镑。

[143] 同样在英国,FCA消费者投资战略和反馈声明显示,其每月接到大约1400个与投资骗局有关的电话。这是2016年与2017年的2倍,比2019年高出23%。此外,平均每月有超过10,000人访问FCA的ScamSmart网站。

[144] 2020年,有1560万英国成年人的可投资资产达到或超过1万英镑。其中,37%的人完全以现金的形式持有资产,另有18%的人持有超过75%的现金(2020年金融生活调查)。

[145] 6%的投资者在新冠疫情期间增持了高风险投资(金融生活调查),或首次投资高风险产品。然而,FCA进行的研究显示,人们普遍缺乏对投资风险的认识,45%的未得到任何金融建议的投资者未能认识到"损失一些钱"是一种投资风险。

[146] 例如,34岁以下的人持有44%的加密货币和31%的众筹投资(数据由金融生活调查提供)。此外有一个崭新的、更年轻的、更多样化的消费者群体开始参与到高风险投资中。近2/3的人声称,巨大的投资损失将对他们当前或未来的生活方式产生根本性影响。

[147] 2020年,拥有10,000英镑及以上的可投资资产的英国成年人中,有一半在过去12个月里没有得到任何正式的建议来帮助他们作出投资决策(零售分销审查与金融咨询市场评估)。此外,在过去的12个月里,只有8%的英国成年人接受过财务咨询,只有1.3%的成年人使用过在线机器人咨询。

风险，并随着环境的变化定期审查其监管措施的实效性。

监管机构可以使用多种监管工具的组合。这些措施包括制定规则、要求修改立法（当危害超出监管范围时），以及完善监督和执法工具。例如，他们可以同时开展反诈宣传活动，与外部合作伙伴共享信息、开展合作，加强有关金融促销活动方面的监督和执法工作，以及积极持续地对那些试图欺骗消费者的未经授权的企业进行打击。

考虑到传统监管工具在日益数字化的环境中的局限性，作为一个非详尽清单，IOSCO 成员可通过全方位的灵活方式，使用一些创新工具。在这方面，可参考 IOSCO《零售分销和数字化报告》第 8.2 节中的执法工具箱。

1. 与高风险产品销售相关的规则

监管机构可能会考虑通过监管，对现有政策予以修改，包括在高风险投资的营销中加强对投资者的保护，对一些法域来说，这可能包括更明确的风险警告和对高风险投资实施诱导行为的禁止。

例如，SFC 已经发布了《网上分销及咨询平台指引》，要求中介机构在网上销售复杂的产品时确保其行为的适当性。该指引还列出了适用于机器人顾问的具体要求，涉及客户信息、客户档案、系统设计和开发、算法的监督和测试以及再平衡等事宜。

FCA 已采取措施，改善针对散户消费者开展的高风险促销活动的营销行为。虽然 FCA 对许多高风险投资发行人的监管权力有限，因为提供这些产品的公司通常不在监管范围之内，但 FCA 可以针对发行人的营销行为制定金融促销规则，该规则适用于公司被批准开展或被允许宣传与这些投资相关的财务促销活动时。为了保证金融促销规则的实施，并有效地对消费者予以保护，FCA 正在对在线金融促销活动进行监测。其还与在线平台密切合作，以确保它们能够更多地实现其所作出的公开承诺，以阻止在线广告所产生的危害。例如，自从 FCA 与谷歌合作并颁布新的金融服务广告政策以来，FCA 发现未经授权的实体在其平台上所投放的不合规付费广告数量大幅减少。这也成为鼓励与服务提供商进行合作的有力证据。

2. 消费者服务热线和反欺诈活动

这些举措可以直接为消费者提供支持，并对没有经验的投资者进行教育,使其了解投资的风险,以及如何更好地保护自己免受欺诈。反诈骗活动可以帮助消费者保护自己免受欺诈。

例如,FSMA 于 2020 年在 Facebook 和谷歌上开展了一场针对投资欺诈的大规模数字化活动,旨在提高公众对投资欺诈的认识。马来西亚证券交易所指出,它通过实施一系列计划、举办研讨会、借助教育门户网站和媒体等方式开展投资者教育活动。

在另一个例子中,OSC 开展了消费者沟通活动,通过消费者使用的渠道(如 TikTok)和能够影响他们作出决策的人(如社会影响者),警告消费者高风险投资所涉及的风险。投资办事处制定了包括社交媒体活动在内的创新举措,以期对投资者进行教育。这些活动包括:基于 Reddit 的倡议和 Twitter 聊天,二者分别产生了 240 万次浏览量和 1640 万次浏览量的影响力。OSC 利用推广帖子(付费的"公共服务公告"教育活动)向 Reddit 上的投资者发布教育信息,说明在使用社交媒体获取投资信息时可能面临的风险,以及检查注册信息以避免收到无牌个人建议的重要性。OSC 在其帖子中使用了 Reddit 风格的语言和图像,表现出了优于 Reddit 的高标准。OSC 的帖子获得了 Reddit 的"karma",并被授予"帮助奖",这两个奖项都是由用户产生的。

鉴于金融骗局的数量不断增加,IFEC 在 2021 年年初开展了一次大规模的媒体宣传活动,提醒公众注意识别与防范社交媒体平台上的"唱高出货"操纵计划、网络钓鱼电子邮件等骗局,并提醒他们注意保障网络安全。IFEC 为了提高人们的防范意识,还开展了一项基于现实生活场景的在线反诈测验。

另一个有创意的例子是,法国金融市场管理局在 2021 年 12 月开展了一场反诈骗活动,该活动的目标群体有两个:年轻人和传统投资者。对于年轻群体,该活动在 Instagram 和 TikTok 上进行,并产生了非常好的效果(在 TikTok 上,以有限的预算获得 200 万次的浏览量)。对于传统投资者,相关信息主要在 Facebook 上予以发布、传播。这场活动共获得 450 万次的浏览量。

3. 安排"神秘顾客"来监督销售网点

神秘顾客是一些 IOSCO 成员用来了解和分析公司惯例做法的一种工具。在监管标准基础上,它还被用于检查和审计公司对特定客户服务的执行情况。在一些法域,IOSCO成员有权使用假名或非真实电子邮件地址,在某些情况下使用假护照或假银行账户,在网上营销和分销产品和服务的背景下进行秘密调查和神秘购物。正如IOSCO成员所报告的那样,神秘顾客可能是一种工具,其有助于核实与当地法域的联系,并收集信息和证据,包括有助于确定潜在危害规模,以及查明非法活动幕后黑手的信息。[148]

4."监管沙盒"方法

"监管沙盒"可以识别金融服务和产品呈现出的崭新风险。例如,在新冠疫情暴发之后,印度银行为消费者建立了一个专门的新冠疫情中心,旨在收集印度银行和其他欧洲当局为消费者、受监管企业提供的与新冠疫情相关的一手信息、指导方案和政策决定。

2017年9月,SFC发布了两份通告,宣布SFC"监管沙盒"与在中国香港特区开展监管活动的金融科技业务有关。

(1)"沙盒"的建立是在更全面地使用金融科技之前,为符合条件的公司提供一个有限的监管环境,以便其在《证券及期货条例》下开展受监管的活动。"沙盒"将使符合条件的公司,通过与SFC的密切对话并且在SFC的监管之下,迅速识别、处理与受监管活动有关的任何风险或关注事项。

(2)"沙盒"既适用于持牌公司,也适用于遵守《证券及期货条例》而接受监管的初创公司。

5.使用侵入式监督和执法技术

监管机构可以考虑采用一系列监管和执法技术,以更好地发现和减少与金融服务和产品相关的欺诈活动和消费者遭受损害的领域。例如,OSC使用"knock - and - talks",即工作人员在OSC执法合作机构的一名警官的协助下,直接敲开调查对象的门,该行为会更迅速地得到有效信息,而不需要进行冗长的调查和听证过程。其他法域的执法部门与其管辖范围内的刑事执法机构合作,对犯罪嫌疑人进行搜查,并冻结其金融资产。还有一些法域成立了专门工作组,以解决特定领域的欺诈问题。

---

[148] CR02/2022 Report on Retail Distribution and Digitalization (iosco.org), p.25.

6. 借助工具以更好地查明企业对气候信息披露标准的遵守情况,并更好地监测"漂绿"行为

监管机构可以考虑使用 AIML 驱动的 RegTech"网页抓取"和自然语言处理(NLP)技术[149]来确定有关可持续金融产品的信息披露是否符合其管辖要求,以更好地识别散户投资者可能面临的"漂绿"风险。网页抓取还可以提供一个指标,用于量化发布可持续发展报告的公司数量。监管机构也可以考虑内部开发或使用第三方开发的可持续发展软件,以自动收集能源消耗数据、管理排放因素、计算排放量,以便更好地分析、评估企业是否存在"漂绿"行为。[150]

八、结论

零售交易格局是复杂且不断变化的。本报告对零售交易格局进行了"一个时间点"的回顾,环境正在迅速发生变化。IOSCO 将持续对此类发展趋势进行监测,以期与其他组织机构在每个领域都能开展进一步合作。

零售趋势变化多样、对散户投资者造成伤害的潜在因素来源广泛,这些都在本报告中予以详细介绍。零售交易格局的变化是各种因素相互作用的结果,例如新冠疫情的暴发与流行、不断变化的宏观条件("长期低利率""迅速上升的利率""通货膨胀环境")、人口趋势,以及重要技术的发展,这些趋势都具有全球性。

在信息来自社交媒体的在线环境中,监管机构需要开发和使用技术型工具,以便早期识别不当行为,快速进行干预。对散户投资者保护监管方法的审查,不应仅仅基于实际或潜在的发展趋势,还应基于它们发生的规模。

尽管大型教育活动十分重要,但它们仍有局限性。除了传统的教育模式外,监管机构还应探索新的方法,设置多元的参与渠道,不仅使消费

---

[149] See Poster – DS3 – A1 (ds3 – datascience – polytechnique. fr).

[150] See AI Utility NovA! to Unlock Opportunities for Green Financing and Combat Greenwashing (mas. gov. sg).

者获取知识，还要培养消费者的投资能力与投资技能，两个方面是相辅相成的。

缩短公司信息披露时间或许并不能提高投资者对披露内容的参与度。相关研究表明，重点应放在转变信息披露的格式上，使投资者能够方便、简洁地找到最重要的信息。

金融服务的日益数字化，以及投资者对在线分销方式的熟悉度日益提高，使欺诈者可通过更低难度、低成本的方式，向更多的目标受众传播虚假信息。不法分子使用一系列有效而复杂的策略来建立投资者对其的信任并对监管漏洞加以利用。虽然社交媒体确实带来了诸多好处，但社交媒体可能使人们获得不受充分监管的跨境信息和跨境服务。相关主体还可能利用社交媒体发布广告，以传播误导性信息，从而实施欺诈等不法行为。

随着全球趋势和技术的进步，欺诈模式也在不断发展。加密资产诈骗和漂绿行为就是两个相关的例子。随着数字化促销和在线营销活动的不断增多，欺诈活动也逐渐增加，监管机构应该致力于从源头上解决潜在的散户投资者伤害风险，取缔有害的在线营销渠道，以及其他任何误导、不准确或虚假的信息来源。

作为一种全球趋势，投资加密资产虽然能够带来高额的利息收益，但也产生了各种风险，而投资者对其产生风险可能并不了解。加密资产欺诈导致大量散户投资者受到损失。IOSCO 成员此时合作打击全球欺诈，并在可行和适当的情况下利用监管干预权力减轻跨境加密资产对相关散户投资者的伤害，实际上这比以往任何时候都更加重要。

跨境活动的产生、在线跨境交易数据的缺乏导致的监管套利问题使监管行动变得复杂。在跨境案件的监督和执法方面一直存在悬而未决的挑战，因此需要不断深化各法域之间的合作。

最后，IOSCO 成员应该仔细观察通货膨胀加剧对零售人口的影响。展望未来，较高的生活成本可能会增加投资者的风险偏好，因为他们在寻找能够战胜通货膨胀的回报性投资。这可能会激励散户投资者转向投资高风险或不受监管的产品，这反过来可能会增加他们成为欺诈对象或欺诈牺牲品的风险。

附件一:IOSCO 相关报告(略)

附件二:反馈声明

问题1:人口重点 在风险分析中,监管机构是否应特别考虑针对特定群体所具有的不同特征,采取额外的或加强现有的投资者保护措施?如果是,应该更多地关注年轻群体还是较年长群体?群体行为是否存在一个临界点,超过了这个临界点,监管机构就应当予以关注?
然而,公众咨询意见的反馈通常不赞成把重点放在特定的人口群体上,而是更倾向于关注一般性的金融素养。两位 IOSCO 成员的反馈描述了所有年龄段投资者面临的零售市场行为的相关挑战。大多数私营部门的反馈证实了这些观点[例如,欧洲基金与资产管理协会(European Fund and Asset Management Association, EFAMA)、欧洲储蓄银行集团(European Savings Banks Group,ESBG)、ADAN(一家法国加密资产游说团体)、国际金融理财标准委员会(Financial Planning Standards Board, FPSB)、美国金融机构联盟(American League of Financial Institutions,ALFI)、巴西资本和金融市场实体协会(Associação Brasileira das Entidades dos Mercados Financeiro e de Capitais, ANBIMA)、注册金融分析师(Chartered Financial AnalystCFA)、欧盟证券交易所联合会(The Federation of European Securities Exchanges,FESE)、美国全国期货协会(National Futures Association, NFA)、世界交易所联合会(World Federation of Exchanges,WFE)、AIMICHIA(Aimichia Technology Co. , Ltd. ,一家专门从事反洗钱、反腐败、反逃税和预防金融犯罪的初创公司)、香港上海汇丰银行有限公司(The Hong Kong and Shanghai Banking Corporation Limitied, HSBC)]。高级金融管理师(Advanced financial management associate,AFMA)将支持人口统计方面仅以信息活动为基础的具体措施。

问题2:零售趋势 咨询报告是否准确地反映了重要的零售趋势和零售交易增加的原因?是否有任何遗漏的关注点或问题以及其他潜在的风险放大因素?在您看来,增加消费者在零售市场的参与度的当前和潜在的长期影响是什么?
总的来说,咨询反馈认为报告已准确把握了零售趋势。HSBC 的回应强调,股票代币通常在不受监管的平台上交易,因此可能需要将股票代币交易行为纳入监管领域。一个监管机构强调了一些新兴趋势潜在的监管影响。人们担心,消费者在寻求高回报的过程中,可能会转向高风险或欺诈性的投资。未获得投资建议的投资者可能会承担更高的风险,而资产管理公司的资产管理规模会因此而缩小,这可能会刺激有关主体开发崭新的、潜在风险更高的商业模式,这些模式可能不会优先考虑对投资者进行保护。所有这些反过来都凸显了完善投资

者保护和教育举措的重要性。EFAMA、AFMA、AIMICHIA 指出,不受监管的交易行为和咨询活动有所增加,这可能会产生潜在的长期影响。最后,HSBC 在回应中强调诈骗行为的增多可能会导致更严重的不利后果。

问题 3:游戏化和自主交易的影响

从零售风险和行为的角度来看,自主交易和游戏化的潜在影响是什么?是否应当对这些活动的高风险进行监管或禁止该活动,例如,某些高风险的游戏化技术。

与利益相关者在其他问题上普遍达成共识不同,不同的利益相关者对游戏化和自主交易的影响有不同观点。监管机构认为投资者教育和信息披露是最重要的。一个监管机构强调,由于缺乏对实际交易活动的定义,很难禁止某些交易活动。私营部门建议禁止某些商业模式(EFAMA、FPSB、HSBC),扩大信息披露范围,建立针对行为风险的警告系统(CFA、FESE、AIMICHIA)。

问题 4:监控加密资产交易

监管机构是否应该考虑对散户投资者的加密资产交易进行监控?是否有办法填补散户投资者加密资产交易方面的明显数据缺口,如何为散户投资者提供其他保护,监管机构何时可以开始监控加密资产交易?在采用不同的监管措施、统计方式、政府与私营部门数据收集方法存在差异的法域,其所采取的不同方法是否更有效?

关于如何监管加密资产环境的看法存在很大分歧。虽然 ADAN 赞成使用统计工具进行实时贸易监测,FPSB、WFE、AIMICHIA 赞成定期对相关信息进行报告,但其他答复者认为商业行为才应是监管的重点。ESBG、FESE、AFMA 赞成实施“相同的业务,相同的风险,相同的规则”的方法,而泰国证监会认为应更侧重于增加散户投资者的知识和经验,以及加强对服务者或产品提供者的培训。此外,ALFI 与 WFE 支持加密资产的监管规则与欧盟现有的 MiCA 法规保持一致。

问题 5:对新兴趋势的监管方法

监管机构应该如何应对新兴趋势(例如,加密资产交易或使用隐藏收入筹集机制的经纪商),他们应该何时予以干预?

许多受访者倾向于运用以基本商业模式和风险为重点的监管方法。与问题 4 类似,ESBG、ALFI、AFMA、HSBC 建议根据“相同的业务,相同的风险,相同的规则”进行监管,FPSB 建议在监管过程中使供应商对其分销渠道的行为负责。EFAMA、ADAN 强调了供应商和监管机构在线进行信息披露和发布警告的重要性。AIMICHIA 提到贸易流跟踪是监控贸易活动的一种手段。最后,两家监管机构支持证明有不当行为的情况下,及时介入并公开发出警告的监管方式。

问题6:监控社交媒体 监管机构是否应该主动监控社交媒体和在线声明,以保护散户投资者?如果应该,何时以及如何监控?社交媒体是否应该受到有关证券交易或加密资产交易的额外监管义务的约束?如何实施这种监控,以及如何根据现有或潜在的危害来履行相应义务?是否存在任何法律依据(如数据保护)或技术障碍?监管机构在决定资源配置时,应该进行怎样的风险评估?
虽然绝大多数的反馈支持主动对社交媒体进行监控,但关于如何做到这一点,各方的建议有所不同。AIMICHIA、HSBC、ANBIMA、FESE认为,产品供应和提供方以及社交媒体影响者的跨境性和不透明性是一个问题。ANBIMA、FESE、HSBC支持对与社交媒体影响者合作的公司实施强制性报告制度。FPSB、ANBIMA认为如果社交媒体影响者超过了从提供信息到销售或建议的界限,他们必须像其他市场参与者一样获得许可,并建议对遵守界限的主体进行认证,以形成一定程度的能力水平要求和标准。泰国证券交易委员会(Securities andExchange Commission of Thailand,SECT)、美国全国证券交易商协会自动报价表"纳斯达克"(National Association of Securities Dealers Automated Quotations, NASDAQ)、AIMICHIA、FPSB建议通过第三方数据供应商,或与社交媒体提供商合作,以对社交媒体进行监控。此外,ESBG认为MiFID Ⅱ的规定是充分的,并赞成将其适用范围扩展到海外。

问题7:欺诈类型 现有欺诈类型范围是否涵盖了主要的欺诈类型(例如,加密资产骗局、锅炉室骗局、克隆投资公司、误导性信息和宣传材料)?有哪些欺诈活动导致或者有可能导致大多数散户投资者的损失?监管机构是否应该考虑其他类型的欺诈或骗局?
一般来说,大多数反馈认为咨询报告已然涵盖了主要欺诈类型。最主要的两种欺诈类型与冒充可信赖机构有关,旨在对消费者进行误导性宣传[例如,FPSB、德意志交易所(Deutsche Börse Group,DBG)]和提供产品的虚假信息(EFAMA、FPSB、ICMA、HSBC)。此外,许多受访者强调,锅炉室骗局(HSBC、AFMA)、庞氏骗局(HSBC)和rug - pulls骗局(ADAN)等传统欺诈行为是最常见的欺诈类型。NFA、ESBG认为欺诈行为通常不是由历史悠久的经注册且信誉良好的机构实施的,而是由未注册的实体实施的。同时存在一些新的欺诈形式,如身份盗窃(DBG)、伪造和勒索(AIMICHIA)。

问题8:新冠疫情的影响 新冠疫情的暴发与流行对零售行为、欺诈行为会产生什么影响?如果考虑到新冠疫情对零售市场行为的影响,监管机构应如何在当前环境下对欺诈行为和不当行为作出最佳反应?

总体而言,ADAN、HSBC的反馈证实,自新冠疫情暴发以来,合法和非法交易活动都大幅增加。许多反馈建议监管机构采取行动,如开通投诉渠道(AIMICHIA)、发布公共警报或使用先进技术,如使用App来检查服务提供商主体资格的合法性。其他反馈则支持完善投资者教育措施(AFMA)或加强投资者与投资顾问之间的沟通与联系,以满足适当性要求并确保投资者享有切实的金融投资机会(FPSB)。

问题9:跨境挑战

咨询报告是否很好地反映了现有的跨境挑战?是否有任何遗漏的关注点或问题没有被强调?是否有其他新颖的方式来应对影响散户投资者面临的跨境挑战?作为一个国际机构,IOSCO在应对本咨询报告中强调的跨境挑战方面可以发挥什么作用?

作为一个关键的挑战,EFAMA、FESE、HSBC强调了与跨境欺诈相关的执法障碍。FPSB、FESE、WFE、HSBC赞成加强监管机构之间的合作。尽管如此,NASDAQ强调应该避免"一刀切"的方法。其他监管方法还包括与社交媒体合作(FPSB)和收集数据(HSBC)。

问题10:信息披露

监管机构应要求(在公司和产品层面)披露哪些公众担忧的问题,同时如何平衡信息披露数量与散户投资者对披露信息的理解能力?市场是否应该继续制定特殊政策,鼓励公司在可能市场压力较大的事件中及时披露和更新信息,帮助散户投资者更好地评估此类事件当前和预期的影响?如果是这样,实现这一目标的实际选择可能是什么,包括谁应该提供这些信息?您是否建议采取具体的技术措施或非技术措施(例如,改变信息披露时间或者呈现形式)来提高散户投资者理解所披露信息的能力?

最常提到的担忧是信息披露是否具备可理解性。因此,EFAMA、ESBG、FPSB、ALFI、CFA、HSBC建议使用简单的语言,以及使用对客户不具有误导性的陈述。ALFI、HSBC指出之所以要采取上述措施,是因为对于散户投资者而言,信息量太大可能导致其理解困难。此外,NFA、国际资本市场协会(International Captial Market Association,ICMA)指出了完整信息披露的重要性,这也许就是为什么ICMA、加密货币研究公司(KAIKO)建议为了确保向投资者提供充分且完整的投资信息,应当对信息量过少的披露行为持反对态度。EFAMA、美国富达投资集团(Fidelity Investment Group,FIDELITY)指出另一种让散户投资者容易获得信息披露的方式是通过社交媒体发送短消息。此外,WFE、DBG强调了加强投资者教育的重要性,以使散户投资者更好地理解复杂的披露内容。最后,ESBG、NFA指出,及时获取披露信息对散户投资者至关重要。

问题 11：产品干预

在享有产品干预权的情况下，监管机构应考虑哪些因素来决定何时行使，以及在什么恰当的阶段行使能够减轻对投资者的伤害？例如，监管机构是否应该监控零售交易中的杠杆水平，或者寻求限制杠杆的权力？如果是，能否描述这种权力可以合理使用的情况？

人们就产品干预的有效性达成了普遍共识。虽然 EFAMA、ALFI、FESE、HSBC 认为产品干预是保护投资者或遏制市场滥用的一般性工具，但 ESBG、DBG、AFMA 指出，他们会将产品干预作为投资者遭受实际损害的最后救济手段。此外，EFAMA、WFE 认为其宁愿散户消费者面临高风险投资产品的风险，也不愿考虑杠杆水平。FPSB 则支持禁止针对散户投资者使用杠杆产品。最后，NFA 提出的一个解决方案是，通过使供应商缴纳强制保证金的方式提供保障措施。

问题 12：全球与区域趋势

散户投资者行为的发展是否足够显著和持久，是否足以证明监管机构对其目前实施的散户投资者保护措施的审查行为是合理的？如果是，这是全球性的还是只存在于某些市场？如果只存在于某些市场，其所具有的本质特征是什么？

EFAMA、ESBG、ADAN、NFA、AFMA 认为，当前与零售市场相关的全球性发展趋势证明了对散户投资者保护措施进行深层次的审查是合理的。ADAN、WFE 认为，数字化、社交媒体和年轻投资者群体是近期零售投资趋势的驱动因素。反馈同时强调了通货膨胀压力（ADAN）和监管缺口（FPSB）是散户投资者行为变化的一些原因。FESE 与 AIMICHIA 分别表达了由于地区差异或某些法域缺乏执法权力，从而采用全球性做法的担忧。

问题 13：工具的适当性

上述监管工具是否适当、相称或者有效？监管机构是否还可以考虑其他监管工具？哪些新技术可以帮助监管机构处理不当行为和欺诈行为（包括使用在线平台或通过社交媒体）？

虽然大多数受访者认为，拟使用的工具是适当的，但他们建议对上述工具进行扩展与补充。泰国证监会、HSBC、NFA 强调需要更多地使用 RegTech 和数据情报以达到监管目的，或像 EFAMA 所建议的那样扩展产品干预范围，或者采纳 EFAMA、NASDAQ、AIMICHIA 的建议，直接授予监管机构以执法权力。另外，ADAN、ALFI、HSBC 建议监管机构为商业行为提供更多指导方针。可持续性评估问卷（Sustainability assessment questionnairs，SAQs）与 HSBC、FPSB 侧重于散户投资者可以使用的工具，如自我评估问卷和消费者警告。

问题 14:2021 年 8 月以来的新趋势

自 IOSCO 于 2021 年 8 月调查工作开展以来,是否需要考虑散户投资者的投资趋势中有其他可衡量的变化?

自 2021 年 8 月以来,受访者指出了对散户投资者的投资产生影响的三大趋势。首先,AFMA 指出了股票市场从牛市到熊市的转变,包括零售部门资金的大量流出。其次,在 FPSB 和 HSBC 的回应中提到了全球性通货膨胀压力。最后,ESBG 指出了欧盟内部的强制性可持续性偏好。

(编辑:徐伟浩　宋　澜)

征稿启事

《证券法苑》是上海证券交易所主办、面向国内外公开连续出版的法学学术著作,并已被中国社会科学评价中心收录为中文社会科学引文索引数据库(CSSCI)来源出版物。《证券法苑》致力于繁荣资本市场法治研究,弘扬资本市场法治理念,推动资本市场法治建设,促进资本市场健康稳定发展。

《证券法苑》坚持学术性与实践性并重、现实性和前瞻性兼顾,紧紧围绕我国资本市场的改革发展,密切关注资本市场法治动态,集中研究资本市场立法、监管执法和司法等法治活动,深入剖析资本市场法律制度和法律关系,积极探讨资本市场法治建设中的重点、难点、热点问题。

《证券法苑》设置"理论前沿""专题研究""名家论坛""热点追踪""制度研究""市场监管""域外法制""法学随笔""案例评析"等栏目,每卷根据实际情况略有不同。

2017 年起,《证券法苑》计划每季度出版一卷,视稿件质量全年出版 3 ~ 4 卷,诚邀各界惠赐稿件。现就征稿相关事项说明如下:

一、征稿范围

《证券法苑》选题范围包括:证券法、公司法、金融法等的法理研究,资本市场法治发展动态研究,资本市场监管的法律研究,资本市场创新的法律研究,资本市场典型法律案例研究,境外资本市场法律制度研究等。特别是,在党中央、国务院要求加强监管、防范风险、推动资本市场高质量发展的背景下,欢迎就中国特色资本市场监管与制度问题开展深入探讨研究。

参考选题如下(可不受此限):

1. 新《公司法》实施:新《公司法》修订通过后,上市公司控股股东、实际控制人等"关键少数"的规制路径,公司治理结构的职权与设置,非上市公众公司监管制度,股份发行与转让制度的改革方向,公司集团化趋势下的法律应对策略。

2.发行上市全链条监管制度：注册制制度创新与实践评估，上市公司监管与退市、中介机构规范从业等制度的实践情况、法律问题与对策，注册制司法保障的法律问题探讨分析。

3.信息披露制度：信息披露制度的完善方向，如何提高信息披露制度的针对性和有效性，如何界定和分配信息披露法律责任，自愿性信息披露制度的逻辑与完善建构。

4.证券交易制度：多层次市场上市、交易、登记结算、转板制度体系完善，交易技术发展（另类交易、程序化交易、高频交易、暗池交易等）对传统证券交易制度的挑战与监管对策。如何通过交易制度设计与强化交易监管，助力投资者公平交易权益维护。

5.证券监管执法机制：新形势下如何强化机构监管、行为监管、功能监管、穿透式监管、持续监管，近年来境外资本市场监管体系与制度的发展变化。从严打击证券违法行为过程中的法律适用与完善问题，如何实现监管执法“长牙带刺”、有棱有角。

6.投资者保护制度：内幕交易、操纵市场行为民事赔偿责任制度构建，证券市场民事诉讼制度完善，证券市场多元化纠纷解决机制等投资者保护制度完善。强化全方位立体式追责，加强行政监管与民事赔偿、刑事追责的衔接机制。

7.资本市场稳定发展法律制度：研究机构投资者等长期资金入市配套机制，场外衍生品对证券市场的影响评估与制度完善，证券市场风险监测、预防、化解与逆周期调节机制建设，以及证券市场稳定安全法律制度构建。

8.资本市场制度型对外开放：红筹企业境内发行上市法律问题研究，证券法律冲突与域外法律适用，跨境监管协作机制构建。统筹开放与安全机制的法律问题研究。

二、投稿要求

1.论文应当立论科学、论据充足、论证严密、层次清晰、语言流畅，尤其欢迎贴近市场脉搏、具有学术深度和实践应用价值的文章。稿件篇幅以一万字左右为宜，特别优秀稿件不受此限。

2.投稿请发送至以下电子邮箱：zqfy@ sse. com. cn（建议投稿后电话确认）。所有投稿应符合国家著作权规定、公认学术规范和本书“编辑体例”要求(详见上海证券交易所官方网站 http://www.sse.com.cn/“关于”栏目或《证券法苑》图书)。

3. 本书实行匿名审稿制度,作者投稿时请一律将作者简介(姓名、出生年月、工作单位、学位、职称、研究成果等)、通信方式(地址、邮编、电话、电子信箱等)以及本文是否为何种课题成果等内容,另页单独注明,正文中不要出现任何个人信息。

4.《证券法苑》编辑部保留对来稿进行文字性和技术性修改的权利。《证券法苑》所载文章,均不代表上海证券交易所观点,文责由作者自负。除作者特别说明外,其文章均为其个人观点,与其所在单位、职务无关。

5. 向《证券法苑》投稿即视为授权本书将稿件纳入《中国学术期刊网络出版总库》及中国知网(CNKI)系列数据库、“北大法宝”(北大法律信息网)数据库、万方数据库以及本书确定的其他学术资源数据库,本书支付给作者的稿酬已包含上述数据库著作权使用费。如有异议,请在来稿时注明,本书将做适当处理。

6. 凡投给本书的稿件,请勿一稿多投。自投稿之日起 3 个月未接到本书用稿通知的,作者可以自行处理。稿件编辑过程中如拟被他方采用的,请作者及时告知相关决定,以免重复出版。

7. 联系人:

赵老师　电话:021－68602391;

张老师　电话:021－68602397。

编辑体例

一、标题：宋体小三号字，居中。如有关于本篇文章的说明，注脚注，用上标（＊）。

二、作者：宋体小四号字，居中，并用上标星号（＊）作为介绍作者脚注的标志，在脚注中注明作者姓名、工作单位、职务、职称（为便于联系，另请作者向《证券法苑》联系邮箱提供通信地址、邮政编码、固定及移动电话、电子邮箱，本书对此予以保密）。如有两名作者，第二名作者用两枚上标星号（＊＊），依此类推。

三、中文摘要、关键词：楷体 GB2312 小四号字，摘要 200 字以内、关键词 3～5 个。

四、英文标题、摘要、关键词："Times New Roman"字体，标题小三号字居中，摘要与关键词小四号字。

五、正文：宋体小四号字，首行缩进，行距 18 磅。区分标题和要点，标题层级依次为"一、……""（一）……""1. ……""（1）……"，要点层级依次为"1. ……""（1）……""①……"，一段之内的要点列举使用"（1）……"一级标题采用四号宋体加粗；二级标题采用黑体小四号字不加粗；三级标题宋体小四号字，不加粗。引用具体法律文件应加书名号，如《证券法》《上市公司收购管理办法》。法条序号（第×条、第×款、第×项）、时间（世纪、年代、年月日等）、数量金额等用阿拉伯数字，但直接引用原文的从原文。

六、注释：采用脚注，全文连续注码，注码放标点之后，注码符号为"1、2、3、……"非引用原文者，注释前加"参见"；引用资料非原始出处者，注明"转引自"；数个注释引自同一资料者，可合并同注某。宋体小五号字。

注释示例如下：

1. 著作类

（独著作品）史尚宽：《民法总论》，中国政法大学出版社 2000 年版，第19页、第22页。

(合著作品)崔建远、韩世远:《债权保障法律制度研究》,清华大学出版社2004年版,第10页。

(多人合著作品)蔡守秋等:《可持续发展与环境资源法制建设》,中国法制出版社2003年版,第214~216页。

(编辑作品)张文显主编:《法理学》,法律出版社2004年版,第65~67页。

2. 论文类

(期刊)俞荣根、刘霜:《立法助理制度述论》,载《法学杂志》2007年第2期。

(论文集)尹田:《论动产善意取得的理论基础及相关问题》,载梁慧星主编:《民商法论丛》(第29卷),法律出版社2004年版。

(学位论文)刘晓华:《私法上的信赖保护原则研究》,山东大学2013年博士学位论文。

3. 译作类

[英]亚当·斯密:《国富论》,唐日松等译,华夏出版社2005年版,第224页。

4. 报纸类

李希慧等:《"轻轻重重"应成为一项长期的刑事政策》,载《检察日报》2005年5月26日,第1版。

5. 古籍类

《明太祖实录》卷二十六。

6. 辞书类

《牛津法律大辞典》,光明日报出版社1988年版,第68页。

7. 网络类

梁慧星:《关于中国物权法的起草》,载北大法律信息网,http://article.chinalawinfo.com/article/user/article_display.asp?ArticleID=29283,2009年8月8日访问。

8. 判决书类

最高人民法院:上海大智慧股份有限公司与冯某雄证券虚假陈述责任纠纷二审民事判决书,案号:(2018)沪民终28号,2018年9月17日。

9. 外文类

从该文种注释惯例。英文注释体例如下：

著作类：

Harold U. Faulkner, *American Economic History*, New York, Harper & Brothers Publishers, 1960, pp. 23 – 25.

论文类：

Gavin Goh & Andreas R. Iiegler, *Retrospective Remedies in the WTO after Automotive Leather*, Journal of International Economic Law, Vol. 6, 2003.

网络类：

Impact Exchange, *Impact Exchange Board Listing Guide: A Board of the Stock Exchange of Mauritius*, https://iixglobal.com/wp-content/uploads/2017/04/Impact_Exchange_Listing_Guide-2017-1.pdf, visited May 4, 2017.